暨南哲學

国家哲学社会科学基金重大项目——"先秦诸子综合研究（15ZDB007）"的结项成果之一
广东省高水平大学建设经费资助

思想的碰撞

学术批评史视野下的
先秦诸子百家争鸣

高华平 著

人民出版社

目　　录

绪　　论

　　先秦诸子学是中国哲学思想史上最为辉煌和最具原创性的成果之一，对中华民族的思维方式的形成和此后数千年中国哲学思想的发展，都产生过极其重要而深远的影响。而先秦诸子之学之所以会在中国学术思想史上具有如此燦灿和耀眼的光芒，就在于当时的诸子百家之间和诸子百家内部曾发生过学术思想的激烈碰撞，即所谓先秦诸子"百家争鸣"。

　　先秦诸子"百家争鸣"之"百家"本非实数确指，而是虚数和泛称，指当时众多的诸子学派。根据《汉书·艺文志》的归纳，在春秋战国时期，中国学术史上先后出现的诸子学派，共有儒家、道家、阴阳家、法家、名家、墨家、纵横家、杂家、农家及小说家等"九流十家"（当然，这只是《汉书·艺文志》的观点，而非先秦两汉普遍的看法）。先秦时期的《庄子》《荀子》《韩非子》《吕氏春秋》《尸子》等著作，都有对先秦诸子进行的学派划分，但没有归纳出统一的诸子"家数"①。先秦

---

① 罗焌：《诸子学述》，华东师范大学出版社 2008 年版，第 8—11 页。

诸子"百家争鸣"之"争鸣",则只是一个譬喻之词,比喻学术上不同观点所进行的辩论。概而言之,按现代通行的学术术语来说,所谓"先秦诸子百家争鸣",就是指先秦诸子"九流十家"之间及各学派内部,就不同思想观点所进行的学术批评与反批评。

当然,我们今天所说的"学术"这一词,既非汉语中所固有的概念,也不是现代汉语中"学"与"术"两个词或词素的简单相加,而实际是从西方引进来的。它所包含的涵义并不只是我们国内一般工具书中所界定的"专门而有系统的学问"那么简单。在英语中,"学术"一词的关键是 academic,强调的是纯学理的或纯理论的思想,并无任何实际的目的、意图,或与任何技术相关。因此,我们这里所说的先秦诸子的学术批评与反批评,自然也纯粹都是先秦诸子百家之间或其内部从学理层面进行的批判、反驳、评议和辩论。先秦诸子们所书写的这段"百家争鸣"的历史,也就是中国先秦的学术批评史。

"一时代有一时代之学术"。先秦诸子的"百家争鸣",从来都被视为春秋战国时期中国学术辉煌的代名词,冯友兰曾称春秋、战国时期为中国哲学史上的"子学时代"。但问题是,先秦的春秋、战国时期虽是一个"诸子蜂起,百家争鸣"的"子学时代",但先秦诸子们决不可能是漫无目的在那里争论、吵闹,而是严肃认真地研讨、争议和辩论着当时哲学思想的时代主题——这就是在面对当时"礼崩乐坏"的社会现实时,如何进行社会治理,实现社会制度的重建、人格重建和文化理想的重建问题。用汉代人的话说,这乃是一个所以"为治"的问题。司马谈在《论六家之要指》中曾说:

> 《易大传》:"天下一致而百虑,同归而殊途"。夫阴阳、儒、墨、名、法、道德,此务为治者也,直所从言之异路,有省不省耳。

班固《汉书·艺文志》"序论"诸子曰：

> 诸子十家，其可观者九家而已。皆起于王道既微，诸侯力政，时君世主，好恶殊方。是以九家之术，蜂出并作，各引一端，崇其所善，以此驰说，取合诸侯……《易》曰："天下同归而殊途，一致而百虑。"今异家者，各推所长，穷知究虑，以明其指。虽有蔽短，合其要归，亦六经之支与流裔。

《淮南子·氾论训》亦曰：

> 百川异源，而皆归于海；百家殊业，而皆务于治。

而根据自孔子以来到清人的观点，"六艺"（"六经"）实皆是"为治"之书。孔子曰："六艺于治一也。"（《史记·滑稽列传》引）章学诚曰："六经皆先王之政典也。"（《文史通义·诗教上》）皆已阐明了所谓"六经"之"为治"的性质。既然"六经皆所以为治也"，那么作为"六经之支与流裔"的诸子之学，自然也属于"为治"之学了。故《汉书·艺文志》又有"诸子出于王官"之说，认为儒家为"游文于六经之中"，"助人君顺阴阳明教化者也"；"道家者流，盖出于史官，历记成败存亡祸福古今之道"，为"君人南面之术也"；"阴阳家者流，敬顺昊天，历象日月星辰，敬授民时"；名家符合孔子"必也正名"之义；杂家"知国体之有此，见王治之无不贯"；农家"播百谷，劝耕桑"，为帝王行农政；《淮南子·要略》说墨家"背周道而用夏政"；《隋书·经籍志》说："从（纵）横者，所以明辩说，善辞令，以通上下之志者也"；小说家为"古者圣人在上……过则正之，失则改之"的一种讽谏方式和途径。这些都说明，先秦诸子之学乃是一种具有鲜明"为治"，即服务社会政治和人生特点的学术。因此可以说，所谓先秦诸子的"百家争鸣"，即是先秦诸子各个学派之间及其内部就如何"为治"，即如何实现社会治理目标和理想而展开的学术争辩。

先秦诸子讨论如何实现社会治理的目标和理想，即所谓"为治"的问题，主要又包含两个方面。一是必须讨论构成一个社会所以存在的基础的人或人类的问题，另一个则是如何治理人类社会的问题。

讨论人和人类社会的问题，首先必然关注关于人的本源或本质的问题。如人从哪里来？人的本性如何？人何以区别于世界万物？理想的人格是怎样的，等等。因为我们所说的社会，本来就是由不同的人或人群所组成的人类社会，离开了人来讨论人类社会的治理问题，那将是不可思议的。

讨论人的本源或本质的问题，当然还会涉及到"道"或"天道"问题，即所谓"天人关系"问题。"（天）道生万物"，包括人在内，万物皆原于"道"，这个观念为先秦诸子百家所共有。不同的是，道家、法家、阴阳家强调"自然之道"，儒、墨等诸子学派则侧重以"仁与义"为内涵的"立人之道"，并由此形成诸子百家之间及各学派内部关于人性论观点的学术纷争。对于人和天（自然）的关系，阴阳家和道家的老、庄都主张从纯自然的角度来看，认为人如木石在天地之间，纯为自然之一物，故"人法地，地法天，天法道，道法自然。"（《老子》第25章）法家更多地继承了道家的思想观点，儒家的荀子则主张"天人相分"，以"水火有气而无生，草木有生而无知，禽兽有知而无义，人有气有生有知亦且有义，故最为天下贵也。"（《荀子·王制》）《礼记·礼运》一方面说："人者，其天地之德，阴阳之交，鬼神之会，五行之秀气也"；另一方面说："人者，天地之心也。"强调了人为天地万物中有知觉灵性者，非其他自然之物所能比拟。但先秦诸子百家最高的人格理想大多都是"与天地合其德"的"圣人"，所不同的只是现实层面的人格取向——儒家在孔子那里是"为君子儒"，在"七十子"那里是做"弘毅之士"（曾参）和"君子"（孟子、荀子）等等，墨家则有"贤人""士君子"等人格典范,道家除了"圣人"之外,还有"至人""神人"(庄子),法家则是"法术之士"(韩非),等等。

就与"天人关系"密切相关的人性论问题而言,儒家孔子言"性相近,习相远"(《论语·阳货》),宓子贱、漆雕开、公孙尼子之徒言"性有善有恶",告子言"性无善无不善",孟子言"性善"(《孟子·告子上》),荀子则批评孟子而"言性恶",道家主张自然人性论,"可以说是无善无恶论",也可以说是"性至善论";① 墨家墨翟则认为"士君子"皆好逸恶劳,实开法家和荀子、韩非"性恶论"之先声。

讨论现实社会的"为治"问题,包含的另一方面,也是争辩最多和最为激烈的,当是如何"为治"这一问题本身,即以什么方法、手段和途径治理国家,以实现人类的社会理想。对于这个问题,先秦诸子的分歧很大,争论也十分激烈,"百家争鸣"的特征尤其明显。但从总体上来看,大致应该有"道治"("德治")、"礼治"和"法治"三条道路或三种基本模式。在老子那里,他提出的是一种"道治"(或"德治")理论,即"无为而治":"小国寡民,使有什伯之器而不用,使民重死而不远徙,虽有舟舆,无所乘之;虽有甲兵,无所陈之,使人复结绳而用之。甘其食,美其服,安其居,乐其俗。邻国相望,鸡犬之声相闻,民至老死不相往来。"(《老子》第 80 章)在儒家孔子那里,要把社会治理好,他并没有断定只有哪一种"为治"的道路或模式更好,尽管他曾明确地提出过"为政以德"的"德政"路线,但他似乎更重视一种分层次的治理理念。《论语·先进》载:

> 子路、曾皙、冉有、公西华侍坐。
> 子曰:"以吾一日长乎尔,毋吾以也。居则曰:'不吾知也!'如或知尔,则何以哉?"

---

① 张岱年:《中国哲学大纲》(上),中华书局 2017 年版,第 269 页。

子路率尔而对曰："千乘之国，摄乎大国之间，加之以师旅，因之以饥馑，由也为之，比及三年，可使有勇，且知方也。"夫子哂之。

"求尔何如"对曰："方六七十，如五六十，求也为之，比及三年，可使足民。如其礼乐，以俟君子。"

"赤，尔何如？"对曰："非曰能之，愿学焉。宗庙之事，如会同，端章甫，愿为小相焉。"

"点，尔何如？"鼓瑟希，铿尔，舍瑟而作，对曰："异乎三子者之撰……莫春者，春服既成，冠者五六人，童子六七人，浴乎沂，风乎舞雩，咏而归。"夫子喟然叹曰："吾与点也！"……"夫子何哂由也？"曰："为国以礼，其言不让，是故哂之。"

从这段记载可以看出，"为政以德，譬如北辰，居其所而众星共之。"（《论语·为政》）其实只是孔子心中尧舜这类圣人"无为而治"（《论语·卫灵公》）的理想境界，是孔子所赞美的曾皙（点）"莫春者，春服既成……浴乎沂，风乎舞雩，咏而归"的境界。在孔子那里，这种境界既是一种审美的境界，实际也是一种"德治"的理想社会的场景。而孔子在面对现实社会时"为治"的最佳方案，则应该是属于"礼治"，即"为邦以礼"。以"礼乐"为治国基础的"礼治"，固然还达不到"德治"（或"道治"）的理想境界，但却是比子路纯粹靠勇力求治或纯粹靠刑罚（"法治"）更要可行的"为治之方"。故《论语·为政》又载孔子之言曰："道之以政，齐之以刑，民免而无耻；道之以德，齐之以礼，有耻且格。"

对孔子的这种现实主义的"礼治"方案，先秦其他诸子学派既有继承，也有批评和发展。儒家的孟子推崇孔子为"金声而玉振之"，但却将"礼治"改造成了"行仁政"；荀子则"隆礼重法"，将礼与法结合成"礼治"的新内涵。道家的庄子继承老子的"德治"（或"道治"）主张，激烈抨击了儒家的"礼治"和"仁政"方案，认为"天下脊脊大乱，罪在撄人心……及至圣人屈折礼乐以匡天下之形，县跂仁义以慰天下之心"，天下始大乱。（《庄子·马蹄》）"故绝圣弃知，大盗乃止，擿玉毁珠，小盗不起；焚符破玺，而民朴鄙；掊斗折衡，而民不争。殚残天下之圣法，而民始可与论议。"（同上，《胠箧》）而代之以"无为而治"这种达到"至德之世"的方略。墨家主要是批评儒家的"礼治"为"繁饰礼乐以淫人，久丧伪哀以谩亲，立命缓贫而高浩居，倍本弃事而安怠傲"（《墨子·非儒下》），认为应"兼以易别"，借助"兼爱""尚贤""尚同""天志""明鬼"等方式实现社会的和谐与安宁。先秦名家虽然认同儒家孔子由"正名"而达于"礼治"的思路，但却批评儒家欲"正名"而去"名辩"之学与"白马非马"之"智与学"的"不可"（《公孙龙子·迹府》）。先秦法家与道家一样对儒家的"礼治"持否定立场，但却认为道家的"道治"（"德治"）和儒家的礼义教化一样并不可行，可行的只有法家的"法"或"法治"。《庄子·天下》记田骈、慎到之言曰：

> 天能覆之而不能载之，地能载之而不能覆之，大道能包之而不能辩之……故选则不遍，教则不至，道（指"道法"或"法"——引者）则无遗者矣。①

在这里，法家的田骈、慎到不仅对墨家的"尚贤"和儒家的遵礼乐教化而"为治"的路径予以了否定，对道家以"大道"为内容的所

---

① 高亨《〈庄子·天下篇〉笺证》曰："此'大道'即老庄宇宙论中之道也"；"选贤不能人人而量之，其选必有所不遍，故法家主张不尚贤"；"教民不能人人而训之，其教必有所不至，故法家主张不教民"；"法家所谓'道'者，法也"。见张丰乾编：《〈庄子·天下篇〉注疏四种》，华夏出版社2016年版，第200—201页。

谓"道治"（"德治"）也提出了批评——认为道家的"道"也并非是包治百病的良方，"大道"对"天""地""人"不可能面面俱到。此外，阴阳家、农家、杂家等也都就当时其他学派"所以为治"的方案提出了自己的观点和看法。阴阳家虽认同儒墨的"仁政"，但却"疾晚世之儒墨不知天地之闳，昭旷之道"，批评儒墨的治世之"方"为"一曲"之见（《盐铁论·论邹》）。农家的许行之徒批评儒家孟子的"仁政"尚未能做到"贤者与民并耕而食，饔飧而治"。（《孟子·滕文公上》）杂家认为儒、墨、名、法百家的"方术"虽"无不贯"，但却各有所短，只有博取众长，使"万物殊类殊形，皆有分职"，"方圆不易，其国乃昌"。（《吕氏春秋·圜道》）

与此相关的，是先秦诸子百家之间及其内部又就各"家"的核心价值观而展开的论辩。如儒家的"仁、义、礼、智、圣"等"五行"观念，墨家"十论"中的"兼爱""尚贤""尚同""天志""明鬼"等价值观，道家的"柔弱""清静""无为"观念等等。《吕氏春秋·不二》曰："老聃贵柔，孔子贵仁，墨翟贵廉，关尹贵清，子列子贵虚，陈骈贵齐，阳生贵己，孙膑贵势，王廖贵先，兒良贵后。"这些都是"群众人议以治国"的核心价值观。《尸子·广泽》曰："墨子贵兼，孔子贵公，皇子贵衷，田子贵均，列子贵虚，料子贵别囿。其学之相非也，数世矣而已，皆弇于私也"。这不仅说明了诸子百家核心价值观的不同，而且指出他们"数世"中其学之"相非"的原因，就在于各人固守自己的观念之"私"，即使在同一诸子学派内部亦复如是。如儒家思、孟以"仁、义、礼、智、圣"为"五行"，"子思唱之，孟轲和之……以为仲尼、子游为兹厚于后世"，但却遭到了荀子的批评乃至于痛斥，曰："略法先王而不知其统，犹然而材剧志大，闻见杂博，闭约而无解……是则子思、孟轲之罪也。"（《荀子·非十二子》）更不用说不同学派之间对这些价值观的互不认同与争辩了。故同样是奉持仁爱之说，墨家以儒家"繁饰礼乐"为"淫人"和"谩亲"，儒家的孟轲以杨、墨的"兼爱""为我"为"禽兽"，而道家的老庄则以儒、墨的"仁爱"为"大伪"……诸子百家皆"是其所非"而"非其所是"，由此构成了先秦诸子的"百家争鸣"。

由此看来，先秦诸子"百家争鸣"的场面虽然持续而激烈，纷繁而复杂，但其"争鸣"的主题实不外乎"皆所以为治也"，其实质则是讨论在春秋战国"礼崩乐坏"的时代背景之下，如何重建中国的社会政治秩序和文化理想。在原有礼乐制度解体的时代背景之下，应该建立怎样的社会制度，人应该如何存在于天地自然之中，作为君臣、父子、兄弟、夫妇、朋友的社会关系应该如何相处，构建和谐的社会关系，以及作为"社会关系总和"的"个人"应该确立怎样的道德标准和价值取向，等等，这就构成了春秋战国时期诸子百家不断争议和辩论的话题。站在各自不同的立场上就以上话题发表自己不同的观点和看法，这就是先秦诸子"百家争鸣"的基本内容——"皆所以为治也"。

春秋战国之际的"礼崩乐坏"，是先秦诸子"百家争鸣"发生的时代背景和基本原因，但如果从历史时代和思想文化的视角做更深入细致的分析，我们又不难发现，导致先秦诸子"百家争鸣"发生的具体因素还有很多。应该说，是由于与当时社会思想文化和礼乐制度相关的政治、经济、学术、社会阶层的变化以及哲学思想自身的发展演变等众多因素的"合力"，才最后促成了春秋战国时期的中国哲学思想界出现了先秦诸子"百家争鸣"的局面。

西周时期，中国社会实行的基本政治制度是宗法制或"世卿世禄"制度。它以周天子为"大宗"，再依据与周天子的血缘关系来分封其宗亲为诸侯，这些诸侯相对于周天子为"小宗"；然后诸侯又以同样的方式分封卿、大夫。而且周天子实行"嫡长子继承制"。这些诸侯和卿、大夫也世世代代实行这样的制度，世袭其爵禄，这就是所谓"世卿世禄"制度。与之相适应的，是当时的土地制度——"井田制"。《左传·昭公七年》载芊尹无宇曰："天子经略，诸侯正封，古之制也。封略之内，何非君土？食土之毛，谁非君臣……故王臣公，公臣大夫，大夫臣士，士臣皂，皂臣舆，舆臣隶……以待百事。"但是到了春秋战国之际，中国的政治、经济、文化各方面都发生了深刻的变革。随着井田制的瓦解和辟地垦土的增加，国家开始实行按田亩征税的制度。政治上的宗法制和"世卿世禄"的制度被打破并逐渐废弃，代之以君主通过俸禄制选拔和雇佣合适人才充任官僚和管理政治的人才选用方式。而在这一系列的政治、经济变革中，原先属于贵族中最低层级的"士"，地位开始上升，他们由原先的武士、下级军官或卿大夫的家臣，进入到国家的官僚体系内（还有一批凭技艺才能打动人君之"士"），"士"的数量激增，于是一个新的重要"士"阶层形成了。

"士"并不永恒固定于某一地区或某一君主，而是如《汉书·艺文志》所云："各引一端，崇其所善，以此驰说，取合诸侯。"这些人也就是所谓"游士"。先秦诸子多为"游士"。孔、孟、杨、墨，儒、墨、名、法，诸子们先是周游列国，推销自己的主张；后则朝秦暮楚，纵横驰说，"取合诸侯"。而所谓"各引一端，崇其所善"，则无非如庄子批评儒墨所云："是其所非，而非其所是"。（《庄子·齐物论》）甚至恶意地贬低他人，抬高自己。如果说孔子之与叶公论"直躬"曰："吾党之直者异于是：父为子隐，子为父隐，直在其中矣。"（《论语·子路》）其中已包含了某种"是己"而"非人"之意；那么《墨子》以后的各种以"非"名篇之作，则可以说是这种"自是"而"非人"理论形态的代表。但"游士"之"自是"而"非人"的最突出的例证，则莫如《战国策》所记纵横术士们的互相攻击。如《战国策·魏策》记"苏子（秦）为赵合从（纵）"称凡群臣之言连衡事秦者"皆奸臣，非忠臣也"，"衡人皆欲割诸侯之地以事秦，此所谓养仇而奉雠者也。夫为人臣，割其主之地以外交彊虎狼之秦，以侵天下……以内劫其主，以求割地，大逆不忠，无过此者。"（《史记·苏秦列传》）而连横者则认为"从（纵）人多奋辞，而少可信"，"今从（纵）者一天下约为昆弟，刑白马以盟洹水之上，以相坚也"，这是"诈伪"的行为，因为"夫亲昆弟同父母，尚有争钱财。而欲恃诈伪反覆苏秦之余谋，其不可以成亦明矣"。故冯友兰在《中国哲学史》中说："在一社会之旧制度日即崩坏之过程中"，人们自然有各种不同的态度，"有倾向于守旧之人……欲得时君世主及一般人之信从，则必说出其所以拥护之之理由，予旧制度以理论上的根据……继孔子而起之士，有批评或反对旧制度者，有欲修正旧制度者，有欲另立新制度以替代旧制度者，有反对一切制度者。此皆过渡时代，旧制度失其权威，新制度尚未确定，人皆徘徊歧路之时，应有之事也。"①

在春秋战国政治、经济的变革之外，学术文化的发展演变也是导致先秦诸子"百家争鸣"发生的重要因素。在春秋战国之前，中国的学术文化的基本形态乃是所谓"学在官府"，正如章学诚在《校雠通义》中所云："圣人为之立官分守……有官斯有法，故法具于官；有法斯有书，故官守其书；有书斯有学，故师传其学；有学斯有业，故弟子习其业。官、守、学、业皆出于一，而天下以同文为治，故私门无著述文字。"② 亦即无所谓私人之学术。但到春秋战国时期，由于政治和经济上的剧烈变革，导致出现了"王官失守"的情况。《左传·昭公二十六年》载："王子朝及召氏之族、毛伯得、尹氏固、南宫嚚奉周之典籍以奔楚。"《论语·微子》曰："大师挚适齐，亚饭干适楚，三饭缭适蔡，四饭缺适秦，鼓方叔入于河，播鼗武入于汉，少师阳、击磬襄入于

---

① 冯友兰：《中国哲学史》（上），重庆出版社 2009 年版，第 22 页。
② （清）章学诚著，叶瑛校注：《文史通义校注》（下），中华书局 2014 年版，第 1108 页。

海。"记载的应该都是这样的史实。故《汉书·艺文志》以先秦诸子"九流十家"皆出某一王官，而章太炎等亦有"诸子出于王官"之说。汪中在为孙星衍所校《墨子》一书而作的《后序》中说："凡古之道术，皆设官以掌之。官失其业，九流以兴，于是其各执一术以为学"①。近代学者更以先秦诸子儒墨相"非"、"百家争鸣"为源于春秋战国学术传授方式的变迁，而"战国诸子的并鸣互诘，也不是没有来源的，这正是把孔、墨的现实问题之论争，翻译而为观念之论争，例如孔、墨讲'礼'，主要争在'类'与'齐'，讲'仁'主要争在'非人者之易与不易'，然而到了名家则把这一现实的'同异'，还原而为超时代的'同异'，在石头和白马身上找寻自然法去了。"②

当然，先秦诸子"百家争鸣"的发生，还与先秦哲学思想本身的发展逻辑相关，是由于当时学术思想自身的发展规律所决定的。根据黑格尔的辩证法："哲学的每一部分都是一个哲学全体，一个自身完整的圆圈"；"理念完全是自己与自己同一的思维，并且理念同时又是借自己与自己对立以实现自己"③。这就构成了哲学理念由肯定到否定再到否定之否定的逻辑圆圈。而这一规律同样适合于中国春秋战国时期哲学思想的发展及先秦诸子"百家争鸣"的发生。萧萐父先生曾说：

> 战国时期的百家争鸣，似乎是"各引一端，崇其所善"（《汉书·艺文志》），"皆有所明，不能相通"（《庄子·天下篇》）。所谓阴阳、儒、墨、道、名、法等各家蜂起，互相攻讦，争论的问题又涉及许多方面。但如果筛选出这些争论中的哲学认识的积极成果，又剥掉其外在的形式和特殊应用，就可以发现这一时期的哲学

---

① （清）汪中撰，李金松校笺：《述学校笺》（上），中华书局 2014 年版，第 237 页。

② 侯外庐：《中国古代思想学说史》，岳麓书社 2010 年版，第 16 页。

③ ［德］黑格尔：《小逻辑》，贺麟译，商务印书馆 1980 年版，第 56、16 页。

认识的矛盾运动，有其符合思维规律的固有的逻辑进程，并形成特定历史阶段上哲学发展的一个"圆圈"。早期稷下道家……筛选出"精气说"的宇宙观和"静因之道"的反映论……惠施合异同、公孙龙离坚白，庄周齐是非，各以其片面性和直线性而陷入谬误，却又分别展开和加深了关于事物的差别性和同一性、认识的有限性和无限性、真理的相对性和绝对性等客观矛盾的逻辑认识。后期墨家通过科学实践，注意到同和异、兼和分、一般和个别、相对和绝对在认识中辩证联结，对名辩思潮中的谬误倾向有所纠正。这些都表现了哲学认识在对立斗争中的螺旋发展，准备了战国末期必然出现的批判总结。荀况以"解蔽"的方法基本上完成了这一历史任务，把百家争鸣中的哲学劳动成果都作为一个个必要的认识环节而纳入自己的哲学体系……逻辑地标志着这一时期哲学发展"圆圈"的终结。①

萧萐父先生的这一论述，虽然主要针对先秦哲学的认识论而言的，但实际也适合于整个先秦诸子哲学思想的发展。先秦诸子百家哲学思想中任何一个概念、范畴、命题或观点的提出，必都经历了正—反—合或肯定、否定与否定之否定三个逻辑阶段的发展，而任何反题、合题或否定、否定之否定，无疑都是对正题或肯定命题和观点的批判与总结，彼此辩诘和争论也就是不可避免的。即使是正题或肯定命题，由于它必定也是对此前哲学命题的批判和总结，因此也必然包含了彼此的辩诘、否定和争议。这就必然会形成先秦诸子的"百家争鸣"。

从中国哲学思想的发展历史来看，先秦诸子的"百家争鸣"对中国学术思想、特别是哲学思想的发展产生了极为深远的影响，以至于到

---

① 萧萐父、李锦全主编：《中国哲学史》（上卷），人民出版社1982年版，第11—12页。

了两千多年以后的今天，人们说到中国古代学术思想的繁荣或哲学思想的自由，往往都以"百家争鸣"作为其样本——作为学术思想或哲学思想自由发展的理想境界。而具体来说，先秦诸子"百家争鸣"对后来中国学术或哲学思想发展的影响，主要表现在如下两个方面：

首先，从某种意义上讲，先秦诸子"百家争鸣"影响、甚至可以说规定了此后两千多年中国学术或哲学思想发展的基本特点和方向。

我们在上文曾经指出，先秦诸子"百家争鸣"的基本问题或主题，就是"为治"和如何"为治"的问题，包括是"礼治"还是"德治"或"法治"的问题，人性是"善"还是"恶"的问题，如何对待礼乐文化以及如何确立那个时代的核心价值观的问题，等等。但是，如果我们对这些问题做进一步的分析和归纳就会发现，这些问题都有一个共同的特点，就是它们都是与社会的现实人生密切相关的理论问题。"为治"既不是"为"自然物理之"治"，也不是纯形而上的"理念"之"治"，即使是杨朱的"为我""贵己"之说和名家公孙龙的"白马非马""坚白石"之类的辩题，最后也走向了"为国"或循名责实、审核刑名的"刑名法术"之学。从此以后，中国的哲学思想基本都以关切现实人生、解决现实社会的关切为理论取向，基本不讨论与现实社会生活关系疏远的纯形而上学问题或抽象的名理。如果偶然出现了如魏晋南北朝时期那种清谈玄虚的学问（玄学），则必遭受永久的"骂名"，甚至会把"神州陆沉"的罪责也要推到它的上面。而因为社会现实的问题，从根本说都是有关社会的人及其关系的问题，所以先秦诸子的"百家争鸣"面向社会现实的特点，也就同时规定了中国哲学思想的特点主要都属于人生哲学的性质。辩论"圣人之治"是人生哲学问题，辩论人性的善恶是人生哲学问题，辩论仁、义、礼、智、信等核心价值观是人生哲学问题，辩论刑、德孰"主"孰"辅"仍然也还是人生哲学的问题。即使先秦诸子百家在讨论令人敬畏的"天道"时，他们关心的其实也并不是头顶上那个"苍苍者"之谓也，而只是为了要寻找"人道"或人性的形上根据，只是为了说明"天命之谓性，率性之谓道，修道之谓教"（《中庸》）。同样，即使是讨论"名学"中的"正名"问题，也不是为了分别"方圆白黑"之类的"命物之名"，而更主要是为了厘清"善恶贵贱"和"贤愚爱憎"这些有关道德、伦理与政治的"毁誉之名"与"况谓之名"（《尹文子·大道上》），是为了孔子强调"必也正名乎"时所说的"名不正，则言不顺；言不顺，则事不成；事不成，则礼乐不兴；礼乐不兴，则刑罚不中；刑罚不中，则民无措手足。"（《论语·子路》）总之，这都不是一个纯逻辑知识的问题，而是一个有关社会现实的问题，是一个处理社会关系和社会矛盾的"为治"方法问题，也是一个人生哲学的问题。

其次，先秦诸子百家争鸣对中国学术或哲学思想的另一个重大影响，是它为此后中国哲学思想的发展提供了丰富的思想资源。吕思勉曾将我国学术大略分为七期，即"先秦诸子之学""两汉之儒学""魏晋以后之玄学""南北朝隋唐之佛学""宋明之理学""清代之汉学"和"现今所谓新学"。他说：

> 七者之中，两汉魏晋，不过承袭古人；佛学受诸印度；理学家虽辟佛，实于佛学入之甚深；清代汉学，考证之法甚精，而于主义无所创辟；最近新说，则又受诸欧美者也。历代学术，纯为我所自创者，实止先秦之学耳……我国民今日之思想，试默察之，盖无不有先秦学术之成分在其中者，其人或不自知，其不可诬也。[1]

吕思勉所言是针对整个"先秦诸子之学"在中国学术史上的地位与影响而言的；而如果专就中国哲学思想的发展而言，则先秦诸子

---

① 吕思勉：《先秦学术概论》，岳麓书社 2010 年版，第 3—4 页。

"百家争鸣"的影响尤其显著。它为此后中国哲学思想的发展提供了丰富的思想资源，因为此后中国哲学的概念、范畴、命题及各种思想流派、思潮等大多都可溯源至先秦诸子的"百家争鸣"。先秦诸子百家的各种思潮和流派，如儒、道、名、墨、法、阴阳等，经过诸子百家之间和各学派内部的相互批评、吸收、演变和整合，在秦汉以后形成为新儒家、新道家、新法家等等，构成此后两千多年中国哲学思想史的主干。又如中国哲学思想史上的"道""德""理""气""仁""义""礼""智""阴阳""有无""刑名""名法"等概念、范畴和"道生万物""仁者爱人""生生之为易""循环往复""人禽之别""人能否成圣"等等命题，无不是经过先秦诸子百家反复辩论或"争鸣"的思想成果，并成为两汉儒学、魏晋玄学到宋明理学及明清哲学思想家的思想资源。如果说没有先秦诸子的出现就不会有中国哲学思想那些概念、范畴和命题的胚芽的话，那么则可以说如果没有先秦诸子的"百家争鸣"，就不会有此后中国哲学诸概念内涵的丰富和发展，也就不可能有中国哲学思想的民族特点。从某种意义上说，汉晋以往中国哲学思想中的许多概念、范畴和命题的提出，仍然只是先秦诸子"百家争鸣"的继续，如魏晋玄学中的"孔、老优劣论""言、意关系论"等。北宋思想家王安石在《原性》一文中说："孟子以'恻隐之心，人皆有之'，因以谓人之性无不仁……荀子曰'其为善者伪也'……且诸子之所言，皆吾所谓情也，习也，性也。"这是在先秦诸子人性论辩论的基础上讨论人性论，故实际也可以说，它仍然只是先秦诸子"百家争鸣"的某种继续。因此似可以得出这样的结论，自秦汉以来的中国哲学史大多都是先秦诸子"百家争鸣"的延续，先秦诸子"百家争鸣"是此后中国哲学思想的活水源头。

先秦诸子"百家争鸣"对此后中国的哲学思想史发生了重要而深远的影响，这是毫无疑问的，而且这也是为中外学术界所广泛认同的。

但是，在以往学术界对先秦诸子思想的研究中，虽然历来皆以"百家争鸣"为先秦诸子学术的特征和标志，对先秦诸子学术思想的研究成果或可谓汗牛充栋，但对先秦诸子的"百家争鸣"的研究其实又是十分缺乏的。很多人以为所谓先秦诸子的"百家争鸣"就是当时的诸子们就社会人生问题提出了各自不同的政治主张而已。这就不仅没有抓住先秦诸子"百家争鸣"从根本上讲乃属于先秦诸子百家之间及其内部的学术批评与反批评的性质，更不可能从学术批评史的角度系统梳理先秦诸子"百家争鸣"的轨迹和发展机制，为更深入和更全面地研究先秦诸子的学术思想开辟新的途径。

因此，我们在本课题的研究中准备就先秦诸子的"百家争鸣"进行全系统和深入的研究，梳理出先秦诸子"百家争鸣"的发生、发展、演变的学术史，探究先秦诸子百家之间及其内部曾就哪些观点论题进行过"争鸣"，又是如何开展"争鸣"和其结果又是如何的，并对中国当时和后来的学术思想产生了什么影响，等等。只有这样，才能改变以往学术界习惯于笼统地、粗枝大叶地对待先秦诸子"百家争鸣"的局面，切实地推进和深化对先秦诸子学术思想的研究，为中国先秦哲学思想及整个中国哲学史的研究打下更坚实的基础。

由于先秦诸子"百家争鸣"距离今天已成遥远的记忆，文献的记载亡佚和缺失十分严重，所以我们现在研究先秦诸子"百家争鸣"，尤其应该重视历史与逻辑相统一的研究方法。对于有确切历史文献记载的先秦诸子之间"百家争鸣"，我们必须以历史事实为依据进行论述；对于那些历史文献不够明确的先秦诸子"百家争鸣"，则应该在尽量通过历史文献的考证以釐清历史事实的基础上再讨论其思想的交锋；至于对那些缺乏足够文献支撑的先秦诸子"百家争鸣"，就应该更多地根据哲学发展进程的一般逻辑或者说哲学认识的矛盾运动规律，加以必要的逻辑推演和补充。因为"历史从哪里开始，思想进程也应该从哪里开始，而思想进程的进一步发展不过是历史过程在抽象的、理论上前后一贯的形式上的反映"①;"每一阶段的哲学运动,大体都有一个思想的起点和终点。由问题的提出,矛盾的展开、范畴的演变、争论的深入,到思想的总结,形成一个首尾相应的逻辑进程"②。因此,对于先秦诸子百家争鸣中缺乏文献支撑的某些历史缺环,我们完全可以依据哲学思想发展的逻辑和规律加以推演和补充,这正体现了历史与逻辑相统一的方法论原则。

具体到先秦诸子"百家争鸣"的研究中,对于儒、道的"孔老的异同"、儒墨"互非"、名家的公孙龙和儒家的孔穿之辩等有确切历史记载的"百家争鸣",一定要在尊重历史事实的基础上深入探讨思想演进的规律。对于如孟子之"辟"杨墨,荀子之"非"思孟等这类历史文献的记载存在模糊之处的地方,就应该运用历史文献与哲学思想演进规律"互证"的方式,考证出杨、墨和孟、荀与子思的生活年代(包括其生卒年等),推演其哲学思想的基本进程,这样我们方可确定孟子所"辟"是杨、墨本人还是其后学的思想,荀子时代的儒家思想与子思、孟子时代的差异,等等。至于文献中缺乏记载的地方,如《墨子·非命》中所"非"之"执有命者"为谁,《管子》的《立政》和《立政九败解》中所"非"之"全生之说胜,则廉耻不立"者为谁等等,我们就应根据这两种思想观点的逻辑发展规律而推断其形成的历史时代,补充并描述出先秦诸子"百家争鸣"的"全息图"或完整历史轨迹。

本书共分为十大部分,在学术界首次对先秦诸子的"百家争鸣"做出了学术史的系统和全面的论述。"绪论"部分阐述了本书的研究范

---

① 《马克思恩格斯选集》(第2卷),人民出版社2012年版,第14页。
② 萧萐父、李锦全主编:《中国哲学史》(上卷),人民出版社1982年版,第11页。

围、对象及研究方法和意义，第一章论先秦儒家对诸子百家的学术批评，第二章论先秦道家对诸子百家的学术批评，第三章论墨家对先秦其他诸子学派的学术批评，第四章论先秦法家对诸子学派的学术批评，第五章论先秦纵横家对诸子学派的学术批评，第六章论先秦名家对诸子百家的学术批评，第七章论先秦杂家著作《吕氏春秋》对诸子百家的学术批评，第八章是对先秦阴阳家、农家、小说家学术批评的考论，"结语"部分则对整个先秦诸子"百家争鸣"进行了必要的归纳和总结。

先秦诸子"百家争鸣"是中国哲学思想史上的重要成果和宝贵财富，让我们来共同开掘中华文化史上的这一宝藏吧。

第一章

先秦儒家对诸子百家的学术批评

　　儒家是先秦诸子中最重要的学派之一，而孔子历来被认为先秦诸子的开山之祖。"天不生仲尼，万古长如夜。"这是对孔子的无上推崇。因此，不仅研究先秦诸子的真正起点应自儒家孔子始，研究中国先秦诸子的"百家争鸣"实亦应自儒家的孔子开始。孔子之后，"七十子"及其后学继承和发展了孔子的学说，在与自己学派的学者及其他诸子学派的不断论争中相互激荡，碰撞出思想的火花，既创立了宏大的儒家思想体系，也汇集成中国先秦思想文化的浩瀚海洋，书写出中国哲学思想史上最壮丽的篇章之一。

第一节　先秦儒家对诸子学派的
学术批评概述

　　先秦儒家对其他诸子学派的批评与反批评，其起点应在于孔子对当时道家学派中人的批评，而终点则应以秦统一中国之后，儒家"博士"们批评秦始皇"事不师古"

"专任狱吏"和"乐以刑杀为威",并因此而遭到焚坑之祸①。(《史记·秦始皇本纪》)在此期发生于中国学术思想界的儒家对其他诸子学派人物或思想的批评,就是先秦儒家对诸子学派的学术批评。

根据现有先秦思想文献来看,先秦儒家的学术批评,大致可分为三个阶段。第一个阶段,是孔子及"七十子"的学术批评;第二阶段,是以孟子为代表的"七十子"后学们的学术批评;第三个阶段,则是以荀子为代表的战国后期儒家思想家的学术批评。

一、孔子对先秦诸子的学术批评

孔子是儒家的开山祖,而且还被认为是"开诸子之先河,成一划时代之学者",而"为诸子之开祖"②。因此,研究先秦儒家的学术批评必应自孔子始。

当然,我国的先秦诸子之学自孔子始,却并不等于所有的先秦诸子学派是出现在孔子及儒家之后。例如,孔子师事的老子及道家就出现在孔子之前。只是因为在孔子之前的中国学术思想界既没有学派的意识,而仅有老子等几位道家同一学派的人物,自然也就无所谓"诸子百家"了。也正因此,孔子对先秦诸子的学术批评除了对一些作为萌芽状态的诸子思想进行批评之外,其真正的批评对象,就只有早于儒家思想的道家和孔子创立的儒家学派本身了。

孔子对道家学派的学术批评始于其对老子的评论。老子是后世公认

---

① 案:秦始皇"坑儒",虽以侯生、卢生为秦始皇求仙药不成逃亡而起,然究其实,乃因秦统一中国以来,儒生博士非议秦始皇"事不师古""专任狱吏"和"乐以刑杀为威"。故此处言先秦学术思想史之"先秦",并不止于政治上的秦灭六国、统一天下,而以秦始皇实现思想统一然后止。

② 蒋伯潜:《诸子通考》,岳麓书社 2010 年版,第 7—8 页。案:孔子之前,中国思想界虽已有老子及道家,然仅此尚不足以称"诸子百家"或"子学时代"。

的道家学派的创始人。太史公曰："孔子之所严事，于周则老子。①"《论语·述而》记孔子之言曰："述而不作，信而好古，窃比我于老彭"。近人江瑔《读子卮言》力证"老彭"即老子，以其"出于古之大彭国，为尧时彭祖之后"，"故老聃亦称老彭"②。可见，孔子确曾评论过老子。《论语·宪问》载：

> 或曰："以德报怨，何如？"子曰："何以报德？以直报怨，以德报德。"

熟悉《老子》的人很快即可看出，上文"以德报怨"一句，实出自《老子》第 63 章"报怨以德"句，应是老子之言。此处《论语》以"或曰"的形式出之，当是编者以孔子曾"师从老子"而有意为之③。孔子不认同老子的"以德报怨"的观点，而认为应该"以直报怨，以德报德"。《礼记·表记》记孔子"以德报德，则民有所劝；以怨报怨，则民有所惩"之后，又记孔子之言曰："以德报怨，则宽身之仁（人）也；以怨报德，则刑戮之民也。"似为孔子对自己"以德报怨"说的解释。郑玄注："宽，犹爱也。爱身以息怨，非礼之正也。④"这说明孔子是从"礼之正也"的角度来批评老子"报怨以德"的观点的。

在现有先秦两汉文献中，虽只有这一处孔子直接批评老子的材料，但孔子间接批评老子及道家相关人物的记载，还是可以找到不少的。陈鼓应、白奚曾指出，《论语》中至少有七处以上的地方是"孔子思想受到老子思想影响"的"表现"，说明孔子对老子及道家的这些方面的思

---

① 《史记·仲尼弟子列传》。
② 江瑔：《读子卮言》，华东师范大学出版社 2012 年版，第 91 页。
③ 参看本书第三章《先秦墨家对诸子百家的学术批评》。
④ （清）阮元校刻：《十三经注疏》（清嘉庆刊本），中华书局 2009 年影印本，第 3557 页。

想是予以肯定和认同的①。《论语》中有不少人物，如楚狂接舆、长沮、桀溺、荷蓧丈人，以及楚人叶公等，道家的倾向都非常明显，而其中，除楚狂接舆，孔子虽欲"与之言"，他却"趋而辟之"，孔子"不得与之言"之外，其余几位，孔子皆曾对他们都有过自己的批评。《论语·微子》载：

> 长沮、桀溺耦而耕，孔子过之，使子路问津焉。长沮曰："夫执舆者为谁？"子路曰："为孔丘"。曰："是鲁孔丘与？"曰："是也"。曰："是知津矣。"问于桀溺。桀溺曰："子为谁？"曰："为仲由。"曰："是鲁孔丘之徒与？"对曰："然。"曰："滔滔者天下皆是也，而谁以易之？且而与其从辟人之士也，岂若从辟世之士哉？"耰而不辍。

> 子路行以告。夫子怃然曰："鸟兽不可与同群，吾非斯人之徒与而谁与？天下有道，丘不与易也"。

在这里，孔子看似没有直接批评道家的观点，但他认为长沮、桀溺二人做"辟世之士"的观点是不可行的，因为"鸟兽不可与同群，吾非斯人之徒与而谁与？"据《史记·老子韩非列传》记载，在春秋末期，还有一位被怀疑即是老子的人，叫老莱子，他和老子同样"亦楚人也，著书十五篇，言道家之用。"张守节《史记正义》引《列仙传》云："老莱子，楚人。当时世乱，逃世耕于蒙山之阳，莞葭为墙，蓬蒿为室，杖木为床，著艾为席，菹芰为食，垦山播种五谷。楚王至门迎之，遂去，至于江南而止。曰：'鸟兽之解毛可绩而为衣，其遗粒足食也。"比较长沮、桀溺和老莱子的言行可知，长沮、桀溺实际上就是道家老莱子一类人物。因此，孔子对长沮、桀溺言行的否定，也就是对道家人物

---

① 陈鼓应、白奚：《老子评传》，南京大学出版社 2001 年版，第 4—6 页。

及其思想观点的批评。《论语·微子》接着又说：

> 子路从而后，遇丈人，以杖荷蓧。子路问曰："子见夫子乎？"丈人曰："四体不勤，五谷不分，孰为夫子？"植其杖而芸。子路拱而立。止子路宿，杀鸡为黍而食之，见其二子焉。明日，子路行以告。子曰："隐者也"。使子路反见之。至，则行矣。子路曰："不仕无义。长幼之节，不可废也，君臣之义，如之何其废之？欲洁其身，而乱大伦。君子之仕也，行其义也。道之不行，已知之矣。"

此"荷蓧丈人"隐居不仕，与上面所述长沮、桀溺类似，自然也都是有明显道家倾向的人。只是此人比长沮、桀溺对孔子及儒家的言行要更宽容一些。因为他虽然批评孔子"四体不勤，五谷不分"，但却仍"止子路宿，杀鸡为黍而食之，见其二子焉"。在这段文字中，孔子并没有对"荷蓧丈人"发表过任何意见，但由子路这位忠诚追随孔子的弟子的言辞，也就不难见出孔子的观点。子路对"荷蓧丈人"的批评是，荷蓧丈人虽然也知道人伦小节，却不懂君臣之"大伦"。而孔子之所以使子路反见之，也说明孔子是完全同意子路的看法的。

孔子的确是对先秦道家人物及言行有过自己的批评的。值得注意的是，作为儒家学派的创始人，孔子虽曾受教于道家的老子，却基本未继承老子的道家思想，而是自立门户，创立了儒家。那么儒家孔子与老子思想最根本的差异是什么呢？他批评了道家中的许多人物及其言行，这其中有没有"吾道一以贯之"的主要观点呢？《论语·子路》载：

> 叶公语孔子曰："吾党有直躬者，其父攘羊，而子证之。"孔子曰："吾党之直者异于是：父为子隐，子为父隐。直在其中矣。"

叶公，为春秋末年楚国的县公沈诸梁，以其食采于叶，故称叶公。

叶公与孔子的这段对话，历来学者大多仅以伦理学上对"直"的不同理解视之，故他们认为叶公以诚实守信、"直身而行"为"直"，而孔子则持"孝慈则忠，忠则直"的观念①。但我认为，因为叶公对"吾党"之"直躬者"的称说，明显有些道家的态度，故此处叶公与孔子对"直"的不同理解，不仅是一个伦理学的问题，而实际上反映了儒道两家基于对"礼"不同态度上的不同道德观——这是儒家孔子对道家道德观的一种批判。

"直"，《说文解字》曰："正见也，从十从目从乚。"这是从字形上解释"直"的本义为"目"测得很正直（"正见"）。在《论语》一书中，"直"概念屡见，其义殆有三：（1）正直，与邪曲相对。《论语·为政》：孔子对鲁文哀公问"何为则民服"时曰："举直错诸枉，则民服；举枉错诸直，则民不服。"（《论语·颜渊》亦曰："举直错诸枉，能使枉者直。"）《论语·季氏》：孔子曰："益者三友……友直，友谅，友多闻，益矣……。"这些"直"，都是正直的意思，指正直的人。（2）公正无私，与"私曲"相对。《论语·宪问》："子曰：'何以报德？以直报怨，以德报德。'"朱熹解"以直报怨"之"直"曰：人能"于其所怨者，爱憎取舍，一以至公而无私，所谓直也。"显然，这个"至公而无私"，并非予他人以报复（即使以恩德作为回报），而是指完全出于公理行事，"不以私害公，不以曲胜直，当报则报，不当报则止。"②（3）直率，直接了当、不加任何修饰的"直"，特别是那些与经礼仪文饰的方式相对的行为。上文引《论语·子路》叶公与孔子语"直"、《论语·泰伯》中的"狂而不直"和"直而无礼则绞"、《论语·阳货》篇中的"好直不好学"和"恶讦以为直者"等等，这些

① 程树德：《论语集释》（三），中华书局 2014 年版，第 1189—1194 页。
② 程树德：《论语集释》（三），中华书局 2014 年版，第 1017 页。

"直"似乎都是一个与人的礼仪、文饰和修养相对的"直"。故邢昺释"直而无之礼则绞"曰："正曲为直。绞，谓绞刺也。言人而为直，不以礼节，则绞刺人之非也。"① 而孔安国则径将"好直不好学"解为"父子不知相为隐之辈"，即直接以《论语·子路》中对孔子与叶公语"直"为例，将所谓的"直"与"无礼""不以礼节"或"不好学"划上了等号。从这个意义上说，孔子与叶公语"直"的差异，实际上乃是对于"礼仪"态度的不同，反映了儒家孔子与具有道家思想倾向的叶公所代表的早期儒道两家所谓"直道"的不同。而孔子以"父子互隐"对叶公直率或直截了当、不加任何文饰与节制之"直道"的否定，则可以视为对所谓"三代""斯民""之所以直道而行"（《论语·卫灵公》）之"直道"的批评和否定。

先秦道家的"直道"，在《老子》一书中称为"自然之道""素朴之道""愚人之道"或"婴儿（赤子）之道"。而以此"素朴"的"自然之道"处事待人，则其人必然表现得如"顽似鄙"的"婴儿"或"愚人"；言行亦必"直道而行""直而无礼"。如此之人，犹如西方揭穿"皇帝新装"的儿童。老子重此"直道"，故有"失道而后德，失德而后仁，失仁而后义，失义而后礼……礼者，忠信之薄而乱之首也"之说。而当孔子问礼于老子之时，老子为什么会对孔子说："子所言者，其人与骨皆已朽矣"（《史记·老子韩非列传》）；而孔子则以"道不同不相为谋"，走向了对老子道家思想的批评和否定。

孔子之时，除道家和自己刚刚建立的儒家学派之外，其他诸子学派皆未正式形成，而只是以某种"前学派"思想的形态存在。故孔子对这些思想观点的批评，只能说是针对某个诸子学派思想因素的批评。

---

① （清）阮元校刻：《十三经注疏》（清嘉庆刊本），中华书局 2009 年影印本，第5400 页。

《论语·为政》曰：

> 子曰："道之以政，齐之以刑，民免而无耻；道之以德，齐之以礼，有耻且格。"

在这里，孔子没有说他要批评哪一个诸子学派，但因为其所说的内容集中于"法"和"道德""礼教"，所以我们完全同可见出，这里实际是在讨论治国理论中的"刑""德"关系问题。而因为在春秋战国之际，从孔子开始，关于国家治理中"刑""德"的主次、先后问题的探讨，主要被分为儒、法两大基本阵营：一派是儒家，如孔子，是主张"德主刑辅""礼重于刑"的；另一派则是如后来法家中的商鞅、韩非等人，主张"刑主德辅""刑九赏一"的。法家虽说在孔子时代尚未正式形成，但孔子在这里说"道之以政，齐之以刑"，将导致"民免而无耻"，只有"道之以德，齐之以礼"，才能使民"有耻且格"，可谓正代表了他对法家"以法为教""以刑为先"的治国理政原则的否定和批评。《礼记·缁衣》《大戴礼记·礼察》《孔子家语·刑政》及《孔丛子·刑论》诸篇，也都记载有孔子关于刑罚和"德""礼"先后的类似言论，似说明孔子的确是对当时尚处于萌芽期的这种法家思想保持着一种批评和否定的态度。同时，孔子对先秦名家思想也曾有明确的态度。《论语·子路》载：

> 子路曰："卫君待子而为政，子将奚先？"子曰："必也正名乎？"子路曰："有是哉，子之迂也！奚其正！"子曰："野哉，由也！君子于其所不知，盖阙如也。名不正，则言不顺；言不顺，则事不成；事不成，则礼乐不兴；礼乐不兴，则刑罚不中；刑罚不中，则民无所错手足。故君子名之必可言也，言之必可行也。君子于其言，无所苟而已矣。"

在这段对话中，孔子所要表达的核心思想是"正名"。而所谓"正名"，即是"君君、臣臣、父父、子子"（《论语·颜渊》）之类。因此，尽管现代的学者认为："孔子的'正名'只是名家兴起的一个现实机缘，并不是名家的本质。①"但自古以来，人们即是将此处孔子的"正名"视为"名家"的先驱的。《汉书·艺文志》曰："名家者流，盖出于礼官。古者名位不同，礼亦异数。孔子曰：'必也正名乎，名不正，则言不顺；言不顺，则事不成。'"显然就是将名家的兴起与孔子的"正名"联系在一起的，即是将孔子的"正名"说视为"名家的本质"的。孔子将"正名"视为"言""事""礼乐"和"刑罚"的基础与前提，当作治国理政的首要任务，可见他对"正名"空前的重视程度。从某种意义上讲，孔子虽不是先秦名家的创始人，但说名家是由于孔子提倡或在孔子"正名"说的影响下形成的，则应该是可以成立的。《汉书·艺文志》将惠施、公孙龙等人列为名家的代表人物，但此二人却与孔子及儒家学说存在明显的继承关系。《战国策·魏策二》《吕氏春秋·开春》均有惠施劝魏太子"行文王之事"的记载，今本《尹文子·大道上》开篇亦曰："名也者，正形者也。形正由名，则名不可差。故仲尼云：'必也正名乎！名不正，则言不顺也'。"这些都可见先秦名家确是在儒家孔子思想的影响下，直接源自孔子"正名"思想而形成的一个学术流派。

名家学说直接自孔子"正名"思想而来，这既说明了名家与孔子"正名"思想的关系，也可以反过来说明孔子对先秦名家思想的态度和评价，即孔子充分肯定了"正名"在先秦名家实行"以辅礼制"的政治目的时的重要性，认为"正名"既辨析了事物的"名位不同"，也就同时釐清了社会政治中的"礼亦异数"，使人们的言行都有了可遵循的

---

① 牟宗三：《中国哲学十九讲》，上海古籍出版社1997年版，第191页。

明确标准。故晋人鲁胜曰："名者所以别同异，明是非，道义之门，政化之准绳也。"①

另一方面，由于孔子提出"正名"说的目的"本以正礼法"②，是与其治国理政的政治目标结合在一起，所以也可以说其中同时又包含了对后来名家专事"离坚白""别异同"之名辩的批评。孔子之后，荀子批评名家的"奇辞起，名实乱"（《荀子·正名》），刘歆、班固批评名家中的"訾者""苟钩鈲析乱而已"，皆可谓对孔子"正名"说的一种"发微"，也都间接说明了孔子对后来名家中用"巧言""淫辞"以乱实的倾向，应该是持明确的批评态度的。

除此之外，孔子对先秦诸子中的"小说家"也是给予了明确批评。《论语·阳货》载："子曰：'道听途说，德之弃也。'"《论语·子张》亦载："子夏曰：'虽小道，必有可观者焉；致远恐泥，是以君子不为也。'"《汉书·艺文志》曾以"街谈巷语，道听途说者之所造也"定义"小说"，又以"虽小道，必有可观者焉。致远恐泥，是以君子弗为也"为孔子语，以之为对"小说家"的评论。因为"道听途说"为孔子所言，故可说明《汉书·艺文志》实际亦借用孔子之言来定义"小说"的；而"德之弃也"云云，则是孔子对"小说"价值的一个评判，认为"小说"乃"道听途说"，即"闻之于道路，则传而说之"，"必多谬妄，所以为有德者所弃也，亦自弃其德也。"（马融、皇侃说）③《论语·子张》的子夏"虽小道"云云，《汉书·艺文志》已明确认定为孔子之言，则可知此语实际上只是"子夏亦述孔子语耳"④，其所代

---

① 鲁胜：《墨辩注序》，（唐）房玄龄等撰：《晋书》（八），中华书局1974年点校本，第2433页。
② 陈柱：《诸子概论（外一种）》，华东师范大学出版社2015年版，第106页。
③ 程树德：《论语集释》（四），中华书局2014年版，第1572—1573页。
④ 张舜徽：《汉书艺文志通释》，华中师范大学出版社2004年版，第344页。

表的乃是孔子对"小说家"的另一面看法，即"小说"虽为"小道"，仍有"观风俗，知得失"之功用；"君子不为"，也只是表示君子不应当对"小说"主动地"为人传而说之"，而并不是放弃对"小说"之"多闻阙疑"的态度。

当然，就现有文献的记载来看，孔子对先秦诸子的学术批评最多的，并不是以上诸家，而是孔子本人所创立的儒家学派。

孔子对其所创立的儒家学派的批评，主要体现在两个方面：一是对儒家学派所确立的经典的批评，二是对属于儒家学派的人物的批评。《礼记·经解》和《孔子家语·问玉》都记有孔子所谓"其为人也温柔敦厚，《诗》教也；疏通知远，《书》教也；广博易良，《乐》教也；絜静精微，《易》教也；恭俭庄敬，《礼》教也；属辞比事，《春秋》教也"和所谓"《诗》之失，愚；《书》之失，诬；《乐》之失，奢；《易》之失，贼；《礼》之失，烦；《春秋》之失，乱"云云的论断。以往的学者多视孔子之言为在上（者）"深达"于"六经"之"义理"而以之"教民也"的问题①，但我认为，从另一方面来看，则似亦可看成孔子对《诗》《书》《乐》《礼》《易》《春秋》"六经"之性质特点的一个评判，即《诗》有"温柔敦厚"之长而无"愚"之"失"、《书》有"疏通知远"之长而无"诬"之"失"、《乐》有"广博易良"之长而无"奢"之"失"、《易》有"絜静精微"之长而无"贼"之"失"、《礼》有"恭俭庄敬"之长而无"烦"之"失"、《春秋》有"属辞比事"之长而无"乱"之"失"等等。而这与孔子在其他地方分别对《诗》《书》《乐》《礼》《易》《春秋》的评价也是一致的。如《论语·为政》记孔子论《诗》曰："《诗》三百，一言以蔽之，

① 以上并见（清）阮元校刻：《十三经注疏》（清嘉庆刊本），中华书局 2009 年影印本，第 3493 页。

'思无邪'。"同书《八佾》曰："《关雎》乐而不淫，哀而不伤。"这里的"思无邪"和"乐而不淫，哀而不伤"之言，亦即《礼记·经解》的"温柔敦厚"之义。由于作为"六经"之一的《乐》已亡于秦代，现有文献中哪些属于孔子对《乐》的批评，已难于确指。但正如清代章学诚所云："六经皆先王之政典也"；"故夫子之述六经，皆取先王之典章"①。故作为"六经"之一的《乐经》，必为三代之"古乐"，而非作为"新声"的"郑卫之音"，而孔子之言《韶》尽善尽美矣（《论语·八佾》），斥"郑声淫"（同上，《卫灵公》），等等，正可作为孔子对《乐》之批评。《孔丛子》前人多疑为王肃伪托，李学勤先生结合出土文献进行研究，认为此书不伪，乃汉魏间"孔氏家学的学案"②。《孔丛子》中有《论〈书〉》一篇，其中记孔子之言曰："《书》之于事也，远而不阔，近而不迫。"《礼记·经解》"疏通知远，《书》教也"孔颖达疏曰："《书》录帝王言诰，举其大纲，事非繁密，是'疏通'；上知帝皇之世，是'知远'也"。可见，"疏通知远而不诬"，正是孔子对《书》一贯的判断。《礼记·经解》记孔子以"絜（潔）静精微而不贼"评价《周易》，所谓"絜（潔）静"是说"《易》之于人，正则获吉，邪则获凶，不为淫滥"，而"精微"则指其"穷理尽性，言入秋毫"③。大约产生于"战国后期到秦汉之际的一些儒家后学④"的《易传》（"十翼"）中，亦载有颇多孔子论《易》之言。如"子曰：'《易》其至矣乎！夫《易》，圣人所以崇德而广业也。……成性存存，道义之门'"；"子曰：'夫《易》何为者也？夫《易》，开物成务，冒

① （清）章学诚著，叶瑛校注：《文史通义校注》，中华书局2014年版，第1、120页。
② 李学勤：《简帛佚籍与学术史》，江西教育出版社2001年版，第383页。
③ （清）阮元校刻：《十三经注疏》（清嘉庆刊本），中华书局2009年影印本，第3493页。
④ 萧萐父、李锦全主编：《中国哲学史》（上卷），人民出版社1982年版，第251页。

天下之道，如斯而已者也"（《系辞上》）；"《易》之为书也……噫亦存亡吉凶，则居可知矣。"（《系辞下》）正所谓"絜静精微而不贼"之义。关于《礼》，孔子在世时已叹"文献不足"（《论语·八佾》），《史记·儒林列传》亦曰："《礼》固自孔子时而其经不具。"故先秦文献虽多载孔子"论礼"之说，但无一可确指为孔子批评《礼经》者。今本《孔子家语·论礼》载孔子答弟子问"礼"曰："敬而不中礼谓之野，恭而不中礼谓之给，勇而不中礼谓之逆……夫礼所以制中也。"联系到《论语·子罕》篇中孔子所谓于"礼""宁俭"而"从众"、"泰"而"从下"之言，可知《礼记·经解》以"恭俭庄敬而不烦"评价"礼"，亦正是反映了孔子对《礼》的"中庸"态度。《春秋》是"六经"中孔子付出了最多心力的经典之一。《孟子·滕文公下》曰："孔子惧，作《春秋》"。又曰："孔子成《春秋》而乱臣贼子惧。"故《史记·孔子世家》引述孔子之言说："后世知丘者以《春秋》，而罪丘者亦以《春秋》。"据出于《子思子》的《坊记》记载，孔子说"《春秋》不称楚、越之王"，又曾二引"《鲁春秋》曰"云云，可见孔子所论《春秋》应确实为自己所修之《春秋》，而非鲁国固有之《鲁春秋》。而孔子对《春秋》的批评，亦应包含于其对《春秋》的"修""作"之中了。晋杜预《春秋左氏序》曾说：孔子所"作《春秋》"，"考其真伪，而志其典礼，上以遵周公之遗制……以示劝戒。"因此，而这里的"聚合会同之辞""比次褒贬之事"①，正是《礼记·经解》中孔子对《春秋》所谓"属辞比事而不乱"的评判，说明孔子对《春秋》的评价也是一贯的。

孔子对儒家学派人物批评最多的，无疑是追随其后的孔门弟子。而

---

① （清）阮元校刻：《十三经注疏》（清嘉庆刊本），中华书局 2009 年影印本，第 3493 页。

在对其弟子的批评中，孔子给予了完全肯定的，应该只有颜回（颜渊）一人。《论语·雍也》载："回也，其心三月不违仁，其余则日月至焉而已矣。"《论语·先进》又载孔子称赞颜回"好学"，把颜渊（颜回）当成弟子中唯一能长久地（"三月"）"不违仁"之人，对颜渊的"不幸短命"捶胸顿足，足见他对颜渊的极其欣赏。《庄子·大宗师》中孔子与颜渊语"坐忘"，当颜渊说到自己"修道"进入到"堕肢体，黜聪明，离形去知，同于大通"的境界时，孔子竟说"而果其贤乎！丘也请从而后也"。庄子的记载或许有"寓言"的成分在其中，但这多少也可反映出孔子对颜渊的高度赞扬。

当然，包括以上对颜渊全盘肯定的评价在内，孔子对弟子的批评主要是一种道德的批评，是想引导他们"成人"，至少也要使他们成为"君子儒"、而不要成为"小人儒"（《论语·雍也》）。故孔子对弟子的批评，首先基于对弟子们的才性的分辨和归类。《论语·先进》将弟子分为"四科"曰："德行：颜渊、闵子骞、冉伯牛、仲弓；言语：宰我、子贡；政事：冉有、季路；文学：子游、子夏。"并在不同的时间和地点，对不同的人提出不同的批评。孔子的这种批评，是在不同时间、地点，针对不同对象的不同言行而提出的，故它既不会"因人废言"或"因言废人"，而能起到因材施教和循循善诱的效果。从某种意义上说，一部《论语》完全可以看成孔子对弟子的批评史，是对早期儒家学派人物的一种批评。

二、"七十子"及其弟子对先秦诸子的学术批评

在孔子建立儒家学派之初，儒家学派的内部可以说充满了一种自由平等的学术民主氛围。因而孔子的弟子们虽然也称夫子"固天纵之将圣，又多能也"，并对夫子"仰之弥高，钻之弥坚，瞻之在前，忽焉在后"（《论语·子罕》），充满了崇拜之情。但当他们在遇到具体问题时，

却勇于独立思考，往往能针对不同的思想观点提出自己的批评意见，即使在面对孔子本人时也是"当仁不让于师"的。上文所举《论语·子路》载子路对孔子"正名"说的批评，即是一个很著名的例子。

孔子的弟子们对孔子既是"当仁不让于师"，那么，在他们同门之间的相互批评就更是常见了。《论语·子张》载：

> 子夏之门人问交于子张。子张曰："子夏云何？"对曰："子夏曰：'可者与之，其不可者拒之。'"子张曰："异乎吾所闻：君子尊贤而容众，嘉善而矜不能。我之大贤与，于人何所不容？我之不贤与，人将拒我，如之何其拒人也？"

> 子游曰："子夏之门人小子，当洒扫应对进退，则可矣，抑末也。本之则无，如之何？"子夏闻之，曰："噫！言游过矣！君子之道，孰先传焉？孰后倦焉？譬诸草木，区以别矣。君子之道，焉可诬也？有始有卒者，其惟圣人乎？"

此处所引孔门弟子间的相互批评，第一条是子张与子游之间的批评，第二条是子游和子夏之间的批评。子游、子夏，列在孔门四科"文学"之列，但《韩非子·显学》之中的儒学八派并无"子游氏之儒"和"子夏氏之儒"，《论语》此篇中却反复提到"子夏之门人"，《荀子·非十二子》也有"子张氏之贱儒""子夏氏之贱儒"之称，这说明当时无疑是存在"子张氏之儒"和"子夏氏之儒"这些派别的。子张对"子夏之门人小子"的批评虽也可以说只是对子夏本人的学术批评，而子夏对子张的反驳则应该是对子张思想观点的反批评。

在上面《论语·子张》篇中，前一则记载子张以"君子尊贤而容众，嘉善而矜不能"的立场，批评子夏"可者与之，其不可者拒之"的观点。子夏、子张二人的观点反映了他们在交友标准上的不同特点：子夏可能侧重于孔子所谓"无友不如己者"之义，故择友比较严格；

而子张则继承了孔子"泛爱众之说",侧重于从"宽于待人、严于律己"的立场批评子夏;后一则记载的子游对"子夏之门人小子"的批评和子夏的反批评,同样可以看成是子游与子夏之间思想观点的交锋。子游批评子夏所教"门人小子"皆为"洒扫应对进退"等细枝末节之事,而未能直指大道;子夏则指出学"君子之道"应有先后次第,"必以小事之由";自己对"门人小子"的所教无可指摘。应该说,学"君子之道",正如朱熹评论所说:"言君子之道,非以其末为先而传之,非以其本为后而倦教。但学者所至圣,自有浅深,如草木之有大小,其类固有别矣。若不量其浅深,不问其生熟,而概以高且远者强而语之,则是诬之而已,君子之道岂可如此?若夫始终本末一以贯之,则惟圣人为然,岂可责之门人小子乎?"①

孔子弟子们对同门之间不同的思想之所以有如此坦率的批评与反批评,其原因殆是因为他们处身于后孔子时代,都自以为是原原本本地继承了孔子的思想,故不可避免地产生分歧。故《论衡·本性》篇记载,在孔子的弟子之间就曾因人之本性如何的问题进行过一次较深入的论辩,并在最后取得比较一致的看法:

> 周人世硕,以为"人性有善有恶,举人之善性,养而致之则善长;[恶]性,养而致之则恶长。"如此,则性各有阴阳,善恶在所养焉。故世子作《养[性]书》一篇。宓子贱、漆雕开、公孙尼子之徒,亦论情性,与世子相出入,皆言性有善有恶②。

此段文字中的宓子贱、漆雕开二人,皆是孔子弟子,在"七十子"之列,他们二人的名字曾出现于《论语》中,《史记·仲尼弟子列传》

---

① (宋)朱熹撰:《四书章句集注》,中华书局1983年版,第191页。
② 黄晖撰:《论衡校释》(一),中华书局1990年版,第132—133页。

和《孔子世家·七十二弟子解》都有对他们的记载，《汉书·艺文志》还著录有二人之书：一曰"《漆雕子》十三篇"（班固自注："孔子弟子漆雕启后。"王应麟曰："《史记列传》作漆雕开。《史记》避景帝讳，著书者其后也。"杨树达曰："'后'字盖衍文。"），一曰"《宓子》十六篇。"（班固自注："名不齐，宓子贱，孔子弟子。"）因为漆雕开和宓子贱二人的著作早已亡佚，已不知道其论性情的详情。世子（世硕）和公孙尼子二人当是"七十子之弟子"，属孔子的再传弟子。《汉书·艺文志》也著录有二人著作：一曰"《世子》二十一篇"（班固自注："名硕，陈人也。七十子之弟子。"），一曰"《公孙尼子》二十八篇。"（班固自注："七十子之弟子。"王应麟曰："隋唐《志》一卷，似孔子弟子。沈约谓《乐记》取《公孙尼子》，刘瓛云：《缁衣》，公孙尼子所作也。"张舜徽曰："今观《初学记》《意林》诸书所引《公孙尼子》，皆在《乐记》中，沈说可信。至于《缁衣》，乃出《子思子》，刘说非也。"① ）

在《论衡·本性》的记载中，有两点似值得特别重视：一是这段文字尊称世硕、公孙尼子为"子"，而于宓子贱、漆雕开则直呼其名，这说明这段材料的原始出处应属于世子、公孙尼子之后学，或即在《汉志》之"《世子》二十一篇"和"《公孙尼子》二十八篇"之中；二是这场关于性之善恶的讨论似虽不知其具体背景如何，但却应由世硕首先发起、甚至有可能是在作为儒家的世硕批评其他学派的观点而引起的。《论衡·本性》首先曰"周人世硕以为'人性有善有恶'"云云，然后才说"宓子贱、漆雕开、公孙尼子之徒，亦论情性，与世子相出入"，这显然已经把这场辩论发生的顺序讲清楚了。而从以上诸人的学派归属来看，宓子贱、漆雕开为孔子弟子，世子（硕）和公孙尼子为

---

① 张舜徽：《汉书艺文志通释》，华中师范大学出版社 2004 年版，第 258—260 页。

"七十子弟子"（孔子的再传弟子），他们之所以会形成一致的人性论观点，则必是儒家之外的学派有主张与"人性有善有恶"说相反对者；而宓子贱、漆雕开、公孙尼子等人则似有帮孔门后学世硕助阵解围之意（王应麟不信班固公孙尼子为"七十子弟子"之说，而认为其"似孔子弟子"，原因亦似在此）。因为根据近人的研究，孔子的"性相近，习相远"（《论语·阳货》），并"不以善恶讲性"；而"所谓上智下愚，原非论性，而是讲才智的差别，性本不可以智愚来说"。① 但从另外一个角度来看，孔子的言语中也常包含有某种人性论的因素。如孔子说："天生德于予"（《论语·述而》），这就与后来《中庸》的"天命之谓性"一样，都是将"天"视为人的"德性"的形上根据的。但此"天"在孔子那里却既是"意志之天"，也是"自然之天"。当孔子曰："天何言哉？四时行焉，百物生焉"（《论语·阳货》）时，这个"天"应该主要是指"自然之天"；当孔子曰："获罪于天，无所祷也"时，这个"天"似更多的指"意志之天"。当孔子所谓"天"指"意志之天"时，此"天"应该是有"德性"的，这就是所谓"百物生焉"的"生生之德"，亦即《大学》中所谓"明明德"的"明德"；而当孔子所谓"天"指"自然之天"时，则此"天"与老庄道家的"天"极为相似——"道家的性论"，在一方面"可以说是无善无恶的"，在另一方面则"也可以说是性至善论"的，因为它实际是无所谓善恶的，亦即是"超善恶论"的②。但《论语·里仁》又记载孔子之言曰："富与贵，是人之所欲也，不以其道得之，不处也；贫与贱，是人之所恶也，不以其道得之，不去也。"这实际又是把"欲富与贵"和"恶贫与贱"当成了人的普遍追求或者说"普遍的人性"，有某种"性恶论"的因素

---

① 张岱年：《中国哲学大纲》（上），中华书局 2017 年版，第 253—254 页。
② 张岱年：《中国哲学大纲》（上），中华书局 2017 年版，第 269 页。

在其中。也正因此，后来的儒家不论是"性善论""性恶论"，还是"性无善无恶论""性有善有不善论""性善恶混论"，似都可以从孔子那里找到思想的源头。

孔子在世的时候，因为"夫子之言性与天道，不可得而闻也"（《论语·公冶长》），所以社会上谈论人性的也很少；但到了"七十子"时代的后期或"七十子之弟子"正式登上思想舞台的时候，学术界谈论人性的人渐渐多了起来，各人对人性善恶理解的分歧也就很自然地明显了。子思、孟子主张"人性善"，而曾与墨子辩论、后遭到孟子强烈批评的告子，就公开宣称"性无善无不善也"（《孟子·告子上》）。①

与孔子的观点相比较而言，当时学术界这些人性论观点与孔子观点的差异仍然是很明显的。因为尽管孔子在"性善""性恶"问题上说得很含混，但他将"习"与"性"看得同等重要，而且孔子的人生哲学是"注重道德的品行"，"可算得上是注重道德习惯一方面的"②。这就是说，孔子的观点更多的似暗含着他至少是主张性有善有恶的。因为如果说人性纯善，那人之道德的修养过程就应该如孟子所说，"求其放心"而已，或如李翱借佛教禅宗所主张的那样——"复性"就好，是不必经过"习得"的——之所以要"学习"或培养，那就是因为其中有"恶"的成分要改造。这也就是后来荀子主张"人之性恶"，强调要通过"起礼义，制法度"而"化性起伪"的原因（《荀子》之《性恶》《礼论》等篇）。世硕应该就是在这一背景下提出"人性有善有恶"之说的，而宓子贱、漆雕开、公孙尼子三人也应该在这样的背景下，为声

---

① 案：告子其人，在《墨子》和《孟子》中同时出现，学术界有二者为"同一人"和"非同一人"二说，本文取《墨子》《孟子》二书中的告子为"同一人"说，但又认为告子是墨子同时代人，《孟子》书中只是转述《墨子》书中告子的观点而展开反驳，并不能说明告子与孟子同时。

② 胡适：《中国哲学史大纲》，上海古籍出版社 1997 年版，第 86 页。

援世硕而加入到这场人性论的辩论中的。而如果从学术讨论中有"立"必有所"破"的角度来看，则世硕为首的儒家孔门弟子及再传弟子"人性有善有恶"说的提出，既是对孔子人性论的一种发展，也是对其他学派的不同人性论观点的一种批评。

孔子弟子对同门之间的思想分歧尚且有如此多的批评与反批评，那么他们对其他已经或正在形成的诸子学派的思想观点，就会更是毫不留情地予以抨击和批评了。上文曾以《论语·子路》载孔子和子路讨论"正名"思想和《论语·微子》载孔子使子路问长沮、桀溺、荷蓧丈人等以见孔子对名家和道家人物的态度。但换一个角度来看，这些记载实际也反映了孔子弟子子路对道家和名家一种批评。子路认为治国为政必先"正名"是一种"迂"，说明他是并不认同这种政治策略的。他所持的乃是某种"千乘之国，摄乎大国之间，加之以师旅，因之以饥馑，由也为之，比及三年可使有勇，且知方也"（《论语·先进》）的富国强兵政治主张。他说荷蓧丈人"欲洁其身，而乱大伦"，则是在以儒家君臣伦理批评道家隐逸思想者逃避社会责任。近人陈柱曾以为孔门"七十子"颜渊、仲弓、子桑伯、闵子骞、曾点诸人"近乎道家"，子路"近乎法家者流也"，宰我"近乎墨家者流也"①。从某种意义上讲，这也可以说明颜渊、仲弓、子桑伯、闵子骞、曾点、子路、宰我等人，曾对道、法、墨等诸子学派的思想成分做过一定的学术批评。

在儒家的学术批评史上，第一位明确对其他诸子学派提出批评的，是作为"七十子弟子"的公孟子。公孟子对墨子的学术批评，见于《墨子·公孟》篇。初看上去，《墨子·公孟》与《墨子·非儒》相似，差不多都是儒家的公孟等人先提出一个问题或一种观点，然后墨子

---

① 陈柱：《原儒下》，《诸子概论（外一种）》，华东师范大学出版社 2015 年版，第191—195 页。

加以辩驳和批评。但如果你进一步考察就会发现，公孟等人的提问或提出的观点，实际是包含有一种对墨子本人及其学派的否定和批评在内的；只是因为《墨子》诸篇皆出于墨子后学之手，故公孟等儒家人士的言论就只能作为墨家的批判对象或引出墨子主张的"引子"来看待。但实际上，儒家的言论本身可能就是对以墨子为领袖的墨家观点的批判性言论，或至少是与墨家进行思想交锋的辩论之辞。如《公孟》篇记公孟子与墨子的一段对话曰：

> 公孟子谓子墨子曰："实为善人，孰不知？譬若良玉，处而不出，有余糈。譬若美女，处而不出，人争求之。行而自炫，人莫之取也。今子偏从人而说之，何其劳也？"子墨子曰："今夫世乱，求美女者众，美女虽不出，人多求之。今求善者寡，不强说人，人莫之知也。且有二生于此，善筮，一行为人筮者，一处而不出者。行为人筮者与处而不出者，其糈孰多？"公孟子曰："行为人筮者其糈多。"子墨子曰："仁义钧，行说人者，其功善亦多，何故不行说人也？

关于公孟子，孙诒让注曰："惠栋云：'公孟子即公明子，孔子之徒'。宋翔凤云：'《孟子》公明仪、公明高，曾子弟子。公孟子与墨子问难，皆儒家之言。'孟'与'明'通，公孟子即公明子，其人非仪即高，正也墨翟同时。'"又说："《潜夫论·志氏姓》篇'卫公族有公孟氏'，《左传》定公十二年《孔疏》谓公孟絷之后，以字为氏。《说苑·脩文》篇有公孟子高见颛孙子莫及曾子，此公孟子疑即子高，盖七十子之弟子也。"① 若据此，则与墨翟辩论者之公孟子当属"七十子之弟子"。

在春秋战国之际这个"处士横议"的时代，除道家的老、庄倾向

---

① （清）孙诒让：《墨子间诂》（下），中华书局 2001 年版，第 449 页。

于守静退隐之外，其他诸子百家都习惯于周游列国，宣传自己的思想主张。孔子即说自己不能如匏瓜，"焉能系而不食"？（《论语·阳货》）而应当待价而沽（同上，《子罕》）。而道家人士亦毫不客气地批评他为"天下皆是"的"滔滔者"（同上，《微子》），或如老聃所云的"傑傑然若负建鼓而求亡子者"（《庄子·天道》）。墨子及墨家更是如此。《墨子》书中多载墨子"游"弟子于诸侯，并对其弟子说："凡入国，必择务而从事焉。国家昏乱，则语之尚贤、尚同；国家贫，则语之节用、节葬；国家憙音湛湎，则语之非乐、非命；国家淫僻无礼，则语之尊天、事鬼；国家务夺侵凌，则语之兼爱、非攻。"而至墨子后学，如"宋钘、尹文之墨"，则更"以此周行天下，上说下教，虽天下不取，强聒而不舍者也。"（《庄子·天下》）据《汉书·儒林传》记载，孔子之后，其弟子除原宪等少数"或隐不见"者外，其他基本上都继承了孔子的"用世"传统："七十子之徒散游诸侯，大者为卿相师傅，小者友教士大夫"。但如公孟子这样的儒者，似并不热衷于游说天下，宣扬自己的主张，故而对墨子及其门徒进行了批评，认为如果一个人的主张确实是治世良方、或一个人"实为善人"，这就如同"良玉""美女"，早已名闻天下，人必趋之若鹜，哪里还需要像墨子师徒那样"行而自衒"，"徧从人而说之""强聒不舍"呢？言外之意即是墨子并非"实为善人"，墨家的学说也并非治世良方。这就对墨子其人及其学说进行了否定。

儒家在孔门"七十子"及"七十子之弟子"之间的重要人物，是孔子之孙孔伋（子思）。孟子说子思师曾参，可知子思主要当属"七十子弟子"之列。《汉书·艺文志》著录有"《子思》二十三篇"，班固自注："名伋，孔子孙，为鲁缪公师。"但其书亡佚已多。《隋书·音乐志》引沈约之言，以《礼记》中的"《中庸》《表记》《坊记》《缁衣》，皆取《子思子》。"《太平御览》卷四百三引《子思子》曰："天下有道，则行有枝叶；天下无道，则言有枝叶。"此文在今本《礼记·表记》之中，"足证沈约说可据"①。从今人辑佚而成的《子思子》以及包括郭店楚简《鲁穆公问子思》之类的出土文献来看，子思虽然"恒言君之恶"（《鲁穆公问子思》），敢于"以德抗位"，但他更主要的宣传其祖上的学说，有时也批评时政，于百家之学则少有臧否，即使如《孔丛子·居卫》篇所谓"《书》之意兼复深奥、训诂成义，古人所以为典雅也"；"文王厄于羑里作《周易》，祖君屈于陈、蔡作《春秋》"，这类涉及对儒家经典的议论也并不多见。

"七十子弟子"之后，儒家中对先秦诸子进行较多学术批评的学者，应该数孟轲和荀卿二人。孟轲、荀卿事迹《史记·孟子荀卿列传》有载，今存《孟子》七篇、《荀子》三十二篇（《汉志》原作"《孙卿子》"二十三篇"，顾实曰："王应麟云：'当作三十二篇。'盖传刊之误也。"），可据以研究二人对先秦诸子的学术批评。依现存《孟子》和《荀子》二书来看，孟轲、荀卿对先秦诸子的各个学派差不多都提出自己的批评，孟子针对的主要为杨朱的"为我"和墨子的"节葬"主张，而荀子则主要就它嚣、魏牟、陈仲、史蝤、墨翟、宋钘、慎到、田骈、惠施、邓析、子思、孟轲等六家十二子的学说进行非难。因孟、荀二人对先秦诸子学术批评的内容较多，留待我们下文专门探讨②，兹姑从略。

三、孔穿、孔鲋及董无心对名、墨二家的批评

孟、荀之外，儒家对诸子学派开展学术批评的，最著名的是孔子七

---

① 张舜徽：《汉书艺文志通释》，华中师范大学出版社 2004 年版，第 257 页。

② 我也曾著文对孟、荀二人的学术批评进行过专门探讨，见《荀子对先秦诸家思想的批评》（《中州学刊》2015 年第 8 期）和《拒斥·卫道·好辩——论孟子对先秦诸子的学术批评》[《北京师范大学学报》（社会科学版）2016 年第 6 期]。

世孙孔穿对名家公孙龙的批评、孔子九世孙孔鲋及儒者董无心的"诘墨"等。

孔穿，字子高，孔子七世孙，生卒年不详。钱穆依黄式三《周季编略》之推断，以孔穿与公孙龙辩于平原君所，时在赵孝成王元年（公元前 265 年）。孔穿与公孙龙的辩论，《吕氏春秋·淫辞》《公孙龙子·迹府》《孔丛子·公孙龙》诸篇均有记载，而《孔丛子·公孙龙》篇所载尤详。《孔丛子·公孙龙》篇记孔穿批公孙龙"言非而博、巧而不理"曰：

> 平原君曰："至精之说，可以闻乎？"（子高）答曰："其说皆取之经传，不敢以意。《春秋》记'六鹢退飞，睹之则六，察之则鹢。'鹢犹马也，六犹白也。睹之则见其白，察之则知其马，色以名别，内由外显，谓之白马，名实当矣。若以丝麻加之女功为缯素青黄，色名虽殊，其质故一。是以《诗》有素丝，不曰丝素；《礼》有缯布，不曰布缯。"骊牛""玄武"，此类甚众。先举其色，后名其质，万物之所同，圣贤之所常也。君子之谓，贵当物理，不贵繁辞。若尹文之折齐王之所言，与其法错故也。穿之所说于公孙子，高其智，悦其行也。去白马之说，智行固存，是则穿未失其所师者也。称此云云，没其理矣。是楚王之言'楚人亡弓，楚人得之'，先君夫子日探其本意，欲以示广，其实狭之，故不如曰'亦曰人得之而已'也。是则异楚王之所谓楚，非异楚王之所谓人也。以此为喻，乃相击切矣。凡言人者，总谓人也，亦犹言马者，总谓马也。楚自国也，白自色也。欲广其人，宜在去楚。欲正名色，不宜去白。诚察此理，则公孙之辩破矣。"

《孔丛子》在此之后，还批评了公孙龙"所谓藏三耳"为"辞胜于理"，"甚难而实非也"。"藏三耳"的确切含义今已难知，前世学者多以所谓"鸡三足"之例视之。"寻一兽类以比附之",与《公孙龙·坚白论》所谓"坚、白、石不相外,藏三可乎?"意义相同①。在孔穿与公孙龙的辩论中,公孙龙坚持的是其著名的"白马非马"之论,其理由是"言白,所以名'色';言马,所以名'形'也。色形,非形,非色也。夫言色则形不当与,言形则色不宜从;今合以为物,非也。"(《公孙龙子·迹府》)"白马"是"色"(白)和"形"(马),"合而为物"的结果,它与"色"(白)或"形"(马)皆非同一物,故曰"白马非马"也。公孙龙还举了尹文难齐王好士而不好"见侮不辱"之士,和孔子以"楚人亡弓,楚人得弓"宜去"楚"二例,以论证其"白马非马"之说的成立和孔穿之批评的不当。

　　针对公孙龙之说,孔穿首先从总体上批判了公孙龙此说"言非而博、巧而不理";接着,他又从概念在逻辑上存在种属关系的角度批判了公孙龙观点的荒谬。他认为,一个事物本有"名"和"质"(实)两方面:"色以名别,内由外显",故"先举其名,后名其质";"色名虽殊,其质(实)故一"。就公孙龙所谓"楚王"与"楚人"之同异问题而言,孔子之所欲去"楚人亡弓,楚人得之"之"楚",乃"探其(楚王)本意,欲以示广,其实狭之";故不如曰"'亦曰人得之而已'也。是则异楚王之所谓楚,非异楚王之所谓人也。"因为"凡言人者,总谓人也;亦犹言马者,总谓马也。楚自国也,白自色也。欲广其人,宜在去楚;欲正名色,不宜去白。"孔穿认为,"忱察此理,则公孙之辩破矣。"冯友兰认为,孔穿在此对名家公孙龙"白马非马论"的批评,"只是对'白马非马'这个命题的解释","在逻辑上是很有意义的";但"公孙龙是对于这个命题作外延的解释",因此,"孔穿并没有

―――――――――――

　　① 案:关于"藏三耳"含义的讨论,可参看陈奇猷《吕氏春秋·淫辞》的注文。陈奇猷校释:《吕氏春秋校释》(下),学林出版社1995年版,第1198—1199页。

完全破了公孙龙的辩论"①。我认为，孔穿在此对公孙龙"白马非马论"的批评，之所以"没有完全破了公孙龙的辩论"，主要是因为孔穿对公孙龙"白马非马"论的批评仅限于揭露公孙龙观点中专注于概念外延、忽视其内涵，或者说以概念之外延即等于整个概念、而并不懂得概念间因外延的大小而存在着种属关系；公孙龙的"白马非马"论不仅仅是一个形式逻辑的概念内涵外延的关系问题，而是一个与其整个哲学思维、乃至其整个世界观和方法论皆密切相关的形式逻辑论点。公孙龙在《名实论》中说："天地与其所产焉，物也。物以物其所物而不过焉，实也。……夫名，实谓也。知此之非此也，知此之不在此也，则不谓也；知彼之非彼也，知彼之不在彼也，则不谓也。"这里，公孙龙把"名"与"实"相对，说"夫名，实谓也"，即把"名"看成"实"的称谓，似乎准确地把握了概念与事物的逻辑关系。但其实不然。因为他把"名"看成了"实"的完全等同物，不允许"名"与"实"有任何差异，哪怕是空间位置上的一丝偏差，认为"知此之非此，知此之不在此"，或"知彼之非彼，知彼之不在彼"，"则不谓也"。这实际上是不懂得任何概念（即"名"）的产生都必然是对具体事物的抽象，是不可能和实物完全等同的。即使是一个外延再小的概念或专有名词，也只能（且必然）是对该事物特点的概括和总结（即使是"你眼前的这匹白马"，也是不能与"白马"概念完全重合的）。从这个意义上讲，他所说的"名"并不完全等于形式逻辑中的所谓"概念"，公孙龙也并不真正懂得形式逻辑上的所谓"概念"的含义，更不用说概念的内涵和外延问题了。而公孙龙之所以如此，又是与其整个哲学思维、与其整个世界观和方法论密切相关的。公孙龙说："夫名，实谓也。"已似把"名"看成为"实"物上贴上的标签；但他又说："物莫非指也"。

---

① 冯友兰：《中国哲学史新编》（上），人民出版社 2001 年版，第 460 页。

（《指物论》）这就不仅把"指"（亦即"名"）看成了实物上的标签，而且把"名"也当成了"实"物、把"实"物当成了"名"了。以这种哲学思维和世界观来看待概念与事物的关系，就必然会在事物的同一性与差异性、在个别与一般的关系的认识上出现偏差，得出"白马非马"一类荒谬的结论。——他既以"名"为"实"，所持的乃是"旧的形而上学意义下的同一律"，即"a＝a，每一事物都与他自身同一"①。孔穿以概念外延的种属关系并引起其内涵的变化论证"白马是马"的观点，从反面说明了公孙龙"白马非马"论的不合事"理"，其哲学思维水平和形式逻辑水平都已较公孙龙有了较大的进步。

孔子九世孙孔鲋的"诘墨"，见于《孔丛子·诘墨》篇。在《墨子》书中本有《非儒》之篇，前辈学者多以之为墨子后学所作。我在论墨家的学术批评时曾指出（详见本书第三章《先秦墨家对诸子百家的学术批评》），《非儒》篇不仅非墨子本人所作而为其后学所增加，而且该篇还存在前半批评儒家学说，后半攻讦孔子本人的不同，故该篇应为战国中后期（甚至更晚）墨子后学对儒家的批评之作。从《孔丛子·诘墨》篇来看，孔鲋主要针对的是《诘墨》后半部分的"非孔"进行反诘的，是对《墨子·非儒》中"非孔"的反批评，故其写作的时间当在《非儒》成篇之后，或晚至秦始皇从李斯之议而准备"别墨白而定于一尊"之时。此时，"秦墨"以其"尚同"主张与法家进一步合流，故对儒家的攻击不遗余力；而孔鲋则奋起反击。

《墨子·非儒下》的后半部分"非孔"，分别对孔子"知（白）公之谋，而奉之以石乞"的"非仁义之行"、孔子因晏子阻齐景"尼谿之封"而"怒于齐景公及晏子"、孔子遣子贡劝齐伐吴、孔子为鲁司寇"舍公家而奉季孙"、孔子"穷于陈、蔡之间"时"污邪诈伪"、孔子"其徒属弟

---

① 恩格斯：《自然辩证法》，人民出版社1955年版，第167页。

子皆效孔子"，凡行食"皆心术之至也"等事进行非难。《孔丛子·诘墨》篇则针对《非儒下》篇中所非难孔子的五事一一进行了反诘。首先，以"白公之谋"发生于孔子卒后"十旬"之时，驳斥了所谓孔子"知白公之谋，而奉之以石乞"的"妄言"和"谤圣"。其次则以"孔子恶陈（田）常"，而对所谓"孔子怒景公之不封己，乃树鸱夷子皮于田（陈）常之门"一说进行反诘。再次则以"季孙氏爱女乐"而"孔子去之"，对所谓"孔子为鲁司寇，舍公家而奉季孙"之说予以驳斥。再接着则以孔子厄于陈、蔡时"沽买无处，藜羹不粒，乏食七日"，说明孔子穷于陈、蔡之时，根本无"烹豚""沽酒"之可能，故"非孔"之言为无据。其四，则以卫乱非因子贡、子路，阳虎、中牟皆非孔子弟子，漆雕开非因己行致残，驳斥了所谓孔子徒属弟子效孔子用"心术"行事之说。其五，再以晏子曾称孔子为"邻之圣人"的事实，证明了"孔子之圣"及上文借晏子之口而云孔子"非圣贤之行"为悖理。其五，则以晏子和孔子互相推挹的事实，反驳了晏子"以此而疑儒"说之谬。其六，则以晏子为孔子久服哭丧辩护，证明墨子引晏子以证己说之非。最后，则以曹明和子鱼之问答，既表明此文为子鱼所作，也表达了作者坚信孔子为圣人而愿为孔子辩护到底的决心。《孔丛子·诘墨》的内容，有的地方虽然超出了《墨子·非儒下》"非孔"的范围，如其中以孔子和晏子的互相推挹，论证墨子"引晏子之言以非孔"的不可信，但这实际只是对《墨子·非儒下》中诸多引晏子与齐景公对话，以"非"孔子之德行的延伸，而且直接动摇了《墨子·非儒下》的论证基础，故仍可看作是对《墨子·非儒下》所"非"孔子五事的反诘。只是由于《诘墨》篇重在对《墨子·非儒下》中所"非"孔子诸事之事实的反诘，并没太多涉及其思想理论问题，故整个文章的理论水平并不算高。

战国中后期，儒家对墨家思想进行学术批评的理论著作，是其时的《董子》一书。此书《汉书·艺文志》"儒家类"有著录，作"《董子》

一篇"。班固原注:"名无心,难墨子"。王充的《论衡·福虚》曰:"儒家之徒董无心,墨家之役缠子,相见讲道。缠子称墨家佑鬼神,是引秦穆公有明德,上帝赐之十〔九〕年。缠子难以尧、舜不赐年,桀、纣不夭死。"《隋书·经籍志》亦有"《董子》一卷",原注:"战国时董无心撰。"此书明人陈第《世善堂藏书目》仍有著录,可知"其书入隋始无传本,散亡甚晚"①。而且根据《玉海》五十三引《中兴馆阁书目》记载:"《董子》一卷,与墨者缠子辩上同、兼爱、上贤、明鬼之非,缠子屈焉。"董子所批评的墨家的学术观点,远不止"佑鬼"(即"明鬼")一项,而同时涉及"上(尚)同""兼爱""上(尚)贤"等墨家的核心观点,具有很强的理论价值。只可惜《董子》已经亡佚,其详不可得而知。新近出土的《上海博物馆藏战国楚竹书》(五)中有《鬼神之明》一篇,其开篇曰:"今夫鬼神又(有)所明,又(有)所不明,则吕(以)亓(其)赏善罚暴也。"该篇作者对墨子的"明鬼"论持一种怀疑的态度,与董无心难墨家缠子之说有近似之处。②

以上就是先秦时期儒家对诸子学术批评的基本面貌。由此我们不难看到,先秦儒家对当时诸子的学术批评,也凸显着先秦诸子哲学思想自身的基本特点和发展历程:在对先秦道家"以德报怨"以及父子不"相隐""直道""辟(避)世"等思想行为的批评中,彰显了其注重礼义人伦的道德价值观;在对法家"齐之以刑"的思想因素和名家"白马非马"等"巧言""淫辞"的批评中,显示了其注重"德治"的主张和由孔子"正名"说而来的、要求"名"副其"实"的逻辑思

---

① 张舜徽:《汉书艺文志通释》,华中师范大学出版社 2004 年版,第 267 页。
② 案:对《上海博物馆藏战国楚竹书》(五)中《鬼神之明》一篇的观点,学术界有较多讨论。参见丁四新主编《楚地简帛思想研究》(三)中丁四新及日本学者浅野裕一、西山尚志等人的文章。丁四新主编:《楚地简帛思想研究》(三),湖北教育出版社 2007 年版。

想；在对儒家内部及其他诸子学派人性论观点的批评中，显示了其力求忠于孔子学说和认为"人性有善有恶"、欲通过荀子"化性起伪"方式以"成人"的思路；对先秦墨家"行而自炫""遍从人而说之"和"非命""佑鬼"观点的批评，显示了儒家更重视道德自我修养和某种"修身俟命"的处世哲学。

先秦儒家对诸子学派的学术批评，大概在孔子创立学派之初即已开始，但其最初的学术批评多发生在儒家内部的学者之间，至战国时期孟、荀对其他诸子学派的学术批评最为激烈。

第二节　孟子对先秦诸子的学术批评

孟子，名轲，约生于公元前 372 年，卒于公元前 289 年，是先秦儒家除孔子之外最重要的思想家，历来被称为"亚圣"。孟子生活的战国中期，是先秦诸子之学最为发达的时期之一。他以天下为己任，以儒家孔子为圣人而师之，于其他诸子学派则"距"而"辟之"。清人陈澧于《东塾读书记》之三《孟子》一章"极论为政用先王之道"时，即云孟子为"大儒"而于诸子百家皆有所"距"。其言曰：

> ……孟子"距杨、墨"。杨朱，老子弟子。距杨朱，即距道家矣。"善战者服上刑，连诸侯者次之，辟草莱任土地者次之"。则兵家、纵横家、农家皆距之矣。"省刑罚"，距法家。"生之谓性也，犹白之谓白与"，可以距名家。"天时不如地利"，可以距阴阳家。"夫道，一而已矣"，可以距杂家。"齐东野之语，非君子之言"，可以距小说家。此孟子所以为大儒也。[1]

---

① （清）陈澧：《东塾读书记（外一种）》，生活·读书·新知三联书店 1998 年版，第 56 页。

这就是说，孟子对先秦诸子所"距"所"辟"的，不仅是人们以往所说的杨、墨二家。他和先秦诸子百家，实有着更为广泛的联系，其学术批评的锋芒，几乎涉及当时诸子的各"家"各"派"。尽管历代学术界对孟子思想的研究成果似乎不计其数，但对孟子与先秦诸子学派的关系——即孟子对先秦诸子的学术批评，却少有系统和深入的考察。而这，也必将影响到更全面深入地研究孟子思想。

一、孟子与杨朱

《孟子》一书中"辟杨、墨"，其中的"杨"即是杨朱。《孟子》书中或称"杨朱"，或简称"杨"。《孟子·滕文公下》曰：

> 圣王不作，诸侯放恣，处士横议，杨朱、墨翟之言盈天下。天下之言，不归杨，则归墨。杨氏为我，是无君也；墨氏兼爱，是无父也。无父无君，是禽兽也。

孟子在这里先称"杨朱"，既而称"杨"，最后又曰"杨朱"。《孟子》书中有时也称杨朱为"杨子"。《孟子·尽心上》载：

> 孟子曰："杨子取为我，拔一毛而利天下不为也。墨子兼爱摩顶放踵，利天下为之。子莫执中，执中为近之。执中无权，犹执一也。

孟子此处所谓"杨子"，东汉赵岐注曰："杨子，杨朱也。为我，为己也。拔己一毛以利天下之民，不肯为也，"赵氏这条注释，说明孟子此处所谓"杨子"，即是《滕文公下》所谓"杨"或"杨朱"。而赵氏之所以要注明此"杨子"即是"杨朱"，殆因为"子"在上古乃之尊称，通常表示晚辈对师长辈的尊敬；孟子在《滕文公下》篇既直称"杨朱"之名，且詈之为"无父无君"之"禽兽"，而此处敬称曰：

"子"（先生），前倨而后恭，令人不解，故赵氏特加注解。孟子更多的乃直呼杨朱为"杨"。《孟子·尽心下》载：

> 孟子曰："逃墨必归于杨，逃杨必归于儒。归，斯受之而已矣。今之与杨、墨辩者，如追放豚，既入其苙，又从而招之。"

由以上诸篇中孟子的言论我们可以确定的是：（1）杨朱是先秦诸子百家中对孟子影响最大的一位诸子学者。孟子所谓"杨朱、墨翟之言盈天下"，天下学者"逃墨必归杨，逃杨必归儒"即说明了这一点。

只是孟子如此重点批判的当时影响至巨的杨朱，在《史记》的"列传"中既无其人，在刘《略》班《志》亦未著录其书，好像先秦并无此人似的。今本《列子》书中虽有《杨朱》一篇，但学术界一致认定这一篇非先秦的原物，而是东晋张湛所作的"伪书"。这就不仅与《孟子》书中的记载形成了巨大的反差，而且也为后人研究孟子与先秦诸子的关系，乃至研究孟子思想都造成了极大的困难。

当然，这并不能说明我们对杨朱其人其学完全没有探讨的可能了，根据近代以来学者的研究，在先秦两汉的载籍里，除了我们上面所引《孟子》中的《滕文公下》篇和《尽心》上、下篇言及杨朱其人和他的学术主张外，《庄子》一书中的《应帝王》《骈拇》《胠箧》《天地》《徐无鬼》《山木》《寓言》诸篇，《荀子》书中的《王霸》、《吕氏春秋》书中的《不一》、《淮南子》中的《淑真训》《氾论训》和《说林训》、以及枚乘的《七发》、杨雄的《羽猎赋》，也都提到杨朱其人，甚或有关于杨朱事迹的零星记载。其中《庄子》一书中的《应帝王》《山木》《寓言》又称杨朱为"阳子居"，《吕氏春秋·不二》篇称杨朱曰"阳生"，而杨雄《羽猎赋》中"杨朱"作"阳朱"。前人的旧注及考证成果已经证明，这些所谓"阳子居""阳生""阳子"或"阳朱"，其实即是杨朱："就是《庄子·山木》篇之阳子，《韩非子·说林上篇》已作杨子，此阳、杨二字混用不分之证一。《孟子·尽心篇》之杨朱，《吕览·不二篇》作阳生，高诱注引《孟子》亦作阳子，或易《孟子》原文，或高氏所见《孟子》本不同，均无不可，此阳、杨二字混用不分之证二。古书多数作杨朱，而杨子云《羽猎赋》忽作阳朱，尤为奇特，此阳、杨二字混用不分之证三。"①

杨朱在先秦两汉载籍中或作"阳子""阳生""阳子朱""阳朱"等，则其人其事其学说亦可言其大略。

根据《庄子·应帝王》篇的记载，杨朱曾师事老子，为老子弟子。《庄子·应帝王》篇曰：

> 阳子居（成玄英疏："姓阳，名朱，字子居。"）见老聃，曰："有人于此，向疾强梁，物彻疏明，学道不倦。如是者，可比明王乎"？老聃曰："是于圣人也，胥易技系，劳形怵心者也。且虎豹之文来田，猨狙之便执斄之狗来藉。如是者，可比明王乎？"阳子居蹴然曰："敢问明王之治。"老聃曰："明王之治，功盖天下而似不自己，化贷万物而民弗恃；有莫举名，使物自喜；立乎不测，而游于无有者也。"

《庄子·寓言》篇又有"阳子居南之沛"、受教育于老子的记载：

> 阳子居南之沛，老聃西游于秦，邀于郊，至于梁而遇老子。老子中道仰天而叹曰："始以汝为可教，今不可也。"阳子居不答。至舍，进盥漱巾栉，脱屦户外，膝行而前曰："向者弟子欲请夫子，夫子不闲，是以不敢。今闲矣，请问其过。"老子曰："睢睢

---

① 顾实：《杨朱哲学》，岳麓书社 2011 年版，第 10 页。

而盰盰，而谁与居？大白若辱，盛德若不足。"阳子居蹵然变容曰："敬闻命矣！"

《列子·黄帝》亦有相同记载。大概是《列子》书采用了《庄子·寓言》中的这则故事。只是张湛注《列子·黄帝》的这段文字时却说：杨朱在《庄子》书中"云杨子居，子居或杨朱之字，又不与老子同时。此寓言也。"似否认杨朱为老子弟子。而《荀子·王霸》"杨朱哭衢涂"，唐杨倞注云："杨朱，战国时人，后于墨子，与墨子弟子禽滑釐辩论。其说在爱己，不拔一毛以利天下。与墨子相反。"

我认为，阳子居既然即是杨朱，孟子中又屡称杨（朱）、墨（翟），则杨朱、老子皆属真实的历史人物，而非寓言人物。这是可以肯定的。且《孟子》书言杨朱，从来都放在墨翟之前，称"杨（朱）墨（翟）"，而未言"墨（翟）、杨（朱）"，则可知杨朱生活的年代当不晚于墨翟，而应稍早于墨翟。墨翟生活的年代，《史记·孟子荀卿列传》曰："或曰并孔时，或曰在其后。"说明墨翟虽与孔子晚辈稍晚，但曾"并时"生活过很长时间。清人孙诒让著《墨子年表》，定墨翟生卒年为周贞定王元年（公元前 468 年）至周安王二十六年（公元前 376年），钱穆的《诸子生卒年世约数》定为周敬王四十年（公元前 480年）至周定王二十二年（公元前 390 年）之间①。但依我看来，如果说以墨子"并孔子时"为太早的话，那么墨翟生年定为孔子去世之时，或未及见孔子之时，则明显失之太晚。《淮南子·要略》云："墨子学儒者之业，受孔子之术。"尽管论者以之为"非谓墨子亲受业于孔子也"之说不无道理②。但由墨子止楚攻宋，当楚惠王宋景公之世（宋景

———————————————

① 钱穆：《先秦诸子系年》，商务印书馆 2001 年版，第 694 页。
② 钱穆：《先秦诸子系年》，商务印书馆 2001 年版，第 104 页。

公三十七年，公元前 480 年）而论，"其年于孔子差后，或犹及见孔子矣"①。墨子受学于孔子是不成问题的，至少在年代学上如此。墨子止楚攻宋的时间在孔子去世前一年，以此时墨子四十岁计，则其生卒年代不当晚于公元前 520 年（鲁襄公二十二年，楚平王九年，宋元王十二年），略与孔子弟子颜回（公元前 521 年）、宰我（公元前 520 年）相当。《史记》有孔子问礼于老子之说，《庄子》书中又在记杨朱受教于老子之时，并载孔子见老聃之事，则杨朱年岁当略早于墨翟，与孔子相当，并与孔子一同受教于老子也。——这也可以说是《孟子》以往先秦两汉载籍皆称"杨、墨"，而从未称"墨、杨"的原因。

关于杨朱的学术思想，孟子说："杨朱为我，是无君也。"又说："杨子取为我，拔一毛而利天下不为也。"《吕氏春秋·不二》篇曰："阳生贵己。"仿佛杨朱的"为我""贵己"之说，乃是一种"自私自利"的学说。其实，杨朱"为我""贵己"学说之根本宗旨，并不能等同于后世所谓"自私自利"，而只是为了特别强调"养生"而"重生"，为了"全性保真"。《韩非子·显学》说："今有人于此，义不入危城，不处军旅，不以天下大利易其胫一毛。"这显然是针对杨朱的主张而言的，但韩非子称持此思想主张之人，为"轻物重生之士"。这也就说明，所谓"拔一毛而利天下不为也"的"为我"或"贵己"之说之根本宗旨，只是特别看重自己的生命，而将天下看得很轻的"轻物重生"，只是一种很特别的"养生"理论。故《淮南子·氾论训》将孟

---

① （清）汪中：《墨子序》，见（清）汪中撰，李金松校笺：《述学校笺》（上），中华书局 2014 年版，第 215 页。案：笔者认为，《史记·宋微子世家》所记楚惠王灭陈后欲攻宋之事，即《墨子·公输》所记墨子止楚攻宋事。《史记·宋微子世家》记此事于宋景公三十七年（楚惠王九年，公元前 480 年），为孔子卒前一年。此时墨子止楚攻宋，则已非少年，至少应在"学儒者之业，受孔子之术"以后，年龄或已在 40 岁之上，而固当及见孔子。参见高华平：《"三墨"学说与楚国墨学》（《文史哲》2013 年第 5 期）和《墨子生卒年新考》[《江西师范大学学报》（哲学社会科学版）2018 年第 5 期]。

子所述杨朱的这一思想观点表述为："全性保真，不以物累形，杨子之所立也，而孟子非之。"（高诱注："全性保真，谓拔骭毛以利天下弗为，不以物累己身形也。"）① 明确将孟子所非杨朱的"为我"或"拔一毛而利天下不为也"之说，界定为"全性保真，不以物累形"，而与所谓"自私自利"并无关系。

当然，由于整个先秦诸子学"亦六经之支与流裔"（《汉书·艺文志》），都在阐述"内圣外王之道"，而"皆务于为治也"（《淮南子·氾论训》）。所以，杨朱（阳子居）创立"为我"或"贵己"学说的根本目的，实际也只是为了通过"全性保真"而修己、修身，最终实现治国、平天下的人生理想。故杨朱（阳子居）问学于老聃时，开口即问"明王之治"："有人于此，向疾强梁，物彻疏明，学道不倦。如是者，可比明王乎？"而《列子·杨朱》篇杨朱自述其"为我""贵己"为"治内"也，并认为"以我之治内，可推之于天下"。因为"拔一毫利天下不为也"的"为我""贵己"之说，其实是说"损一毫利天下不为也，悉天下奉一身不取也。人人不损一毫，人人不利天下，天下治也。"从这个意义上讲，杨朱"拔一毛而利天下而不为"的"为我""贵己"之学，既是"全性保真"的"重生""养生"之学，也是所谓"古之学者为己"的"为己"之学，符合"内圣外王"之旨。

从《孟子》一书中对杨朱的批评来来看，孟子批评时所针对的，是杨朱"为我，拔一毛而利天下不为"的思想观点。孟子认为，杨朱的这种思想主张是有违君臣大义的，因而"是无君"的；而"无君"之人，也就忘记了君臣大义——最大的人伦原则，忘记了人之所以为人的最基本的道德，故孟子斥之为"禽兽"。客观地讲，孟子对杨朱的批

---

① 案："谓拔骭毛以利天下弗为也"，原作"谓不拔骭毛以利天下弗为也。"顾实谓"不拔"之"不字当衍"。此从其说删"不"字。参见顾实：《杨朱哲学》，岳麓书社2010年版，第54页。

评，虽抓住了杨朱思想中最为关键的主张，而且十分准确地切中了杨朱思想主张可能产生的流弊；但却并未能"同情"地理解杨朱学说立论目的和宗旨，而明显存在强人从己的偏颇。

从思想的源头上看，杨朱是老子弟子，他的"为我"或"贵己"的思想主张，应该是由老子由"养生"而"修身"、"修身"而国家天下自然"治"的政治思路而来的。① 《老子》曰："贵以身为天下，若可寄天下；爱以身为天下，若可托天下。"（第 13 章）《庄子·让王》曰："道之真以治身，其绪余以为国家，其土苴以治天下。"这都是以自身贵（重）于国家天下的观点。② 杨朱"贵己""为我"，"拔一毛而利天下不为也"的思想观点，正是在这样思想背景下必然的结论。孟子看到了杨朱学说"贵己""重生"思想的特点，也准确地切中了杨朱思想主张可能产生的流弊，但他却没能真正把握杨朱"为我"或"贵己"的思想主张提出的目的实在于"修身"或"养生"——用《淮南子·氾论训》的话说，即是"全性保真，不以物累形"——强调保持自己生命的本真（"真性"）的极其坚定的决心，不能因为外物（包括名利、富贵或贫穷）的拖累而使之受到丝毫的损失。而且，这种"贵己"或"为我"的思想，本质上也是一种"古之学者为己"的"为己之学"；它和儒家修身、齐家、治国、平天下的思想主张，在最终目的上其实是殊途同归的。不同的只是，杨朱是以"为我""贵己""重生"——"人人不损一毫"的方式来"修身"；而包括孟子在内的儒家

---

① 案：关于杨朱之学的源头，蒙文通《杨朱学派考》曾谓"杨朱之学，源于列御寇，而下开黄老。"余著《由詹何看先秦道家思想的发展演变》（《哲学研究》2013 年第 9 期）亦采其说。今与老子思想比较而论，则杨朱亦对老子观点多所承袭。

② （清）陈澧《东塾读书记》曰："《老子》云：'故贵以身为天下，则可以寄天下；爱以身为天下，则可以托天下。'吴草庐注云：'爱惜贵重此身，不肯以之为天下。'杨朱为我之学原于此。"［（清）陈澧：《东塾读书记（外一种）》，生活·读书·新知三联书店 1998 年版，第 239 页］

是通过"仁、义、礼、智"之"四善端"的扩充而"修身"。但在孟子对杨朱之学的批评中，他却把二者间这种"修身"方法和途径上的不同，当成了二者在思想目标上的根本差异，仿佛杨朱的"为我，拔一毛而利天下不为也"，就是完全"自私自利"的极端利己主义，是完全忘记了君国天下大义的"禽兽"，以至于造成了在此后中国的学术史上对杨朱学术思想的长久的误解。东汉赵歧注《孟子·尽心下》"杨子取为我"时说："杨朱之道，为己爱身，虽违礼，尚得不敢毁伤之义"。虽似为杨朱辩解，但仍和孟子一样，存在着对杨朱之学出发点的误解。

当然，在杨朱"贵己""重生"或"为我"的思想观点中，也的确包含了极端的"全性保真"的"养生"观点的思想因子。因为这种"养生"观点认为，"全性保真"，不以物累形"，其中就既有摒弃"累"其形（身心）的外在荣华富贵的一面，也包含有主张充分满足人的各种自然欲望的一面。《吕氏春秋》之《本生》《重己》《贵生》《情欲》《尽数》诸篇，旧说以为"果真杨朱书也"①。其中《贵生》引子华子之言曰："全生为上，亏生次之，死次之，迫生为下。"又曰："故所谓尊生者，全生之谓。所谓全生者，六欲皆得其宜。所谓亏生者，六欲分得其宜也。亏生则于其所尊者薄之矣。……所谓迫生者，六欲莫得其宜也。……而迫生非独不义也，故曰迫生不若死。"反映的正是一种要无条件地满足人的自然欲望的观点。应该承认，这种观点的思想因子，实际已内含于杨朱"为我，拔一毛而利天下不为也"的"全性保真"主张之中。因为，既然凡人的自然本真之"性"都应"全"或"皆得其宜"，那么对"綦色""綦声"的追求乃至放纵，就成了"全性保真"的"贵己""尊生"或"养生"理论的应有之义，而且是有可能成为现实中"纵欲主义"的理论借口的。《管子·立政九败解》和

---

① 顾实：《杨朱哲学》，岳麓书社 2011 年版，第 45 页。

《荀子·非十二子》都批评当时的杨朱末流的"纵欲妄行，男女无别，反于禽兽"，或"纵情性，安恣睢，禽兽行"；而类似《列子·杨朱》中那种纵欲主义和极端享乐主义观点的出现，也证明了杨朱"贵己""尊生""为我"的思想主张，最后的确曾被一部分人导向了"禽兽"般的"养生"理论。从这个意义上讲，我们又不能不说，孟子对杨朱"为我"或"贵己"思想主张的批判，确实是相当深刻准确、并且是具有超人的预见性的。

二、孟子与墨翟

墨翟也是孟子重点批判的对象之一。在批判杨朱的"为我"之学"是无君也"之后，孟子又说："墨氏兼爱，是无父也。无父、无君，是禽兽也。"《尽心下》亦曰："墨子兼爱，摩顶放踵，利天下为之。"其批判的锋芒，始针对着墨子的"兼爱"之说。

墨子其人，《史记·孟子荀卿列传》附有极简短的记载，曰："盖墨翟，宋之大夫，善守御，为节用。或曰并孔子时，或曰在其后。"后世学者多将墨子生活年代定得较晚，如孙诒让以墨子生年为周贞定王元年（公元前 468 年），钱穆以墨子约生于周敬王四十年（公元前 480 年）。我根据《史记·宋微子世家》断定墨子止楚攻宋事发生于楚惠王九年（宋景公三十七年，公元前 480 年），而此时墨子当不少于四十岁，故推断墨子生年当不晚于周灵王二十五年（公元前 520 年）。① 这个年数，约同于孔子弟子颜渊、子贡。《史记·孟子荀卿列传》说他"或曰并孔子时，或曰在其后。"两种说法都可成立，并不矛盾。《孟子》书皆称"杨、墨"，也是符合实际的。

---

① 参见高华平：《墨子生卒年新考》，《江西师范大学学报》（哲学社会科学版）2018 年第 5 期。

从今存《墨子》一书来看，墨子的学术思想有尚贤、兼爱、天志、节用、节葬、明鬼、非乐、非命等主张。《汉书·艺文志》曰："墨家者流，盖出于清庙之守。茅屋采椽，是以贵俭；养三老五更，是以兼爱；选士大射，是以上贤；宗祀严父，是以右鬼；顺四时而行，是以非命；以孝视天下，是以上同。"基本是依据《墨子》书的内容概括而来的。

《孟子》一书中对墨子及墨家的批评，主要是针对其"兼爱"学说而发。墨翟有感于当时天下自利相残而祸乱不断，认为其原因"皆起于不相爱"，因而提出了"兼相爱、交相利"的思想主张，以期能实现"圣王之道"。（《墨子·兼爱》上、中、下）

但在孟子看来，墨翟的"兼爱"主张显然存在着两个根本的错误。其一，是它违背人"以其所爱及其所不爱"的仁爱本性。因为，孟子所说的这种人的仁爱本性，乃是儒家的等差之爱："老吾老，以及人之老，幼吾幼，以及人之幼"（《孟子·梁惠王上》）；"仁者以其所爱及其所不爱，不仁者以其所不爱及其所爱。"（《孟子·尽心下》）这是儒家"爱有等差"之仁爱的基本原则。墨子所提倡的"兼爱"，乃是一种无差别的"爱"（即《荀子·非十二子》所谓"僈差等"）。孟子认为这是一种违反人的仁爱本性的"爱"，所以他将其斥之为"无父"的"禽兽"。其二，孟子认为是墨翟的"兼爱"主张，实际还存在着理论和实践上的矛盾——即"二本"问题。《孟子·滕文公下》篇"墨者夷之"将墨家的"兼爱"实践概括为"爱无等差，施由亲始"。对此，孟子说："夫夷子信以为人之亲其兄之子，为若亲其邻之赤子乎？彼有取尔也。……且天之生物也，使之一本，而夷子二本故也。"朱熹《集注》曰："孟子言人之爱其兄子与邻之子，本有差等。……且人物之生，必各本于父母而无二，乃自然之理，若天使之然也。故其爱由此立，而推以及人，自有差等。今如夷子之言，则是视其父母本无异于路人，但其施之之序，故自此始耳。非二本而何哉？"这也是就墨子"兼爱"主张在理论和实践上的矛盾而言的。

显然，孟子上面对杨朱"为我"及墨子"兼爱"思想主张的批判，也不完全是无懈可击的。杨朱的"为我"，"拔一毛而利天下不为也"，固然有孔子批判隐者的"欲洁其身，而乱大伦"之弊（《论语·微子》），但孔子对这种独善其身行为的批评亦仅此而已。但孟子却斥之为"无君也"和"禽兽也"，这乃是对他人思想的自由权利的漫骂和粗暴干涉。而孟子说"等差之爱"才是人的仁爱本性的必然要求，也是缺乏事实根据和逻辑论证的。因为正如庄子所说："虎狼，仁也。"（《庄子·盗跖》）民间也有许多类似的谚语，如"虎毒不食子"，"乌鸦有反哺之恩"等等，这些都说明"等差之爱"根本就不是人类所特有的仁爱本性，"爱"乃是包括虎狼和禽鸟在内的很多动物都具有的普遍本性，怎么能说是墨子"兼爱"是"无父也"，并斥詈之为"禽兽"呢？

除了批判墨子的"兼爱"思想观点之外，《孟子》书中批判的锋芒还涉及墨子"节葬"和"非命"观。《孟子·滕文公上》：

> 墨者夷之，因徐辟而求见孟子。……孟子曰："吾今则可以见矣。不直，则道不见，我且直之。吾闻夷子墨者，墨之治丧也，以薄为其道也。夷子思以易天下，岂以为非是而不贵也？然而夷子葬其亲厚，则是以所贱事亲也。……盖上世尝有不葬其亲者。其亲死，则举而委之于壑。他日过之，狐狸食之，蝇蚋姑嘬之。其颡有泚，睨而不视。夫泚也，非为人泚，中心达于面目，盖归反虆梩而掩之。掩之诚是也，则孝子仁人之掩其亲，亦必有道矣。"

在这里，孟子由"墨者夷之"而对墨家的"薄葬"（"节葬"）主张提出了批评。首先，孟子认为，由"墨者夷之"的言行来看，他虽也主张"薄葬"或"节葬",但在实际生活中又"葬其亲厚",即"厚葬",这不是以墨家批评的儒家"厚葬"思想来对待自己的亲人吗?这就不仅显示了墨家学者在言行上的不一致,而且也说明正如《庄子·天下》所云:墨子的"薄葬"("节葬")主张,"其道大觳,使人忧,使人悲,其行难为也,恐其不可以为圣人之道,反天下之心,天下不堪。墨子虽独能任,奈天下何!"墨子这一思想主张其实是很难实行的,即使是墨家学派中人也不能做到。其次,孟子还从"葬礼"的形成和发展演变,说明"厚葬"乃"必有其道",而"薄葬"("节葬")既违背了"仁人"之孝道,也是一种历史的倒退。因为在人类社会的早期,虽然尝有"不葬其亲"而"委之(沟)壑"的情况,但这样会使自己的亲人"狐狸食之,蝇蚋姑嘬之",使见之者痛彻心肺;这才逐渐形成了后来的葬礼,亦即"厚葬"之所由也。墨子提倡"薄葬"("节葬")而非儒家之"厚葬",这等于要再回到"不葬其亲"而"委之(沟)壑"的时代,这无论从哪方面来看都是令人难以接受的。

对于墨子的"非命"思想观点,孟子似也曾以其特有的立场作出了一定的回应。《墨子·非命上》曰:"执有命者之言曰:命富则富,命贫则贫;命众则众,命寡则寡;命治则治,命乱则乱;命寿则寿,命夭则夭。"墨子认为,这实际是否定国家的治乱、个人荣辱皆"以为其力也"(《墨子·非命》),是否定它们"是个人努力的结果"。① 故墨子提出"非命"之说。故以往的学者多认为墨子的"非命"之说,显然是针对孔门儒家的"死生有命,富贵在天"观点而提出来的。因此,对《孟子》书中其涉及"命"的论述,也就应该看成是孟子对墨子"非命"观点的一种回应。孟子说"莫之为而为者,天也;莫之致而至

---

① 张岱年:《中国古典哲学概念范畴要论》,中国社会科学出版社1987年版,第125页。

者，命也。"（《孟子·万章上》）这说明孟子认为："所谓命就是一种客观的决定力量。"① 为此，孟子还特别区别了"命"与"性"、"正命"与"非正命"。他说，尽管人的本性即仁、义、礼、智与人的口、耳、鼻、四肢之欲不同，后者"有命焉，君子不谓性也"；而前者则"有性焉，君子不谓命也"，是应该而且"可学而尽"的，"故不谓之命也"。② 由此他提出了在道德修养上的可以"掌握自己命运"的"立命"之说：以"坚持原则，竭尽了主观的努力，最后达到'莫之致而至者'""才是正命"；而"如果立于危墙之下而死或犯罪桎梏而死"，那都是自己的活动有以致之，便非"莫之致而至"了，所以都是"非正命"。③

总体来看，墨家所"非"之"命"是完全前定的"命"，与人的主观努力无关。而孟子所谓"命"，既排除了道德领域的仁、义、礼、智，以为其中"有性焉"，"君子不谓命"，又认为"任何事情的成败，有主观条件，也有客观条件"，只有尽力发挥了主观的作用，所得到的结果才是"莫之致而至者"，才是"正命"，反之则是"非正命"。孟子的所谓"命"，虽是客观外在者，"但不废人事"。这与墨子所"非之命"，"意义是不同的"。④ 由此可见，孟子所谓"命"的论说，虽然并非完全针对墨子的"非命"而发，但由于孟子是墨子思想主张的激烈批判者，在儒、墨论争的思想背景下，说孟子的"命"论是对墨子

---

① 张岱年：《中国古典哲学概念范畴要论》，中国社会科学出版社 1987 年版，第123 页。

② （宋）朱熹：《四书章句集注》，上海古籍出版社、安徽教育出版社 2001 年版，第 438 页。

③ 张岱年：《中国古典哲学概念范畴要论》，中国社会科学出版社 1987 年版，第123 页。

④ 张岱年：《中国古典哲学概念范畴要论》，中国社会科学出版社 1987 年版，第125 页。

"非命"之论的一种回应，这也是顺理成章的。

三、孟子对其他诸子学派的批评

在本节的开头，我们曾引陈澧《东塾读书记》（三）之言，以孟子曾"距"道家、墨家、兵家、纵横家、农家、法家、阴阳家、杂家、小说家，说明"此孟子所以为大儒也"。近世学者则对此做了进一步补充，其范围亦超出陈澧之上。罗焌《诸子学述》分辨"诸子之异同"有曰：

> 今案孟子以齐桓、晋文之事为未之闻，以管仲、晏子之功为不足为，以伯夷、伊尹之圣为不同道，碌碌余子，类皆辞而闢之。《万章》上篇第九章，《告子》下篇宋牼一章，皆闢小学家言也。曰："诐辞知其所蔽，淫辞知其所陷，邪辞知其所离，遁辞知其所穷。"此闢名家之诡辩派也。（《公孙丑》上篇）其直闢农家，则曰："从许子之道，相率而为伪者也，恶能治国家。"其直闢纵横家，则曰："公孙衍、张仪以顺为正者，妾妇之道也，焉得为大丈夫乎？"（《滕文公》上、下篇）其直闢兵家也，则谓慎滑釐为"殃民者不容于尧舜之世"。（《告子》下篇）至于陈仲子齐人之所谓廉士者，而孟子谓其无亲戚君臣上下，比之于蚯蚓。（《滕文公》下，又《尽心》上）……是皆儒者卫道之苦心，固非好辩也。而视百家之互相訾謷者，又何以异乎？[1]

罗焌在陈澧所述的基础上，先是补充了孟子对历史上齐桓、晋文、管仲、晏婴及伯夷、伊尹的态度，然后增添了《孟子·万章上》《告子上》对"小学家"的批评和《孟子·公孙丑上》对"名家之诡辩派"

---

① 罗焌：《诸子学述》，华东师范大学出版社 2008 年版，第 102 页。

的批评，而最后所述《孟子·滕文公下》及《尽心上》对"齐人之所谓廉士"陈仲子之学说的态度，为陈氏《东塾读书记》所不及。

由罗氏补充的"诸子异同"来看，《孟子》以齐桓、晋文之事为未闻，以管仲、晏子之功为未足为，以伯夷、伊尹之圣为不同道"，其实并不属先秦诸子学的内容，难以看出孟子本人与先秦诸子的关系。《孟子·万章上》第九章乃叙"伯夷、伊尹之圣为不同道"，也看不出与所谓"小学家"有多大的关系；《告子下》记"宋牼将之楚，孟子遇之石丘"。宋牼告之以"吾闻秦、楚构兵，我将见楚王说而罢之。楚王不悦，我将见秦王说而罢之。二王我将有所遇焉"。而孟子批评宋氏的行为："是君臣、父子、兄弟终去仁义，怀利以相接"，必然会亡国；只有君臣、父子、兄弟"去利、怀仁义相接也"，才能"王天下"。宋牼，即《韩非子·显学》《庄子·逍遥游》之宋荣子，《庄子·天下》及《荀子·非十二子》称宋钘。《庄子·天下》将宋钘与尹文并列，尹文《汉书·艺文志》属名家，"《宋子》十八篇"列于《汉书·艺文志》之"小说家"，《荀子·非十二子》则将其与墨翟并称。而从《孟子》书此处所记宋牼将说秦、楚"二王"罢兵而言，宋牼很可能与墨翟相近，"禁攻寝兵，救世之战，以此周行天下，上说下教，虽天下不取，强聒而不舍者也。"（《庄子·天下》）与所谓"小学家"并没有多大关系；况从来无人以"小学家"为先秦诸子之一派，所谓"闢小学家言"也就无从谈起。孟子本人即以"好辩"著称，其"好辩"的原因是当时天下"圣王不作，诸侯放恣，处士横议"，"邪说暴行有作"，而孟子则"欲正人心，息邪说，距诐行，放淫辞，以承三圣者。"（《孟子·滕文公下》）由于孟子是把"杨、墨之言"称为"淫辞""邪说"的（同上），所以他的所谓"闢名家之诡辩派也"，实际仍只是"闢"杨、墨二派之"名辩"的作风，而不是"闢"另外的某个先秦诸子学派。《孟子·告子下》有孟子批评慎滑釐"不教民而用之，谓之殃民。"实属意引《论语·子路》"子曰'不教民战，是谓弃之'"。是说慎滑釐"不教民以仁义，而用之战斗，是使民有殃祸也"。但这只能说明孟子对"用民于战"的态度是和孔子一脉相承的，也很难说是在"闢兵家"。因为慎滑釐其人在《汉志》"兵书略"中既无其人，也无其书，战国时诸侯国的将领是否即是"兵家"人物实难论定；况"兵家"并非先秦诸子学派之一，《汉志·诸子略》"九流十家"中既无"兵家"，《兵书略》中虽称"兵家者，盖出古司马之职，王官之武备也"。但此所谓"兵家"的内容皆与政治思想（即所谓"此务为治者也"）无关，而只是"兵权谋""兵形势""兵技巧"这些具体的作战技法而已。故孟子对慎滑釐"不教民以仁义，而用之战斗"的批判，应该算不得所谓"闢兵家"。只有罗焌所述《孟子·滕文公下》和《尽心上》二篇中孟子对陈仲子的批评，才可以说是对陈澧所谓"孟子所以为大儒也"而"距"诸子百家之说的补充。《孟子·滕文公下》载：

匡章曰："陈仲子岂不诚廉士哉？居於陵，三日不食，耳无闻，目无见也。井上有李，螬食实者过半矣，匍匐往将食之，三咽，然后耳有闻目有见。"孟子曰："于齐国之士，吾必以仲子为巨擘焉。虽然，仲子恶能廉？充仲子之操，则蚓而后可者也。夫蚓，上食槁壤，下饮黄泉。仲子所居之室，伯夷之所筑与？抑亦盗跖之所筑与？所食之粟，伯夷之所树与？抑盗跖之所树与？是未可知也。……仲子，齐之世家也。兄戴盖禄万钟。以兄之禄为不义之禄而不食也，以兄之室为不义之室而不居也，辟兄离母，处于於陵。他日归。则有馈其兄生鹅者，己频顣曰：'恶用是鶃鶃者为哉？'他日，其母杀是鹅也，与之食之。其兄自外至，曰：'是鶃鶃之肉也。'出而哇之。以母则不食，以妻则食之；以兄之室则弗居，以於陵则居之。是尚为能充其类也乎？若仲子者，蚓而后充其操者也。"

陈仲子，《荀子·不苟》《非十二子》皆称"田仲"，王先谦注："田仲，齐人，处於陵，不食兄禄，辞富贵，为人灌园，号曰於陵仲子。"[①]《战国策·齐策四》赵威后问齐王使者曰："於陵仲子尚存乎？是其为人也，上不臣于王，下不治其家，中不索交诸侯。此率民而出于无用者，何为至今而不杀乎？"所言正是陈仲子。孟子以为"于齐国之士，吾必以仲子为臣擘焉。"这可见陈仲子当时的地位和影响。但《史记》既不载陈仲子其人其事，《汉书·艺文志》亦无陈仲子之书。《荀子·非十二子》曰："忍情性，綦谿利跂（王先谦曰：'綦谿，犹言极深耳。利与离同，杨说是也。离世独立，故曰"离跂"。'），苟以分异人为高，不足以合大众，明大分；然而其持之有故，其言之成理，足以欺惑愚众，是陈仲、史鳅也。"批评所针对的就是陈仲子离世独立、异俗隐逸的思想特点和作风。《韩非子·外储说左上》曰："齐有居士田仲者，宋人屈谷见之，曰：'谷闻先生之义，不恃人而食。今谷有树瓠，坚如石，厚而无窍，献之。'……今田仲不恃人而食，亦无益人之国，亦坚瓠之类也。"《淮南子·氾论训》曰："季襄、陈仲子立节以抗行，不入洿君之朝，不食乱世之食，遂饿而死。"诸书虽然见闻异辞，但都反映了陈仲子离世高蹈、异俗洁身的品行，明显具有道家思想倾向。

对陈仲子，孟子既称之为齐国士人中的"巨擘"，即表明他对陈仲子"廉""直"的品行是予以肯定的。孟子批评陈仲子的，一方面是说在实际生活中，陈仲子并不能真正或完全实行他的所谓"廉""直"，因为陈仲子不能如蚯蚓那样"上食槁壤，下饮黄泉"，而必须借助社会

---

① （清）王先谦撰，沈啸寰、王星贤点校：《荀子集解》，中华书局1988年版，第52页。

分工中他人的劳动成果来生活。——这就正如孟子批评农家学者许行不可能做到"贤者与民并耕而食，饔飧而治"一样，是从社会分工的必要性来说明了陈仲子"诚"、"廉"之不可能。另一方面，孟子又如孔子批评道家的隐士那样，从"义"的角度来批评陈仲子离世独立、背俗高蹈的所谓"廉"。《尽心上》载孟子之言曰：

> （陈）仲子，不义与之齐国而弗受，人皆信之，是舍箪食豆羹之义也。人莫大焉亡亲戚、君臣、上下。以其小者信其大者，奚可哉？

孟子此处对陈仲子的批评，很容易使我们联想起《论语·微子》孔子对"隐者"荷蓧丈人的批评："不仕无义。长幼之节，不可废也；君臣之义，如之何其废之？欲洁其身而乱大伦……。"联想到上文刚刚引述的荀子对田仲、史鳝"离世独立，苟以分异人为高，不足以合大众，明大分"的批评。孟子对陈仲子的另一方面的批评，显然是依孔子以来批评"隐者"的基调而来，即是着眼于陈仲子离世高蹈、自洁其身而背离君臣之"义"或"大伦""大分"而言的。稍有不同的是，在孔子和荀子那里，"欲洁其身"，虽可以称之为个人的"廉"德，但尚不能称之为"义"，只有"大伦""大分"才能称之为"义"；但在孟子这里，"欲洁其身"的"廉"似乎也可以归之于"义"的范畴，只不过这种"义"较之于亲戚、君臣、上下之"义"，乃是"小者"，而治国家（"箪食豆羹之义"）、"有亲戚、君臣、上下"之宜，才是士君子之"大义"。陈仲子弃国家、亲戚、君臣、上下之"大义"而不顾，而欲保持个人的"廉"操，这虽然也是合"义"的，可称之为"巨擘"，但毕竟是取舍失当、本末倒置了，故孟子曰："以其小者信大者，奚可哉？"应该说，孟子对陈仲子的这种批评，是与其后荀子所谓"田仲、史鳝不如盗"的批评异趣的。

除对道家陈仲的批评之外，孟子还批评"有为神农之言者许行"及其追随者陈相、陈辛兄弟等。许行及其追随者陈相、陈辛兄弟等"皆衣褐，捆屦、织席以为食"，以往学者或以之为道家，或以之为墨者，但更多学者皆以之为农家。孟子主要从维护"分别君子小人之法"和"上下之序"的立场，批评了农家"贤者与民并耕而食，饔飧而治"的观点。因此同时也包含先秦农家对儒家孟子思想的学术反批评，我们留待讨论先秦农家的学术批评时再对此做进一步展开①。

综合《孟子》七篇全书来看，孟子对先秦诸子批评最多的，其实当是"九流十家"中不入流的"小说家"和孟子自己所在的儒家。《孟子·万章上》载："咸丘蒙问曰：'语云：盛德之士，君不得而臣，父不得而子。'舜南面而立，尧帅诸侯北面而朝之，瞽瞍亦北面而朝之。舜见瞽瞍，其容有蹙。孔子曰：'于斯时也，天下殆哉，岌岌乎！'不识此语诚然乎哉？"孟子对咸丘蒙所说的尧与瞽瞍"北面"朝见帝舜的事，以为属"齐东野人之语也"而予以批驳，并由此引出对"小说"之文字不可拘泥于字面解读，而应该是"不以文害辞，不以辞害志。以意逆志，是为得之"的结论。在这里，孟子所谓"齐东野人之语"，即是《汉志》"小说家者流"，"街谈巷语，道听途说者之所造也"的意思。这既是对"小说"性质的一种界定，也是对"小说家"的一种批评。孟子认为"小说家"言为"野人之语"，故所言是不经和不可信的。孟子的这一批评，也是对孔子所谓"道听途说，德之弃也"（《论语·阳货》）观点的继承。但孟子又并不是因简单地继承孔子的观点而对"小说家"言加以摒弃，而是主张应根据文学语言表面的文辞"以意逆志"，真正把握作者的本意。这显然是对孔子观点的进一步发展。

实际上，《孟子·万章上》皆可视为对"小说家"的批评，即是

---

① 案：详见本书第八章相关部分。

"距小说家"的。如《万立章上》记万章问孟子曰："有人言'伊尹割烹以要汤'，有诸？"孟子对此说进行了驳斥，曰："否，不然。……圣人之行不同也，或远或近，或去或不去，归洁其身而已矣。吾闻其以尧、舜之道要汤，未闻以割烹也。"近代以来的研究者即认为其当出于《汉志》"小说家"之"《伊尹说》二十七篇"之中。此书荟萃丛谈也。所记皆'割烹要汤'一类传说故事及其他杂说异闻"；"《孟子》'伊尹的割烹要汤'，谓此篇也。"① 可见，孟子此处所"距"者即为"小说家"矣。又如《滕文公下》："齐宣王问曰：'汤放桀、武王伐纣，有诸'？"孟子对以"于传有之"，但孟子认为因桀、纣属"残贼之人"，故汤、武诛伐乃诛独夫民贼，不属"弑君"。孟子此处云汤、武征伐之事，不同他处称"《诗》曰""《书》云"，而称"于传有之"，即将之归于"传说"之类。这与《荀子·正论》所谓"世俗之为说者曰：'桀、纣有天下，汤、武篡而夺之'"一样，都是将此"说"界定为"小说家"言而加以批评的，也属于所谓"距小说家"之例。《孟子·万章上》还载有万章问孟子"尧以天下与舜"和"人有言：'至于禹而德衰，不传于贤而传于子'。"但此种传言在《荀子·正论》中亦被记为"世俗之为说者曰：'尧、舜擅让'"之类，即同样也是被当成"小说家"言而予以批驳的。故王先谦《荀子集解》曰："擅与禅同……世俗以为尧、舜德厚，故禅让圣贤；后世德薄，故父子相继。……《孟子》亦云：'万章曰："尧以天下与舜，有诸？"'"② 即认为孟子所"闢"的"尧以天下与舜"、"禹传子不传贤"诸说，与《荀子·正论》中的"世俗之说""尧、舜擅让"一样，也都属于"小说家"言。

孟子对自己所属的先秦儒家，也是他批评最多的另一个诸子学派。

---

① 张舜徽：《汉书艺文志通释》，华中师范大学出版社2004年版，第339—340页。
② （清）王先谦撰，沈啸寰、王星贤点校：《荀子集解》，中华书局1988年版，第331页。

当然，这种批评并不完全同于孟子对其他诸子学派的一味"距"和"闢"，而主要是一种肯定与颂扬。孟子对孔子可谓推崇备至，因为在后世一般儒者的眼里，孔子如同尧、舜、伯夷、伊尹，都是"圣人"。但在孟子看来，孔子贤于诸人"远矣"："自有生民以来，未有孔子也。"在《公孙丑上》中，孟子借孔子弟子宰我、子贡、有若之口评价孔子曰：

> 宰我曰："以予观于夫子，贤于尧、舜远矣。"子贡曰："见其礼而知其政，闻其乐而知其德。由百世之后，等百世之王，莫之能违也。自生民以来，未有夫子也。"有若曰："岂惟民哉？麒麟之于走兽，凤凰之于飞鸟，太山之于丘垤，河海之于行潦，类也。圣人之于民，亦类也。出于其类，拔乎其萃，自生民以来，未有盛于孔子也。"

在《万章下》孟子更直接地表明了其对孔子的推崇：

> 孟子曰："……孔子之去齐，接淅而行；去鲁，曰：'迟迟吾行也，去父母国之道也。'可以速而速，可以久而久，可以处而处，可以仕而仕，孔子也。"

> 孟子曰："伯夷，圣之清者也；伊尹，圣之任者也；柳下惠，圣之和者也；孔子，圣之时者也。孔子之谓集大成。集大成也者，金声而玉振之也……。"

显然，孟子在此是通过将孔子与伯夷、伊尹、柳下惠的比较，而给予了孔子最高的评价。因为诚如朱熹所云："孔子仕、止、久、速，各当其可，盖兼三子之所以圣者而时出之，非如三子之可以一德名也"；"三子犹春夏秋冬之各一其时，孔子则太和元气之流行四时也。"[①] 故

---

① （宋）朱熹：《四书章句集注》，上海古籍出版社、安徽教育出版社 2001 年版，第 371—372 页。

《孟子》全书多处引述孔子之言行，然无一处稍有微辞，皆以为处世行事之典范也。而孟子亦每以继承孔子之道自任，曰："予未得为孔子之徒也，予私淑诸人也。"

不过，孟子有时似乎也并不是如他自己所说的完全忠实地信奉着孔子的思想。例如在人性论方面，孟子是坚定的"性善论"者，认为人的仁、义、礼、智、圣诸德性皆"我固有之也"，这就与孔子有很大的差异。孔子虽然也有"好生"之"天"赐"明德于予"的意思，但孔子毕竟没有直接谈论人性，主要是强调"性相近，习相远"（《论语·公冶长》），即强调后天学习的重要性；并有把"富与贵，是人之所欲也……贫与贱，是人之所恶也"（《论语·里仁》），当成了人的某种"普遍性"或"普遍人性"。因此客观地讲，孔子的人性论接近于荀子的地方似不少，其中是有"性恶论"的因素的——孟子提出和坚持"性善论"的思想，既是对孔子人性论思想的发展，也可以说是对孔子人性论思想的批评和改造。

除孔子之外，孟子最推崇的另一先秦儒家人物，当数曾子（曾参）。《孟子》一书中《梁惠王下》《公孙丑上》《公孙丑下》《滕文公上》《滕文公下》《离娄上》《离娄下》《尽心下》多篇，既皆引述曾子言行，而且在这些引述中，孟子往往是以曾子为人格典范，以曾子作为评判事物的标准。如《公孙丑下》孟子在解释自己为何不赴齐王召命时，即引"曾子曰：'晋、楚之富，不可及也。彼以其富，我以吾仁；彼以其爵，我以吾义，吾何慊乎哉'？"这是孟子即以曾子为榜样，以曾子之言，说明在权位面前，士人应坚持自己的人格理想——以德抗位。《滕文公上》记滕定公世子遣然友"之邹，问于孟子"，孟子又引曾子曰："生，事之以礼；死，葬之以礼，祭之以礼，可谓孝矣。"这表明，在孟子看来，"孝"的要义乃如曾子所云，在于对父母事奉、安葬、祭祀诸方面而皆合于"礼"。又如《离娄上》，以"礼"是孝子如何"事亲"时的标准，也曾引"曾子养曾皙"为例，说明"事亲"重要的是如曾子"能承顺父母之志"，而不可如曾元事曾子，"但养口体"。（孟子对曾元事曾子"但养口体"的微辞，也可以说是《孟子》书中对儒家学派中人的唯一一处否定性的批评）。① 《孟子·滕文公下》在答公孙丑问"不见诸侯"之义时，也引述了曾子"胁肩谄笑，病于夏畦"之语，说明君子应持"圣人礼义之中正"，而不可取"小人侧媚之态也。"这显然是采取曾子的言辞以为是非标准的。《孟子·公孙丑下》曰："域民不以封疆之界，固国不以山谿之险，威天下不以兵革之利。"但《战国策·魏策一》《史记·孙子吴起列传》皆有吴起对魏武侯"山河之固"，"在德不在险"之说，与孟子之说相近。吴起学于曾子。或者孟子这里是采用了吴起的观点，而其远源则来自曾子。

除孔子、曾子之外，孔门"七十子"中的子路、曾皙、颜渊、子夏、宰我、子贡、冉牛、闵子骞、有若及孔子之孙子思、曾参之子曾元，曾参之孙曾西等，亦曾为孟子论述所涉及，但孟子对他们基本皆持正面肯定的态度。

余论

《孟子》书中先秦诸子批评所涉及的诸子人物，自然并不止如上所述。而且，他批评的有些诸子学者，其学派归属尚存在争议或并不明确。如《告子下》所谓"宋牼将之楚，孟子遇于石丘"，其中的宋牼，又称宋钘或宋荣子，《庄子》《荀子》二书把他和墨子归于一类，似乎认为他是墨家，但《汉书·艺文志》"小说家"有"《宋子》十八篇"

① （宋）朱熹：《四书章句集注》，上海古籍出版社、安徽教育出版社 2001 年版，第 295—296 页。

（班固原注："孙卿道宋子，其言黄老意。"）又似乎是说宋钘乃在小说家和道家之间，但上文引近人罗焌之文则称之为"小学家"。可见，这个问题并无定论。又如，与孟子论"性"的告子，向来多认为他是"孟子弟子"，自然应数儒家；但东汉赵歧的《孟子注》却称之为"兼治儒、墨之道者"。《告子下》又有"先名实者"的淳于髡、以治水闻名的白圭、《滕文公下》的魏人周霄、宋臣戴不胜等，历来无人知其学派归属。这些实际都说明孟子学术批评涉及的范围的确十分广泛，远远超出了所谓先秦诸子"九流十家"之列。

尽管孟子对先秦诸子学术批评的范围十分广泛，但其批评的重点仍在杨、墨、儒及"小说家"等数家。这种情况的出现，固然与孟子个人对杨、墨特别排斥和以儒家卫道士自居的立场有关，但我以为，更主要的则应该是当时学术发展的现实情形使然。《孟子·尽心下》称当时学术界"逃墨必归于杨，逃杨必归于儒"。这说明当时最兴盛的诸子学派乃杨、墨、儒三家。孟子对先秦诸子的批评，离开了杨、墨、儒三家，那他还批评什么呢？至于"小说家"之言，则并非杨、墨、儒之外某种思想观点，实只是其形式上与"经"相对的"传"、或与学术界书面语相对的民间口头传说而已——即只是形式上不同的杨、墨、儒而已。从这个意义上讲，孟子对"小说家"的批评，仍然还是对杨、墨、儒的一种批评。

第三节　荀子对先秦诸子的整合与扬弃

荀子是先秦儒家的重要思想家和代表人物，历来都被视为先秦学术百家争鸣的总结者。

虽然春秋战国时期是中国学术史上一个诸子蜂起、百家争鸣的时代，但由确切的文献记载来看，先秦时期"诸子"概念的涵义，既非后来指称众多学者先生的"诸子"，也非是如刘歆《七略》、班固《汉志》中那样的一个指称与"六艺"（"六经"）相对的"诸子"著作的概念；而是或如《周礼·地官·司徒》中"对诸公、诸侯、诸伯、诸男言也"——指那些具有"子"爵爵位的贵族，或如《周礼·夏官·司马》"诸子掌国子之倅"中的"诸子"——指"主公卿、大夫、士之子者，或曰庶子"的概念①。而且，在春秋战国时期，即使是如今人那样将"诸子"理解为"众位学者先生"，由于当时的"学者先生"们是因其学术观念的不同而常被人分为不同的学术群体和门派（如儒、墨、名、法、阴阳等）的，故当时他们也只有"百家"之名而不见"诸子"之称。如《荀子》一书即只称"百家"而不言"诸子"。《荀子·儒效》曰："百家之说不及后王，则不听也。"同书《解蔽》曰："今诸侯异政，百家异说，则必或是或非，或治或乱。"同书《正名》又曰："以正道而辨奸，犹引绳以持曲直，是故邪说不能乱，百家无所窜。"皆只称"百家"而未言"诸子"。因此可以说，中国的春秋战国时期学术界"学者先生"虽众，但他们并未被称为"诸子"；因为他们是被分为若干学术群体或学派而出现的，故名曰"百家"。当时发生在中国学术界的激烈争鸣，不只是发生于那些单个的学者之间，而更主要是发生于一个个学术群体和派别之间，这就形成了中国先秦学术史上的所谓"百家争鸣"。而作为战国后期集大成思想家，荀子所要总结的，就既是那些单个"诸子"们的学术思想，也是由他们所组成的学派或某"家"的学术思想，荀子思想的特点也因此可概括为对先秦诸子百家思想的批判与总结。

一、荀子时代的诸子百家之学

中国春秋战国时期的"学者先生"们是分成为若干个学术流派和

---

① 《周礼郑注》。见罗焌：《诸子学述》，华东师范大学出版社 2008 年版，第 4 页。

学术群体的，故在当时他们只被称为"百家"、不被称为"诸子"，而后世则常常以"诸子"和"百家"并言，而"诸子百家"遂成为合当时"众多学者先生"和"学术派别"而言的名称。

　　春秋战国时期的学术思想活跃、学术派别林立，"百家"显然只是言其多，而并非是对当时诸子学派的具体统计。《荀子·非十二子》是先秦时期批评诸子学派的名篇，它对它嚣①、魏牟、陈仲、史鰌、墨翟、宋钘、慎到、田骈、惠施、邓析、子思、孟轲等"十二子"的学说，共分为六家进行了批判。后世或以为，虽然"《荀子·非十二子篇》所非之十二子，共分为六派：它嚣、魏牟为一派，陈仲、史鰌为一派，墨翟、宋钘为一派，慎到、田骈为一派，惠施、邓析为一派，子思、孟轲为一派"，"但如以后来所分家数核之"，则除"它嚣未详"之外，"魏牟即《汉志》道家之魏公子牟；邓析，《汉志》列之名家。子思、孟轲，《汉志》均列之儒家……陈仲即《孟子》中之於陵陈仲子，史鰌即《论语》中所谓'直哉史鱼'……则仍不外'儒'、'道'、'墨'、'法'、'名'五家而已。"② 或以为，《荀子·非十二子》所"非"："一为它嚣、魏牟。……二子殆道家杨朱一派也。二为陈仲、史鰌……近人谓陈仲、史鰌，盖墨家、道家二派相兼之学，其说似也。（刘师培《国学发微》说）三为墨翟、宋钘……是二子皆墨家者流也。四为慎到、田骈……皆由道家入法家，所谓老、庄之后流为申、韩也。五为惠施、邓析，二子皆名家也。……六为子思、孟轲，今世犹认为儒家钜子者。……综计荀子所非者六说十二子，所法者仲尼、子弓二子。

──────────

　　① 案：它嚣，郭沫若以为即关尹，亦即环渊，都是老聃的学生。（见郭沫若：《十批判书》，人民出版社2012年版，第146页）这是不对的。学术界一般以为它嚣"不知何时人"，而环渊与关尹、老聃都没有关系。参见高华平：《环渊新考──兼论郭店楚墓竹简〈性自命出〉及该墓墓主的身份》，《文学遗产》2012年第5期。

　　② 蒋伯潜：《诸子通考》，岳麓书社2010年版，第9页。

以十家九流衡之，亦止道、墨、小说、法、名、儒六家而已。"① 其分别"家"数既有差别，而其所分别"家"数之根据仍在《汉志》"九流十家"之说，而非荀子本人对诸子学术的区分。

在荀子之外，先秦对诸子学说进行过全面分析和总结的，则要数《庄子·天下》和《吕氏春秋·不二》了。《庄子·天下》认为："古之人"道术"备矣"，但自道术分裂之后，天下便"多得一察焉以自好"，是"犹百家众技也，皆有所长，时有所用"；"百家往而不返，必不合矣！"但《庄子·天下》中也没有说明所谓"百家"是指哪些学派。尽管近人通过对《庄子·天下》所叙"周代之为道术者"进行分类："首为墨翟、禽滑釐。禽为墨之弟子，则皆墨家也。次为宋钘、尹文。《汉志》载小说家《宋子》十八篇，名家《尹文子》一篇，则二子盖形名而兼小说家也。次为彭蒙、田骈、慎到，《汉志》《田子》列道家，《慎子》列法家，惟无彭蒙书。据《庄子》云：'田骈学于彭蒙。'则三子者乃由道而流为法者也。次为关尹、老聃，皆道家。次为庄周，则道家之别派也。又次为惠施，附以桓团、公孙龙辩者之徒，皆名家也。……然则《庄子》所陈，凡十四子，实止儒、墨、小说、名、法、道六家而已。"② 但其所谓某人属某家某派之说，实乃后人贴上之标签，而非庄子其人之所固有。先秦战国后期，《吕氏春秋·不二》有所谓"老聃贵柔，孔子贵仁，墨翟贵廉，关尹贵清，子列子贵虚，陈骈贵齐，阳生贵己，孙膑贵势，王廖贵先，兒良贵后"诸语；《尸子·广泽》有所谓"墨子贵兼，孔子贵公，皇子贵衷，田子贵均，列子贵虚，料子贵别囿"（《尔雅·释诂》邢昺疏引）之说。后人以为，吕子将先秦诸子分举为"道、儒、墨、兵四家"；而《尸子·广泽》中的皇子历

---

① 罗焌：《诸子学述》，华东师范大学出版社 2008 年版，第 9 页。
② 罗焌：《诸子学述》，华东师范大学出版社 2008 年版，第 8—9 页。

来无人知其解，料子顾颉刚等以为即是宋钘，《尸子·广泽》所论殆为儒、墨、道数家①。但这些亦非出于先秦吕氏、尸子二人旧说，而是后人所做的学派分类与归纳。

因此，我们可以说，凡言先秦诸子有多少"家"或多少"派"者，实际都只是后人的分析和归纳，而非先秦固有之观念。先秦学者只是统言其学者学派之多，而名之曰"百家"。在现有文献中，除《孟子·尽心下》称当时学术"逃墨必归之杨，逃杨必归之儒。"《韩非子·显学》曰："今之显学，儒、墨也。"这两处所说"儒、墨"或"儒、墨、杨"有指学派之义外，其余皆无指称学派之例。中国学术史上最早给先秦诸子分"家"分"派"者，实际要等到西汉初年司马谈的《论六家之要指》一文的出现。《论六家之要指》有曰：

> 《易大传》曰："天下一致而百虑，同归而殊途。"夫阴阳、儒、墨、名、法、道德，此务为治者也，直所从言之异路，有省不省耳。尝窃观阴阳之术，大祥而众忌讳，使人拘而多所畏；然其序四时之大顺，不可失也。儒者博而寡要，劳而少功，是以其事难尽从，然其序君臣父子之礼，列夫妇长幼之别，不可易也。墨者俭而难遵，是以其事不可偏循，然其疆本节用，不可废也。法家严而少恩，然其正君臣上下之分，不可改矣。名家使人俭而善失真；然其正名实，不可不察也。道家使人精神专一，动合无形，赡足万物。其为术也，因阴阳之大顺，采儒、墨之善，撮名、法之要，与时迁移，应物变化，立俗施事，无所不宜，指约而易操，事少而功多。儒者则不然……。

---

① 参见萧萐父总编、李德永主编：《中国辩证法史稿》（第一卷），武汉大学出版社 1990 年版，第 493—496 页。

司马谈此文是中国学术史上最早给先秦诸子分"家"的。它首次将先秦诸子分为阴阳、儒、墨、名、法、道德六"家"或六"派",并对它们的思想特点做了初步的概括和说明。但严格地讲,司马谈此文虽然将先秦诸子分为了六"家"或六"派"——似乎阴阳、儒、墨、名、法、道(德)皆为诸子百家之一"家",但他其实只是把法、名、道(德)明确称为"法家""名家"和"道家",而阴阳、儒、墨三者则被称为"阴阳之术""儒者"和"墨者"。为什么会出现这种情况呢?我认为,尽管二千多年来学术界从未有人对此做过说明,但这其中一定是有其原因的。——很可能在司马谈看来,虽然阴阳、儒、墨、名、法、道(德)六者都可视为先秦的学术派别或流派,但在被明确冠以"家"的法、名、道(德)三者和未被明确冠以"家"的阴阳、儒、墨三者之间,是存在一定差别的。——司马谈可能认为法、名、道(德)三者属于比较固定的学术派别或学术群体;而阴阳、儒、墨三者虽也有些人结成为学术派别或群体,但它们其实更主要是某种职业身份①,所以他就明确地称法、名、道三者为"家",而称阴阳、儒、墨为"术"或"者"。

而在我看来,司马谈《论六家之要指》在阴阳、儒、墨、名、法、道(德)六者名称上的这一细微差别,至少还说明了另一问题,即先秦诸子百家的出现,并不完全是一个共时性的概念,而应该是一个历时性的概念。在春秋战国之际最早出现的以老子为代表的道家和以孔子为代表的儒家,然后则是以墨翟为代表的墨家和以杨朱为代表的道家,然后才有法家、名家和阴阳家、以及以稷下黄老学派为代表的道德

---

① 前人早已指出"儒""为有学识之士之通称,不专指儒家而言"(蒋伯潜:《诸子通考》,岳麓书社 2010 年版,第 10 页),故刘向《孙卿书录》曰:"春申君死而孙卿废,因家兰陵。李斯尝为弟子,已而相秦。及韩非,又浮丘伯,皆受业,为名儒。"韩非、李斯为法家,亦得称儒。可见"儒"乃职业身份。阴阳、墨亦可类推。

家……。在春秋战国之际的所谓诸子百家，其先可能只有儒、道、墨等少数几"家"，然后才涌现出许多新的诸子学派，而旧的诸子学派则或解散，或消沉寂灭，其学说则演变为社会上零散学者所习之"术"或一种身份。[1]

因此，我们可以说，不论司马谈《论六家之要指》中的"六家"，还是刘歆《七略》班固《汉志》中的"九流十家"，既不表示这些学术派别和学术人物曾同时出现于中国春秋战国时期的各个历史阶段，更不表示在整个春秋战国的每个历史阶段的学术派别都不多不少，正好是"九流十家"（甚至多至"百家"）。同样，《荀子》一书中的所谓"百家之说"，也既不表示当时的诸子学派真的多至"百家"，也不表示整个先秦中国的诸子学派（或至少其中最有影响的学术流派）就是后人所归纳的"儒、道、墨、名、法五家"或"道、墨、小说、法、名、儒六家而已"；而只是说，中国先秦诸子的学派虽然众多，但在荀子看来，在他所处的时代最重要和影响最大的乃是十二子所代表的六种学说。

二、荀子对先秦诸子的批判

荀子对先秦诸子的批判和总结，最集中地反映在《荀子·非十二子》一篇之中。因为《荀子·非十二子》最集中地反映了荀子对先秦诸子思想的看法，所以历代研究荀子思想及中国学术批评史的学者，对此都非常重视，进行了充分的研究。《荀子·非十二子》对它嚣、魏牟、陈仲、史鰌、墨翟、宋钘、慎到、田骈、惠施、邓析、子思、孟轲

---

[1]　近人蒋伯潜《诸子通考》曰："诸子之派别家数，乃后来评述者各就其主观的见解所分析之异同，归纳而得者。……诸子之家名亦后人所定，非各派开祖先立一学派名以资号召者。"又曰："《论语》所谓'君子儒''小人儒'"，"但为有学识之士之通称，不专指儒家而言。"（蒋伯潜：《诸子通考》，岳麓书社2010年版，第10页）

十二人分为六组进行了批判。前人的研究多认为荀子是将诸子分为"六派"（"儒、道、墨、名、法五家"或"道、墨、小说、法、名、儒六家"）加以批判和总结的。但经过我们对《荀子·非十二子》更深入的分析，我们发现，正如荀子在此篇中所言，他批判的实只是诸子之"六说"——即六种观点或学说，而并非学术流派或学术派别意义上的"六派"（"五家"或"六家"）。

首先，在《荀子·非十二子》开篇，荀子即说："假今之世，饰邪说，文奸言，以枭乱天下"① 云云。这已表明他在此篇针对的重点是"邪说"和"奸言"，而不是某"家"某"派"。而且，荀子在批判了十二子的学说和观点之后又说："若夫总方略，齐言行，壹统类，而群天下之英杰而告之以大古，教之以至顺……六说者不能入也，十二子者不能亲也。""长养人民，兼利天下，通达之属莫不从服，六说者立息，十二子者迁化。"云云。皆只是明确地将十二子的学说归纳为六种观点（"六说"），而不是"六家"。可见，荀子在此着眼的只是诸子的"说"（"六说"），而非"家"或"派"。

其次，从《荀子·非十二子》对"六说"中每一"说"所举的两位代表人物来看，这些人物本身的时代和思想倾向并不完全一致，不可能形成为某个学术流派或学术团体；后世对这些人物的学派划分也往往存在矛盾。这也就进一步说明他们之间本来就不存在所谓"家"或"派"，而只是因为他们在某一观点上相同或相近，《荀子·非十二子》才将他们合而"非"之。

《荀子·非十二子》所"非"的，首先是它嚣、魏牟。其言曰：

> 纵情性，安恣睢，禽兽行，不足以合文通治；然而其持之有

---

① 案："文奸言"，原作"交奸言"，但依上文"饰邪说"看，"交"当是"文"之形近而讹，"文奸言"即"饰奸言"，作"交"者误。

故，其言之成理，足以欺惑愚众，是它嚣、魏牟也。

它嚣，尽管近代郭沫若以为他即是关尹，亦即环渊①，但其实并无什么根据；顾实从古音通转的角度认为它嚣即詹何②，而学界更多人则相信杨倞所谓它嚣"未详何代人"③，以为是更稳妥的看法。而魏牟，当即《汉志·诸子略》道家"《公子牟》四篇"（班固原注："魏之公子也。先庄子，庄子称之。"）之"公子牟"，属道家人物。学术界一般认为，它嚣、魏牟的观点应该是杨朱、詹何、子华子一系"尊生""贵己"，以至于放纵情欲的观点。④ 但因为后人对此处荀子所谓它嚣其人的时代都不清楚，所以对它嚣、魏牟二人是否属于同一"家"或同一学派是无法讨论的。荀子在这里所针对的，与其说是二人所处的同一学派或"家"，还不如说是他们所持的某种观点或行为。《荀子·非十二子》又说：

> 苟以分异人为高，不足以合大众，明大分，然而其持之有故，其言之成理，足以欺惑愚众，是陈仲、史𬭁也。

陈仲、史𬭁，即是田仲、史鱼。因陈仲又称田仲，史𬭁又称史鱼。《荀子·不苟》篇"田仲、史𬭁不如盗也"，王先谦注曰："田仲，齐人，处于於陵，不食兄禄，辞富贵，为人灌园，号曰於陵仲子。史𬭁，

---

① 郭沫若：《十批判书》，人民出版社 2012 年版，第 135 页。

② 顾实：《杨朱哲学》，岳麓书社 2011 年版，第 82 页。

③ （清）王先谦撰，沈啸寰、王星贤点校：《荀子集解》，中华书局 1988 年版，第 91 页。

④ 案：《庄子·让王》《吕氏春秋·审为》《淮南子·道应训》都载有魏牟（中山公子牟）与道家詹论养生之事。《庄子·让王》载："中山公子牟谓瞻子曰：'身在江海之上，心居乎魏阙之下，奈何？'瞻（詹）子曰：'重生。重生则轻利。'中山公子牟曰：'虽知之，未能自胜也。'瞻（詹）子曰：'不能自胜则从（纵）之，神无恶乎？不能自胜而强不从（纵），此之谓重伤。重伤之人，无寿类矣。'"学界一般以詹何所论"自纵"，即是魏牟所持"纵情性"之说。参见高华平：《由詹何看先秦道家思想的发展演变》，《哲学研究》2013 年第 9 期。

卫大夫，字子鱼，卖直也。"但如以二人生活时代论，则田仲约与孟子同生活于齐宣王时代；而史鱼则远在孔子时代。《论语·卫灵公》已载孔子称史鱼之"直"，钱穆认为，鲁襄公二十九年（公元前544年）"时孔子仅八岁，史鳅已在强仕之年矣。"则史鱼于孔子已属前辈。——那时孔子所开创的儒家是否已成立尚未可知，史鳅比孔子的年龄都大，即使史鳅的确有合乎儒家的地方，把他视为儒家也是不合适的；况且史鳅于田仲相距当在200年以上，怎么可以把他们当成同一"派"或同一"家"呢？荀子将他们二人合而"非"之，只能是因为他们二人都有"分异人为高"的隐逸倾向，如此而已。

《荀子·非十二子》接着批判的，是墨翟、宋钘。其文曰：

> 不知一天下、建国家之权称，上功用、大俭约而僈差等，曾不足以容辨异、县君臣，然而其持之有故，其言之成理，足以欺惑愚众，是墨翟、宋钘也。

同陈仲、史鳅一样，墨翟、宋钘二人，墨翟为春秋末战国初期人物，宋钘则为战国中期以后人物，时代相差很远。且二人学说，墨翟有兼爱、天志、明鬼、节用、节葬、非攻、非乐、尚同、尚贤等思想主张；宋钘学说，《庄子·天下》将他和尹文放在一起，其思想主张除《荀子·正论》所批判的"人之情欲寡浅"之外，主要是所谓"不累于俗，不饰于物，不苟于人，不忮于众"和"接万物以别宥为始"，"见侮不辱，救民之斗，禁攻寝兵，救世之战"。等等。这中间，除宋钘在"禁攻寝兵"一点上与墨翟相同之外，其他部分多与道家思想观点相近。故班固注《汉志》小说家"《宋子》十八篇"说："其言黄老意。"而郭沫若则称宋钘是道家"杨朱的直系"[1]。这说明，二人根本不属同

---

[1] 郭沫若：《十批判书》，人民出版社2012年版，第126页。

一学派。只是因为二人在"上功用，大俭约（杨倞注："功用，功力也。大，读曰太。言以功力为上，而过俭约也。"）而僈差等（王先谦注："《富国篇》曰：'墨子将上功劳苦，与百姓均事业，齐功劳。'正所谓无等差也。"）"这一观点上遥相呼应，故荀子才在此将二人合而"非"之。《荀子·非十二子》接着说：

> 尚法而无法，下修而好作，上则取听于上，下则取从于俗。终日言成文典，反紃察之，则偶然而无所归宿，不可以经国定分，然而其持之有故，其言之成理，足以欺惑愚众，是慎到、田骈也。

慎到、田骈二人之书，《汉志·诸子略》一在法家，一在道家，故也不属同一"家"或同一学派①。《庄子·天下》叙慎到、田骈之学曰："公而不党，易而无私，决然无主，趣物而不两；不顾于虑，不谋于知，于物无择，与之俱往。"——"齐万物以为首"。《汉志》法家的"《慎子》四十二篇"，现存辑本；《汉志》道家的"《田子》二十五篇"，则已完全亡佚了。从现有文献记载和现存《慎子》辑本来看，慎到一方面主张"大君任法而弗躬，则事断于法矣"（《慎子·佚文》）；"官不亲私，法不遗爱，上下无事，唯法所在。"（同上，《君臣》）但另一方面，他又说："礼从俗，政从上，使从君。"（同上，《佚文》）已完全忘记了自己的"一断于法"的思想主张。所以荀子在此批评他"尚法而无法"，"上则取听于上，下则取听于俗"——"偶然无所归宿"。但问题是，这些可能只是慎到的思想主张，而不等于田骈也是如此。《庄子·天下》在说慎到"齐万物以为首"之后，又说"田骈亦

---

① 关于慎到、田骈的学派归属，历来看法多有歧异。《庄子·天下》以彭蒙、慎到、田骈为同一派，郭沫若认为："慎到、田骈的一派是把道家理论向法理一方面发展了的。严格地说，只有这一派或慎到一人才真正是法家。"（郭沫若：《十批判书》，人民出版社 2012 年版，第 128 页）

然"，即强调了他们都有"齐万物"的思想，但无一言及于"法"。《吕氏春秋·不二》曰："陈（田）骈贵齐。"《尸子·广泽》曰："田子贵均。"也都强调了他们有"齐万物"的思想。但就正是这个"齐万物"的思想，将田骈与法家之"法"——具体为慎到联系在了一起。因为正如高亨在《〈庄子·天下篇〉笺证》中所说：田骈之"齐物"，"其初步视万物无差异……进而纳万物于一轨，所谓一轨者即法也。……此法家之齐物也。"① 所以似可以说，先秦学者之所以将慎到、田骈合于一处加以评论，全因为二人都有"齐万物"的主张——而"齐万物"亦即"尚法"也。故荀子在此将二人合而"非"之。《荀子·非十二子》接着又说：

> 不法先王，不是礼义，而好治怪说，玩琦辞，甚察而不惠，辩而无用，多事而寡功，不可以为治纲纪；然而其持之有故，其言之成理，足以欺惑愚众，是惠施、邓析也。

惠施、邓析二人书，《汉志》虽同列于"名家"，但惠施略与庄子同时，为战国中期学者；而邓析当生活于春秋子产时代，早于孔子——此时诸子学派尚未产生——二人不可能成为同一"家"或同一学派的学者。故荀子在此处合二人而"非"之，也并非从某"家"某"派"的角度对他们提出学术批评，而只是从某种学术倾向的角度对他们进行学术批评。这就是，惠施、邓析二人都喜欢"治怪说，玩琦辞，甚察而不惠，辩而无用，多事而寡功"。因为据《庄子·天下》的记载，"惠子多方"，其学术本相当驳杂，其核心概念是"大一""小一""大同""小同"之类②，"徧为万物说，说而不休，多而无已，犹以为寡，

---

① 高亨：《〈庄子·天下篇〉笺证》。见张丰乾编：《〈庄子·天下篇〉注疏四种》，华夏出版社2016年版，第200页。

② 参见郭沫若：《十批判书》，人民出版社2012年版，第207页。

益之以怪。"所以荀子对他有"好治怪说，玩琦辞"的评语。《荀子·不苟》并把《庄子·天下》惠施与人辩论的"山渊平，天地比"（《庄子·天下》作"天与地卑，山与泽平。"）、"钩有须，卵有毛"之类"说者难持者也"，以为"惠施、邓析能之"。但《庄子·天下》及现存先秦文献并没有邓析"好治怪说，玩琦辞"、作"无用"之辩的记载，因为邓析虽"操两可之说"，设无穷之辞（刘向《〈邓析〉叙录》），但他这样做的目的却非常明确，是为了教人胜讼，故当时"从之学讼者不可胜数"（《吕氏春秋·离谓》）。而他也因此被认为"是固春秋末期法家先驱也"①。这就说明，荀子在此合惠施、邓析二人"非"之，也与他们是否属同一"家"或同一"派"无多大关系，而只是因为他们二人都存在"好辩""善辩"这一点。

《荀子·非十二子》所批判的"十二子"中的最后两位，是儒家的子思、孟轲二人。其言曰：

> 略法先王而不知其统，犹然而材剧志大，闻见杂博。案往旧造说，谓之五行。甚僻违而无类，幽隐而无说，闭约而无解，案饰其辞而祗敬之曰：此真先君子之言也。子思唱之，孟轲和之。世俗之沟犹瞀儒嚾嚾然不知其所非也，遂受而传之，以为仲尼、子游为兹厚于后世，是则子思、孟轲之罪也。

子思、孟轲可以说是"十二子"中唯一的两位确属同一学派、并且有师承关系的学者②。《汉志·诸子略》儒家类有"《子思》十三篇"（原注："名伋，孔子孙，为鲁缪公师。"），可惜多有亡佚。《隋书·音

---

① 张舜徽：《汉书艺文志通释》，华中师范大学出版社 2004 年版，第 313—314 页。
② 《史记·孟子荀卿列传》说孟轲"受业于子思之门人。"《索隐》曰："王劭以'人'为衍字，则轲受业孔伋之门也。"但不管孟轲"受业子思之门"或"子思之门人"，思、孟之间存在师承关系是可以肯定的。

乐志》引沈约之言，以为《礼记》之《中庸》《表记》《坊记》《缁衣》"皆取《子思子》"，后世《子思子》辑本也主要依此辑成。但如依今存《子思子》辑本和《孟子》七篇而论，"在哲学上，子思继承和发展了孔丘的'中庸之道'"，"提出'率性'以行的方法"，"以'诚'为核心"而"使'天道'和'人道'相通，并把二者统一起来"；孟子思想则主要为"尽心、知性、知天"的"天人合一"思想和以性善论为中心的"仁政学说"①。这也就是说，其实荀子在这里所批评的思、孟"五行说"，并非思、孟哲学思想的全部，甚至可能还不是他们的主要哲学思想。荀子之所以在此将思、孟合而"非"之，也并不是着眼于二人同属于儒家学派或二人是否存在师承关系，而只是因为他们二人所提出的"五行说"在当时有太大的影响，"误导"了世人，以至于"世俗之沟犹瞀儒嚾嚾然不知其所非也"，引起了荀子对"郑、卫乱雅"的担心，故荀子才对思、孟大加挞伐。

正因此，我们似可以得出结论说：《荀子·非十二子》对它嚣、魏牟、陈仲、史鳅、墨翟、宋钘、慎到、田骈、惠施、邓析、子思、孟轲等十二子共分六组加以批判，都并不是由于他们在学术上属同一"派"或同一"家"，而只是着眼于其行事或思想主张上的某种相同或相似点而立论的；如果某二"子"具有相同的思想主张或行为特点，即使他们的时代相隔很远，也不属于同一"家"或同一"派"，荀子也会将二"子"合而非之。

也正因此，《荀子·非十二子》除了对十二子及其观点进行尖锐批评之外，对儒家的子张、子夏、子游之徒也提出了激烈的批评：

　　……弟佗其冠，衶禫其辞，禹行而舜趋，是子张氏之贱儒也。

---

① 萧萐父、李锦全主编：《中国哲学史》（上卷），人民出版社 1982 年版，第135—151 页。

正其衣冠，齐其颜色，嗛然而终日不言，是子夏氏之贱儒也。偷儒惮事，无廉耻而耆饮食，必曰君子固不用力，是子游氏之贱儒也。

王先谦《荀子集解》引郝懿行之说称荀子对子张氏、子夏氏和子游氏之儒的批判曰："此三儒者，徒似子游、子夏、子张之貌而不似其真，正前篇所谓陋儒、腐儒者，故统谓之贱儒，言在三子之门为可贱，非贱三子也。"这实际也证明了我们上文所说《荀子·非十二子》所"非"并非其人及其学派（"家"），而只是他们所代表的某种思想主张或观点。

除《非十二子》一篇之外，《荀子》书中对先秦诸子点名道姓加以批判的，还有《儒效》篇对慎到、墨子、惠施的批评，《富国》篇和《王霸》篇对墨子之术的批评。《臣道》篇曰："故齐之苏秦，楚之州侯，秦之张仪可谓态臣者也，韩之张去疾，赵之奉阳，齐之孟尝，可谓篡臣也。"《议兵》篇曰："故齐之田单，楚之庄蹻，秦之卫鞅，燕之缪虮，是皆世俗之所谓善用兵者也。"前者之"所谓篡臣也"，皆见于《战国策》，当属战国纵横家者流；后者之"所谓善用兵者也"，实乃后世所谓"兵家"。这说明荀子批评的锋芒所及，已至于纵横家和兵家。《天论》篇曰："慎子有见于后，无见先；老子有见于诎，无见信（伸）；墨子有见于齐，无见畸；宋子有见于少，无见多。"《解蔽》篇曰："墨子蔽于用而不知文，宋子蔽于欲而不知得，慎子蔽于法而不知贤，申子蔽于势而不知知，惠子蔽于辞而不知实，庄子蔽于天而不知人。"这两篇所批评的先秦诸子更多，而且同时指出其"所见"和"所蔽"（或者说其所长和所短），很具有"二分法"或"折中"的意味。《解蔽》篇又曰："曾子曰：'是其庭可以搏鼠，恶能与我歌矣！'空石之中有人焉，其名曰觙，其为人也，善射以好思。"又曰："孟子恶败而出妻，可谓能自彊矣；有子恶卧而焠掌，可谓能自忍矣。"涉及儒家的曾子、孔伋①、有子（若）、孟子。《成相》篇曰："复慎、墨、季、惠，百家之说诚不详（祥）"；"礼乐灭息，圣人隐伏墨术行。"又涉及慎到、墨翟、季真（王先谦引韩侍郎曰："或曰：季梁也。"）、惠施等。《正论》篇批评宋钘"明见侮不辱，使人不斗"之说；《礼论》篇批评墨者"薄葬"使人于礼、义"两丧之"；《乐论》篇批评墨者"非乐"之于道也，"犹瞽之于白黑也，犹聋之于清浊也，犹欲之楚而北求之也。"《性恶》篇批评孟子的"性善"之说为"无辨合符验，坐而言之，起而不可设，张而不可施，岂不过甚矣哉！"这些都明确地批评了诸子的学术观点，立场鲜明，针对性很强。在《修身》《荣辱》《儒效》《礼论》《解蔽》《正名》《正论》《性恶》等篇中，则分别对名家的"坚白、同异之察""无厚、有间之说"以及"见侮不辱""圣人不爱己""杀盗非杀人""山渊平""情欲寡""刍豢不加甘，大钟不加乐""非而谒楹有牛，马非马"等"用名乱实""用名乱名"或"用实乱名"的"治怪说，玩琦辞以相挠滑"的行为和"纵性情，安恣睢，而违礼义者"作了不点名的批判。这还不包括《大略》《宥坐》《法行》《哀公》《尧问》等篇中，记孔子及其弟子事迹时所包含的对先儒的"点赞"和评价。

另外，《荀子》书中虽未出现阴阳家及其代表人物邹衍、邹奭等人的姓名，但《荀子·天论》说当时人有"星坠、木鸣""是何也"？"治乱天邪"等疑问，说明当时阴阳家的阴阳灾异之说是非常流行的，老百姓也很自然地将自然灾异与社会人事的变化联系起来，而且充满了恐惧。荀子从"天有常道矣，地有常数矣"，即自然界有其"固有的法则、规律性"，"自然界是按其自身固有的规律运动变化的"观点出发，

---

① 郭沫若认为"空石之中"的"䖝先生"，"所影射的正是子思。"参见郭沫若：《十批判书》，人民出版社1954年版，第127页。

论证了"自然界的怪异现象都是天地、阴阳矛盾运动的表现,无论什么世道都可能出现,与社会的治乱吉凶无关";从而"对传统的宗教迷信观念进行了深入的理论批判"①。荀子的这种批判虽然并未指明是针对诸子学派中的哪"家"哪"派"的观点而发,但从现有史料来看,荀子与当时的阴阳家邹衍等都生活在稷下后期的学术环境中,"邹(衍)子以儒术干世主,不用,即以变化始终之论,卒以显名。"(《盐铁论·论儒》)阴阳家及其学说在当时的影响是很大的,故《荀子·天论》"进行了深入的理论批判"所针对的"传统的宗教迷信",主要应该就是以邹衍为代表的阴阳家,特别是其中将"星坠、木鸣、日月、星辰、瑞历"等自然现象与社会的治乱吉凶联系起来的观点。从这个意义上讲,荀子也就是对当时的阴阳家提出深入的学术批评。

三、荀子先秦诸子批评的时代特点及其成因

从上面我们就荀子对先秦诸子批评的回顾来看,荀子的诸子批评是与所在的时代诸子百家之学的发展密切相关的,有其自身的特点。

首先,荀子的学术批评虽然几乎涉及当时诸子百家的所有学派,但他的批评实际上又是有所侧重的,即使是对同一诸子学派的批评也是如此。对于道家,他同时批评了老子、庄子、它嚣、魏牟等众多学者,但对老、庄则只有"老子有见于诎,无见于信(伸)"和"庄子蔽于天而不知人"两句批评。而对道家学派或道家思想史上中可能并不十分重要的魏牟等人,则有专门的批判,对他们的"纵情性,安恣睢,禽兽行",反复地予以抨击。对于儒家,荀子对孔子、子弓不遗余力地进行歌颂,而把批判的锋芒主要对准了子思、孟轲及子张氏、子夏氏、子游氏之"贱儒"。——如果结合《韩非子·显学》篇所谓"儒分为八"

---

① 萧萐父、李锦全主编:《中国哲学史》(上卷),人民出版社1982年版,第202页。

之说来看，尽管荀子时代儒家的派系很多、学者甚众，但荀子其实只是选择了其中的某些派别和某些学者进行批评的。

其次，荀子对所有诸子学派的批判，基本都秉持"中庸"的原则，以辩证和客观的态度予以评析，力求避免学术立场的片面和偏蔽。《荀子·非十二子》批评六组十二位诸子学者的思想观点与行为时，虽然在批评开头毫不客气地抨击了其"不足以合文通治""不足以合大众，明大分"或"倜然无所归宿，不可以经国定分""不可以为治纲纪"等等，但在抨击之余，则必曰"其持之有故，其言之成理"，肯定自己的批评对象亦有其合理之处。《天论》《解蔽》二篇在批评诸子之学时，也采用"有见于"和"无见于"、"蔽于某"和"不知某"的形式评判诸子，最大限定地避免了学术批评中的独断论和以偏概全。在当时，这都是独一无二的和难能可贵的。

荀子对先秦诸子百家的学术批评之所以会形成上述特点，这既有其特殊的历史原因，也是与先秦诸子学自身的发展密切相关的。可以说，是战国中后期思想史和诸子学发展的历史面貌规定了荀子诸子学术批评的基本特点。

尽管学术界对齐国稷下学宫创立的具体时间还存在不同看法，但却都承认，齐稷下学的第一次兴盛应该是在孟子尝游稷下的齐威、宣时代，即《风俗通·穷通》所谓"齐威、宣王之时，聚天下贤士于稷下尊崇之，若邹衍、田骈、淳于髡之属甚众，号曰列大夫，皆世所称，咸作书刺世。"齐稷下学的第二次兴盛，则应该是在荀子活跃于齐国的齐襄王时代，即《史记·孟子荀卿列传》所谓"田骈之属皆已死齐襄王时（用胡适句读），而荀卿最为老师。齐尚脩列大夫之职，而荀卿三为祭酒焉。"荀卿之后，则为战国的终结期，荀子之学由韩非、李斯演变为纯粹的法家。

荀子所生活的年代，中国的诸子之学较之其前后皆有很大的差异。在荀子之前的孟子时代，诸子之学最为兴盛的是儒、墨、杨（道）三家。孟子说:"杨朱、墨翟之言盈天下。天下之言,不归杨则归墨。"(《孟子·滕文公下》)又曰其时天下学术:"逃墨必归于杨,逃杨必归于儒。"(《孟子·尽心下》)这乃是孟子所在时代稷下学术的基本面貌。孟子所说的儒,自然是指孟子本人所属的儒家。孟子在当时势力很大,"后车数十乘,从者数百人,以传车食于诸侯。"(《孟子·滕文公下》)但此时的儒家除了以道统自任的思、孟一系之外,同时还有与之在人性论上立异的告子一派。告子曰:"生之谓性";"性,犹杞柳也;义,犹桮桊也。""性犹湍水也,决诸东方则东流,决诸西方则西流。人性之无分于善不善也,犹水之无分于东西也。"(《孟子·告子上》)王充在《论衡》中曾说:"告子与孟子同时,其论性无善恶之分,譬之湍水,决之东则东,决之西则西。夫水无分于东西,犹人无分于善恶也。"(《论衡·本性》)朱熹说:"告子言人性本无仁义,必待矫揉而后成,如荀子性恶之说也"则是有失偏颇的。但由朱熹的看法我们也可看出,儒家学者是倾向于把告子与孟子在人性论上的区别看作是儒家内部关于人性论的争论的。而由孟子与告子的辩论,又可见儒家确乎属于当时的"显学"。

儒家之外,则为杨、墨。杨,指杨朱;墨为墨翟。《庄子》书中亦多称杨、墨,并多将杨朱写作阳朱或阳子居。《庄子·骈拇》曰:"骈于辩者,累瓦结绳窜句,游心于坚白同异之间,而敝跬誉无用之言非乎?而杨、墨是已。"唐成玄英疏:"杨者,姓杨,名朱,字子居,宋人也。墨者,姓墨,名翟,亦宋人也,为宋大夫;以其行墨之道故称为墨,此二人并墨之徒,禀性多辩,咸能致高谈危险之辞,鼓动物性,固执是非。"这是把杨朱也归入墨家。《庄子》之《应帝王》《山木》《徐无鬼》诸篇则称阳子居,世人皆以为即是杨朱。近代钱穆认为:"杨朱辈行较孟轲、惠施略同时而稍前",生卒年约在公元前395—前335年之间①;而蒙文

---

① 钱穆:《先秦诸子系年》,商务印书馆2001年版,第284、695页。

　思想的碰撞——学术批评史视野下的先秦诸子百家争鸣

通则从道家思想发展演变历史的角度，认定杨朱之学当由北方列子道家而来："则杨子之学，源于列御寇，而下开黄老。"① 由此可以看出，杨朱学派应属先秦道家的一种特殊形态。《孟子·滕文公下》曰："杨氏为我，是无君也。"同书《尽心上》曰："杨子取为我，拔一毛而利天下，不为也。"这和《吕氏春秋·不二》"阳生贵己"；《淮南子·汜论训》"全性保真，不以物累形，杨子之所立也，而孟子非之"诸说完全一致。可知杨朱的"为我"乃是"贵生"，并不能简单地等同于自私自利，而实际是对老子所谓"深根固柢，长生久视之道"之养生思想的极致发挥，即《淮南子·汜论训》所谓"全真保性，不以物累形"——不使自己的本真受到丝毫的损害，从而实现养生的目的——而这明显是属于道家养生派的主张。所以成玄英所谓杨朱属墨徒的观点是不对的，孟子时代"盈天下"的，实为儒、墨、道三家。

在荀子之后，以稷下为中心的诸子学中兴盛的则主要是儒、墨两家，这从《韩非子·显学》对当时学术的评述中可以见出。《韩非子·显学》曰："世之显学，儒、墨也。儒之所至，孔丘也；墨之所至，墨翟也。自孔子之死也，有子张之儒，有子思之儒，有颜氏之儒，有孟氏之儒，有漆雕氏之儒，有仲良氏之儒，有孙氏之儒，有氏正氏之儒。自墨子之死也，有相里氏之墨，有相夫氏之墨，有邓陵氏之墨。"这就是所谓"儒分为八，墨离为三"之说。很可能当时道家杨朱一系演变为它嚣（或即詹何）、魏牟、子华子之流的"纵性情，安恣睢，禽兽行"之后，因受到荀子等人的猛烈批判已走向衰亡，而道家的主流则与法家合流，成为慎到、田骈、直到韩非之类的黄老之学（亦即所谓"道法家"。《史记·老子韩非列传》称韩非之学"归本于黄老"，正以此）。

---

① 蒙文通：《杨朱学派考》，《古学甄微》，巴蜀书社1987年版，第267页。

荀子所处的时代，正在孟子与韩非子之间。由《荀子·非十二子》所"非"之先秦诸子来看，正如我们在上文所指出的，如果按后世"九流十家"的观点进行分类，实为儒、道、墨、法、名"五家"或道、墨、小说、法、名、儒"六家"而已。《荀子》一书当然有很多批判"小说家"的地方，如《正论》中批评"世俗之为说者曰'主道利周'""世俗之为说者曰'桀纣有天下，汤武篡而夺之'""世俗之为说者曰'治古无肉刑而有象刑'""世俗之为说者曰'汤武不能禁令……'""世俗之为说者曰'尧舜禅让'"等等。但"小说家"乃不入"流"之一"家"，实不在诸子百家之列；且如宋钘其人，《荀子·非十二子》将他合墨翟而"非"之，谓其学术"上功用，大俭约而僈差等，曾不足以容辨异、县君臣"，故学者多将其归于墨家。而刘《略》班《志》所谓"小说家"为"街谈巷语，道听途说者之所造也"的定义，则为诸子思想传播之纯形式特点，与其思想内容实无必然联系。故可以说，荀子所批判之诸子百家，如果从思想内容上来说，实只有儒、道、墨、法、名五家而已。

而且，在这五家之中，至少道、法两家之间已明显具有合流倾向，故自古即有"黄老道家"（或"黄老"）和"道法家"之名。《荀子·非十二子》合慎到、田骈而"非"之，但在《汉志·诸子略》中"《慎子》四十二篇"（班固原注："名到，先申、韩，申韩称之。"）在法家；"《田子》二十五篇"（班固原注："名骈，齐人，游稷下，号'天口骈'。"）在道家。《史记·孟子荀卿列传》则曰："慎到，赵人。田骈、接子，齐人。环渊，楚人。皆学黄老道德之术，因发明序其指意。"将他们同时归入"黄老道德家"。而近代郭沫若也认为"慎到、田骈的一派是把道家的理论向法理一方面发展了的。"①

---

① 郭沫若：《十批判书》，人民出版社 1954 年版，第 144 页。

综合来看，荀子时代的诸子之学的发展出现了两大特点：其一，当时的"显学"较稍前的孟子时代或稍后的韩非子时代都有不同。孟子时代的"显学"是儒、墨、道（即杨朱），韩非子时代只有儒、墨两家，而荀子时代则有儒、墨、道、名四家；而且此时的道家已由早前的杨朱演变成"黄老"或主要为道家与法家合流的"道法家"；"名辩"则已由一种辩论的方法而独立成"家"，变成了名家。《荀子》一书除了《非十二子》中合惠施、邓析而"非"之之外，还在《修身》《儒效》《正名》等篇反复批评了惠施、邓析的坚白、同异之论，特别是《正名》一篇，历代注家皆认为该篇乃因为"是时公孙龙、惠施之徒乱名改作，以是为非，故作《正名》篇。"① 即是为了批判名家而作。其二，荀子时代诸子学发展的另一大特点就是，当时的诸子百家各家的学说之间界线日渐模糊，明显有走向综合的趋势。从宋钘学说或归于道家、或归于墨家，慎到、田骈学说或归于道家、或归入法家，以及诸子皆有名辩倾向，就可以见出这一点。

荀子时代诸子学发展的新的历史特点，也正是荀子本人诸子学术批评之特点形成的重要原因之一。因为此时儒、墨、道、名四家是学术界的新的"显学"，故荀子也就把批判的锋芒对准了他们；而于其他诸子学派，如农、杂、纵横、阴阳之类，则很少置评。又因为此时诸子百家之说有明显走向综合的趋势，特别是在稷下学宫中"因阴阳之大顺，采儒墨之善，撮名、法之要"的"黄老道德之术"盛行，各家各派的边际日渐消融，有时很难分辨一位学者思想属于何"家"何"派"，所以荀子在开展其对先秦诸子的学术批评时，主要并不着眼于学"派"或"家"的划分，而主要是针对某种学术观点或思想行为而论——即

① （清）王先谦撰，沈啸寰、王星贤点校：《荀子集解》，中华书局1961年版，第411页。

使某两位学者属于不同时代和不同学派（"家"），如果他们有某种相同的学术观点或思想行为，荀子也会将他们合而"非"之，放在一起进行批判。

第二章

先秦道家对诸子百家的学术批评

道家也是先秦诸子中最重要的学派之一，而且根据江瑔《读子巵言》的观点，"道家为百家所从出"——道家实是先秦诸子百家中产生最早的诸子学派，是诸子百家之祖。因此，研究先秦诸子的"百家争鸣"或研究先秦百家之间的学术批评与反批评，深入探讨先秦道家与其他诸子学派之间的思想互动关系，其重要性就是不言而喻的了。

第一节　先秦道家对诸子学派的学术批评概述

根据学术界的研究成果，先秦道家除了南方的老子、庄子一系之外，还有属于北方的杨朱学派和稷下道家黄老学派。因此，我们要研究先秦道家对诸子百家的学术批评，除了考察老子和庄子等人的学术批评之外，还必须对先秦道家杨朱学派和稷下黄老道家、特别是其中的《管子》学派的学术批评，予以足够的关注。只有这样，才能真正全面准确把握先秦道家思想的发展演变。

一、老子对孔子、杨朱等人的学术批评

老子是道家学派真正的创始人。而且，如果从《六经》之称"实渊源于道家者也""道家为百家所从出"的观点来看①，老子实亦为先秦诸子百家之祖。因此，如果说老子曾对先秦诸子百家提出过自己的学术批评的话，那更多的应该是老子对诸子百家各种思想因素的一种批评，而非对作为一种成熟形态的诸子学派及其思想所提出的学术批评。

说到老子的学术批评，人们必然会想到《老子》一书，因为其中就有不少对先秦诸子百家学术观点的批评，或对涉及到先秦诸子百家思想观点的学术批评。如《老子》开篇即说：

> 道可道，非常道；名可名，非常名。无名，天地之始；有名，万物之母。故常无，欲以观其妙；常有，欲以观其徼。此两者同出而异名。（第1章）

《老子》这里所谓"名"，虽不等于即是先秦名家，但无疑已涉及名家讨论的名实、言意等核心范畴及其关系，所以亦可以从广义上看作是对先秦名家的一种学术批评。《老子》又说：

> 大道废，有仁义；智慧出，有大伪；六亲不和，有孝慈；国家昏乱，有忠臣。（第18章）
>
> 绝圣弃智，民利百倍；绝仁弃义，民复孝慈……（第19章）
>
> 故失道而后德，失德而后仁，失仁而后义，失义而后礼。夫礼者，忠信之薄而乱之首……（第38章）

《老子》此处也并未明言批评某家学说，但其所"绝""弃"之仁、义、礼、智、忠、信，乃先秦儒家的核心价值观，故可认为是在批

---

① 江琼：《读子卮言》，华东师范大学出版社2012年版，第41、63页。

评先秦儒家无疑。此外，《老子》还批评了所谓"尚贤"、崇法及征伐兵战，如"不尚贤，使民不争"（第3章）；"法令滋彰，盗贼多有"（第57章）；"夫佳兵者，不祥之器"（第31章）；等等。这些显然也可以看成是对先秦墨家、法家思想的学术批评。

但由于对《老子》一书成书的时间向来都存在争论，即使是有郭店楚简《老子》和马王堆帛书《老子》的出现，今本《老子》中可以肯定真正属于老子（老聃）本人的言论也并不多，故今本《老子》应该是老子（老聃）之言、老子前后鬻子、关尹、列子及黄老道家所依托的《黄帝书》中之言的集合，其最后编写的时间或迟至秦统一中国之后①。所以《老子》中这些对诸子学派的学术批评，并不能算是真正出自老子本人，而只能说是《老子》一书中对先秦诸子百家的学术批评。如果从比较可靠的史料记载来看，老子对先秦诸子百家进行过学术批评的人物，应该只有儒家的孔子和道家的杨朱了。《史记·老子韩非列传》载：

> 孔子适周，将问礼于老子。老子曰："子所言者，其人与骨皆已朽矣，独其言在耳。且君子得其时则驾，不得其时则蓬累而行，吾闻之，良贾深藏若虚，君子盛德，容貌若愚。去子之骄气与多欲，态色与淫志，是皆无益于子之身。吾所以告子，若是而已。"

对孔子问礼于老子之事，《庄子》的《天运》《天地》，《大戴礼记·曾子》《孔子家语·观周》《史记·孔子世家》等皆有记载。后世学者基本相信孔子问老子的事实，分歧只在于其问礼的具体时间和次数上。而我们在此所关心的，主要是老子批评孔子言行的着眼点。从各种

---

① 关于《老子》一书的成书，可参考高华平：《先秦〈老子〉文本的演变——由〈韩非子〉等战国著作中的〈老子〉引文来考察》，《中州学刊》2019年第10期。

文献中所载的老子与孔子的对话来看，尽管各处所言侧重有所不同，但老子所言其实都是集中于一个"礼"字上——对孔子所执之"礼"的内容和形式两方面的批评上。在《史记·老子韩非列传》中，老子说"子所言者，其人与骨皆已朽矣"，这是批评孔子所言之"礼"的内容已陈旧过时；至于说孔子的"骄气与多欲""态色与淫志"，不合君子的"深藏若虚""容貌若愚"之行，则是从孔子所执之"礼"的形式上对孔子的批评。《庄子·天道》更有老子（聃）批评孔子"仁义"之说的具体记载，其言略曰：

> 孔子西藏书于周室……往见老聃，而老聃不许。于是繙十二经以说，老聃中其说，曰："大谩，愿闻其要。"孔子曰："要在仁义。"老聃曰："请问仁义，人之性耶？"孔子曰："然。君子不仁则不成，不义则不生。仁义真人之性也。又将奚为矣。"老聃曰："请问何谓仁义？"孔子曰："中心物恺，兼爱无私，此仁义之情也"。老聃曰："意！几乎后言。夫兼爱不亦迂乎！无私焉，乃私也。夫子若欲使天下无失其牧乎？则天地固有常矣，日月固有明矣，星辰固有列矣，禽兽固有群矣，树木固有立矣。夫子亦放德而行，循道而趋，已至矣，又何偈偈乎揭仁义，若击鼓而求亡子焉？意！夫子之乱人之性也。"

孔子学说中的核心思想，除了"礼"之外，自然就是其"仁义"之说了。孔子认为"仁义"乃是人的本性，是人之所为人的"真人之性"，而"仁义"的内涵则是所谓"中心物恺，兼爱无私"。针对孔子的"仁义"之说，老子一方面批判了孔子以所谓"兼爱无私"界定"仁义"为"迂"，又认为其所谓"无私"，实则一是在"偈偈乎揭仁义"，是在追求一己之名利，完全是其私心之所在，是与"天地不仁，以万物为刍狗"或"天地固有常矣，日月固有明矣，星辰固有列矣，禽兽固有群矣"的自然之道根本背离的；另一方面，老子又批判了孔子极力宣传"仁义"学说的行为是"若击鼓而求亡子焉"，完全是在招摇过市，是在"乱人之性也"。

老子对孔子学说的批评，可看作是先秦道家对儒家最早的学术批评。

除此之外，老子对其弟子杨朱之学也有直截了当的批评。《庄子·应帝王》略曰：

> 阳子居见老聃曰："有人于此，向疾强梁，物彻疏明，学道不倦，如是者可比明王乎？"老聃曰："是于圣人也，胥易技系，劳形怵心者也……明王之治，功盖天下而似不自己。化贷万物而民弗恃。有莫举名，使物自喜，立乎不测而游于无有者也。"

阳子居，即杨朱，老子弟子，以往学者多认为"杨朱辈行较孟轲、惠施略同时而稍前。"[①] 我认为，先秦诸子书皆言"杨墨"，而无一例言"墨杨"者，故可断言杨朱当年长于墨翟，至少"杨朱的时代亦不应晚于墨子"[②]。墨子约生于公元前525年至公元前520年之间[③]，则杨朱亦当生于这个年代。杨朱之学，《孟子·滕文公下》曰："圣王不作，诸侯放恣，处士横议，杨朱墨翟之言盈天下。天下之言，不归杨则归墨。杨氏为我，是无君也；墨氏兼爱，是无父也。"同书《尽心上》又曰："杨子取为我，拔一毛而利天下，不为也。"（赵岐注："杨子，杨

---

① 钱穆：《先秦诸子系年》，商务印书馆 2001 年版，第 284 页。案：杨朱和阳子居是一人还是二人，学术界向来存在不同看法。本文以为杨朱和阳子居实为一人。旧说参见杨伯峻撰：《列子集释》，中华书局 1979 年版，第 127 页。
② 高华平：《先秦诸子与楚国诸子学》，北京师范大学出版社 2016 年版，第 121 页。
③ 高华平：《墨子生卒年新考》，《江西师范大学学报》（哲学社会科学版）2018 年第 5 期。

第二章　先秦道家对诸子百家的学术批评 | **101**

朱也。为我，为己也。拔己一毛以利天下之民，不肯为也。"）《吕氏春秋·不二》曰："阳生贵己。"《淮南子·氾论训》曰："全性保真，不以物累形，杨之所立也，而孟子非之。"这说明杨朱的"为我""贵己"或"拔己一毛而利天下不为也"，并不是极端的利己主义，而只是保持"本真"的"我"，即"全性保真"。而这正是老子道家"见素抱朴"之义（《老子》第19章），二者具有密切的联系。但杨朱的哲学思想也与老子存在很大的差异。这就是，杨朱之学不仅是与老子一样重视"见素抱朴""返璞归真"的"为己"之学，而且还是与黄老学派一样重视由"治身"而推及"治国"的"君人南面之术"。故《庄子·应帝王》所载阳子居见老聃而问"向疾强梁，物彻疏明，学道不倦，如是者，可比明王乎？"已显示出杨朱确实存在"绍古明王圣人之帝王思想"的愿望，而崔述、陈澧、蒙文通、冯友兰等人，皆认为杨朱之学实即"黄老"，为"君人南面之术"①。

比较老子对孔子和杨朱的批评，虽然老子对孔、杨二人的用世之心皆有批评，但似又有不同。对于孔子，老子主要是针对其关于仁、义、礼思想观点和行为而言的；对杨朱，则主要针对其"予智自雄"和对"明王之治"的追求的②。

老子除直接批评过孔子和杨朱之外，根据《庄子·庚桑楚》的记载，老子曾对其再传弟子——老子弟子庚桑楚的弟子南荣趎，提出过直接的批评。《庄子·庚桑楚》载：

> 南荣趎赢粮，七日七夜，至老子之所。……老子曰："向吾见若眉睫之间，吾因以得汝矣，今汝又言而信之。若规规然若丧父

---

① 参见崔述：《孟子事实录》（卷下）；（清）陈澧：《东塾读书记（外一种）》；蒙文通：《杨朱学派考》；冯友兰：《中国哲学史新编》等。
② 顾实：《杨朱哲学》，岳麓书社2011年版，第25页。

母，揭竿而求诸海也。女亡人哉，惘惘乎！汝欲反汝情性而无由入，可怜哉！"南荣趎请入就舍，召其所好，去其所恶，十日自愁，复见老子。老子曰："汝自洒濯熟哉！郁郁乎！然而其中津津乎犹有恶也。夫外韄者不可繁而捉，将内揵；内韄者不可缪而捉，将外揵。外内韄者，道德不能持，而况放道而行者乎！……卫生之经，能抱一乎？能勿失乎？能无卜筮而知吉凶乎？能止乎？能已乎？能舍诸人而求诸己乎？能翛然乎？能侗然乎？能儿子乎？儿子终日嗥而嗌不嗄，和之至也；终日握而手不掜，共其德也；终日视而目不瞚，偏不在外也。行不知所之，居不知所为，与物委蛇，而同其波，是卫生之经已。"

南荣趎，成玄英《疏》曰："姓南荣，名趎，庚桑弟子也。"《释文》云："《汉书·古今人表》作'南荣畴'，或作'俦'，又作'寿'。《淮南》作'南荣畴'"。南荣趎本为庚桑楚弟子，于老子为再传弟子，却因其曾直接受教于老子，故亦被后人称为老子弟子。《文子·精诚》曰："昔南荣趎耻圣道而独亡于己，南见老子"云云。唐人徐灵府《文子注》即以南荣趎为"老子弟子"。但据《庄子·庚桑楚》的记载来看，南荣趎见老子的原因，乃是因为南荣趎在庚桑楚门下领受庚桑楚"全汝形，抱汝生，无使汝思虑营营"之教后，仍有"将恶乎托业以及此言邪"的疑惑，故在庚桑楚的指引下去拜见老子。而老子一见其面，即看出了南荣趎的心思，曰："子何与人偕来之众？"当老子确定南荣趎之困惑乃在于内心中执着于所谓"智（智）"与"不知（智）"、"仁"与"不仁"的仁知（智）之辨时，老子就直接指出了南荣趎的病根，是对所谓仁知（智）"若规规然若丧父母，揭竿而求诸海也"——实为失去了本真之"我"的"惘惘乎"的"亡人哉"！可谓"欲反其情性而无由入"的"可怜虫"！老子认为真正的"卫生之经"，应该是如儿子（婴儿）或"至人"那样："不以人物利害相撄，不相与为怪，不相与为谋，不相与为事，翛然而往，侗然而来"，乃至于"动不知所为，行不知所之，身若槁木之枝，而心若死灰"。应该说，老子对南荣趎的批评，与上文老子对孔子、杨朱的批评，总基调是基本一致的。南荣趎心中的困惑，应是齐鲁学道之士在同时面对道家学说与自己本土固有的儒家仁、义、礼、智之教时，心中儒道交争的写实。

老子的弟子，旧说还有文子、蜎（渊）子等人，只是现有文献中并没有老子对他们进行学术批评的记载。《汉书·艺文志》有"《文子》九篇"和"《蜎子》十三篇"，但二书其实早佚，已难言其详。"《文子》九篇"，班固自注："老子弟子，与孔子并时，而称周平王问，似依托者也。"现在的研究者一般认为其"非古书"，《汉书·艺文志》中的《文子》一书，应是"萌芽于战国，特至汉初，始有治黄老之学者撮录而笔之于书"者①。我认为，班固以来所谓文子为"老子弟子"之说或《文子》一书属汉初学者"撮录"之说，可能皆存在疑问，至少从今本《文子》一书来看是如此。因为今本《文子·精诚》载："文子曰：'名可强立，功可强成。'昔南荣趎耻圣道而独亡于己，南见老子，受教一言。精神晓灵，屯闵条达，勤苦十日不食，如享太牢。是以明照海内，名立后世，智略天地，察分秋毫，称誉华语，至今不休，此谓名可强立也。"这里把庚桑楚弟子南荣趎作为"名可强立"的典范，称其"明照海内，名立后世，智略天地，察分秋毫，称誉华语，至今不休"。不仅早已超过老子弟子庚桑楚之辈，且已与老子并达"圣人"之域，名声或有过之。故《文子》之书的作者所称颂的，既不可能是作为"老子弟子"的文子；则《文子》一书也就不可能产生于与孔子

---

① 张舜徽：《汉书艺文志通释》，华中师范大学出版社 2004 年版，第 290 页；王利器：《文子疏义》，中华书局 2000 年版，第 6 页。

并时的文子时代，而只可能出于老子再传弟子南荣趎之后的若干世代。现代学者认为《文子》一书当为西汉初"治黄老学者撮录而笔之于书"的产物，应该是比较可信的。至于文子其人，如果从上文《文子·精诚》篇中对南荣趎的赞语来看，他不仅不会是生活于周平王或楚平王时代，也不会是近代学者所说的越国之大夫文种①，甚至连老子的再传弟子也算不上。《韩非子·内储说上七术》载文子对齐王问"治国何如"，前人以为此齐王"必为（齐）威、宣诸王"②。则文子最有可能为齐稷下学者，而非"老子弟子"。

在现有文献中，有关于老子弟子进行学术批评记载的，除孔子之外，似只有杨朱一人。《庄子·山木》《韩非子·说林上》等篇都载有杨（阳）朱向其弟子评论逆旅主人之二妾"恶者贵而美者贱"的故事，但因为杨朱评论的对象既非先秦诸子及其学术，杨朱之言本身亦并不包含褒贬，故今所知杨朱对先秦诸子的学术批评，当以《淮南子·汜论训》所记为准。《淮南子·汜论训》曰：

> 夫弦歌鼓舞以为乐，盘旋揖让以修礼，厚葬久丧以送死，孔子之所立也，而墨子非之。兼爱、尚贤、右鬼、非命，墨子之所立也，而杨子非之。全性保真，不以物累形，杨子之所立也，而孟子非之。

根据《淮南子·汜论训》的记载，杨朱不仅曾受到老子的批评和儒家后学孟轲的抨击，杨朱自己也曾对当时的诸子学派的学术观点进行过学术批评。这种批评最著名的，就是针对墨子"兼爱""尚贤""右（明）鬼""非命"等核心价值观念所进行的"非议"。

---

① 江瑔：《读子卮言》，华东师范大学出版社2012年版，第93页。
② 罗焌：《诸子学述》，华东师范大学出版社2008年版，第350—352页。

因为杨朱的著作，除了后世存在激烈争议的《列子》一书中的《杨朱》一篇之外，几乎没有什么存世，所以我们实际已很难得知杨朱是如何"非"墨子学说的。但是有一点却是值得我们注意的，即在墨子所谓"兼爱""非攻""尚贤""右鬼""非命""尚（上）同""非乐""节用""节葬""天志"十论之中，为何杨朱只针对墨子其中的"兼爱""上（尚）贤""右鬼""非命"呢？如果据现存的《墨子·非儒》篇的内容，墨家的"右鬼""非命"中批评的，应是儒家的鬼神观和命定论。这也就是说，非墨子"右鬼""非命"之说的人，主要应该是儒家而非道家中人。但《淮南子》在此却为何要说墨子立"兼爱""上（尚）贤""右鬼""非命"之说而杨朱"非之"呢？我认为，《淮南子·氾论训》之所以说是道家的杨朱"非"墨子之说，且其主要是针对墨子"兼爱""上贤""右鬼""非命"之说的，这既反映了道、墨思想根本差异之所在，也说明了战国前期诸子学派之间的争鸣与对立主要发生在道家与儒、墨之间，而非是刚刚由"学儒者之术，习孔子之业"而来的——即由儒家分化出来的墨家与儒家之间的。道家杨朱批评墨家，之所以选择墨子的"兼爱""尚贤""右鬼""非命"之说，乃是因为"兼爱"可以说是"墨子唯一之主义"①，墨子的"非攻"等重要思想主张，实际都是"兼爱"说的延伸；"尚贤"显然与道家"不尚贤"（《老子》第 3 章）主张相反、"右（明）鬼"和"非命"则明显与道家的"其鬼不神"（《老子》第 60 章）和"复命"（《老子》第 16 章）、"知其不可奈何而安之若命"（《庄子·人世间》）等思想观点相对立。故作为"老子弟子"和早期道家重要代表人物的杨朱，不能不专门针对墨子的这四种观点展开学术批评（实际是对墨子观点的反驳）。

---

① 陈柱：《诸子概论（外一种）》，华东师范大学出版社 2015 年版，第 312 页。

《墨子》书中有《兼爱》上、中、下三篇。在这三篇中，墨子认为：天下"乱之所自起"，乃在于不能"兼爱"；若使人"兼相爱，交相利"，则不仅能"止攻""去乱"，而且能实现"圣王之治"。为了能充分论证"兼爱"说的正确性，墨子还对天下之"非兼者之言"提出了反复的批评。墨子对"非兼者"之言的反复批评，虽然自古以来未有人明确指出墨子所针对的是哪些"非兼爱"者而发的，但如果结合当时的历史语境来看，当时对墨子"兼爱"说进行"非难"的不是别人，正是道家的杨朱其人。这既有《淮南子·汜论训》的记载为证，也有我们的充分论证可以为据①。

道家杨朱对墨子"兼爱"说的批评，与稍晚孟子以墨子"兼爱"为违反"等差之爱"的伦理原则而抨击墨家"无君无父，是禽兽也"不同，他更多的是从学理层面而非学派间的意气用事对墨家的"兼爱"说进行批评的。上文引《庄子·天道》篇老子批评孔子所谓"中心物恺，兼爱无私，此仁义之情也"时说："夫兼爱不亦迂乎！无私焉，乃私也。"今本《老子》第7章也说："是以圣人后其身而身先，外其身而身存。非以其无私邪？故能成其私。"这都说明，道家对"兼爱"与自爱、"无私"与自利或"成其私"的关系原有十分深刻的洞悉，认为墨家（及墨家之所从出的儒家）表面的"无私"，其实是包含了自私自利的目的的。杨朱对墨子"兼爱"说的批判应该着眼于此的。因为正如近代学者所指出的：墨子的学说乃是以一个"利"字为中心的，"是其爱利人之动机，固先在乎欲人之爱利我也"，此与儒家孔子"推己及人"的"泛爱众"相比较，形成了明显的反差："然则儒家之爱人，不望乎人之爱己；墨家之爱人，则其目的首在乎望人之爱己。故儒家之爱

---

① 参见本书第三章《先秦墨家对诸子百家的学术批评》。

人无利己主义，而墨家之爱人反不免乎利己主义也。"① 当然，如果从更容易被人接受的角度来讲，墨子的"兼爱"思想主张应该比孔子的"泛爱众"的观点更容易被人所接受，因为人从本性来说毕竟可能更具有利己的倾向的。

道家杨朱对墨子"尚贤"说的批评，与后来法家批评儒墨的"尚贤"说也有差异。先秦法家批评墨家的"尚（上）贤"，主要着眼于两点，一是"贤"之与否不如法律之具有确定不疑的标准，其依据全在于社会的臧否毁誉上，即所谓"今夫上贤，任智无常"。（《韩非子·忠孝》）这样不仅不利于君主法治的实行，反而有利于臣下结成朋党、破坏法治。二是因为法家认为当时整个社会真正称得上"贤者"的"贞行之士不盈十"，而社会上需要的则是大量的执法官吏，如此"则人不足官"。（《韩非子·五蠹》）

道家老子更多的是从"反智"的角度批评"尚贤"观点的。因为在老子看来，世之所谓"贤"无非就是"智"，而且不是"若愚"的"大智"，而是那种自以为是的"小智"。而这种"小智"必然只能导致民之"多欲"而"难治"、导致"争"，故老子主张"绝圣弃智"（《老子》第19章），"不尚贤，使民不争"（《老子》第3章）。这是道家批评墨子"尚（上）贤"说第一个原因。另一个原因是，道家认为墨家所提倡的"贤"就是通常所谓仁义道德之类，这在当时社会已被统治者所盗用，因而已严重地异化。庄子所谓"窃钩者诛，窃国者为诸侯，诸侯之门而仁义存焉。"（《庄子·胠箧》）说的就是这种异化现象。故道家对墨家"尚（上）贤"主张予以坚决的批判。作为老子弟子的杨朱，虽然史无明文说明他是如何的"非"墨子之"尚（上）贤"主张的，但由老、庄之言辞，亦不难推知其"非"墨子"尚

---

① 陈柱：《诸子概论（外一种）》，华东师范大学出版社2015年版，第313页。

（上）贤"说之大概。

同样，杨朱"非"墨子之"右鬼""非命"，亦可以从老、庄对"鬼"与"命"的看法那里推知一二。《老子》第 60 章曰："以道莅天下者，其鬼不神。"已明确否定了鬼神论。庄子则从"气化"的视角看待人生，认为人的生死"相与为春秋冬夏四时行也"："察其始而本无生，非徒无生也而本无形；非徒无形也而本无气。杂乎芒芴之间，变而有气，气变而有形，形变而有生，今又变而之死。"（《庄子·至乐》）根本就没有什么鬼神。《管子·内业》也主张："凡物之精，此则为生"；"精也者，气之精者也。"一切都是"气"的变化，不可能有什么鬼神。至于"命"，《老子》第 16 章曰："夫物芸芸，各复归其根。归根曰静，是谓复命。复命曰常，知常曰明。不知常，妄作，凶。"《庄子·人间世》曰："子之爱亲，命也，不可解于心……知其不可奈何而安之若命，德之至也。"同书《天运》又曰："性不可易，命不可变，时不可止，道不可壅。"把"命"看成不可改变的自然规律，人只能听之任之，顺其自然。

学者大多认为杨朱是"老子弟子"，杨朱思想"与（老庄）道家原为同向。"① 所以，我们有理由相信，《墨子·非命》中对所谓"执有命者之言"的"非命"之"非"、《墨子·非儒下》对"强执有命者"的"说议"之"非"，都是有的放矢的，即《墨子》中的这些篇中的观点都是针对道家、特别是针对杨朱的观点而提出的；而《淮南子·氾论训》才有所谓"兼爱、尚贤、右鬼、非命，墨子之所立也，而杨子非之"之说。

---

① 劳思光：《新编中国哲学史》（一），生活·读书·新知三联书店 2017 年版，第 157 页。

二、杨朱后学的学术批评

关于先秦道家，近代学者一般分为以老、庄为代表的南方道家和以杨朱为代表的北方道家这两大派。但我以为，这种分派可能还不够精确。对先秦道家源流更细致的划分，至少可分为南方老庄学派、北方杨朱学派和东方齐国稷下黄老学派（或以《管子》书为代表称"《管子》学派"）①。"杨朱之说，一度极盛，其衰则应在孟子之后，《庄子·天下》时代之前。"② 故其批评墨子兼爱、尚贤、右鬼、非命之说，亦当发生在战国初期墨子在世之年。至孟子时代，杨朱之学极盛，但杨朱其人则不存于世，故杨朱本人不可能对孟子进行反批评；而杨朱之弟子亦不屑于与以攻击杨朱而扬名的孟子"相非"。

关于杨朱后学，近代学者蒙文通认为，杨朱之后，"显有'纵情性'、'忍情性'之二派"，前者以詹何（它嚣）、魏牟之类为代表；后者则以田仲、史䲡之徒为代表③。只是田仲、史䲡辈学说不见一点杨朱"为我"或"贵己""贵生"说的影子④，似与杨朱学说相去稍远。依现有文献，比较能肯定为杨朱后学的，殆为詹何、子华子等人；此外，《荀子·非十二子》中还有一位它嚣。他们对先秦诸子的批评言论，应该即代表了杨朱后学的学术批评。

子华子，首见于《庄子》一书。《庄子·则阳》载："魏莹与田侯牟约，田侯背之……子华子闻而丑之。"钱玄英《疏》："华，姓；子，有德之称，亦魏贤臣也。"《庄子·让王》载："韩、魏相与争侵地。子华子见昭僖侯，昭僖侯有忧色。"《释文》引司马云："魏人也。"成玄

---

① 高华平：《由詹何看先秦道家思想的发展演变》，《哲学研究》2013 年第 9 期。
② 劳思光：《新编中国哲学史》（一），生活·读书·新知三联书店 2017 年版，第157 页。
③ 蒙文通：《杨朱学派考》，《古学甄微》，巴蜀书社 1987 年版，第 247 页。
④ 杨朱学说的根本为养生学说，参见高华平：《论先秦道家的养生学派——杨朱"为我"学说述论》，《河南师范大学学报》（哲学社会科学版）2018 年第 1 期。

英疏："僖侯，韩国之君也。华子，魏之贤人也。"《吕氏春秋·审为》载："韩、魏相与争侵地，子华子见昭釐侯，昭釐侯有忧色。"高诱注："子华子体道人也。昭釐，复谥也，韩武子五世之孙哀侯之子也。"① 汪中、钱穆认为："大约子华子与韩昭侯、魏惠王同时，乃可信也。"②

子华子的学说，现在已难言其详。《汉书·艺文志》无《子华子》其书，可能西汉刘向之时其书"已亡佚"；"后世传本有《子华子》一书，题"晋人程本撰"，《四库全书总目》已云：程本与子华子"本非一人"，传本《子华子》"乃宋熙宁、绍圣之间，宗子之怍时不仕者所伪托"。今人认为，子华子之学，其要旨即《吕氏春秋·贵生》所谓"全生为上"；《吕氏春秋·审为》引子华子曰："两臂重于天下也，身又重于两臂"，"其旨尤为明显"。③《吕氏春秋·贵生》曰：

> 子华子曰："全生为上，亏生次之，死次之，迫生为下。"故所谓尊生者，全生之谓。所谓全生者，六欲皆得其宜也。所谓亏生者，六欲分得其宜也。亏生则于其尊之者薄矣。其亏弥甚者也，其尊弥薄……故曰迫生不若死。

我们在前面曾经指出，杨朱之学是所谓"为我"和"贵己""全性保真"，其核心其实是"不损一毫""不利天下"而保持"本真之我"或"我的本真天性"的养生学说。子华子其人其学虽然并无史料证明其与杨朱有师承关系，但"全生""尊生"之说希望人"六欲皆得其宜"，而所谓"六欲皆得其宜"，即《吕氏春秋·贵生》篇中的"亏生""死""迫生"等"六欲莫得其宜"（六欲都得不到满足）者，更

---

① 案：韩昭釐（僖）侯为哀侯之孙，而非其子。参见陈奇猷校释：《吕氏春秋校释》（下），学林出版社1995年版，第81、1458页。

② 钱穆：《先秦诸子系年》，商务印书馆2001年版，第314页。

③ 陈奇猷校释：《吕氏春秋校释》（下），学林出版社1995年版，第81页。

包括同书《本生》篇中所谓虽"六欲皆得其宜"——都得到了满足，但却"害于性"的"不得其宜"者——如富贵和声色滋味之类。故《吕氏春秋·本生》曰："今有声于此，耳听之必慊，已听之则使人聋，必弗听。有色于此，目视之必慊，已视之则使人盲，必弗视。有味于此，口食之必嗛，己食之则使人瘖，必弗食……此全性之道也……贵富而不知道，适足以为患，不如贫贱。"而《庄子·让王》《吕氏春秋·审为》载子华子对韩昭侯论性命与天下的关系，亦同样显示这一"全生""尊生"或"贵己"的思想观点。今举《庄子·让王》为例，其言曰：

> 韩、魏相与争侵地。子华子见昭僖侯，昭僖侯有忧色。子华子曰："今使天下书铭于君之前，书之言曰：'左手攫之则右手废；右手攫之则左手废。然而攫之者必有天下。'君能攫之乎？"昭僖侯曰：'寡人不攫也'。子华子曰：'甚善！自是观之，两臂重于天下也，身亦重于两臂。韩之轻于天下亦远矣，今之所争者，其轻于韩又远。君固愁身伤生忧戚不得也！'

子华子在这里认为人之"两臂重于天下"，即使用天下也不能换取人之两臂。这种思想观点显然是与杨朱"损一毫利天下不为也"一脉相承，是一种"尊生"或"贵己"之说，也就是一种"为我"之说。所以尽管先秦文献中没有以子华子为杨朱之徒的明文记载，但历代学者皆以其为杨朱后学视之。

但子华子的"全生""尊生"之说似对杨朱之学也有自己的改造和发展，因为杨朱的"为我"似主要强调了"全性保真"、保持自我本真而不失，即老子的"见素抱朴"一方面；而子华子的"全生""尊生"或"贵己"，则对现实社会具有更多的批评因素，即他对"六欲不得其宜"的"过"与"不及"做了双向的扬弃。子华子认为人之身体比国家、天下都重要，人不应该为外在的名利而使自己的身体和生命受到损伤，此正是老子"名与身孰亲？身与货孰多？得与亡孰病"（《老子》第44章）之意，要人"见素抱朴，少私寡欲"；但子华子继承老子此说又是有条件和前提的，即"抱朴""寡欲"并不是越"朴"越好或欲望越少越好，而是一切以"得其宜"为准的。如果是符合人自然本性的适宜的"欲"，不仅应该满足，而且还应该是满足得越充分越好。从某种意义上讲，这又是对老子"抱朴""寡欲"思想中可能包含的某种"无欲"和"节欲"观念的一种扬弃和批评。

对于杨朱的"为我"或"贵己"之说，子华子不仅继承了其中要保持人的自然本性、满足人的自然本性的思想，而且将其进一步发展为必须满足人的自然本性，使"得其宜"，"不得其宜"则"不若死"的思想。——这可说直接导致了杨朱后学纵欲主义学说的出现，是《管子·立政九败》和《荀子·非十二子》二篇中所批评的"纵情性，禽兽行"之辈的先声。

詹何事迹主要见于《庄子·让王》、《吕氏春秋》的《执一》《审为》及《淮南子》的《览冥训》《道应训》等篇。《荀子·非十二子》中的它嚣，郭沫若认为"它嚣是形误，它与玄相似，嚣与渊相近。"因为玄渊即环渊，所以它嚣就是环渊。[1] 顾实则认为，"此它嚣当即詹何，古音詹冉同部，而冉声有那……故詹何可转为它嚣也。"[2] 郭说的理由似不可信。因为，如果说"它与玄相似"还可成立的话，"嚣与渊相近"实在太过牵强。所以我采取顾实的说法，以为《荀子·非十二子》中的"它嚣"，应该就是杨朱的后学詹何。

詹何的姓名虽然先秦两汉载籍多见，但关于其事迹的记载却并不

---

① 郭沫若：《十批判书》，人民出版社 2012 年版，第 135 页。
② 顾实：《杨朱哲学》，岳麓书社 2011 年版，第 82 页。

多。詹何的生卒年，钱穆的《先秦诸子系年》将其生年与慎到、田骈、接子、尹文、陈仲同系于公元前 350 年（周显王十年），其卒年则定在公元前 270 年（周赧王四十五年）。他的主要根据，是《吕氏春秋·执一》《淮南子·道应训》中有楚顷襄王问詹何"治国奈何"的记载，（《列子·说符》同）。此说可从。不过，《吕氏春秋·重言》曰："故圣人听于无声，视于无形，詹何、田子方、老耽（聃）是也。"把詹何与田子方、老耽（聃）并列为"圣人"，则詹何的生活年代不能晚于庄周（约公元前 365—前 290），而其学说在当时之影响则应在庄周之上。

根据现有文献，詹何对诸子的学术批评，似仅限于其自己的学派之内。《老子》第 38 章曰："夫礼者，忠信之薄而乱之首；前识者，道之华而愚之始。"对"礼义"和"前识"都进行了否定和抨击。但《韩非子·解老》却记载说：

> 先物行、先理动之谓前识。前识者，无缘而妄意度也。何以论之？詹何坐，弟子侍，有牛鸣于门外。弟子曰："是黑牛也而白题"。詹何曰："然。是黑牛也，而白在其角。"使人视之，果黑牛而以布裹其角。以詹子之术，婴众人之心，华焉殆矣！……故曰"前识者，道之华也，而愚之首也。"

韩非子在《解老》中不仅对老子所谓"前识"做了进一步的解释，即"指并未通过实物观察或物理试验就预先对那'物''理'发出已经认识的发言"，或"没有事物根据作为认识的来源或依据，却凭个人的臆想来胡乱猜测"的推理形式；[①] 而且还举詹何为例，对"前识"进行了深入的批评。但我们由此看到的，主要还并不在老子及先秦其他道家人物对"前识"的态度，而是詹何对老子及此前道家思想的批评性

---

① 梁启雄：《韩子浅解》，中华书局 1960 年版，第 143—144 页。

继承。老子明确否定"前识"，认为这种"竭其聪明""役其智力"的行为，即使能"得"物之"情"、"丰"人之"誉"，也必然会"丧"道之"笃实"，使社会"奸巧弥密"。① 但从《韩非子·解老》的记载来看，詹何不仅对老子此说公开加以批评，在实际言行中对此也是不以为然、并持相反的观点和态度的。在弟子闻牛鸣而"意度"其为"黑牛而白题"时，詹何对这种"前识"行为不仅不加制止，反而变本加厉地说："然。是黑牛，而白在其角。"由此可见，詹何虽可能在"道"为世界之本体或万物之本源等本体论思想理论方面继承了老子的道家之说，但在如何使用人的聪明才智以"应物"方面，则更多地吸收了杨朱追求"物彻疏明"（《庄子·应帝王》）的理路，对老庄之道家思想有所扬弃。从某种意义上讲，也可以说是杨朱对道家老子和杨朱思想都提出了一种学术批评。

詹何对先秦道家思想的另一种学术批评，是他和子华子一样，将杨朱"为我""贵己"之说中"损己一毫利天下不为也"的思想发挥到了极致。《庄子·让王》《吕氏春秋·审为》《淮南子·道应训》诸篇都记载了詹何与中山公子牟关于"重生"的一段对话，就很能说明詹何对于杨朱"为我"或"贵己"说的态度。《庄子·让王》曰：

> 中山公子牟谓瞻子曰："身在江海之上，心居乎魏阙之下，奈何？"瞻子曰："重生，重生则轻利。"中山公子牟曰："虽知之，未能自胜也。"瞻子曰："不能自胜则从（纵），神无恶乎？不能自胜而强不从（纵）者，此之谓重伤。重伤之人无寿类矣。"

瞻子，即詹子，亦即詹何。其学说之核心殆在"重生"二字，而

---

① ［魏］王弼注，楼宇烈校释：《老子道德经注校释》，中华书局 2008 年版，第 94 页。

与子华子说韩昭釐侯（即韩昭侯）"两臂重于天下，身又重于两臂"之论同。从这方面来看，詹何学说亦可谓继承了老子"名与身孰亲"之旨。但詹何的"重生"说又并非只是完全传承老子之论，其至也并非是子华子之说的翻版。他吸收了子华子"贵生"说中人之"六欲"应"皆得其宜"的主张，但却更多的从现实的可能性上论述了如何"得其宜"，以及在"不得其宜"情形下所能采取的补救措施——"从（纵）欲"的理由。因为在詹何看来，"少私寡欲""节欲"或"六欲皆得其宜"中远离声色名利之欲的清静平淡生活虽然十分美好，但无奈世俗之人永远处于各种诱惑之中，有的甚至可能是其本性中即有好逸恶劳、好声色犬马之乐的成分，还真不是讲传统的"重生"或"贵生"理论能起到实际作用的。詹何看到了这一困境，根据"两害相权取其轻，两利相权取其重"的原则，他提出了"不能自胜则从（纵）"的"纵欲"主张。客观地讲，这种"纵欲"主张的确有可能会导致《管子》和《荀子》所批评的"纵情性，禽兽行"，有为"纵欲主义"张本之嫌。但这毕竟不是詹何思想主张的出发点和归宿，他的理论的出发点和目的，是要解决此前道家养生学说或"贵己""重生"学说中的理论缺陷和现实困境，即"寡欲""节欲"虽利于养生、"贵己"或"重生"，但现实的人却很难自然地实现"寡欲""节欲"；而违反人的自然人性的"寡欲""节欲"，实际上更有害于养生、"贵己"或"重生"。从这个意义上讲，詹何"重生"论中的"纵欲"主张，无疑又是对杨朱和子华子"为我""贵己"之说的一种批评和发展，甚至可以说是对此前道家养生学说或"贵己""重生"学说中的理论缺陷和现实困境提出的一种补救主张。

三、庄子后学的学术批评

在先秦道家学派中影响最大的，除老子之外，应该就是庄子了。郭沫若曾说："道家本身如没有庄子的出现，可能已经归于消灭了，然而就因为有他的出现，他从稷下三派吸收他们的精华，而维系了老聃的正统，从此便与儒、墨两家鼎足而三了。"① 庄子的著作《汉书·艺文志》著录为"《庄子》五十二篇"，现存为西晋郭象注本《庄子》三十三篇，其中分为内篇七篇、外篇十五篇、杂篇十一篇。学术界一般以为内篇应为庄子本人所作，外、杂篇为庄子弟子或后学所作。"庄子本人在《内篇》中，对儒、墨、道、名诸家及其代表人物孔（子）、老（子）、杨（朱）、惠（施）等展开了学术批评。"② 因为庄子在道家学派中具有极为重要的地位，需要就庄子对先秦诸子学派的学术批评进行深入研究，我们将在下一节做专门探讨。此处先述庄子后学对先秦诸子的学术批评。

庄子之学在后世影响极大，这首先自然应归功于庄子弟子或先秦的庄子后学们。道家的庄子虽然和老子一样反对"言教"，但他们却都是有不少弟子的。《庄子》中的《山木》《列御寇》等篇都有庄子弟子的明确记载。《山木》记"庄子游于雕陵之樊"，其后"三月不庭"，"蔺且从而问之"。成玄英疏："庄周见鹊忘身，被疑盗栗，归家愧耻，不出门庭。（蔺且）姓蔺名且，庄子弟子，怪师顷来闭户，所以从而问之。"则蔺且是庄子弟子中唯一可知姓名者。

尽管庄子有不少弟子，但从《庄子》书中的记载来看，这些庄子弟子实际上都只是庄子的陪衬，是为表现庄子的思想和人格风采服务的，本身并没有多少思想可言，甚至连姓名也没有留下，更不用说他们对当时诸子百家的学术批评了。真正代表了庄子之后庄子学派对先秦诸子学术批评成就的，应该是那些虽不具姓名，却有著作存世的庄子后学

---

① 郭沫若：《十批判书》，人民出版社 2012 年版，第 155 页。

② 高华平：《试析〈庄子〉对先秦诸子的学术批评》，《哲学研究》2017 年第 7 期。

们。——这就是现存《庄子》一书中外、杂篇的那些作者们。

现存《庄子》一书，外篇有十五篇，杂篇有十一篇，两部分合起来共二十六篇。这二十六篇著作，尽管人们不能一一明确指出其具体作者是谁，但因"《庄子》一编固道家者流一大丛书"，故"各家异义"，"实皆略可于其间推而知也"。近人蒙文通认为，"庄子为上与造物者游，而下与外生死无终始者为友"者，外篇"《刻意》《缮性》《至乐》诸篇乃其义"，属庄子之学；杂篇《让王》《盗跖》诸篇，则"是杨朱一派之书"；"《骈拇》《马蹄》《胠箧》《在宥》诸篇，于魏牟一派为合；……而《天地》《天道》《天运》诸篇，于陈仲一派为近"；"若《达生》《山木》诸篇，皆以生为贵，不訾孔子，而实于孔为远；视《天道》诸篇，虽訾孔而实于孔为近者又殊。"①

我认为，蒙文通以为《庄子》外、杂诸篇某几篇当为道家"杨朱学派一书"，某几篇当为道家"魏牟一派"之书，而另外几篇则应"于陈仲一派为近"，这种看法或有可商之处。因为前人已认定《庄子》外、杂篇乃庄子后学所作，则这些著作的作者虽或如《韩非子·显学》所谓"儒分为八，墨离为三"一样，可划分为庄学的不同派别，但他们都属于庄子后学，即"庄子学派"则是无疑的。这就说明，不论《庄子》的外、杂篇中的某几篇"于陈仲一派为近"、或是"于魏牟一派为合"，但都绝对不会是"陈仲一派之书""魏牟一派之书"或"杨朱一派之书"等等，而只能是"庄子学派"中具有"陈仲一派"或"杨朱一派"思想倾向的"庄子后学"的著作（如果这一派的代表人物时代晚于庄子，则可径称为"庄子后学某某派"）。而《庄子》外、杂篇中那些著作中对先秦诸子的学术批评，则无疑就是庄子后学某个派对先秦诸子百家的学术批评。如《庄子·秋水》载：

———————————

① 蒙文通：《杨朱学派考》，《古学甄微》，巴蜀书社 1987 年版，第 248 页。

公孙龙问于魏牟曰："龙少学先王之道，长而明仁义之行；合同异，离坚白，然不然，可不可；困百家之知，穷众口之辩，吾自以为达已。今吾闻庄子之言，汒焉异之。不知论之不及与，知之弗若与？今吾无所开吾喙，敢问其方。"

公子牟隐机大息，仰天而笑曰："子独不闻夫埳井之蛙乎？……且夫知不知是非之竟，而犹欲观于庄子之言，是犹使蚊负山，商蚷驰河也，必不胜任矣。且夫知不知论极妙之言而自适一时之利者，是非埳井之鼃与？且彼方跐黄泉而登大皇，无南无北，奭然四解，沦于不测；无东无西，始于玄冥，反于大通。子乃规规然而求之以察，索之以辩，是直用管窥天，用锥指地也，不亦小乎！子往矣！且子独不闻夫寿陵馀子之学行于邯郸与？未得国能，又失其故行矣，直匍匐而归耳。今子不去，将忘子之故，失子之业。"

魏牟或"公子牟"，即上文引《庄子·让王》"中山公子牟谓瞻（詹）子曰"云云之"中山公子牟"。成玄英《疏》曰："魏牟，魏之公子也"。又曰："魏公子名牟，封中山，故曰中山公子牟也。"① 《列子·仲尼》："中山公子牟者，魏国之贤公子也。"张湛注曰："（魏）文侯之子，封于中山，故曰中山公子牟。"但这些说法皆是沿袭《汉书·艺文志》而来的模糊、甚至错误的观点。《汉书·艺文志·诸子略》道家类有"《公子牟》四篇"，班固自注："魏之公子也。先庄子，庄子称之。"班固此说也不准确。《庄子》书中《秋水》《让王》诸篇确记有魏牟言行，但这些皆出于《庄子》外、杂篇，属庄子后学所作，不能由此说"（魏牟）先庄子，庄子称之"，更不能由此将魏牟生活年代推至战国初期，以之为魏文侯之子。钱穆曾作《魏牟考》一篇，以

①　（清）郭庆藩撰，王孝鱼点校：《庄子集释》，中华书局 1961 年版，第 971、597 页。

为"（魏）牟与龙（公孙龙）同时，其年辈亦较庄后甚明。《秋水》所记，亦谓牟称庄，非庄称牟也。班（固）说自误"。钱氏将魏牟生卒年定于约公元前320—公元前245年①，这是比较合理的。

至于魏牟的学派归属，前人或因《荀子·非十二子》曰："纵情性，安恣睢，禽兽行，不足以合文通治，然而其持之有故，其言之成理，足以欺惑愚众。是它嚣、魏牟也。"而将其归为"杨朱之徒也"。然据《庄子·让王》所记："魏牟，万乘之公子也，其隐岩穴也，难为于布衣之士；虽未至乎道，可谓有其意矣。"他在受詹何"不能自胜则从（纵）"的"纵情性"之教以前，是取隐逸之道的；他后来或许真如荀子所言走上了"纵情性"之道，但从《秋水》篇他对庄子之学的盛赞和他对公孙龙勿为邯郸学步的规劝来看，他应该是一位庄子之学的忠诚信徒，而不是一位见异思迁和缺乏学术操守的人。所以，与其说魏牟是主张"纵情性"的杨朱后学，不如说魏牟后学中有主张"纵情性"的杨朱学者，而魏牟本人则应如郭沫若所说：其时代自比庄子稍后，"很可能是庄周的弟子"②。因为若魏牟仅是道家"纵情性"论者而非庄子之徒，他是绝不会扬庄而抑公孙龙的。故魏牟对名家公孙龙的批评，应即是庄子后学对名家"困百家之知，穷众口之辩"之"合异同，离坚白"学术的批评。

我们在上文已经指出，蒙文通曾以《庄子》外、杂篇之中《让王》《盗跖》诸篇为道家杨朱学派著作，《骈拇》《胠箧》《在宥》诸篇为道家魏牟一派著作……《刻意》《缮性》《至乐》诸篇，乃《庄子·天下》庄子之学"上与造物者游，而下与外死生无终始者为友"之"义"；《达生》《山木》诸篇，皆以生为贵，不訾孔子，而实于孔为

---

① 钱穆：《先秦诸子系年》，商务印书馆2001年版，第514—515页。
② 郭沫若：《十批判书》，人民出版社2012年版，第161页。

远；视《天道》诸篇章，虽訾孔而实于孔为近者又殊。"但若以我们论《庄子·秋水》中之魏牟实属庄子后学而言，则《庄子》外、杂篇章中的那些属于道家杨朱学派或陈仲学派等道家的著作，因为它们产生的时代应在庄子之后，故皆应归入庄子学派之列，属庄子后学中或较为忠实继承了庄子思想或虽属庄子后学，但具有较多杨朱思想或陈仲思想特征的学者所作。而他们对先秦诸子思想的批评，则皆属于庄子后学对先秦诸子的学术批评。

如果从批评的对象来看，《庄子》外、杂篇所反映的庄子后学对先秦诸子思想的学术批评，大致可分为对道家及庄子本人的学术批评、对作为当时"显学"的"杨墨"或"儒墨"的批评以及对整个诸子百家的学术批评三个方面。

庄子后学既属道家学派，那么他们对道家及庄子本人的思想继承、发展和扬弃，也就是他们对道家及庄子本人的学术批评。因为《庄子》外、杂篇中对这些材料的选择和记载本身就包含了作者的褒贬和取舍的，所以我们就可以将这些材料的记载与选择，也看作是《庄子》外、杂篇作者们对先秦道家及庄子本人的学术批评。在《庄子》外、杂篇中，通过对先秦道家及庄子本人的记载与选择所反映出的他们对先秦道家及庄子本人的学术批评，具有几个鲜明的特点：一是他们对道家学派中人及其思想，除了对其中已经流变为"显学"并与儒、墨相对的杨朱之学否定较多之外，对其他道家人物如老聃、老莱子、南伯（郭）子綦等，则多以道家导师或得道真人的面貌出现，只有赞颂和肯定；二是在他们对道家人物和思想的学术批评中，对庄子其人其学多是有褒无贬、有继承肯定而无否定排斥的学术批评。

在《庄子》外、杂篇的《天道》《天运》《秋水》《至乐》《山木》《徐无鬼》《寓言》《列御寇》《天下》诸篇，都有关于庄子言行和事迹的记载。虽然这些记载与其说是对于庄子本人思想和学说的评价，勿宁说是庄子后学们在借庄子之口宣扬他们自己的思想主张，但其中仍不难看出他们对庄子本人思想的学术态度。如《天运》篇记"商太宰荡问仁于庄子"，庄子答以"虎狼，仁也"和"夫孝悌仁义，忠信贞廉，此皆自勉以役其德者也，不足多也"。这实际上既是作者用庄子之言以表明他认同庄子对仁义孝悌的看法，也是作者对庄子观点的一种评价，即他是充分肯定和认同庄子以虎狼之出于天性的"父子相亲"为"仁"，而以人间所谓"孝悌仁义、忠信贞廉"之类为"自勉以役其德者也"的观点。又如，《至乐》篇章中记庄子妻死鼓盆、《列御寇》篇记庄子曰："知道易，勿言难。知而不言，所以之天也；知而言之，所以之人也；古之人，天而不人。"前者实际是作者对庄子生死观的一种评判——作者是完全认同庄子以人之生死"是相与为春秋冬夏四时行也"的；后者则是作者对庄子钦慕"古之人，天而不人"态度的一种赞誉。

在庄子后学对作为当时"显学"的"杨、墨"或"儒、墨"的学术批评中，庄子后学们并不十分注重对"杨"与"墨"或"儒"与"墨"的思想特点进行区分，而多是合"杨"、"墨"或"儒"与"墨"两家的思想而提出批评。如《骈拇》篇曰："枝于仁者，擢德塞性以收名声，使天下簧鼓以奉不及之法非乎？而曾、史是已。骈于辩者，累瓦结绳窜句，游心于坚白同异之间，而敝跬誉无用之言非乎？而杨、墨是已。"《胠箧》篇曰："削曾、史之行，钳杨、墨之口，攘弃仁义，而天下之德始玄同矣。"《在宥》篇曰："下有桀、跖，上有曾、史，而儒墨毕起……乃始离跂攘臂乎桎梏之间。"《天地》篇曰："跖与曾、史，行义有间矣，然其失性均也……而杨、墨乃始离跂自以为得，非吾所谓得也。"这里的"杨、墨"或"儒、墨"，其间基本没有什么本质的区别，而只是先秦庄子后学们对当时"名辩学者"的代称。所谓"杨"乃是道家把当时宋钘、尹文、惠施、公孙龙之流归入其中的一派，而墨则是指当时的"墨辩学者"："墨家于学后于儒，故并称儒、墨，而于辩则后于杨，故并称为杨、墨。"① 当然，庄子后学在这里也并不是要对"名辩学者"使用名学（逻辑）理论本身进行批评，而是认为"杨、墨"或"儒、墨"所辩论的内容——无论是"儒墨"的仁义忠孝，还是"杨、墨"的坚白同异之辩——实际都是"离跂"人性，"擢乱"天下之玄德的言行，皆在道家的"削""钳"和"攘弃"之列。

庄子后学还对当时整个诸子其他各派都提出了批评。如《天道》曰："三军五兵之运，德之末也；赏罚利害，五刑之辟，教之末也；礼法度数，形名比详，治之末也；钟鼓之音，羽旄之容，乐之末也；哭泣衰绖，隆杀之服，哀之末也。"这里对军兵、赏罚、五刑、礼法度数、形名比详以及钟鼓、羽旄、丧服等的否定，实际上可等于对提倡这些礼法政治的诸子学派，如儒、墨、法、名、兵诸家学术思想的批评。《刻意》曰："刻意尚行，离世异俗，高论怨诽，为亢而已矣；此山谷之士，非世之人，枯槁赴渊者之所好也。语仁义忠信，恭俭推让，为修而已矣；此平世之士，教诲之人，游居学者之所好也。语大功，立大名，礼君臣，正上下，为治而已矣；此朝廷之士，尊主强国之人，致功并兼者之所好也。就薮泽，处闲旷，钓鱼闲处，无为而已矣；此江海之士，避世之人，闲暇者之所好也。吹呴呼吸，吐故纳新，熊经鸟申，为寿而已矣；此道引之士，养形之人，彭祖寿考者之所好也。"这里所谓"山谷之士，非世之人""平世之士，教诲之人""朝廷之士，尊主强国之人""江海之士，避世之人""道引之士，养形之人"等等，实际可视对先秦诸子的进一步学派的细分。"枯槁赴者""闲暇者""彭祖寿考者"，可以说是道家学派中的社会批评派、隐居避世派和延年养生派；"语仁义忠信，恭俭推让"者，应该是儒家学派中积极入世者；追求功名，"为治而已矣"的"朝廷之士"，则可划入法家和纵横家之列。《刻

---

① 郭沫若：《十批判书》，人民出版社 2012 年版，第 219 页。

意》篇以为这些儒、道、名、法、纵横之士若与"不刻意而高""澹然无极而众美从之"的"圣人"相比,实在相差太远。这就实际上对当时儒、道、法、墨、纵横家的思想和行为都提出了自己的学术批评。《徐无鬼》曰:"招世之士兴朝,中民之士荣官,筋力之士矜难,勇敢之士奋患,兵革之士乐战,枯槁之士宿名,法律之士广治,礼教之士敬容,仁义之士贵际……此皆顺比于岁,不物于易者也,驰其形性,潜之万物,终身不反,悲夫!"这里的"招世之士""中民之士""筋力之士""兵革之士""枯槁之士""法律之士""礼教之士""仁义之士",虽不能与儒、道、墨、法、农、兵诸子一一对应,但它的范围显然是并不限于庄子所谓"儒、墨、杨、秉四,与夫子(惠施)为五"的;其中的"驰其形性,潜之万物,终身不反,悲夫!"则又显然是《徐无鬼》篇的作者对当时诸子百家言行的一种批评。

当然,在《庄子》一书中最集中全面反映了庄子后学对先秦诸子学术批评的,仍应非《庄子·天下》篇莫属了。

《庄子·天下》篇对当时的儒、道、墨、名、法及小说等诸子学派及其代表人物的学术思想提出系统的批评。[①] 对于儒家,《天下》篇认为其乃属传承古人"其明而在数度者",即"旧法世传之史",亦即所谓"其在于《诗》《书》《礼》《乐》者,邹鲁之士,搢绅先生多能明之"。这实际似包含了庄子后学对儒家两个基本的看法:一是可能认为儒家孔子之学"为诸子之开祖矣";二是含有儒家近于"古之人其备乎"之意,因为儒家完整传承了古人"明于本数,系于末度"的"旧法世传之史"——《诗》《书》《礼》《乐》《易》《春秋》。而"《诗》以道志,《书》以道事,《礼》以道行,《乐》以道和,《易》以道阴

---

① 案:学者一般认为《天下》篇所论诸子为儒、墨、小说、名、法、道六家。参见罗焌:《诸子学述》,华东师范大学出版社 2008 年版,第 8—9 页。

阳，《春秋》以道名分"，已得古人之全，其他诸子百家之学则属于"其数散于天下而设于中国者"，为"天下多得一察焉以自好"的产物。可见，《天下》篇在诸子百家中，实际上是给予了先秦儒家以最高的学术评价。这或许确实反映了庄子后学中存在着以庄学为源于儒家的观点。①

对于墨家，《天下》篇分别对墨翟、禽滑釐的基本观点和墨家所推崇的禹道以及"墨离为三"之后的墨家提出了学术批评。《天下》篇认为墨翟、禽滑釐继承了"不侈于后世，不靡于万物，不晖于数度，以绳墨自矫而备世之急"的"古之道术"，但"为之大过，已之大循"。这种学说对人的要求太高，普通人很难达到。墨家的基本观点是"非乐""节用""兼爱""非斗"②"节葬"等，但"非乐"既不合先王制礼作乐之法，亦不合人之喜怒哀乐之常情；"节用""节葬"既不合礼制，也显示出墨家的"爱己""爱人"皆"其道大觳"，"离于天下，其去王亦远矣"；墨家所推崇禹道"以自苦为极"，这只能表明"墨子真天下之好也"。墨翟、禽滑釐堪称"才士也夫"，至于治理国家，他们的主张则只会是"乱之上也，治之下也"；墨子、禽滑釐之后，墨家的"相里勤之弟子五侯之徒，南方之墨者苦获、己齿、邓陵子之属"，他们在学术上"俱诵《墨经》而倍谲不同"，"以坚白同异之辩相訾，以觭偶不仵之辞相应"；但他们更主要的兴趣则在于争夺学派的"巨子"，以继承学派大位。——就连作为庄子后学的《天下》篇的作者，也对他们非常失望！

---

① 案：庄子之学，自古以来即有所谓源于子夏、田子方或源于颜渊二说。笔者认为，庄子之学即使不直接承自"七十子"及其后学，而当源自老聃道家，由于早期"儒"者的身份乃是"师儒"，是教师，而"古之学者必有师"，庄子之学至少亦应间接源于儒家。

② 案：墨子本人主要主张"非攻"，后期墨者才主张"非斗"。参见高华平：《"三墨"学说与楚国墨学》，《文史哲》2013 年第 5 期。

宋钘、尹文二人，《汉书·艺文志》著录宋钘之书"《宋子》十八篇"于小说家，尹文之书"《尹文子》一篇"著录在名家。后世学术界或将宋钘属之道家，将尹文属之名家，但更多人则将二人皆视为墨家。但在我看来，二人实皆为"因阴阳之大顺，采儒墨之善，撮名法之要"（司马谈《论六家之要指》）的稷下黄老学者。《天下》篇以"不累于俗，不饰于物，不苟于人，不忮于众"，"作为华山之冠以自表，接万物以别宥为始"，"以禁攻寝兵为外，以情欲寡浅为内"概括宋、尹二人的学术特点，称二人"其为人太多，其自为太少"，对他们"上说下教"，"上下见厌而强见也"仍宣传自己思想主张的行为，既充满了十分的敬意，也表示出几分的惋惜。

　　彭蒙、田骈、慎到三人。彭蒙，《史记》《汉书》无名，仅见于《天下》及《尹文子》。田骈、慎到，《史记·孟子荀卿列传》说："慎到，赵人；田骈，接子，齐人……皆学黄老道德之术。"《汉书·艺文志》有"《慎子》四十二篇"，著录在法家；"《田子》二十五篇"，著录在道家。实则他们都属于稷下黄老学派中的"法道家"或"道法家"。《天下》篇以"公而不当，易而无私，决然无主，趣物而不两"，无思无虑，"弃知去己而缘于不得已"来概括他们的学术思想，认为他们追求"块不失道"的主张，虽然符合摒弃主观成见、"纯任自然"的"道术"，因而也可谓"概乎皆尝有闻者"也；但正如近人徐复观所说：由于"他们只把握到人性下半截的纯生理的构造，由生理性的构造再向下落，下落到'若无知之物'的土块……便只有靠着法与势，并以泯没人的个性、自主性，以求达到其目的"。[1] 因此，《天下》篇的作者认为，彭蒙、田骈、慎到"其所谓道非道，而所言之韪不免于非"；"彭蒙、田骈、慎到不知道"。

对于道家，《天下》篇重点批评了关尹、老聃和庄周之学。《汉书·艺文志》有"《关尹子》九篇"（班固自注："名喜，为关吏，老子过关，喜去吏而从之。"）"《老子邻氏经传》四篇""《老子傅氏经说》三十七篇""《老子徐氏经说》六篇"和"刘向《说老子》四篇""《庄子》五十二篇"（班固自注："名周，宋人。"）。关尹之名，始见于《史记·老子韩非列传》，曰："老子……见周之衰，乃遂去。至关，关令尹喜曰：'子将隐矣，彊为我著书。'于是老子乃著书上下篇，言道德之意五千余言而去，莫知其所终。"班固自注应由此而来，只不过把《史记》中的"关尹"坐实为"关吏"，把"喜"定"关吏"之"名"，并说传世《老子》之书，乃是老子由于"关吏（尹）喜"的一个要求著述而成的。《史记》的这个记载本身是存在疑问的。"关令尹喜"到底是"关令尹"名"喜"呢？还是"关令"名"尹喜"呢？后世长期存在争议。① 而今本《老子》一书并非一次成型，已为现代学者的出土文献研究所证实。因此，所谓"关尹"，似应理解为在老子之后一个以"关吏喜"相标榜的传承老子思想的学派，《汉书·艺文志》中的"《关尹子》九篇"，应该即是这一学派的著作。

《天下》篇认为，关尹、老聃的思想特点可以概括为"以本为精，以物为粗，以有积为不足，澹然独与神明居……建之以常无有，主之以太一，以濡弱谦下为表，以空虚不毁万物为实"；故常以水为譬，取"豁"为喻，主张"处静""随人""处下""取虚""取后"，等等，但《天下》篇仍给予了其在"得一察焉以自好"的诸子百家中最高的评价："可谓至极"也！"关尹、老聃乎！古之博大真人哉！"

对于庄子，《天下》篇除了称赞其"独与天地精神往来，而不敖倪

---

① （汉）司马迁撰，（唐）司马贞索隐，（宋）裴骃集解：《史记》，中华书局1959年版，第1241页。

于万物……上与造物者游，而下与外死生无终始者为友"之外，还对《庄子》其书的特点予以了颂扬："其书虽瑰玮而连犿无伤也，其辞虽参差而諔诡可观。"可见，庄子后学之所以追随庄子，除了认同庄子的哲学思想之外，另一个重要的原因，乃是因为熟读《庄子》之书，被其"瑰玮"和"諔诡可观"所深深吸引。

《天下》篇对惠施、公孙龙及其名家学派也有最早的学术批评。《汉书·艺文志》著录有"《惠子》一篇""《公孙龙子》十四篇"，均在名家。《天下》篇认为，虽然"惠施多方，其书五车，其道舛驳"，但惠施最看重的却是"以此（名辩）为大"，故他"观于天下而晓辩者"，"日以其知与人之辩，特与天下之辩者为怪。"惠施之学虽然"自以为最贤"，但《天下》篇批评说："夫充一尚可，日逾贵道，几矣"；"惠施之才，骀荡而不得，逐万物而不反，是穷响以声，形与影竞走也。悲夫！"这与庄子本人批评以"杨墨"或"儒墨"为代表的名辩思潮所取的立场是完全一致的。①

四、稷下黄老道家对先秦诸子的学术批评

先秦道家除以老、庄为代表的南方道家和以杨朱为代表的北方道家之外，还存在一个以战国时期齐国稷下黄老学者为代表的"黄老道家"或"稷下黄老道家。"

"稷下"，本为齐国城门。《史记·田敬仲完世家》载："（齐）宣王喜文学游说之士，自如邹衍、淳于髡、田骈、接子、慎到、环渊之徒七十六人，皆赐列第，为上大夫，不治而议论。是以齐稷下学士复盛，且数百千人。"稷下学者既多，其学术取向也十分复杂："其有据可查

---

① 高华平：《试析〈庄子〉对先秦诸子的学术批评》，《哲学研究》2017 年第 7 期。

者，儒家有荀子、颜斶、鲁仲连；道家……计有田骈、慎到、彭蒙、接子、环渊等人；宋钘则是墨家精神的真正继承者；属名家的有尹文、兒说和田巴；法家在稷下虽无著名代表人物，但……他们是为田齐变法提供理论指导的主要力量；阴阳家在稷下的代表人物是著名学者邹衍和邹奭……稷下元老淳于髡就是一位'学无所主'、兼容多家之术的学者。"① 然正如《史记·孟子荀卿列传》所云：在稷下学者中，"慎到，赵人；田骈、接子齐人；环渊，楚人。皆学黄老道德之术，因发明序其指意。""学黄老道德之术"的学者人数是最多的，学术影响也是最大的，以至于形成了后世公认的先秦道家思想发展中重要的一派——"稷下黄老道家"。

包括"稷下黄老道家"在内，学术界对"黄老道家"思想特点的概括是："因阴阳之大顺，采儒墨之善，撮名法之要，与时迁移，应物变化，立俗施事，无所不宜。"（司马谈：《论六家之要指》）因"稷下黄老道家"的思想特点，本带有综合先秦诸子百家的性质，因此它必然也包含了对先秦诸子百家之学的批评和扬弃。

"稷下黄老道家"中慎到、田骈、接子、环渊，最初应该是皆有著作传世的。《史记·孟子荀卿列传》说："故慎到著十二论，环渊著上下篇，而田骈、接子皆有所论焉。"《汉书·艺文志》道家类有"《田子》二十五篇"（班固自注："名骈，齐人，游稷下，号天口骈。"）、"《捷子》二篇"（梁玉绳曰："捷子又作接子，始见《庄子·则阳》《田完世家》《孟荀传》，《艺文志注》谓'武帝时说'，恐误。接、捷古通。"②）；《汉书·艺文志》法家类有"《慎子》四十二篇"（班固自注："名到，先申、韩，申、韩称之。"）。环渊之书，《汉书·艺文

① 白奚：《稷下学研究——中国古代的思想自由与百家争鸣》，生活·读书·新知三联书店 1999 年版，第 67 页。

② 张舜徽：《汉书艺文志通释》，华中师范大学出版社 2004 年版，第 298 页。

志》没有著录，近代学术界或以为环渊就是《汉书·艺文志》中道家类著"《蜎子》十三篇"的蜎渊，或以为环渊就是关尹，环渊所著"上下篇"即是传本《老子》上下篇。我曾推测，环渊"上下篇"可能是1993年郭店楚墓中出土的《性自命出》篇。① 只是环渊所著"上下篇"久已亡佚，学术界又未发现确证，自然很难讨论"学黄老道德之术"的环渊的学术批评了。

根据《汉书·艺文志》，"稷下黄老道家"中的慎到、田骈、接子都有传世，似不难窥探其对先秦诸子的学术批评。但事实并不尽如此。因为"《田子》二十五篇"、"《捷子》二篇"，《隋书·经籍志》已不见记载，其亡佚甚早。清人马国翰的《玉函山房辑佚书》从《吕氏春秋》中辑得关于田骈的三条材料，以为《田子》辑本。但这三条材料既难断定即出《汉书·艺文志》所载《田子》一书，其中也没有对先秦诸子进行学术批评的言辞。只有辑自《吕氏春秋·执一》篇中的"田骈以道术说齐王"曰："（道术）无政可以得政……变化应来而皆有章，因性任物而莫不应当，彭祖以寿，三代以昌，五帝以昭，神农以鸿。"（《淮南子·时则训》略同）既是对"道术"的描状与赞词，也就可以看作是田骈对道家学术的自我夸饰了。马国翰《玉函山房辑佚书》无"《捷子》二篇"的辑佚材料，《庄子·则阳》曰："季真之莫为，接子之或使，二家之议，孰正于其情？孰偏于其理？"《释文》曰："'或'与'莫'为对文。莫，无也；或，有也。"成玄英疏："季真以无为为道，接子谓道有为，使物之功，各执一家。"似乎季真也是当时的一位道家学者，与接子的思想观点在自然万物是如何产生这一点存在对立；而接子对当时道家学派中存在的与自己"或使"观相对立的观点，是

---

① 关于环渊与蜎（渊）子、关尹的关系，参见高华平：《环渊新考——兼论郭店楚墓竹简〈性自命出〉及该墓墓主的身份》，《文学遗产》2012年第5期。

给予了坚决的批驳的。只是因为史料的缺乏，后人已难言这一思想交锋的详情了。

在"稷下黄老道家"中慎到的著作，《史记·孟子荀卿列传》记为"慎到著十二论"，《汉书·艺文志》亦著录有"《慎子》四十二篇"，但在《汉书·艺文志》中，"《慎子》四十二篇"并不著录于道家，而是著录在法家。这与同属"稷下黄老道家"的田骈著"《田子》二十五篇"差异明显。但《庄子·天下》既说："慎到弃知去己而缘不得已，泠汰于物以为道理"，"概乎皆尝有闻者也"；《史记·孟子荀卿列传》又说：慎到与田骈、环渊、接予一样，都是"学黄老道德之术"的。这说明，慎到之学是出于黄老道家的，他的"弃知去己，而缘不得已"和"知不知"云云，"亦得之于老子者"，"即道家绝圣弃智而任自然之遗意"。① 故可能如郭沫若所说，慎到"是把道家的理论向法理一方面发展了的"，慎到的著作给人的印象"差不多全部都是法理论，黄老的气息比较稀薄"，故而被列于法家的，但实际上"这一部分的法理论毫无疑问也是道家思想的发展"。②

《汉书·艺文志》的"《慎子》四十二篇"，到《隋书·经籍志》和《旧唐书·经籍志》《新唐书·艺文志》中，都记为"《慎子》十卷，慎到撰、滕辅注"。《宋史·艺文志》以后皆著录为"《慎子》一卷，慎到撰。"说明该书宋以后已只剩散佚之残本。后人经过多方辑佚，共辑得《慎子》中《威德》《因循》《民杂》《德立》《君人》及《知忠》《君臣》七篇文字。从《慎子》的这七篇残文来看，虽然其学术思想具有明显的法家思想特征，但"稷下黄老道家"的道家本色也依然存在。他对当时诸子学派、主要是对道家老子因循自然的观点有进

---

① 顾实：《〈庄子·天下篇〉讲疏》，马叙伦：《〈庄子·天下篇〉论义》。见张丰乾编：《〈庄子·天下篇〉注疏四种》，华夏出版社 2016 年版，第 41、281 页。

② 郭沫若：《十批判书》，人民出版社 2012 年版，第 128—129 页。

一步的继承与发展，而对儒、墨家提倡的"尚贤""忠孝"等观点则有明确的批评。《韩非子·难势》篇在引述慎到的"贤智未足以服众，而势位足以屈贤者也"（今见辑本《慎子·威德》）之后，又引"应慎子曰"："夫释贤而专任势，足以为治乎？则吾未得见也。"既可见慎到与当时学者在思想观点上存在激烈的交锋，也可知慎到与当时学者间在所谓"势论"观点上的对立，实质仍是道家与儒、墨之间在"尚贤"问题上的论争。道家老子反对"尚贤"的本义是："不尚贤，使民不争。"（《老子》第3章）但慎到的"不尚贤"，则主要是因为"贤"在现实政治中的功用不如权势，"尚贤"对统治者没多少价值，所以他才反对"尚贤"。慎到批评先秦诸子之学的另一特点，是他反对儒、墨的忠孝观念。他认为："乱世之中，亡国之臣，非独无忠臣也；治国之中，显君之臣，非独能尽忠也"；"父有良子，而舜放瞽叟；桀有忠臣，而过盈天下。然则孝子不生慈父之家，而忠臣不生圣君之下。故明主之使其臣也，忠不得过职，而职不得过官。"（《慎子·知忠》）这与《老子》所谓"六亲不和有孝慈，国家昏乱有忠臣"（第18章）——主要批判现实的"忠孝"混乱，其出发点也是不同的。慎到更多的是从名法家论名、实关系的立场和思路出发来批评"尚贤"的。这对后来法家的影响十分显著，《韩非子》反对儒墨的"尚贤"和"忠孝"观念，很多思想显然是对慎到观点的继承和发展。

近年的出土文献《上海博物馆藏战国楚竹书》（六）中有一篇《慎子曰恭俭》的文献，其中有"慎子曰：恭俭以立身，坚强以立志，忠陟以反淳，逆友以载道，精法以顺势"诸语。这说明，慎子思想中儒家的"恭俭""坚强"，道家的"反淳""载道"和法家的"精法""顺势"是并存的。这与学术界历来论"稷下黄老学"兼综儒、道、墨、法诸家思想的特点也是一致的。尽管由于史料的缺乏，我们无法详论慎到对先秦诸子百家的学术批评，但慎到思想对当时各家各派的思想皆有吸收、批评和扬弃，则是不用怀疑的。

当然，由于先秦"稷下黄老道家"的思想更多地保存于现存《管子》一书，因而，最能代表"稷下黄老道家"对先秦诸子百家学术批评的，也只能是《管子》对先秦诸子的学术批评。但由于《管子》对先秦诸子学术批评的内容十分丰富，对这一问题，我们将在下文专辟一节来加以论述。

另外，根据传世文献，在稷下"黄老学"兴盛稍晚的时候，在南方的楚国产生有《鹖冠子》一书，其中也有先秦道家对诸子学派的学术批评。在《汉书·艺文志》中，《鹖冠子》著录为"《鹖冠子》一篇"，班固自注："楚人，居深山，以鹖为冠。"我曾著文对鹖冠子其人其书及其思想做过专题研究，认为鹖冠子应该确为"楚人"，是战国后期楚国道家的代表人物；今传本《鹖冠子》既有《汉志》中"《鹖冠子》一篇"的内容，也有《汉志》中所省略的《鹖冠子》（兵书）以及《汉志》纵横家中的"《庞煖》二篇"、《兵书略》中的"《庞煖》三篇"；其思想则如唐人陆佃《鹖冠子序》所云：其学"初本黄老，而末流迪于刑名者也。"《鹖冠子》书中对老、庄道家的言论多有引用，对阴阳五行学说、法家的刑名法术之学亦多有吸收，其论"兵"的立场与《管子》一书尤其相似①。《鹖冠子》一书具有强烈的批判现实的精神，如《著希》篇说："夫乱世者，以粗智为造意，以中险为道……说者言仁，则以为诬；发于义，则以为夸；平心而直告之，则有弗信。"《备知》篇说："今世之处侧者，皆乱臣也。其智足以使主不达，其言足以滑政，其朋党足以相宁于利害。"等等。但其对诸子学术思想的批评继承，则基本与《管子》为代表的稷下黄老道家相同，并没有

①　参见高华平：《战国后期楚国的道家思想——鹖冠子其人其书及其思想新论》，《诸子学刊》（第十二辑），上海古籍出版社 2015 年版；高华平：《先秦诸子与楚国诸子学》，北京师范大学出版社 2016 年版，第 126—151 页。

特别的创见。鹖冠子对道家老、庄的思想，主要吸收了其本体论、辩证法和反智思想，而以"人道先兵"（《鹖冠子·王鈇》）说批判和改造了老、庄否定兵战的主张；并在《老子》"一生二，二生三，三生万物"的宇宙生成模式中，"不仅加上了宫、商、角、徵、羽五音，而且与四时结合，同东、西、南、北、中五方相匹配"①，对老庄道家和阴阳家同时实现了批判性的改造和双向扬弃。但正如吕思勉所云：《鹖冠子》一书，"全书多道法二家言，又涉明堂阴阳之论，与《管子》最相似。"② 在先秦道家的学术批评史上也只是沿袭而并无多少创获，故我们在此从略。

以上是我们对先秦道家对诸子百家学术批评的概述。从先秦道家对诸子百家的学术批评我们可以看出，先秦道家对儒、墨、名、法等诸子学派的学术批评和反批评，一是进一步凸显了其返璞归真和反对礼、智、仁、义、贤等思想的特点；二是不断增强了先秦道家思想与儒、道、名、法、阴阳等各家思想的交流与融合，从老子、庄子、到杨朱和稷下黄老道家《管子》学派，道家一步步朝着对诸子百家既有批判也有吸收的方向发展，最终成为"因阴阳之大顺，采儒墨之善，撮名法之要"的"君人南面之术"（司马谈《论六家之要指》），对此后中国哲学思想的发展产生了重大而深远的影响。

第二节　庄子对先秦诸子的学术批评

庄子，与老子合称老庄，是老子学说的继承者，也是先秦道家的重要代表人物。司马迁在《史记·老子韩非列传》》中说，庄子"其学

---

① 强昱：《〈太一生水〉与古代的太一观》，《道家文化研究》（第十七辑），生活·读书·新知三联书店 1999 年版，第 377 页。
② 吕思勉：《先秦学术概论》，岳麓书社 2010 年版，第 45 页。

无所不窥，然其要本归于老子之言"。但因为庄子思想同样是在先秦"百家争鸣"的历史背景下形成的，故其中也充满了对先秦诸子的学术批评与反批评。对于此点，以往学界似未见系统和深入的研究，故此处我们尝试做一论述。

一、《庄子·天下》篇的作者问题

说到庄子对先秦诸子的学术批评，我们就不能不想到上文刚刚提到《庄子·天下》篇。这不仅因为此篇对包括庄子本人在内的先秦诸子之学有全面和系统的评述，而且此篇还被称为中国学术史、特别是学术批评史的开山之作。前人尝曰："不读《天下篇》，无以明庄子著书之本旨，亦无以明周末人学术之概要也。"① 故我们研究庄子对先秦诸子的学术批评，不能不从对《庄子·天下》篇的研讨开始。

但是，要研讨《庄子·天下》篇对先秦诸子的学术批评，首先面临的一个问题，就是该篇的作者问题。因为如果此篇是庄子本人所作，那么只要我们把握了此篇对先秦诸子的基本思想和态度，那也就等于掌握了庄子本人的先秦诸子批评；但如果此篇非庄子本人所作，那我们除了要把握该篇对先秦诸子批评的观点之外，我们就还要了解它和庄子本人对先秦诸子学术批评的关系，以便我们认识庄子对先秦诸子的学术批评时，获得更多的参照。如果我们不加区别地依此篇来评述庄子本人对先秦诸子的学术批评，那我们的结论必然是张冠李戴，或差之毫厘，谬以千里的。我们在上文已将《庄子·天下》篇的作者归于庄子后学，认为《庄子·天下》篇是最集中全面反映了庄子后学对先秦诸子学术批评的著作，只是由于当时我们论述的重点所限，没有讨论《庄子·

---

① 顾实：《〈庄子·天下篇〉讲疏》，见张丰乾编：《〈庄子·天下篇〉注疏四种》，华夏出版社 2016 年版，第 3 页。

天下》篇的作者问题，现在我们来对此加以补充。

根据严灵峰的研究，对《庄子·天下》篇作者问题，历来都存在"是庄子自己所作"和"不是庄子自己所作"两种截然相反的结论。持"是庄子自己所作"者的理由，主要为三点：一是"古人著书，叙录皆在全书之末"，《庄子·天下》篇殆如其例；二是《天下》篇笔力奇幻，庄周之外无其人；三是《天下》篇"浩博贯综，而微言深至"，庄子之外无人能如此"精通一个时代的学术"，更难有"这样的大手笔"①。持"不是庄子自己所作"者则认为，《天下》篇至少有三点与庄子的思想风格不符：一是"庄子齐小大，一是非"，而此篇有圣人、君子等种种分别；二是此篇评骘百家，独于儒家超越百家之上，明言其"于道所得独厚"，"乃儒者的口气"；三是列庄子于百家之中而"最尊之"，"庄叟断无毁自誉至此"②。

如果从现有文献来看，我以为历来认为《天下》是"庄子自己所作"说提出的理由，乃多推测之辞，是站不住脚的。如以"古人著书，叙录在全书之末"，遂断定《天下》即《庄子》一书之"自叙"。这乃是以汉人的著书体例衡《庄子》一书，以今本《庄子》一书即是先秦原貌，而不知太史公《老子韩非列传》叙庄子著作，仅言其"作《渔父》《盗跖》《胠箧》《畏累虚》《亢桑子》之属"——既未有《庄子》一书，又何来《天下》呢？更何来《天下》为庄子自己为《庄子》一书所作"叙录"之说呢？至于以所谓《天下》"笔力奇幻"、"浩博贯综，而微言深至"，认定其为"庄子自己所作"，那就更是论者的主观臆测了。

---

① 严灵峰：《〈庄子·天下篇〉的作者问题》，见张丰乾编：《〈庄子·天下篇〉注疏四种》，华夏出版社 2016 年版，第 339 页。
② 严灵峰：《〈庄子·天下篇〉的作者问题》，见张丰乾编：《〈庄子·天下篇〉注疏四种》，华夏出版社 2016 年版，第 337—338 页。

比较而言，我认为《天下》"不是庄子自己所作"的观点，可能更接近于事实。因为在现有《庄子》三十三篇中，不仅历来学者都视"《庄子》一编，固道家者流之一大丛书"[1]；"《内篇》七篇为庄周自作"，《外篇》十四篇、《杂篇》十二篇为庄子弟子或后学所编著；而《天下》在"杂篇"之中，本不为庄子所作。而且，如果我们将《天下》的观点与"庄子自己所作"的《内篇》七篇进行比较，亦可见二者的明显差异——《天下》篇不可能属"庄子自己所作"。

就《庄子·内篇》中的人格类型来看，虽说"庄子齐小大、一是非"，其中仍有至人、神人、圣人、真人、君子之不同，但这些人格类型，与《天下》中的人格类型是并不完全相同的，这也说明二者应该不是出于同一作者之手。具体来说，在《庄子·内篇》中，《逍遥游》中有至人、神人、圣人，《齐物论》中有至人、圣人、大圣，《人间世》中有至人、神人、圣人，《德充符》中有圣人、至人，《大宗师》中有真人、圣人、君子、小人，只有《养生主》中没有出现这类名称。而《天下》中的人格类型，除了《内篇》中的至人、神人、圣人、真人、君子之外，不仅多出了《内篇》中没有的"天人"，而且其中至人、神人、圣人、真人、君子的排序及其内涵，也与《内篇》不完全一致。《庄子·天下》曰：

> 不离于宗，谓之天人；不离于精，谓之神人；不离于真，谓之至人；以天为宗，以德为本，以道为门，兆于变化，谓之圣人；以仁为恩，以义为理，以礼为行，以乐为和，薰然慈仁，谓之君子。
>
> 关尹、老聃乎！古之博大真人哉！

《天下》言此人格类型，首曰："不离于宗，谓之天人。"顾实

---

[1] 蒙文通：《古学甄微》，巴蜀书社1987年版，第250页。

《〈庄子·天下篇〉讲疏》以为："宗者，天地之德，大本大宗也。累言之曰天地，省言之曰天也。"① 这与《庄子》郭注、成疏一样，皆以"天""至""神""圣""真"诸"人"乃"一人耳，所自言之异尔"，实则都是"自然之别称"："就体语至，就用语神，就名语圣，其实一也。"② 但正如高亨所云，《天下》中的人格类型实有"第一等""第二等""第三等"之分③；马叙伦《〈庄子·天下篇〉述义》亦曰：《庄子·天下》所言"天人""神人""至人""圣人""君子"等等，虽"通是一人"，但实则有"大区三"——"'天人'一也"，"'神人''至人'二也，'圣人''君子''民'三也"；而其"小区则六"。这也就是说，在《庄子·天下》的"天人""神人""至人""圣人""真人"或"天""神""至""圣""真"之间，也是存在某种层级关系的。故《庄子·天地》曰："故通于天地者，德也；行于万物者，道也；上治人者，事也；能有所艺者，技也。技兼于事，事兼于义，义兼于德，德兼于道，道兼于天。"《天下》人格类型的排列，或是此种思维模式的衍生④。《孟子·尽心下》亦曾将人格层次划分为"善""信""大""美""神""圣"诸类，曰："可欲之谓善，有诸己之谓信，充实之谓美，充实而有光辉之谓大⑤，大而化之之谓圣，圣而不可知之谓神。"《孟子》这里的"善""信"似可对应《天下》中的"君子"，其"美"

---

① 顾实：《〈庄子·天下篇〉讲疏》。见张丰乾编：《〈庄子·天下篇〉注疏四种》，华夏出版社 2016 年版，第 12 页。

② 《庄子·逍遥游》《齐物论》郭注及成疏。见（清）郭庆藩撰，王孝鱼点校：《庄子集释》，中华书局 1961 年版，第 50、22 页。

③ 高亨：《〈庄子·天下篇〉笺证》，见张丰乾编：《〈庄子·天下篇〉注疏四种》，华夏出版社 2016 年版，第 174—176 页。

④ 马叙伦：《〈庄子·天下篇〉述义》，见张丰乾编：《〈庄子·天下篇〉注疏四种》，华夏出版社 2016 年版，第 242 页。

⑤ 《庄子·天道》记舜评尧之治曰："美则美矣，而未大也。"可见"美"在层次上低于"大"。

"大"为《庄子·内篇》及《天下》所无，但《庄子·天道》记舜评尧之治曰："美则美矣，而未大也"；《在宥》《秋水》《则阳》言"大人之教""大人之行"，乃至曰"大人无己"，"圣人不足以当之"。可见，将人格类型分为不同层次或区间，实属当时学术界之通例。

这也就是说，《庄子·天下》中的人格类型的划分，和当时学术界（包括儒家的孟子）是基本一致的，而和《庄子·内篇》却是并不相同的。不仅如此，《天下》对"天人""神人""至人""圣人"的界定，也是与《庄子·内篇》不同，或是为《内篇》所无的。如"天人"这一类型，不仅《庄子·内篇》中没有，《外篇》中也没有①。"天人"概念只在《杂篇·庚桑楚》出现过一次，故《天下》实有取于《庚桑楚》。《庄子·杂篇·庚桑楚》曰：

> 介者拸画，外非誉也；胥靡登高而不惧，遗死生也。夫复謵不馈而忘人，忘人，因以为天人矣。故敬之而不喜，侮之而不怒者，唯同乎天和者为然。出怒不怒，则怒出于不怒矣；出为无为，则为出于无为矣。欲静则平气，欲神则顺心，有为也。欲当则缘于不得已，不得已之类，圣人之道。

结合上下文来看，《庚桑楚》中所谓"忘人，因以为天人"的意思，是说"忘掉"或消除了"人"的"非誉""死生""知欲""喜怒"等一切内外之物，不仅要如"儿子"（即婴儿②）以及"至人"

---

① 今本《庄子·外篇·秋水》云："知天人之行，本乎天，位乎得。"王孝鱼点校云：《阙误》引江南《古藏》本'天'作'乎'。"案：王说是也。此处意为"人之行"，"本乎天"，故"天"字当作"乎"为宜，"天人"非一复合词。

② 案：罗根泽：《"管子"探源》认为《庄子·庚桑楚》中引老子的这段话，与《管子·心术下》《内业》中的话为"相袭者"，而且是《心术下》《内业》袭《庚桑楚》。（参见罗根泽：《诸子考索》，人民出版社 1958 年版，第 470、480 页。但我认为《庚桑楚》袭《心术下》的可能性更大）

"圣人"那样"不以人物利害相撄，不相与为怪，不相与为谋，不相与为事，翛然而往，侗然而来"；或"动不知所为，行不知所之，身若槁木之枝而心若死灰。"——"工乎天而拙乎人"；而且还要进一步"自然化"，变成飞虫走兽："唯虫能虫，唯虫能天。"（以上并见《庚桑楚》）这种完全"自然化"的"人"，才能称之为"天人"。这种完全"自然化"的"人"，有"人之形"，因而谓之"人"；但他们却与"儿子"（即婴儿）以及"至人""圣人"都不相同，即他们不只是"身若槁木之枝而心若死灰"的"如"或"若"，而是真正的"牛马四足，是谓天"（《庄子·秋水》）或"唯虫能天"的"天"。——完全动物化的"人"或纯粹的"自然人"，故"谓之天人"。

当然，《庚桑楚》篇这样强分"天人"与"神人""至人""真人""圣人"等，与《庄子·天下》："（万物）皆原于一。不离于宗，谓之天人；不离于精，谓之神人；不离于真，谓之至人；以天为宗，以德为本，以道为门，兆于变化，谓之圣人。"似乎也并不一致，因为其中所谓"宗""精""真""本"，实际上都应该是指"道"而言，彼此并无高下之分。《老子》第20章曰："道之为物，惟恍惟惚……窈兮冥兮，其中有精；其精甚真，其中有信。"其中"精""真"即"道之精""道之真"；皆与"宗"相同，亦即是"道"之本身。而且，在传世本《老子》一书中①，涉及"道"与天地万物的排序时，也只是说："有物混成，先天地生……吾不知其名，字之曰道。……故道大，天大，地大，王亦大。域中有四大，而王居其一焉。人法地，地法天，天法道，道法自然。"（第25章）"天"是排在"道"的后面的，并未在"道"的前面加上"天"——以"天人"为最高的人格类型。可以

---

① 《淮南子·道应训》引老子曰亦云："天大，地大，道大，王亦大。"但不可视为《老子》传本。

说，在《庄子》以前的传世文献中，我们找不到这一排序的任何根据和线索，直到郭店楚简《老子》的出现，才为我们提供了某些新的信息。《老子》第 25 章"有物混成"一段，郭店楚简《老子》甲组有曰：

> 有物混成，先天地生，敚穆，独立而不改，可以为天下母。未智亓（其）名，字之曰道，吾强字之曰大。大曰逝，逝曰反。天大，地大，道大，王亦大。国中有四大安（焉），王处一安（焉）。人法地，地法天，天法道，道法自然。

楚简《老子》中的这个"天→地→道→王（人）"的排序，与传世本和马王堆帛书本《老子》"故道大，天大，地大，王亦大"中"道→天→地→王（人）"的排序不同，而与《庄子·在宥》所谓"贱而不可不任者，物也；卑而不可不因者，民也；匿而不可不为者，事也；粗而不可不陈者，法也；远而不可不居者，义也；亲而不可不广者，仁也；节而不可不积者，礼也；中而不可不高者，德也；一而不可不易者，道也；神而不可不为者，天也。"《庄子·天地》所谓"技兼于事，事兼于义，义兼于德，德兼于道，道兼于天"基本相同，说明二者应是同一来源。这也就是说，《庄子·天下》中"神人""至人""真人""圣人"的人格类型及其排序，应该与《庄子》外、杂篇中相同排序的篇章出于同一作者之手；而《庄子·内篇》中的"至人""神人""圣人"人格及其排序，则出于庄子本人之手。

因为《庄子·天下》中的"神人""至人""真人""圣人"的人格类型及其排序与《庄子·内篇》中"至人""神人""圣人"的人格类型及其排序有异——应出于不同作者之手，所以，即使是就二者皆有的"至人""神人""圣人""真人"人格类型而言，其排序或对其内涵的界定与批评标准，亦皆是不尽相同的。《天下》在叙"天人"之后，接着为"神人"，曰：

> 不离于精，谓之神人。

我们上文曾引《老子》说"道之为物，惟恍惟惚……窈兮冥兮，其中有精；其精甚真，其中有信。"故"不离于精"的"精"，乃"道之精"，亦即是"道"之本身。当然，这只是就性质而言；如果就存在的形态而言，则"道"是"无"，而"精"则如《管子》所说："精，小之微也"；（《心术上》）"精也者，气之精者也。"（《内业》）故《天下》以"神人"居"天人"之次，实有由"天"上开始下降于"人间"之意。故《庄子·外篇》之《天地》借"谆芒"与"苑风"之对话叙"神人"曰："上神乘光，与形灭亡，此谓照旷。致命尽情，天地乐而万事销亡，万物复情，此之谓混冥。"说明"上品神人，用智照物，虽复光如日月，即照而亡，隳体黜聪，心形俱遣，是故与形灭亡者也。"[1] 而与《庄子·逍遥游》言"藐姑射之山，有神人居焉，肌肤若冰雪，绰约若处子，不食五谷，吸风饮露。乘云气，御飞龙而游乎四海之外…大浸稽天而不溺，大旱金石流土山焦而不热"云云，二者大异其趣。

《天下》又叙"至人"于"神人"之次曰：

> 不离于真，谓之至人。

"至人"即"至德之人"。因"德者，得也"（《管子·心术上》、《老子》第37章王弼注等），所以"至德"（最高的德）就是"道"本

---

[1] 成玄英：《庄子疏》。见（清）郭庆藩撰，王孝鱼点校：《庄子集释》，中华书局1961年版，第443页。案：《天地篇》"神人乘光"，原作"上神乘光"，顾实《〈庄子·天下篇〉讲疏》引作"神人乘光"。顾氏虽未说明文献依据，但因此处言乃为谆芒答"愿闻神人"之辞，当以答"神人"如何为是，故此处据顾氏改。

身；《天下》篇所谓"不离于真"即是"不离于道"——"至人"亦即"得道之人"。《庄子·内篇》之《逍遥游》《齐物论》《人间世》《应帝王》诸篇皆有"至人"。《逍遥游》曰："至人无己。"《人间世》曰："古之至人，先存诸己而后存诸人。"《应帝王》曰："至人之用心若镜，不将不迎，应而不藏，故能胜物而不伤。"都在于突出"至人"内在的道德修养（即"内圣"）"诣于灵极"（《逍遥游》成玄英疏）的特点。只有《齐物论》将"至人"与"神（人）"并论，曰："至人神矣！大泽焚而不能热，河汉沍而不能寒，疾雷破山风振海而不能惊。若然者，乘云气，骑日月而游乎四海之外。死生无变乎己，而况利害之端乎！"——这也反映了《庄子·内篇》言"至人""神人""圣人"诸人格类型，虽就其功用而言可区分为三，然"其实一也"（《逍遥游》成玄英疏）的特点。在《庄子》之外、杂篇中，"至人"有时虽也"潜行不窒，蹈火不热，行乎万物之上而不慄"（《达生》）；或"上窥青天，下潜黄泉，挥斥八极，神气不变"（《田子方》）；但却有两个《内篇》所不具备的特点：一是"古之至人，假道于仁，托宿于义，以游逍遥之虚，食于苟简之田，立于不贷之圃"（《天运》）；二是"至人之于德也，不修而物不能离焉。若天之自高，地之自厚，日月之自明，夫何修焉？"前者把儒墨的"仁""义"作为"至人"托身于世的手段，后者视"至人"的"至德"为与生俱来，是不需"修"得的。这些明显是与《内篇》中庄子本人的观点不一致的。故可以说，《天下》也同外、杂篇一样，并非为"庄子自己所作"。

"至人"之后，《天下》所叙人格类型为"圣人"：

> 以天为宗，以德为本，以道为门，兆于变化，谓之圣人。

顾实曾说，《天下》所谓"以天为宗"，即是以"不离于宗"之"天人"为"宗"；所谓"以德为本"，即以"不离于精"之"神人"

为"本";所谓"以道为门",即以"不离于真"之"至人"为"门"①。高亨说:"天人、神人、至人皆云'不离',不离云者,自然而至;圣人则云'以为',以为云者,勉力为而至"。故"天人""神人""至人"为"第一等人",而"圣人为第二等人"。② 由此可见,《庄子·内篇》中"至人""神人""真人""圣人"本名异实同,"其实一也";而《天下》中"圣人"则明显低于"天人""神人""至人"。——其不为"庄子自己所作"明矣。

当然,在《庄子·天下》中,"圣人"人格虽然明显低于"天人""至人""神人""真人"等类型,但却未必是低了一等的"第二等人"。因为"圣"正如佛教"十地"("十住")中的第七地——"初欢喜地",实"为隔凡入圣之始",若住此地,则"远过一切世间及二乘出世间道,超越尘劳",可"初得无生法忍";"诸行顿修,无新起者";"寂用双起,有无并观"③。《天下》篇有"内圣外王"一词,即说明"圣"可以指一种在某一方面达到了"天人""至人""神人""真人"境界的人。《齐物论》曰:"圣人愚芚"。已显示出"圣人"有内在精神与外在形象的紧张,《大宗师》载南伯子问女偊又说"圣人"有"圣人之道"与"圣人之才"的不同。《孟子·万章下》则对"圣人"有更加明确区分。其言曰:

> 伯夷,圣之清者也;伊尹,圣之任者也;柳下惠,圣之和者也;孔子,圣之时者也。孔子之谓集大成。集大成也者,金声而玉

---

① 顾实:《〈庄子·天下篇〉讲疏》,见张丰乾编:《〈庄子·天下篇〉注疏四种》,华夏出版社2016年版,第15页。
② 高亨:《〈庄子·天下篇〉笺证》,见张丰乾编:《〈庄子·天下篇〉注疏四种》,华夏出版社2016年版,第175页。
③ 参见汤用彤:《汉魏两晋南北朝佛教史》,见《汤用彤全集》(第一卷),河北人民出版社2000年版,第486页。

振之也……。

孟子固然不属于庄子学派，但他对"圣人"的细分，则与《庄子·天下》以"圣人"偏得"天人""至人""神人""真人"之道的一端，故而低于"天人""至人""神人""真人"诸人格类型，具有相同的思路。这也可进一步说明，《天下》绝非是"庄子自己所作"。

在"圣人"以下，《天下》中还有"以仁为恩，以义为理，以礼为行，以乐为和，薰然慈仁"的君子、百官等。但这些"人之君子"，实乃是"天之小人"。他们出现于《天下》，只能进一步说明《天下》非"庄子自己所作"了。

二、庄子对道家学派的批评

《庄子》一书对先秦道家的批评，仍当以《庄子·天下》最为集中。《庄子·天下》赞道家的关尹、老聃为"古之博大真人哉"！又称庄子"其于本也，弘大而辟，深闳而肆！其于宗也，可谓稠适而上遂矣！"这实际是说，"庄周之能明发'内圣外王之道'，与关尹、老聃同"，[1] 给予了庄子以关尹、老聃同样高度的评价。不仅如此，《庄子·天下》还对宋钘、尹文、彭蒙、田骈、慎到等近于道家的人物进行了评述，对他们的学术提出了系统的批评。如《天下》虽花了大量篇幅叙宋、尹之学中"见侮不辱，救民之斗，禁攻寝兵，救世之战"的内容，但同时也指出了宋、尹之学"不累于俗，不饰于物，不苛于人，不忮于众"的特点，故蒙文通、郭沫若等人皆将宋、尹归入稷下道家中人[2]。《汉书·艺文志》"道家类"无宋、尹著作，"《宋子》十八篇"

---

① 钱基博：《读〈庄子·天下篇〉疏记》，见张丰乾编：《〈庄子·天下篇〉注疏四种》，华夏出版社 2016 年版，第 131 页。

② 参见高华平：《先秦诸子与楚国诸子学》，北京师范大学出版社 2016 年版，第三章《"三墨"学说与楚国墨学》。

入"小说家"、"《尹文子》一篇"入"名家"。但于"《宋子》十八篇"班固自注:"孙卿道宋子,其言黄老意";于"《尹文子》一篇"颜师古注引"刘向云:与宋钘俱游稷下。"可见二人实俱为稷下黄老道家人物。只是因为稷下之学"因阴阳之大顺,采儒、墨之善,撮名、法之要"的综合性质,稷下学派中人有时才被归入到其他诸子学派中了。

同样,彭蒙、田骈、慎到也是如此。彭蒙较田骈、慎到时代皆早,《天下》称田骈"学于彭蒙",可见其学术思想具有师承关系。《汉书·艺文志》道家类有"《田子》二十五篇"(班固自注:"名骈,游稷下,号天口骈。"),法家类有"《慎子》四十二篇"(班固自注:"名到,先申韩,申韩称之。"),分属道家和法家,但他们二人也和宋、尹一样,都属于稷下道家人物。《史记》之《田敬仲完世家》和《孟子荀卿列传》也说他们的著作"皆学黄老道德之术,因发明序其指意。"《庄子·天下》说彭蒙、田骈、慎到之学"公而不党,易而无私,决然无主,趣物而不两,不顾于虑,不谋于知,于物无择,与之俱往……弃知去己而缘不得已。"可见,他们的学术其实都"归本于黄老",属于稷下黄老道家。《天下》批评的也主要是针对其道家思想特点的。

不过,由于《天下》并非"庄子自己所作",所以,包括先秦道家在内,《天下》对先秦诸子的批评,并非庄子本人对先秦诸子的批评。在《庄子》一书中,代表庄子本人对先秦道家学术批评的,仍是《庄子》中的《内篇》七篇。在这七篇中,庄子批评的道家人物,除了《天下》中论及的老聃(老子)、宋钘(宋荣子)和庄子本人之外,还有列子(列御寇)、接舆、南郭子綦(南伯子綦)、阳子居(杨朱)等。在《庄子·内篇》中,未言及关尹(《庄子》全书除《天下》言"关尹、老聃"之外,只有《达生》还有一处列子与关尹的问答)。或许庄子本人持与司马迁相同的观点,认为关尹只是东周边境上的"关令尹",而不是道家人物,故不将其作为批评的对象。在《庄子·内篇》中，老聃（老子）共出现过两次。第一次是在《养生主》篇：
"老聃死，秦矢吊之"；第二次是在《应帝王》篇，是"阳子居见老
聃"。在《养生主》中，因为老聃已死，并没有任何言行；但由"夫子
之友"秦矢对老聃之"死"的看法——"适来，夫子时也；适去，夫
子顺也。安时而处顺，哀乐不能入也，古者谓是帝之悬解"——而言，
这其中无疑包含了老聃的生死观和庄子本人对此的评价。而很显然，老
聃的这一生死观，与《内篇·大宗师》中子祀、子舆、子犁、子来
"知死生存亡之一体"，而"与之为友矣"正相一致，都是一种"且夫
得者，时也；失者，顺也；安时而处顺，哀乐不能入也"的人生态度，
合于所谓"古之真人，不知悦生，不知恶死；其出不䜣，其入不距；
翛然而往，翛然而来而已矣"之义。阳子居（杨朱）是老聃（老子）
之后先秦道家的重要人物，《庄子·内篇·应帝王》说他曾问老聃通过
"向疾强梁，物彻疏明，学道不倦"的方式，是否可成为"明王"；而
老聃则认为真正的"明王"也就是"圣人"，他们"功盖天下而似不自
己，化贷万物而民弗恃；有莫举名，使物自喜；立乎不测，而游于无有
者也。"——此实即《老子》所谓"圣人处无为之事，行不言之教，万
物作焉而不辞，生而不有，为而不恃，功成而弗居"（第2章）之义。

　　在《庄子·内篇》中，老聃（老子）虽然只出现过两次，但我们
仍然不难看出老子的基本思想及庄子本人对老子之学的态度。在庄子看
来，老子是道家学派的导师，其主要的学术思想，一是其自然主义的生
死观或人生哲学，二是其无为而治、功成弗居的政治哲学或处事原则。
在《庄子·内篇》中，老子的这一思想观点主要由老子先秦道家导师
的身份传递出来，并被一再重复。可见，庄子本人对老子及其思想是极
为赞赏和认同的。《庄子·至乐》记庄子妻死鼓盆、《列御寇》记庄子
将死时对葬身何处的议论，都正是对老子"死生存亡之一体"观点的
演绎；而所谓"无为而治""功成弗居"的观点，在《庄子》一书中

更是比比皆是。《天下》称庄子之学"上与造物者游，而下与外死生无终始者为友"，与《内篇》其所称述的老聃之学也是互相吻合的。

和《庄子·天下》比较，《庄子·内篇》对先秦道家的批评，我们至少可看到两点差异：一是先秦道家的代表人物，除老聃之外，最重要的应该是阳子居其人其学，而非《天下》所说的关尹——以关尹继老聃之学，应该只是《天下》作者的意见，而非庄子本人的观点；二是对于老聃之学，庄子只称其生死自然的人生观和"无为而治""功成弗居"的政治哲学或处事原则，而《天下》则重在论述老聃"以濡弱谦下为表，以空虚不毁万物为实"和知雄守雌、知先守后的人生哲学。——这似乎既不够全面，或至少是不合庄子的"内圣外王"之旨——尽管《天下》称"关尹、老聃古之博大真人哉！"这很可能是由《内篇·大宗师》中的所谓"古之真人"而来，但《庄子·天下》和《庄子·内篇》在批评先秦道家旨趣上的差异仍是难以否认的。

《庄子·天下》完全没有涉及、但《庄子·内篇》却多次出现的先秦道家人物，是接舆、南郭子綦（南伯子綦）、列子和杨朱（阳子居）等。杨朱，我们前面已经提到，即阳子居。他有时也被称为阳朱，《孟子》则云杨子或杨朱。杨朱之学，孟子概括为"为我"，"拔一毛而利天下不为也"。（《孟子·尽心上》）《吕氏春秋·不二》称为"贵己"，《淮南子·氾论训》名之为"全性保真，不以物累形"。《庄子》书中除《天下》之外，《外篇》之《骈拇》《胠箧》《天地》三篇合"杨、墨"而批其好辩，"使天下之人，不得安其性命之情"[1]；而《杂篇》中的《山木》《徐无鬼》《寓言》诸篇，亦曾叙及杨朱其人。《山木》记"阳子之宋，宿于逆旅"，见逆旅人有美丑二妾，丑贵而美贱，故得

---

① 顾实：《〈庄子·天下篇〉讲疏》，见张丰乾编：《〈庄子·天下篇〉注疏四种》，华夏出版社2016年版，第30页。

出应"行贤而去自贤之心"的结论；《徐无鬼》则合"儒、墨、杨、秉"批评其"相拂以辞，相镇以声"；只有《寓言》叙"阳子居南之沛，老聃西游于秦，邀于郊"，老聃批评阳子居"睢睢盱盱，（郭象注："睢睢盱盱，跋扈之貌。"成玄英疏："睢盱，躁急威权之貌也。"）而谁与居？"即批评杨朱（阳子居）与孔子相同的"态色与淫志"（《史记·老子韩非列传》）此与《庄子·内篇·大宗师》所记之事近似，但侧重则各有不同。《寓言》篇的重点在宣扬老聃"大白若辱，盛德若不足"的思想，而《大宗师》则重点批评杨朱"向疾强梁，物彻疏明，学道不倦"的政治哲学或处世作风。

从《庄子》一书及《管子》《孟子》《荀子》《吕氏春秋》《韩非子》《淮南子》等先秦两汉著作来看，杨朱哲学似主要包括：（1）全生养真的养生之道；（2）去"自贤"、骄矜的处世哲学；（3）追求"明王之治"的治国之道。杨朱学术的主要表现形式为"好辩"。杨朱哲学中的全生养真的养生思想在当时及其身后都具有广泛影响，因而受到了孟子、稷下《管子》学派和荀子的激烈批判。杨朱去"自贤"、骄矜的处世哲学，则因其"好辩"的表现形式而受到了庄子后学的诸多批评。至于庄子本人，则只是批评了杨朱所追求的"明王之治"不合老聃"无为而治"及"功成弗居"的主张。

杨朱之外，庄子本人批评的另一道家人物是列子。列子，司马迁《史记》无其事迹，但《汉书·艺文志》道家类有"《列子》八篇"。班固自注："名圄寇，先庄子，庄子称之。"在今本《庄子》书中内、外、杂篇《逍遥游》《应帝王》《至乐》《达生》《田子方》《让王》《列御寇》皆言及列子其人其事。近人蒙文通以为"列子先于杨朱，则杨氏之学源于列御寇，而下开黄老。"[1] 可见列子在先秦道家中的重要

---

[1] 蒙文通：《杨朱学派考》，见《古学甄微》，巴蜀书社1987年版，第267页。

地位。《庄子·内篇》中言及列子的地方，分别是《逍遥游》和《应帝王》二篇。《逍遥游》称"夫列子御风而行，泠然善也，旬有五日而后反。彼于致福者，未数数然也。此虽免乎行，犹有所待者也。"《应帝王》则记列子从壶子学道时，因"心醉"于郑巫季咸的巫术而轻视其师，但当其见出壶子与季咸的高下时，即能幡然悔悟，"三年不出"。在《庄子·内篇》这两处言论中，庄子一律称列御寇为"列子"，可见庄子本人对列子其人实比庄子后学直呼其为"列御寇"怀有更多的敬意。庄子重点评述了列子其人其学的两个特点和不足：一是列子善于术数（很可能是巫术），能"御风而行"，"泠然善矣"；二是其学道达到了"于致福者未数数然也"，"于事无与亲，彫琢复朴，块然独以其形立。纷而封哉，一以是终"的境界。当然，列子最终也未能如至人、神人、圣人那样"无所待"而"逍遥游"。从这个意义上讲，这也就是列子其人其学的不足，即他尚未能"超凡入圣"。《庄子·外篇》之《至乐》记列子于"道从"与百岁髑髅语生死，《达生》载列子与关尹之问答，《杂篇》中《列御寇》记列子"为伯昏无人射"，《让王》载列子虽"容貌有饥色"而仍拒受郑子阳之馈，或表现其达观生死，或显示其安贫乐道，或讥其未臻至人之境。这些虽不是庄子本人对列子的评价，但与《庄子·内篇》的观点之间似仍有脉络可寻。

从《庄子·内篇》来看，庄子本人对先秦道家给予了最高评价的人物，除道家的创始人老聃之外，另外就应该数楚狂接舆和南郭子綦了。《庄子·内篇·逍遥游》载：

> 肩吾问于连叔曰："吾闻言于接舆，大而无当，往而不返。吾惊怖其言，犹河汉而无极也；大有迳庭，不近人情焉。"
>
> 连叔曰："其言何谓哉？"
>
> "曰：'藐姑射之山，有神人居焉，肌肤若冰雪，绰约若处子。

不食五谷，吸风饮露。乘云气，御飞龙而游乎四海之外。其神凝，使物不疵疠而年谷熟。'吾以是狂而不信也。"

连叔曰："……之人也，之德也，将旁礴万物以为一。世蕲乎乱，孰肯弊弊焉以天下为事！之人也，物莫之伤，大浸稽天而不溺，大旱金石流土山焦而不热。是其尘垢粃穅，将犹陶铸尧舜者也，孰肯以物为事！"

对于《逍遥游》中的这段话，旧注多以为其中的"之人也，之德也"二"之"字，是指代"神人"，是说"神人"之"尘垢粃穅，将犹陶铸尧舜者也，孰肯以物为事！"但在我看来，"神人"既然是接舆以"大而无当，往而不返"等令人"惊怖"之"言"塑造出来的，则"之人"、"之德"也就可以视为接舆其"人"和接舆"之德"，是说接舆"不肯以物为事"，其"大而无当，往而不返"的"荒唐之言"，"将犹陶铸尧舜者也"。——这实际是给予了接舆最高的评价。

我之所以这样认为，除了因为"神人"乃出于接舆令人"惊怖"和"不近人情"之言的塑造，而"神人"又是庄子的理想人格之外，还与《庄子·内篇》中《人间世》和《应帝王》两篇所述接舆的言论有关。《人间世》记楚狂接舆游孔子之门曰：

天下有道，圣人成焉；天下无道，圣人生焉。

郭象《庄子注》认为接舆这两句话的意思，是说圣人之于天下："付之自尔，理自生成。生成非我也，岂为治乱易节哉！治者自求成，故遗成而不败；乱者自求生，故忘生而不死。"这实际上也就是《老子》所谓"功成事遂，百姓皆谓我自然"（第17章）和"以辅万物之自然，而不敢为"（第64章）的意思。亦即所谓"居无为之事，行不言之教，不以形立物，故功成事遂，而百姓不知其所以然也。"（《老子》第 17 章王弼注）从这个意义上讲，《人间世》中的这个接舆，虽然表面上被称为"楚狂"，但实际则是另一位讲着老聃至妙"道言"的"古之博大真人哉！"由此也就不难想见庄子会对他有怎样的评价了。故《庄子·内篇·应帝王》记楚狂接舆论日中始"以己出经式义度"的君人之道曰："是欺德也，其于治天下也，犹涉海凿河而使蚊负山也。夫圣人之治也，治外乎？正而后行，确乎能其事者而已矣。"传达的仍然是老子"圣人无为而治"和"以辅万物之自然而不敢为"的观点。

楚狂接舆之外，庄子本人给予最高评价的道家人物，是南郭子綦。南郭子綦首见《庄子·内篇·齐物论》，《人间世》则称南伯子綦。郭庆藩曰："南伯子綦，《齐物论》作南郭子綦。伯、郭古音相近，故字亦通用。"成玄英《庄子疏》曰："（南郭子綦），楚昭王之庶弟，楚庄王之司马，字子綦。"但此说误甚，子綦当为楚平王之庶子，楚昭王之庶兄、司马①。《齐物论》以对南郭子綦的描述开篇：

> 南郭子綦隐机而坐，仰天而嘘，荅焉似丧其耦。颜成子游立侍乎前，曰："何居乎？形固可使如槁木，而心固可使如死灰乎？今之隐机者，非昔之隐机者也。"（《庄子·杂篇·徐无鬼》与之略同）

在这里，庄子虽未直接赞美或评价南郭子綦，但由其描述的南郭子綦"隐机而坐，仰天而嘘，荅焉似丧其耦"的神态和"形如槁木""心如死灰"的面貌而言，庄子实际是在凸显一种"离形去智，荅焉坠体，身心俱遣，物我兼忘"的精神境界——故"庄子羡其清高而托为论首"②。要知道，在庄子及其后学那里，"身如槁木，心如死灰"，并非一般

---

① 南郭子綦，即司马子綦，其与楚昭王之关系，我曾有论述。参见高华平：《墨子生卒年新考》，《江西师范大学学报》（哲学社会科学版）2018 年第 5 期。
② 成玄英：《庄子疏》。（清）郭庆藩撰，王孝鱼点校：《庄子集释》，中华书局 1961 年版，第 43 页。

人、甚或非普通学道者能达到的境界，而是实只有"天人""至人""神人""真人""圣人"才能达到的。《庄子·杂篇·田子方》曾以"形体掘若槁木，似遗物离人而立于独也"描述老子其人，《知北游》则以"形若槁骸，心若死灰"歌赞许由之师齧缺。故不难想象，此处庄子以"形如槁木""心如死灰"形容南郭子綦并非是随意之笔，而是一种极高的评价。

南郭子綦的另一重要特点，是他以"不材"成其"大材"的处世哲学。《人间世》记载曰：

> 南伯子綦游乎商之丘，见大木焉有异，结驷千乘，隐将芘其所藾。子綦曰："此何木也哉？此必有异材夫！"仰而视其细枝，则拳曲而不可以为栋梁；俯而见其大根，则轴解而不可以为棺椁；咶其叶，则口烂而为伤；嗅之，则使人狂酲，三日而不已。子綦曰："此果不材之木也，以至于此其大也。嗟乎神人，以此不材！"

南伯子綦（南郭子綦）此处对商之丘大木以"不材"而"以至于此其大也"的感叹，很容易使人联想到《逍遥游》中庄子因惠子之大树而论"无用乃大用"的观点，说明二者正有相通之处。不同之处在于，南伯子綦（南郭子綦）此处讨论的重点是"材"与"不材"，而《逍遥游》中庄子论述的重点在"有用"与"无用"。但由于对"材"与"不材"的价值评判，也是以"有用"与"无用"为标准进行的，故二者实际具有相通之处，即它们都涉及道家的处世哲学问题。庄子在此篇中借南郭子綦之口嗟叹"神人"之所以能成其"大材"，乃因"以此不材"。这正说明了庄子本人对南郭子綦的这一人生的处世哲学是高度认同和极其赞赏的。

三、庄子对儒、墨的批评

《史记·老子韩非列传》曾说《庄子》一书："善属书离辞，指事类情，用剽剥儒墨，虽当世宿学不能自解免也。"后世也往往以斥儒墨或讥孔墨为庄学的基本特点。但这只是受了司马迁之说的影响，其实是不准确的。在《庄子》一书中，只有《天下》中对儒墨有系统的批评，且《天下》中对儒墨的批评也不是十分客观和公正的。《天下》既说："古之人其备乎！……其在于《诗》《书》《礼》《乐》者，邹鲁搢绅先生多能明之。"将"儒"置于"天下多得一察焉以自好"的"百家众技"之上；又称赞墨翟"氾爱兼利而非斗"，"好学而博"，"以绳墨自矫而备世之急"，等等——尽管《天下》也批评墨子"为之大过，已之大循"。这些都说明，对于所谓庄子"剽剥儒墨"之说，实应做进一步的分析。

从《庄子》一书来看，它批评先秦诸子学派时，经常"儒墨"并举。《齐物论》曰："道隐于小成，言隐于荣华，故有儒墨之是非。"《在宥》曰："下有桀跖，上有曾史，而儒墨毕起……而儒墨乃始离跂攘臂乎桎梏之间。"即是如此。但在《庄子》书中，有时也和《孟子》一样，将杨（朱）、墨（翟）连"辟"，以取代"儒、墨"。如《骈拇》曰："枝于仁者，擢德塞性以收名声，使天下鼓簧以奉不及之法非乎？而曾、史是已；骈于辩者，累瓦结绳窜句，游心于坚白同异之间，而敝跬誉无用之言非乎？而杨、墨是已。"《胠箧》曰："削曾、史之行，钳杨、墨之口，攘弃仁义而天下之德始玄同矣……彼曾史、杨墨……皆外立其德而以爝乱天下者也。"至《徐无鬼》篇则曰："名若儒、墨而凶"，又曰："儒、墨、杨、秉四，与夫子（指惠施——引者）为五"。将儒、墨、杨，乃至公孙龙、惠施等名家合而"辟"之。[1]

但必须指出的是，《庄子》书中的所谓"辟儒、墨"，真正落实起

---

[1] 成玄英：《庄子疏》："秉者，公孙龙字也。"见（清）郭庆藩撰，王孝鱼点校：《庄子集释》，中华书局 1961 年版，第 839 页。案：公孙龙、惠施，《汉书·艺文志》属"名家"。

来，更多的实只有对孔门儒家、特别是孔子本人的"批评"；而且这种"批评"，也并非只是一味的贬斥，而是如章太炎所说："庄子有极赞孔子处，也有极诽谤孔子处"①。这一是因为墨翟的名字，除《天下》篇之外，在《庄子》中的其他地方没有出现过一次，故所谓"辟墨"实无从谈起；二是因为，《庄子》中对孔子的"诽谤"和"赞成"实同时并存。《庄子·人间世》曾借楚狂接舆"行歌讽刺"孔子时值乱世、不知韬光晦迹以全生；《德充符》借叔山无趾和老聃对话，批评孔子"蕲以淑诡幻怪之名闻"，而不知"以死生为一条，以可不可为一贯者"；但《人间世》中同时又记孔子对颜渊谈"心斋"、对叶公语"知其不可奈何而安之若命，德之至也"，俨然已成为庄子本人哲学思想的代言人。《天地》篇借汉阴丈人语子贡，批评孔子为"独弦哀歌以卖声名于天下者"；《天道》《天运》借老聃之口批评孔子"何又偈偈乎揭仁义，若击鼓而求亡子焉"（"又奚傑然若负建鼓而求亡子者邪"）？并以孔子所治"六经"为"先王之陈迹"；但《秋水》《至乐》《达生》《山木》等篇述孔子事迹，却并不批评孔子，反以孔子为"知穷之有命，知通之有时"；知"用志不分，乃凝于神"，内重外轻之理；"削迹捐势"，不为功名，"绝学捐书"，"逃于大泽"，以至于最后达到了"入兽不乱群，入鸟不乱行"之境。《田子方》既以孔子之言赞老聃"游心于物之初"为"得天地之大全"，《知北游》又借老聃之教而论"至道"，托孔子之教弟子以明庄子"死生一体""圣人无己"之道，批评"儒墨之师，更相是非，（是）天下之难和者也。"②《徐无鬼》以孔子称赞孙叔敖、市南宜僚为"古之人乎"！《则阳》以孔子之楚而"蚁丘之浆"逃去，暗讽孔子为"佞人也"。《外物》则借老莱子之教，

---

① 章太炎讲演，曹聚仁整理：《国学概论》，上海古籍出版社1997年版，第32页。
② （清）郭庆藩撰，王孝鱼点校：《庄子集释》，中华书局1961年版，第766页。

批评孔子之"躬矜"与"容知";《让王》既以孔子与颜回的问答宣扬安贫乐道的人生观，并显示出孔子"敏而好学，不耻下问"的教学特点；又以"孔子穷于陈蔡之间"与弟子的问答，再次宣传了"穷通为寒暑风雨之序矣"的人生态度。《盗跖》以孔子见盗跖批判了儒家的价值观，宣扬了杨朱学派"纵性情"的哲学观点①。《渔父》是《庄子》一书中唯一一篇以孔子通贯全篇的长文，但其宗旨却并非赞颂孔子。文章通过孔子与渔父的对话，虽批评了孔子之学"苦心劳形以危其真"，但其中的孔子仍不失为一位虚心向道的好学之士。

显然，以上各篇中对儒家、特别是对孔子的态度，并不能完全等同于庄子本人的观点。这不仅因为《庄子》一书的外、杂篇本非"庄子自己所作"，而是庄子弟子或后学的作品，故不能简单将他们的观点归于庄子名下；而且即使就《庄子》外、杂篇本身而言，其中述孔子之事及对孔子的态度，也存在着明显的自相矛盾和牴牾之处。如《天地》《天道》《外物》各篇，批评孔子之言仁义为"独弦哀歌卖名声于天下者"，"若击鼓而求亡子焉"（"若负建鼓而求亡子者"）；但《秋水》《达生》《山木》各篇中的孔子却是"知穷之有命，知通之有时"，以至于最后能"削迹捐势"，"绝学捐书"，"逃于大泽"，达到"入兽不乱群，入鸟不乱行"的境界。——这与其说是在批评孔子，还不如说是对孔子的礼赞。《知北游》中孔子答颜渊曰："若儒、墨者师，故以是非相齑也"。这既有儒家自我批评之嫌，又似乎把儒墨相争的时间提到了孔子在世之时，让人难以置信。至于《徐无鬼》中将孔子与孙叔敖、市南宜僚同列于楚庄王之朝，与《天运》中老聃批评"禹之治天下"，而"天下大骇，儒墨并起"一样，更是时代错乱，使本来严肃的学术批评，顿时变成了穿越时空的荒诞剧。故《释文》云："案：《左

---

① 《盗跖》应为杨朱学派的作品，前人已多有论及。参见蒙文通：《杨朱学派考》。

传》，孙叔敖是楚庄王相，孔子未生。哀公十六年，仲尼卒后白公为乱。宜僚未尝仕楚。又宣十二年《传》，楚有熊相宜僚，则与叔敖同时，去孔子甚远。盖寄言也。"① 亦以此处孔子对儒墨的所谓"批评"，是根本不可能发生的。

由此似可以看出，《庄子》一书中对儒墨的批评，其实并非都是庄子本人的观点，而主要是庄子弟子或后学的立场。在《庄子》书中真正代表庄子本人对儒墨态度的，仍然是《内篇》七篇。在《内篇》七篇中，直接批评儒墨的，是《齐物论》中的"道隐于小成，言隐于荣华。故有儒墨之是非，以是其所非而非其所是。"庄子此处的目的，是以《老子》的"大道废，有仁义"和"信言不美，美言不信"，批评儒墨"唯行仁义"，文辞浮辩华美，虽有小得小成，但却使"世薄时浇"，湮灭了"大道"、"蔽隐"了"至言"。② 而在同属《内篇》的《人间世》和《德充符》中，庄子批评孔子不知师法老聃，而"强以仁义绳墨之言术暴人之前"，"蕲以諔诡幻怪之名闻"，其批评的锋芒显然是指向孔子"知其不可而为之"和墨子"以绳墨自矫，而备世之急"的。由这一点也可看出，《庄子》外、杂篇《胠箧》《在宥》言儒墨"外立其德而以爚乱天下"，"离跂攘臂乎桎梏之间"；《天地》《天道》《天运》称孔子"独弦哀歌以卖名声于天下者"，"若负建鼓而求亡子者"，等等，其实都只是《内篇》中庄子本人批评儒墨观点的演绎。

总的来看，庄子本人对儒墨并未进行过多的激烈批评，而只是对儒墨提倡的浮辩华美的仁义之言和过于积极的用世之举进行过客观冷静的剖析。庄子的批评是出于道家老聃的立场，其批评的目标与其说是抨击儒墨，不如说是阐发自己的思想主张。而庄子之所以未对儒墨及孔子进

---

① （清）郭庆藩撰，王孝鱼点校：《庄子集释》，中华书局1961年版，第850页。
② 郭象《庄子注》及成玄英《庄子疏》。见（清）郭庆藩撰，王孝鱼点校：《庄子集释》，中华书局1961年版，第64页。

行激烈的批判，这其中的原因可能：一是因为"儒墨"学者及孔子在作为与道家学派相对的思想家出现之前，其身份首先是"师儒"。冯友兰在《原儒墨》一文中曾经指出："儒"并非是诸子学派的儒家，而是"指以教书相礼等为职业之一种人"。① 故庄子本人少言"儒墨"，其所批评之"儒墨"，乃指"士"阶层中喜谈仁义、并汲汲然以之在社会中谋取功名者。《庄子·内篇》除《人间世》引楚狂接舆之歌讥讽孔子不知遁世全生、《德充符》因叔山无趾之言以讥刺孔子"蕲以諔诡幻怪之名闻"外，其余《齐物论》等述孔子与颜渊论"心斋"、与叶公语"天下之大戒二"，所显示的孔子其人其学，不仅与庄子思想不存在矛盾与冲突，而且几乎就是庄子思想的复述或传声筒。对于这样的学说，庄子本人怎么可能进行激烈的批评呢？

从另一方面看，庄子之学，"或谓子夏传田子方，田子方传庄子"。章太炎则说，先秦儒道之间，道家老子"传于孔子为儒家"，孔子传颜回，颜回"再传庄子，又入道家了。"② 尽管两说皆缺乏确证，但由儒者本为"师儒"，"教书"乃其职业而言，"古之学者必有师"，说包括道家的庄子在内皆出于"儒"，庄子之学远源可追溯至孔子，这也是可以成立的。庄子本人是否是一个"尊师"之人，我们不得而知，但庄子必有师承、并有许多受业弟子，则是无疑的。在这种情形下，庄子本人对于"儒墨"及孔子学说并无激烈的批评，也就是可以理解的了。

四、庄子对名家的批判

上文曾经指出，《庄子》书中对"儒墨"的批评，有时是和"儒、墨、杨、秉"连在一起的，甚至是用"杨、墨"代替的。这即说明庄

---

① 冯友兰：《原儒墨》，见《中国哲学史补》，中华书局 2014 年版，第 26 页。
② 章太炎讲演，曹聚仁整理：《国学概论》，上海古籍出版社 1997 年版，第 32 页。

子对杨朱道家也是多有批评的。——当然，对于这一点，以往的学者多有误解。如陈澧的《东塾读书记》既以"杨朱是老子弟子"，《荀子·儒效》"所谓老墨，即杨墨也"；又以《列子·杨朱》所载杨朱之言与《庄子·盗跖》人生若白驹过隙、当及时行乐之论，"二说正同"，故而认为"庄子是杨朱之学，故言儒墨之是非而剽剥之。"① 但如果就我们曾指出的《庄子》书中存在"距杨、墨"的事实而言，则陈澧所谓"庄子是杨朱之学"的观点，显然是不能自圆其说的。因为正如郭沫若所说：庄子后学所谓杨、墨，实际乃是"把由道家出发的名辩一派如惠施、公孙龙等划为杨"的结果②。

那么，《庄子》书中为什么要将"儒墨"与"儒、墨、杨、秉"连在一起加以批评、甚至于以"杨、墨"代替"儒墨"呢？其批评"杨、墨"的着眼点又何在呢？回答这些问题，必须先要还原《庄子》书中批评"儒墨"或"杨墨"及"儒、墨、杨、秉"的具体语境。

我们在上文曾经指出，《庄子》书中第一次批"儒墨"，是在《内篇》中的《齐物论》：

> 夫言非吹也，言者有言，其所言者特未定也。其果有言邪？其未尝有言邪？其以为异于鷇音，亦有辩乎？其无辩乎？道恶乎隐而有真伪？言恶乎隐而有是非？道恶乎往而不存？言恶乎存而不可？道隐于小成，言隐于荣华。故有儒、墨之是非，以是其所非而非其所是。欲是其所非而非其所是，则莫若以明。

庄子在批评"儒、墨"的什么呢？在批评"儒、墨"之"是非"——"是其所非而非其所是"。那怎么会产生这种"是其所非而非

---

① （清）陈澧：《东塾读书记（外一种）》，生活·读书·新知三联书店1998年版，第139—140页。案：陈澧所谓"老墨"，今本作"墨子"。

② 郭沫若：《十批判书》，人民出版社2012年版，第123页。

其所是"的"儒、墨之是非"的呢？因为"道""言"被"小成"和"荣华"遮蔽了，因为人们的眼睛被"儒、墨"的这些"明"所眩惑而失去判断力了①。——庄子把这种通过混淆人的视听而达到"是其所非而非其所是"的形式，称之为"莫若以明"。可以说，这个"明"，既是形成"儒、墨之是非"的原因，也是庄子批评"儒、墨"的真正着眼点。因此，在庄子看来，要想"大道"和"至言"不被遮蔽，真正做到泯灭是非，与其把矛头对准"是其所非而非其所是"的"儒、墨"，还不如釜底抽薪，消除导致这些"是非"的根源，即"小成""荣华"或"明"。

《庄子·齐物论》中这种所谓以仁义之说、浮辩之辞或华美之言为内容的"小成""荣华"或"明"，在先秦诸子那里，则通常被称为"辩""名辩""说""谈说"等等（在孔子那里为"正名"，在墨家则为"墨辩"，在孟子为"好辩"，在荀子则为"解蔽"和"正名"，在惠施、公孙龙为"合异同""离坚白"，而在现代的学术概念中，则是"名理学"或"逻辑学"）。《庄子·在宥》曰："骈于辩者，累瓦结绳

---

① 案：现代学者一般认为，"'明'在先秦道家的思想体系中，是一个用来表征人的认识达到某种高妙境界的重要哲学概念。"（吴根友：《庄子〈齐物论〉"莫若以明"合解》，《哲学研究》2013 年第 5 期）；但这种说法值得进一步讨论。成玄英《庄子疏》解"道隐于小成"曰："小成者，谓仁义五德，小道而有所成得者，谓之小成也。世薄时浇，唯行仁义，不能行于大道，故言道隐于小成，而道不可隐也。故老君云：'大道废，有仁义'"。成玄英又曰："荣华者，谓浮辩之辞、华美之言也。只为滞于华辩，所以蔽隐至言。故《老君经》云：'信言不美，美言不信'。""道"本幽暗玄深、朦胧不明，唯五色、五音、五采，浮华鲜明，令人目盲耳聋，故可谓之"明"。《墨子·经上》曰："恕，明也。"《经说上》曰："恕也者，以其所知论物，而其知之也著，若明。"这里所说的"明"，是指人的逻辑思维或逻辑推理活动。"恕"这个字，是指人的大脑（古人认为人的思维器官是"心"，故凡表思维的文字皆加"心"符）由已知推求未知的思维活动。《墨子·经说上》对"恕也者"的解释，说的正是这个意思。老庄哲学超越形式逻辑，是从辩证思维的角度来看问题的，故而认为大道浑然，至言无言，形式逻辑不仅无法把握至道，反而会造成混乱，进而把这个形式逻辑领域的"明"当成了"儒墨""欲是其所非而非其所是"的根源，故曰"欲是其所非而非其所是，则莫若以明"。

窜句，游心于坚白同异之间，而敝跬誉无用之言非乎？而杨、墨是已。"这里的"杨墨""骈于辩""坚白同异"，与其说是指杨朱和墨翟，显然不如说是指名家的惠施、公孙龙更为合适。《庄子·胠箧》曰："削曾、史之行，钳杨、墨之口，攘弃仁义，而天下之德始玄同矣。"成玄英《疏》曰："削，除也。钳，闭也。攘，却也。玄，原也，道也。曾参至孝，史鱼忠直，杨朱、墨翟，禀性弘辩……削除忠信之行，钳闭浮辩之口……故与玄道混同也。"① 这既说明了所谓"杨、墨"的"弘辩"或"浮辩"的特点，也说明《庄子》书中之所以以"杨墨"代替"儒墨"、或以"儒、墨、杨、秉"及惠施并列为"五"，其根本原因，乃在于这些人都有相同的特点或表现，即所谓"弘辩"或"浮辩"。而所谓"弘辩"或"浮辩"，其核心都在一个"辩"字。关于"辩"，《墨子》一书有详细的解说："辩，争彼也。"（《经上》）"辩，或谓之牛，或谓之非牛，是争彼也。"（《经说上》）"辩也者，或谓之是，或谓之非，当者胜也。"（《经说下》）"夫辩者，将以明是非之分……。"（《小取》）这些解说表明，所谓"辩"，其实就是《齐物论》中"儒墨"的"是非"之争。庄子本人在《齐物论》中所要表达的，是"道"与万物一体，无彼此、是非之分的观点；批评的是那些以"名辩"为手段的"小知""小道"遮蔽"大道""至言"的行为。庄子弟子或后学看到了当时诸子各派皆以逻辑分析的"浮辩之言"彼此争论的共同点，故在"儒墨"之外，又以"杨墨"或"儒、墨、杨、秉"及惠施作为这一学术思潮的代表。实则不论是说"儒墨""杨墨"，还是"儒、墨、杨、秉"及惠施，都只是对先秦名家及名辩作风的一种批评。

如果从学理上讲，无论是名家或名辩学者，还是庄子对当时名家及

---

① （清）郭庆藩撰，王孝鱼点校：《庄子集释》，中华书局1961年版，第356页。

名辩思潮的批评，对中国古代逻辑思维的发展，无疑都具有重要的贡献和影响。从思维方式来看，不论"儒墨""杨墨"，还是"儒、墨、杨、秉"及惠施，他们在论辩中所使用的，都是名家的"名辩"方法，即形式逻辑的同一律和矛盾律；一定要"是其所非而非其所是"，不能允许相互矛盾的命题两可两不可。如儒家要遵"天命"，墨家则"非命"；儒家提倡礼乐，墨家则"非乐"。这就形成了所谓"儒墨之是非"。庄子通过批评名家和诸子的"名辩"作风，揭示了用概念或"名言"来把握世界统一性原理的困难，促使中国哲学得以进入辩证思维的领域。

庄子之前，老子已提出"道"无形无名，只能以"损之又损，以至于无为"（《老子》第48章）的"负方法"，才能达到"无名"之域。"庄子发展了老子的学说，更深入而全面地揭示了逻辑思维能否把握天道问题的难点。"① 《齐物论》说："夫道未始有封，言未始有常，为是而有畛也。"所以，大道是不可分割、浑沌恍惚、玄之又玄的；只有以"无知"之"大知"、"无言"之"至言"方可把握。而现实的世界则是"大知闲闲，小知间间；大言炎炎，小言詹詹"，使"大道"遭到了人为的分割："有左，有右，有伦，有义，有分，有辩，有竞，有争"。——"儒、墨、杨、秉"及惠施都是这样："从区分左右的界限到求物理和人事的规范，越是分辩便越争竞不休，樊然殽乱。"② 《齐物论》中的古代著名琴师昭文，"虽云巧妙，而鼓商则丧角，挥宫则失徵，未若置而不鼓，则五音自全。"这就说明，"成"与"亏"本是联系在一起的；故惠施好谈名理，以"坚白""白马"之论眩惑世人，与昭文鼓

---

① 冯契：《冯契文集（第一卷）·认识世界和认识自己》，华东师范大学出版社1996年版，第270—275页。案："儒、墨、杨、秉"之秉，以往学者多认为是指公孙龙，但现代也有学者认为不是指公孙龙而是指"季子"，即季梁。

② 冯契：《冯契文集（第一卷）·认识世界和认识自己》，华东师范大学出版社1996年版，第270页。

琴一样，"虽弘辩如流"，然"终有言而无理也"，"竟无所成"。故《齐物论》又说："古之人，其知有所至矣。恶乎至？有以为未始有物者，至矣，尽矣，不可以加矣。其次以为有物矣，而未始有封也。其次以为有封焉，而未始有是非也。是非之彰也，道之所以亏也。道之所以亏，爱之所以成也。"这说明，"是非"之争、"仁义之言"，既是"道之所以亏"的结果，也是"道之所以亏"的原因。如何才能把握天道呢？如果将《齐物论》中"古之人"所讲的三重境界颠倒过来，也许就是庄子所提供的"损之又损"的三个阶段或途径："第一，'未始有是非'，即忘了彼此间之是非；第二，'未始有封'，即忘了彼此的分别；第三，'有以为未始有物者，至矣，尽矣，不可加矣'，即忘能所、主客，内外浑然一体……我和世界、主体和客体的对立全都泯除了。"①我们认为，庄子的这一观点，显然是对老子辩证学说的继承和发展，也是对中国哲学辩证思维的重要贡献，它促使中国哲学得以进入辩证思维的新的领域。

当然，庄子对于形式逻辑、对名家或名辩学者本身，也并非是简单否定的。郭沫若曾说："庄子也是异常好辩的人"，他和惠子"有着同一的归趣"，都是当时名辩思潮"很辉煌的代表"。②在《庄子·内篇》的《逍遥游》中，庄子与惠施反复讨论"有用"与"无用"，在《德充符》中，庄子与惠施又讨论了人到底是"有情"还是"无情"，在《庄子·外篇》的《秋水》中，庄子还与惠子同游濠上、讨论鱼是否快乐，等等。这些都说明，庄子本人不仅对名辩有着浓厚的兴趣、经常与惠施这样的名辩高手辩论，而且他还长于概念（"名言"）的分析，对形式逻辑的同一律和矛盾律的运用也极为娴熟。可以说，他与惠施等名辩学者

---

① 冯契：《冯契文集（第一卷）·认识世界和认识自己》，华东师范大学出版社1996年版，第274页。

② 郭沫若：《十批判书》，人民出版社1954年版，第327页。

的争论，并非出于个人恩怨，而只是纯粹的学术之争，而且主要是对名家学说、即逻辑学或名理学问题的探讨。庄子把自己与惠施间的这种理论讨论所形成的默契，以郢人和匠石作比：郢人鼻翼有垩，"匠人运斤成风，听而斫之，尽垩而鼻不伤"，而"郢人立不失容"矣。故庄子对惠施之死极度伤心，说："自夫子之死，吾无以为质矣，吾无以言之矣。"

从某种意义上讲，《庄子》中的《齐物论》一篇，几乎可以看成庄子本人批评惠施及先秦名家学派的专论。如《齐物论》曰："未成乎心而有是非，是'今日适越而昔至也'。是以无有为有。无有为有，虽有神禹，且不能知，吾独且奈何哉？"又说："彼是方生之说也，虽然，方生方死，方可方不可，方不可方可"；"以指喻指之非指，不若以非指喻指之非指也；以马喻马之非马，不若以非马喻马之非马也"。又曰："可乎可，不可乎不可……恶乎然？然于（乎）然。恶乎不然？不然乎不然。物固有所然，物固有所可。无物不然，无物不可。"又曰："一与言为二，二与一为三。自此以往，巧历不能得，而况其凡乎？"这些既是对《天下》篇所记惠施及先秦名家学派"日方中方睨，物方生方死""今日适越而昔来""指不至，至不绝""鸡三足"等论题及"两可"之说、"白马非马"之论等的直接回应，也是一种否定和批评。也可以说，正因为这种对惠施及先秦名家学说的批评和扬弃，庄子继承和发展了名家思想中的辩证法因素，才使庄子的逻辑思想在由形式逻辑向辩证逻辑发展的道路上大大地向前迈出了一步。

余论

庄子本人在《庄子·内篇》中对儒、墨、道、名诸家及其代表人物孔、老、杨、惠等展开了学术批评，但就《庄子》全书而言，其在外、杂篇中对先秦诸子批评的范围无疑更广、批评的诸子人物也无疑更多。如儒家孔子的"七十子"及其后学，道家的老莱子、庚桑楚、关尹、詹何（瞻子）、公子牟（魏牟）、子华子等，墨家的墨翟、禽滑釐、相里勤、苦获、己齿、邓陵子等，以及墨家向法家过渡的尹文、由道家向法家过渡的田骈、慎到等，还有名家的桓团、公孙龙，纵横家的犀首（公孙衍）和不知学派归属的季真等。因为学术界早已形成共识，《庄子》中《内篇》七篇为庄子自作，外、杂篇则为庄子弟子或后学所作，故《庄子·内篇》中对诸子学派的批评，应代表了庄子本人对先秦诸子的批评；而外、杂篇中对先秦诸子的批评，则只能算是庄子弟子或后学对先秦诸子的学术批评。

从《庄子》全书来看，《庄子·内篇》中庄子本人对先秦诸子的学术批评，与外、杂篇中庄子弟子或后学对先秦诸子的学术批评，二者之间虽存在差异，但也有着某种内在的联系。这种联系，大致可从两方面加以考察：

其一，《庄子·内篇》中庄子本人对先秦诸子的学术批评，规定了外、杂篇中庄子弟子或后学先秦诸子批评的范围和重点。《庄子·内篇》对先秦诸子的学术批评，并未涉及更多的诸子学派和人物，学派大致为儒、道、名、墨数"家"（"儒墨"之"墨"指"墨辩"，实为名家），人物则有老聃（老子）、孔子及其弟子、阳子居（杨朱）、庄子、惠施等人，此外还提及宋荣子（宋钘）、列子（列御寇）和南郭子綦（南伯子綦）。仅此而已。《庄子》外、杂篇中庄子弟子或后学对先秦诸子的学术批评，虽然涉及更多的学派和人物，但比较二者即可发现，其批评的范围和重点，其实仍然是与《庄子·内篇》一致的。外、杂篇中那些《内篇》中没有的学派和人物，其实多属于《内篇》中老、孔、杨、庄、惠之弟子，或是"寓言"人物，而并未出现与《内篇》中这几"家"无关的学派，更未改变《内篇》中庄子本人对先秦诸子学术批评的重心和格局。只有墨家的墨翟、禽滑釐等人，《内篇》中并未出现（《内篇》中只有"墨"），但外、杂篇除《杂篇·天下》篇外，其他各篇也只有"墨"而无墨翟、禽滑釐其人。这说明，在外、杂篇中对先秦诸子的学术批评，与《内篇》中庄子本人的学术批评，其实是相当一致的。《天下》篇独异，只能说明其写作的年代可能更晚，其作者即使属于庄子弟子或后学，也与庄子本人的观点存在较大差异。

其二，《庄子·内篇》中庄子本人对先秦诸子的学术批评，基本规定了外、杂篇中庄子弟子或后学先秦诸子批评的基调和思想倾向。如在《庄子·内篇》中，庄子本人把老聃（老子）定位于儒道之师和"古之真人"，而外、杂篇中老子教孔子、阳子居（杨朱）、庚桑楚弟子南荣趎等，亦无不以这样的面貌出现；而孔子、阳子居（杨朱）则多以"躬矜"与"自贤之心"出现。或许有人会说，《内篇》中孔子谈"心斋"、与叶公论"天下有大戒二"，这与外、杂篇中《胠箧》《骈拇》《在宥》《盗跖》《渔父》诸篇中的孔子及对孔子的评价互相矛盾——《内篇》中并没有对孔子及儒家的这种激烈批评。我们认为，尽管二者在言辞的温和与激烈或显隐上存在一定的差异，但二者在批评的指向上则是完全一致的，即它们都只是如《齐物论》《德充符》一样，在批评儒家孔子"强以仁义绳墨之言术暴人之前"、"蕲以諔诡幻怪之名闻"，并导致了"儒墨之是非"。故显然，外、杂篇中《秋水》《山木》《知北游》等篇对孔子的称赞，其实也只是由《内篇·人间世》中孔子谈"心斋""知其不可为而安之若命"而来；其对儒家及孔子的抨击，则主要是《内篇·齐物论》《德充符》相关观点的发挥。这些都能从《庄子·内篇》庄子本人对先秦诸子的学术批评中找到根据。

第三节　《管子》对先秦诸子的整合与扬弃

《管子》非一人之笔，亦非一时之书。这是古代学术界的共识。现代的研究者们，则将《管子》定位为"稷下学术中心的一部论文总集①，而稷下学术的基本特点，则"是诸子走向融合"②，或被"概括为多元、融合与创新"③。故我们今天研究《管子》，似不能再如部分研究者那样，过多关注于其中各篇的作者及写作年代问题，而不妨将《管子》一书视为一个整体，称之为战国中后期齐国稷下学宫中"《管子》学派"的作品，在战国中后期稷下学术兴盛这一广阔的时代背景下，从齐国稷下学宫中"《管子》学派"与先秦诸子"九流十家"思想的相互关系的角度，来探讨《管子》一书的学术思想。这样，或许有更利于我们深入地认识《管子》一书批评和综合先秦诸子百家之学的思想特点。

一、《管子》一书的学派归属

迄今为止，学术界对《管子》一书的学派归属大致存在三种观点：第一种是自《汉书·艺文志》以来已有的、将《管子》归于道家的观点；第二种是自《隋书·经籍志》以来，将《管子》归入法家的观点；第三种则近代以来，部分学者将《管子》归入杂家的观点。

《汉书·艺文志·诸子略》"道家类"著录有"《筦子》（颜师古曰："筦读与管同。"）八十六篇"，班固自注："名夷吾，相齐桓公，九合诸侯，不以兵车也。有《列传》。"但如果考虑到《汉书·艺文志》是以刘向、刘歆父子的《别录》和《七略》为基础而编撰的，则说这种观点起于刘氏父子，亦无不可。只是刘、班皆没有说明其将《管子》

---

① 冯友兰：《中国哲学史新编》（第三册），人民出版社 1983 年版，第 197 页。
② 高华平：《先秦诸子与楚国诸子学》，北京师范大学出版社 2016 年版，第 162 页。
③ 白奚：《稷下学研究——中国古代的思想自由与百家争鸣》，生活·读书·新知三联书店 1998 年版，第 76 页。

归入道家的原因。后人对这一原因做出了各种推测，其基本结论是认为，刘、班此处之所谓"道家"，应即是"稷下黄老道家"或"黄老学派"，实乃"君人南面之术"。举凡《管子》书中论道德、政教、法治等，"所述皆真人无为之事，人君南面之术，其为道家言，亦可无疑"①；"今观《管子》书中，多言无为之理，详于人君南面之术，班《志》列之于道家，即以此耳。"② 近三、四十年间，学术界出现了研究"黄老之学"的热潮，因为《管子》书中的《心术》（上、下）、《白心》《内业》《宙合》《九守》等篇"侧重于以道家哲学论说法家政治的理论建设工作"，符合"黄老之学"的思想特征，"格外引人注目"，故被人视为"黄老之学的代表作品"③。

自《隋书·经籍志》始，历代的目录学著作，如两唐《志》《宋史·艺文志》，直到《四库全书总目》，则将《管子》归入法家。当然，由于唐人张守节《史记正义》有"《七略》云《管子》十八篇，在法家"之说④，故后之学者又有先秦"《管子》原本为十八篇，在法家"、和张守节所引原本乃《管子》十八篇于"阮孝绪《七录》在法家"二说。但此二说亦皆出于推测，并无多少文献依据。因为根据后人辑得的刘歆《七略》辑本，《管子》只作"八十六篇"，"在道家"⑤；而阮孝绪的《七录》则已全部亡佚，根本无法证明其中《管子》之书的篇卷

---

① 罗焌：《诸子学述》，华东师范大学出版社 2008 年版，第 290 页。

② 张舜徽：《汉书艺文志通释》，华中师范大学出版社 2004 年版，第 286 页。

③ 白奚：《稷下学研究——中国古代的思想自由与百家争鸣》，生活·读书·新知三联书店 1998 年版，第 220 页。案：白氏以"黄老之学"同于法家则又与传统观点不同。

④ 案：《史记集解》曰："刘向《别录》曰：'《九府》书民间无有。《山高》一名《形势》。'"《史记索隐》曰："皆管氏所著书篇名也。按：九府，盖钱之府藏，其书论铸钱之轻重，故云《轻重九府》。余如《别录》之说。"《史记正义》曰："《七略》云：《管子》十八篇，在法家。"

⑤ （汉）刘向、刘歆撰，（清）姚振宗辑录，邓骏捷校补：《七略别录佚文 七略佚文》，上海古籍出版社 2008 年版，第 50、134 页。

及其学派归属。倒是后人给出了很多说法，如宋代刘恕、苏辙、叶适等人，多谓《管子》之书，"其术类商鞅，其言如韩非"；"多申、韩之言，为申、韩之先驱，斯、鞅之初觉"①。今人则以为《管子》入法家的理由是因为《管子》"全书各篇实以齐法家政治思想为主导"②，甚至可以说："《管子》书的大部分是齐法家的著作"，是当时齐国推崇管仲的法家学者所撰写的。③

将《管子》一书归入杂家的观点，古人虽有所感知，但并未明确提出。如清代陈澧在《东塾读书记》中说，《管子》之书有儒家语、法家语、老子之说、告子之说和农家者言，可谓"一家之书而有五家之学矣"④。虽没有明言杂家，但已有此意味。近代学者胡适虽然认为"杂家是道家的前身，道家是杂家的新名"⑤，但并未将《管子》归入杂家。吕思勉首次提出《管子》归于杂家之说："《管子》，《汉志》隶之道家，《隋志》录之法家，然实成于无意中之杂家也。"⑥ 但更多学者仍仅言其"杂"，而未称其为杂家。如郭沫若曾说《管子》"是一种杂烩"⑦，冯友兰亦称其"内容比较复杂"⑧。直到近年，才有研究者将吕思勉之论更推进一步，说："只有先秦杂家才能概括《管子》全书"，如果非要说《管子》属道家、法家的话，"充其量也只能说它是从道家

---

① 刘恕：《通鉴外纪》（卷一），叶适：《习学记言序目》，苏辙：《古史》（卷二五）等。以上亦可参见张固也：《〈管子〉研究》，齐鲁书社 2006 年版，第 3—4 页。
② 胡家聪：《稷下争鸣与黄老新学》，中国社会科学出版社 2003 年版，第 22 页。
③ 张岱年：《齐学的历史价值》，《文史知识》1989 年第 3 期。
④ （清）陈澧：《东塾读书记（外一种）》，生活·读书·新知三联书店 1998 年版，第 235 页。
⑤ 胡适：《中国思想史》，华东师范大学出版社 2015 年版，第 144 页。
⑥ 吕思勉：《先秦学术概论》，岳麓书社 2010 年版，第 44 页。
⑦ 郭沫若：《宋钘尹文遗著考》，见《青铜时代》，中国人民大学出版社 2005 年版，第 187 页。
⑧ 冯友兰：《中国哲学史新编》（上），人民出版社 2001 年版，第 116 页。

或法家中走出来的先秦杂家。"①

那么，《管子》一书的思想内容到底应归属于先秦道家、法家还是杂家呢？因为不同的学派归属，将决定其对先秦诸子百家之学的态度和取舍，将决定其对先秦诸子百家之学进行批评、扬弃和整合的立场与路径。

根据学术界新近的研究成果，由于先秦诸子各家的思想在不同地域和不同历史阶段都是存在着发展演变的，先秦道家本存在着南方老庄学派、北方杨朱学派和齐国稷下黄老道家之别，墨家有齐墨、秦墨、楚墨等"三墨"之分，法家则有秦晋（或三晋）法家与齐法家的不同等。近代蒙文通等学者已明分道家为南方老庄道家和北方杨朱道家，而将稷下学者亦归于北方杨朱道家之列；并认为"庄老南方之道家，菲薄仁义如粪土"，"北方道家杨朱之徒，不废仁义"②。而长沙马王堆帛书发表之后，人们进一步发现，北方杨朱道家实乃"全性保真"之养生一派，与齐道家或稷下黄老道家有异。《汉书·艺文志》称为"君人南面之术"的道家，其实只是稷下黄老道家或齐道家。先秦早期以吴起、商鞅为代表的法家，是"三晋法家"的代表，他们"对道家的一套形上理论不感兴趣"，也排斥仁义，"无教化，去仁爱，专任刑法而欲以致治"。（《汉书·艺文志》）但"齐法家"则与之不同。他们既"道法结合，以道论法"，"以道家的道论为其法治主张找到了哲学方面的依据，论证了实行法治的必然性"，又"主张礼法并用，在肯定以法治国的同时，吸取了儒家关于礼治的思想，设计了礼法结合的政治模式。"③

---

① 潘俊杰：《先秦杂家研究》，陕西人民出版社 2011 年版，第 30 页。

② 蒙文通：《杨朱学派考》，见《古学甄微》，巴蜀书社 1987 年版，第 247—250 页。案：蒙氏将稷下学者与杨朱合称"北方道家"实有不妥。杨朱为"全性保真"的养生派，稷下多以法治国的法治派，二者并不相同。

③ 白奚：《稷下学研究——中国古代的思想自由与百家争鸣》，生活·读书·新知三联书店 1998 年版，第 226—230 页。

故《史记》既将道家的老庄与法家的申、韩合为一传，而又曰"申不害学本于黄老而主刑名"，韩非"喜刑名法术之学，而其归本于黄老"；在《孟子荀卿列传》中称稷下学者"学黄老道德之术"。而《管子》《荀子》《韩非子》诸书中，皆有"道法"概念。《管子·法法》曰："明王在上，道法行于国"。《任法》曰："百姓辑睦，听令道法以从其事。"《君臣上》曰："明君重道法而轻其国"。而今人则于稷下"黄老道家"或"黄老法家"，亦常有"道法家"和"法道家"之称。客观地讲，如果从道家的立场出发，《管子》当归于道家；而从法家的立场出发，又无疑当属法家。但如果站在调和或折中的立场上，则称之为"黄老"或"黄老学派"，似更合适。司马谈《论六家之要指》曰："道家无为，又曰无不为……其术以虚无为本，以因循为用"；"采儒墨之善，撮名法之要……主倡而臣和，主先而臣随"。《汉书·艺文志》曰：道家"知秉要执本，清虚以自守，卑弱以自持，此君人南面之术也"。二者显然都只是对黄老道家思想的一种概括，而并非是对整个先秦道家三派思想的归纳和总结。他们站在黄老道家的立场上来看《管子》，故将其归入了道家。而《隋书·经籍志》以为"道者，盖为万物之奥，圣人之至赜也"；"精微淳粹，而莫知其体"；"其玄德深远，言象不测"，只是纯粹玄虚的形上本体；故认为《管子》这一"道法结合，以道论法"之作，立论的目的在"法"不在"道"，自不应属于道家，而应属于、并归入"人君所以禁淫慝、齐不轨而辅于治者也"的法家之列。

以上应该就是《管子》一书先后被归属于道家和法家的原因。这两种归属虽然看似矛盾，但实际却并不冲突。因为汉代指称先秦诸子的"九流十家"中没有"黄老"或"黄老学派"这一家，"黄老"或"黄老学派"在当时皆被视为"道家"，故《汉志》将思想内容属于"黄老之学"的《管子》，顺理成章地归入到了道家之中。

至于因为《管子》的思想"内容比较复杂"，其中"道家者言，名家者言，阴阳家者言，轻重家者言，杂盛于一篮"，故而将其归于杂家之列，这种"新见"，如果不是论者有意混淆"黄老"与所谓"杂家"的分类标准的话，那么就只能是他对于《史记》《汉书》二书先秦诸子中道家与杂家之分别的模糊不清了。

　　初看上去，司马谈《论六家之要指》曰："道家……其为术也，因阴阳之大顺，采儒墨之善，撮名法之要，与时迁移，应物变化……。"《汉书·艺文志》曰："杂家者流……兼儒墨，合名法，知国体之有此，见王治之无不贯……。"二者所言（"黄老"）道家与杂家，似乎都是"采""撮""兼""合"、儒、墨、名、法等百家之学，有综合诸子之意。《管子》一书归入道家或是杂家，如同上文云将《管子》归于道家或法家一样，应该是名异而实同的。但这其实只是一种错觉，是一种表象。正如冯友兰所曾经指出的，道家和杂家相同的，只是它们都有一种"必求"方术之统一的思想；但差异乃是根本性的①。这就是说，道家（主要是"黄老道家"）虽然也是"因阴阳之大顺，采儒墨之善，撮名法之要"，兼采诸子百家之长的，但其"采""撮""兼""合"，其实仍是明确以诸子中的某一家思想为指导的。司马谈《论六家之要指》在叙道家"因阴阳之大顺，采儒墨之善，撮名法之要"后又说："道家无为，而无不为"，其为术也，"以虚无为本，以因循为用"。这说明，道家之所名"道家"的"大本大宗"乃在于"道"的"虚无"二字。而对于杂家，根据我自己多年的研究，诸子之学在其"兼""采"百家之学的时候，如果"只以某一家为主导思想，即可将其归入该家之中；如果同时以两家或两家以上的思想作为主导，则这一思想就只能归入杂

---

① 冯友兰：《原杂家》，见《中国哲学史补》，中华书局2014年版，第75—114页。

家了"①。

《管子》一书，学者向来认为它虽然"内容比较复杂"，其中道家者言，名家者言，法家者言，阴阳家者言，农家者言，等等"杂盛于一篮"，看似个"大杂烩"，但这并不能否认它是以"道法"或"黄老之学"为主导思想的，怎么能说它属于"漫羡而无所归心"的杂家呢？故我认为，还应该是依冯友兰说，称之为"道家和法家统一"的"黄老之学"②。

二、《管子》对先秦道家学派的学术批评与扬弃

《管子》一书属于稷下"黄老道家"的著作。"黄老道家"思想的基本特点，乃是"因阴阳之大顺，采儒墨之善，撮名法之要"，具有综合先秦诸子百家的性质。因此，其对先秦诸子百家之学，就不可能是一味的因袭、吸收或"兼""采""撮"等，而同时也包含了对先秦诸子之学的批评和扬弃。只不过其批评和扬弃，要比《孟子》《荀子》《韩非子》等其他先秦诸子著作显得隐晦、间接和曲折一些。但《管子》中的确有自己对先秦诸子之学的批评和选择，即使对其所属先秦道家学派亦是如此。

《管子》对先秦诸子思想进行学术批评，主要有两种态度和方式：一是正面的吸收、因袭，或所谓"兼""采""撮"，二是具有否定性的批评和扬弃。《管子》对先秦道家批评最基本的是否定性批评。其突出例证，当数《管子》书中《立政》和《立政九败解》二篇对道家杨朱学派"全生"和"自贵"之说的批评。《立政》曰：

---

① 高华平：《先秦杂家思想及其与楚国的关系》，《中国哲学史》2013 年第 4 期；高华平：《先秦诸子与楚国诸子学》，北京师范大学出版社 2016 年版，第 291 页。

② 冯友兰：《中国哲学史新编》（上），人民出版社 2001 年版，第 495—496 页。

全生之说胜，则廉耻不立。私议自贵之说胜，则上令不行。

《立政九败解》亦云：

人君唯无好全生，则群臣皆全其生，而生又养生。养何也？曰：滋味也，声色也，然后为养生。然则纵欲妄行，男女无别，反于禽兽。然则礼义廉耻不立，人君无以自守也。故曰：全生之说胜，则廉耻不立。

人君唯无听私议自贵，则民退静隐伏，窟穴就山，非世间上，轻爵禄而贱有司。然则令不行，禁不止。故曰：私议自贵之说胜，则上令不行。

《立政》和《立政九败解》并未如《孟子》《荀子》书中那样，直呼杨朱及其后学之名，并不遗余力地对之"闢"与"非"也，但其批评的锋芒直指杨朱及其学说，则是无疑的[①]。《孟子》曰："圣王不作，诸侯放恣，处士横议，杨朱、墨翟之言盈天下。天下之言，不归杨，则归墨。杨氏为我，是无君也；墨氏兼爱，是无父也。无父无君，是禽兽也。"（《滕文公下》）《荀子·非十二子》曰："纵情性，安恣睢，禽兽行，不足以合文通治；然其持之有故，其言之成理，足以欺惑愚众，是它嚣、魏牟也。"又说："忍情性，綦蹊利跂，苟以分异人为高，不足以合大众，明大分，是陈仲、史鰌也。"孟子此处"闢"杨朱，既直呼其名，且詈之为"禽兽"；荀子亦明言所"非"为杨朱学派的后学它嚣、魏牟、陈仲、史鰌，并称前二人的行为是"禽兽行"。二者批判的言辞都十分激烈。但《管子》却不大一样，《立政》和《立政九败解》

---

① 根据蒙文通的研究，《管子》的《立政》《立政九败解》和《荀子·非十二子》在此处所批评的皆为杨朱之学，前者为"纵性情"一派，后者为"忍性情"一派。参见蒙文通：《古学甄微》，巴蜀书社 1987 年版，第 243—267 页。

不仅未痛斥行"全生""自贵"之说者为"禽兽",而且也根本未提及杨朱及其后学的姓名。这就使《管子》对此二说的批评显得十分平和与客观,完全是对事不对人的学术态度。如果不是后世学者告诉我们,《管子》书中的"全生""自贵"之说"为杨子言","它嚣、魏牟亦杨朱一系之学也"①,我们几乎无法准确知道《立政》和《立政九败解》中的"全生""自贵"之说所指何人何事。

与《孟子》《荀子》《韩非子》诸书相比,《管子》与它们在对杨朱学派学术批评上的最大差别,乃是其学术批评的立场或出发点的不同。

根据蒙文通的研究,"全生之说"和"私议自贵之说",其实都是杨朱学说。前者为"纵欲妄行,男女无别,反于禽兽"的"纵性情"一派,后者则为"退静隐伏,窟穴就山,非世间上,轻爵禄而贱有司"的"忍性情"一派②。但不论是"纵性情"一派,还是"忍性情"一派,其学说宗旨都是"轻物而重生"的,即是把个人生命看得重于一切的。《孟子·滕文公下》说:"杨子为我",《孟子·尽心上》又说:"杨子取为我,拔一毛而利天下不为也"。这里所谓的杨朱"为我",连以天下之重换其一根毫毛也不愿意,显然是一种"自贵"其身的"轻物重生"之说。故《韩非子·显学》说:"今有人于此,义不入危城,不处军旅,不以天下大利,易其胫一毛。世主必从而礼之,贵其智而高其行,以为轻物重生之士也。"已明确把杨朱"拔一毛而利天下不为也"或"不以天下之大利,易胫一毛也"的"贵己"或"自贵"之说,作为一种"轻物重生"之说了。而《吕氏春秋》之《本生》《重

---

① 它嚣,杨倞《荀子注》曰:"未详何代人";郭沫若《十批判书·稷下黄老学派的批判》则认为它嚣即是关尹,亦即是环渊。魏牟,又称"公子牟",《汉志》列"《公子牟》四篇"于"道家"。可见二人是稷下道家杨朱学派中人。

② 蒙文通:《古学甄微》,巴蜀书社1987年版,第243—267页。

己》《贵生》《情欲》诸篇，则称《管子》所谓"全生""自贵"为"重己""尊生""贵生"等。《淮南子·氾论训》曰："全性保真，不以物累形，杨子之所立也，而孟子非之。"亦以孟子所非之"杨朱为我，拔一毛而利天下不为也"，《管子》中的"全生""自贵"之说，为"全性（生）保真"之说。换言之，即认为杨子之"为我"，"拔一毛而利天下不为也"，或"自贵""贵己"之说，与"轻物而重生""全性保真"等，都是一种"尊生"说，二者名异实同矣。《管子》一书分"自贵"与"全生"为二，而有"私议自贵"一说，说明杨朱之学在《立政》和《立政九败解》成篇的年代已分化成"纵性情"和"忍性情"两派，故它将杨朱的同一学说分为二说加以批判。

不过，我们在前面的章节已经指出，从《管子》全书来看，《管子》又并非是一味地反对养生乃至"尊生"的。《管子·戒》篇曰："固情谨声，以严尊生，此谓道之荣"。又曰："滋味动静，生之养也；好恶喜怒哀乐，生之变也；聪明当物，生之德也。"都说明他很重视养生理论。但养生不能突破礼义的底线。《立政》和《立政九败解》对杨朱的这一批评，似更凸显了其特有的先秦诸子批评的学术立场和出发点。杨朱提出"为我""全生"或"自贵"之说，乃至于"拔一毛而利天下不为也"之学，其根本宗旨都是"养生"，即"全性保真"，不使自我原始的"本真"有一丝一毫的丧失。但管子的批评却首先将之导向了所谓"国之四维"礼、义、廉、耻（《管子·牧民》），其次则是"上令不行"这一行政危害，故他以"私议"一词显明"言谈者"其"以文乱法"的性质。——这都充分显示了《管子》一书以黄老道家"君人南面之术"评判先秦诸子的学术立场，与《孟子》《荀子》是不尽相同的。《孟子》有意无意地曲解了杨朱"为我"乃养生之学的根本宗旨，将"杨子为我"之学予以道德人伦的解读，认为"为我"即是在人伦上对"为君"义务的否定，并以此为理由詈斥杨朱为"禽

　思想的碰撞——学术批评史视野下的先秦诸子百家争鸣

兽"。这说明《孟子》对杨朱之学的批评完全是一种出于伦理的立场，并未能同情地理解杨朱学说的立论目的和宗旨。① 《荀子》与《孟子》同样是站在儒家伦理道德的立场上批评杨朱学派，但与《孟子》已有不同，即《荀子》不再只是如《孟子》那样，将"杨子为我"与"为君"对立起来，而是如《管子》那样，同时批评了杨朱后学中的"纵性情"和"忍性情"二派。这可能是因为杨朱和孔子都是老子的弟子，所以他的生年"大抵略少于孔子而略长于墨子"②，孟子批评杨朱，已属"以后生而陵轹前辈"③，而《管子》《荀子》批评的显然只能是杨朱后学末流。《荀子·非十二子》以"纵情性"一派的代表人物为它嚣（或即詹何）④、魏牟（中山公子牟），以"忍性情"一派的代表为陈仲、史鳅，而非杨朱本人，其原因皆在此。《庄子·让王》载：

> 中山公子牟谓瞻子曰："身在江海之上，心居乎魏阙之下，奈何？"瞻子曰："重生，重生则利轻。"中山公子牟曰："虽知之，未能自胜也。"瞻子曰："不能自胜则从（纵），神无恶乎？不能自胜而强不从（纵）者，此之谓重伤。重伤之人无寿类矣"。

《吕氏春秋·审为》《淮南子·道应训》等亦载此段文字，"中山公子牟谓瞻子曰"作"中山公子牟谓詹子曰"，知此即是魏牟与詹何的对话。在瞻子（詹何）之言中，他首先要魏牟"重生。重生则利轻"。这显然是祖述杨朱的"全性（生）保真，不以物累形"之说；而所谓"不能自胜则从（纵欲）"，则自然是詹何对杨朱"全生"之说的发挥。

---

① 高华平：《拒斥·卫道·好辩——论孟子对先秦诸子的学术批评》，《北京师范大学学报》（社会科学版）2016 年第 6 期。

② 郭沫若：《十批判书》，人民出版社 2012 年版，第 123 页。

③ 顾实：《杨朱哲学》，岳麓书社 2011 年版，第 109 页。

④ 它嚣，顾实、郭沫若皆以为"当即詹何"，因为"古音詹、冉同部，而冉声有那"，"故詹何可转为它嚣也。"参见顾实：《杨朱哲学》，岳麓书社 2011 年版，第 82 页。

殆在詹何看来，若情欲皆出于人的本真之性，则此情欲自然亦在"保""全"之列，而不必因为人伦道德而对之进行压抑。《吕氏春秋·贵生》篇引子华子"全生"之论曰："全生为上，亏生次之，死次之，迫生为下……所谓全生者，六欲皆得其宜也；所谓亏生者，六欲分得其宜也……所谓死者，无有所以知，复其未生也；所谓迫生者，六欲莫得其宜也，皆获其所甚恶者……故曰：迫生不若死。"将"全生"解读为"六欲皆得其宜也"，明显已包含有"纵欲"（纵情性）为"全生"应有之义的意思。故詹何语中山公子牟以"不能自胜则从（纵欲）"为"重生"之道，而荀子非杨朱之学，则以詹何（它嚣）、魏牟为"纵性情"一派的代表人物。

《管子》之《立政》和《立政九败解》批评杨朱后学"忍性情"一派时，但曰"全生之说胜，则廉耻不立，私议自贵之说胜，则上令不行。"并未见激烈的痛斥，这一方面说明其时"忍性情"一派的流弊可能并不十分严重，另一方面则说明，《立政》和《立政九败解》的作者可能对"忍性情"一派的作风与态度也不是十分反感。

《管子》一书对先秦道家的另一种批评方式，是正面的吸收因袭，即"因""兼""采""撮"等。当然，这种"因""兼""采""撮"也并非一味地因循照抄，而是既有继承，也有发展；既有吸收，也有扬弃。以往的学者在论说以《管子》为代表的稷下黄老道家之学时，多强调其"不菲薄仁义"的一面，这自然是不错的。但在我看来，《管子》对先秦道家的批评，更主要的似应在于它对道家最核心的"道""德"观念的改造和扬弃上面。《老子》曾对"道"有较多的描述："有物混成，先天地生，寂兮寥兮，独立而不改，周行而不殆，可以为天下母。吾不知其名，字之曰道，强为之名曰大。"（第25章）又说："道之为物，惟恍惟惚。"（第21章）什么是"恍惚"呢？"其上不曒，其下不昧，绳绳不可名，复归于无物。是谓无状之状，无物之象，是谓恍惚。"（第 14 章）这是以"道"为世界的形上本体，"道"是通过"德"来长养万物的。故《老子》又曰："道生一，一生二，二生三，三生万物。"（第 42 章）"道生之，德畜之，物形之，势成之。长之，育之，亭之，毒之。"（第 51 章）但《老子》全书并未有对"德"的任何说明，只是说："孔德之容，惟道是从。"（第 21 章）"上德若谷……广德若不足，建德若偷，质真若渝。"（第 41 章）"生而不有，为而不恃，长而不宰，是谓玄德。"（第 51 章）

《管子》中虽然一方面继承了《老子》的"道"论，以"虚无无形谓之道"（《心术上》），但更多的则是对老子"道"论的改造和扬弃，脱离了道的虚无和超越性，而导向其客观和物质的属性。如《君臣上》篇曰："道也者，万物之要也。"《心术上》曰："道在天地之间也，其大无外，其小无内"。《内业》更将"道"等同于"精气"①，曰："夫道者，所以充形也……不见其形，不闻其声，而序其成，谓之道。"又曰："道也者，口之所不能言也，目之所不能视也，耳之所不能听也，所以脩心而正形也。人之所失以死，所得以生也；事之所失以败，所得以成也"。这与《韩非子·解老》中所谓"凡道之情，不制不形，柔弱随时，与理相应。万物得之以死，得之以生；万事得之以败，得之以成。"几乎完全一致，而与《老子》中的"道"论异趣。

与此同时，《管子》一书中对《老子》"道"论中的"德"范畴进行了全面的改造和发展。《管子》明确将"德"界定为"化育万物之谓德"（《心术上》）以"德"为"道"的作用，将其提升到了与"道"同等、甚至更高的地位。《管子·戒》篇说："所以谓德者，不动而疾，不相告而知，不为而成，不召而至，是德也。"这里的"德"与《内业》篇中"不见其形，不闻其声，而序其成，谓之道"的"道"，已实

---

① 萧萐父、李锦全主编：《中国哲学史》（上卷），人民出版社 1982 年版，第 153 页。

无区别。故《管子·心术上》曰："德者，道之舍，物得以生，……故德者，得也。得也者，其谓所得以然也。以无为之谓道，舍之之谓德。故道之与德无间，故言之者不别也。"这就将《老子》中"唯道是从"的"德"，提高到了与道无别的地位，故冯友兰以"德者道之舍"为"德是道在这一点上停留下来的"①。而随着"德"的地位提高，《管子》又首先提出了"道德"这一概念②，而且有时竟将"德"置于"道"前。《戒》篇又说："是故圣人上德而下功，尊道而贱物。道德当身，故不以物惑。"《君臣上》曰："是故别交正分之谓理，顺理不失之谓道。道德定而民有轨矣。"《君臣下》曰："道德定于上，则百姓化于下"，《正》篇曰："爱之生之，养之成之，利民不得（德），天下亲之，曰德。无德无怨，无好无恶，万物崇一，阴阳同度，曰道"。这里不仅出现了《老子》中所没有的"道德"概念，而且还一再将"德"置于"道"前。这可以说既是《管子》对道家《老子》学派的改造，也是对《老子》学派的批评。《管子》学派之所以对"德"予以特别的重视，应该与稷下黄老学派对道德功用的强调有关。黄老学派对《老子》思想有进一步的发展，他们特别推崇征伐诸侯、取代神农氏的黄帝，故《管子》书中的《五行》《任法》《封禅》诸篇屡言黄帝吏治天下之功，而将"德"提到了空前崇高的地位。我甚至怀疑《韩非子》在写作《解老》时的《老子》、长沙马王堆帛书的《老子》、以及北京大学藏西汉竹简《老子》，采用的都是稷下黄老学派编纂的《老子》，故他们都将《德经》（上经）置于《道经》（下经）之前，使老子的

---

① 冯友兰：《中国哲学史新编》（上），人民出版社 2001 年版，第 509 页。

② 《庄子·天道》曰："是故古之明大道者，先明天，而道德次之；道德已明，而仁义次之；仁义已明，而分守次之……。"但《天道》在《庄子·外篇》，向来被认为是庄子后学所作，其年代当晚于《管子》诸篇，故笔者以《管子》首先提出"道德"概念。

《道德经》变成了《德道经》。

《管子》还在对《老子》"道"论批判和扬弃的基础上，对其体"道"方式方法进行了批评与改造。《老子》说："故从事于道者，道者同于道，德者同于德。"（第 23 章）这说明《老子》"道"论的目的，不是要简单地认识"道"，而是追求一种与"道"同一或"天人合一"的境界。故《老子》明确地区分了"为学"与"为道"的不同："为学日益，为道日损，损之又损，以至于无为。"（第 48 章）并认为体认"道"的方法和途径，只能是"绝学无忧"（第 20 章），"绝圣弃智"（第 19 章），只能是"涤除玄览"（第 10 章），然后"静观"，即《老子》所谓"不出户，知天下；不窥牖，见天道"。（第 47 章）"致虚极，守静笃。万物并作，吾以观复"。（第 16 章）"塞其兑，闭其门，挫其锐，解其纷，和其光，同其尘，是谓玄同"。（第 56 章）因为《管子》是出于黄老道家"君人南面之术"的"主道"立场，以道德的功用为上，故《管子》并不满足于精神上的与"道"玄同，而是要如"黄帝之治天下也"。（《任法》）故它提出的"道法"，已非《老子》的"为道"方法与途径，而是所谓"静因之道也"。《管子·心术上》曰：

> 是故有道之君，其处也若无知，其应物也若偶之，静因之道也。

从《管子》的这段话来看，所谓"静因之道"，其实不只是对"有道之君，其处也若无知，其应物也若偶之"的概括和总结，应该是其针对《老子》"静观"或"损之又损"方法而采取一种纠偏或修正措施。因为老子的"静观"方法只是一味地"虚静"或"日损"，故后来在庄子一派那里走向了彻底的"虚无"。在《老子》那里，虽然"道"亦"生""养"万物，但那正如王弼《老子注》所云，所谓"生之，畜之"，实际只是"不塞其原，则物自生"；"不禁其性，则物自济"，使"物自长足而已"。（第10章）故《管子》针对《老子》思想在这一方面的偏失，在"虚静"之外，补上"因"这一环。《管子·心术上》又曰：

> 其应，非所设也；其动，非所取也。此言"因"也。因也者，舍己而以物为法者也。感而后应，非所设也；缘理而动，非所取也……故道贵因。因者，因其能者，言所用也。君子之处也，若无知，言至虚也；其应物也，若偶之，言时适也……故物至则应，过则舍矣。

比较《管子》此处所言与《老子》的差异可知，《老子》对事物体认的方法，是"人法道"，其最终结果却是"同于道"，所以其"处事""应物"，实际上不过是对"道"或主体自身的观照和自我体认。王弼在注《老子》第25章"人法地，地法天，天法道，道法自然"时说："人不违地……地不违天……天不违道……道不违自然，乃得其性，法自然也。……自然者，无称之言，穷极之辞也"。这即是说，所谓"自然"亦即"道"之本身，实只是"道"的一种存在形态。《管子》中的"静因"虽然也强调"虚静""无为"，但在言"虚静""无为"时，却又提出了"因"这种"化育万物"之"德"。因此可以说，此"虚静""无为"在某种意义上实只是为了实现"因"的条件或手段。故《管子·心术上》曰："故必知不言无为之事，然后知道之纪"；君子虽"恬愉无为"，但却必须要"处（事）"和"应物"——尽管其"处（事）"必须是"舍己以物为法者"，其"应"其"动"，都不是凭个人的主观意志的"强应""乱动"——"自用"而"忤于物矣"，而是"感而后应"，"缘（物）理而动"，"物至则应，过则舍矣"。这既能使"君子之处也，若无知"；"其应物也，若偶之"，也就是所谓的"因"。——这样，《管子》就既朝"君人南面之术"的方向改造了

《老子》以来的"道"论，也可以说对《老子》以来道家"道"论过于偏向"虚静""无为"的倾向做出了批评与扬弃。

三、对儒墨的"兼""采"与批评

司马谈在《论六家之要指》中说包括《管子》学派在内的黄老道家对儒墨的态度，是"采儒墨之善"。那么，如《管子》一书是如司马氏所说，对儒、墨二家学说只是兼收并取——继承和吸收了其中那些精彩的"善"处，还是既有吸取继承，也有舍弃和批评呢？下面，我们分别来加以考察。

先看儒家。《汉书·艺文志》叙儒家曰："儒家者流……游文于《六经》之中，留意于仁义之际。祖述尧舜，宪章文、武，宗师仲尼，以重其言。"孔子为儒家祖师，故《淮南子·俶真训》高诱注曰："儒，孔子道也"。即以孔子之"道"为儒家思想的代称。《吕氏春秋·不二》曰："孔子贵仁"。又以"仁"为孔子思想的核心。当然，由于历史时代的变迁，儒家思想在孔子那里，与在"七十子"及其孟子、荀子那里，并不是完全相同或一成不变的。子思以仁、义、礼、智、圣（信）为"五行"；"孔子只说一个'仁'字，孟子开口便谈'仁义'。"（朱熹：《孟子序说》）至荀子，则隆礼重法，又与孟子不同。但仁、义、礼、智、圣（信）这些核心的价值观念，在历代儒者那里则是一脉相承的，故《汉书．艺文志》既说儒家"宗师仲尼"，又说它"留意于仁义之际"。

从《管子》一书来看，其"采儒墨之善"，所"兼""采"的，也正是儒家的这些核心价值观。《管子》书中的第一篇，即将"礼、义、廉、耻"作为"国之四维"，以为"守国之度，在饰四维"；"四维不张，国乃灭亡"。又说："政之所兴，在顺民心；政之所废，在逆民心"。其他各篇，亦多言礼义忠信。《权修》曰："凡牧民者，欲民之有礼也","欲民之有义也","欲民之有廉也","欲民之有耻也"。《幼官》曰:"尊贤授德则帝,身仁行义、服忠用信则王"。《君臣下》曰:"故曰:君人者制仁,臣人者守信,此言上下之礼也。"《侈靡》曰:"礼义者,人君之神也。"《心术上》曰:"君臣父子人间之事谓之义,登降揖让,贵贱有等,亲疏之体谓之礼。"《心术下》曰:"一气能变曰精,一事能变曰智。"(《业内》亦如是说,又曰:"凡民之生也,必以正乎!所以失之者,必以喜乐哀怒。节怒莫若乐,节乐莫若礼,守礼若莫敬。外敬而内静者,必反其性。"与之大同小异)《势》篇曰:"故贤者诚信以仁之,慈惠以爱之。"《小问》曰:"桓公问治民于管子","管子对曰:质信极忠,严以有礼,慎此四者,所以行之也……信也者,民信之;忠也者,民怀之;严也者,民畏之;礼也者,民美之。语曰'泽命不渝,信也;非其所欲,勿施于人,仁也;坚中外正,严也;质信以让,礼也。'"

《管子》中的仁、义、礼、忠、信、廉耻等思想观念,显然主要是对儒家核心价值观的继承,很多甚至直接来自孔子。如《管子》将"慈爱"作为"仁"的内容,显然是继承了孔子"仁者爱人"(《论语·颜渊》)之说。《管子》以"君臣父子人间之事谓之义",说:"君不君则臣不臣,父不父则子不子。"(《管子·形势》)。这显然是对孔子以"君君,臣臣,父父,子子"答齐景公为政之说的继承。《管子》对忠信的强调,亦当源自孔子的"文、行、忠、信"(《论语·述而》)和"主忠信,徙义,崇德"之教(《论语·颜渊》)。其对"食货"和"兵战"的重视,亦应与孔子的"足食足兵"(《论语·颜渊》)和"不教民战,是谓弃之(《论语·子路》)"的政治主张相关。孔子曾说:"夫仁者,己欲立而立人,己欲达而达人。"(《论语·雍也》)又说:"己所不欲,勿施于人。"(《论语·卫灵公》)而在《管子》时代,这些可能已成为社会上流行的俗语,故《管子》引之以作为"仁"的内容，曰："非其所欲，勿施于人，仁也。"有学者说："孔子提出的一系列道德伦理规范，如礼、义、廉、耻、仁、德、恕、诚、忠、信、恭、敬、孝、悌、慈、惠等，《管子》几乎都接受了。"① 这是有道理的。

《管子·侈靡》一篇，因其内容论"侈靡消费"，以往学术界对其主题历来争议不断，或以为它"是一篇经济论文"，或以为它是当时"国策之争的反映"，或以为它是一篇"讨论君臣关系问题的论文"。② ——其实，这些都并不矛盾，因为黄老道家或黄老法家皆为黄老之学，本为"君人南面之术"，讨论经济问题、政治国策和君臣关系皆为其中应有之义。值得思考的只是，作为"君人南面之术"的一部分，《侈靡》得出这一具体的国策或"治国""为政"学术观点的原因和着眼点是什么。对此，我认为，实际应与儒家自孔子以来"不患寡而患不均"——应该尽量保证社会财富的平均和公平的基本观点相关。故《侈靡》提出"侈靡"国策的目的，既不是表面的"以消费促生产"，也不是讨论君臣关系问题，而是如何才能使贫富适中的"治国之道"——用《侈靡》篇中管子回答齐桓公的话来说就是："甚富不可使，甚贫不知耻。"《侈靡》篇的作者认为"侈靡消费"是"调通民利"的最好方式，故曰"兴时化"之途"莫善于侈靡"。而《国蓄》《山至数》《揆度》《轻重甲》各篇，亦直接以"钧羡不足""调通民利"乃至"夺富""与贫""分并财""散积聚"，方能治天下。《管子·国蓄》曰：

> 凡将为国，不通于轻重，不可为笼以守民；不能调通民利，不可以语制为大治……分地若一，疆者能守；分财若一，智者能收。

---

① 白奚：《稷下学研究——中国古代的思想自由与百家争鸣》，生活·读书·新知三联书店 1998 年版，第 172 页。

② 参见张固也：《〈管子〉研究》，齐鲁书社 2006 年版，第 259 页。

故民有相百倍之生也。夫民富则不可以禄使也，贫则不可以罚威也。法令之不行，万民之不治，贫富之不齐也。

这里的"夫民富则不可以禄使也，贫则不可以罚威也"，可以说即是对《侈靡》篇"甚富不可使，甚贫不知耻"的进一步说明。"甚富不可使"是指富者本已富足，利禄对他们已起不到劝勉、鼓励的作用，故"民富则不可以禄使也"；"甚贫不知耻"，是说贫者连基本的生活都无法保证时，无论什么样的惩罚都无法制止他们去做偷盗、抢窃之类的事情，即"贫则不可以罚威也"。如何才能避免出现"甚富不可使，甚贫不知耻"的情况呢？解决问题的关键就在于消除社会上的"贫富之不齐也"。《管子》一书的作者们对此也提出了很多的办法和策略，包括政治的、法治的、经济的。前辈学者以《管子》一书各篇或为"战国政治思想家作"，或为诸子儒、道、法、阴阳家作，或为"理财学家作"，这也正说明了《管子》一书是从许多不同角度来讨论治国理政——"君人南面之术"的。《侈靡》篇论"侈靡消费"，以往学者或以为是在讨论"经济问题"，或以为是"讨论君臣关系"，应该说，这些观点皆失之表面。现在看来，《侈靡》讨论的问题，实际是如何"调通民利""钧羡不足"或"齐贫富"的问题。——说宽泛一点，也就是一个"治国""为天下"的问题。故《国蓄》又曰：

> 然则人君非能散积聚，钧（即"均"——引者）羡不足，分并财利而调民事也，则君虽彊本趣耕，而自为铸币而无已，乃今使民下相役耳，恶能以为治乎！

为此，《管子》不仅提出了许多使"饥者得食，寒者得衣，死者得葬，不资者得振"（《揆度》）的社会赈济和保障制度，甚至认为"夫富能夺，贫能与，乃可以为天下"。而《管子》之所以把"钧羡不足"

"齐贫富"作为"调通民利"或治理国家的重要策略,其思想根源显然是与儒家孔子"不患寡而患不均"观点有一定关系。可以说,《管子》实际是在儒家孔子某种平均主义倾向思想指引下,提出了其"钧羡不足""齐贫富"等一系列"调通民利"的治国策略。

当然,《管子》对儒家孔子"不患寡而患不均"思想又是有所批评的和扬弃的。因为孔子"罕言利",把富贵视若浮云,所以他的"不患寡而患不均",就似乎有片面追求平均之嫌。但《管子》所追求的"钧羡不足""齐贫富",却只是为了"调通民利",并是以财富的充足和积聚财富为前提的。故《管子》一方面提出了"侈靡消费"之策,借以"调通民利",另一方面则又反对"侈靡消费"导致国家财富损耗。如《侈靡》又说:"毋数据大臣之家而饮酒,而为使大国消";一方面提出要"侈靡消费"以"调通民利",另一方面却又主张积累财富,并且"主张侈靡应以富有积蓄(积者)和天下太平(无事)为前提"①。《管子·轻重乙》曰:"天下有兵,则积藏之粟足以备其粮;天下无兵,则以赐贫甿。"《事语》曰:"非有积蓄不可以用人,非有积财无以劝下,泰奢之数不可用于危隘之国"。说的都是这个意思。这就明显与儒家孔子"不患寡而患不均"的思路并不完全一致。《管子》一再说:"仓廪实则知礼节,衣食足则知荣辱"。从某种意义上来说,这甚至可以看成是对儒家孔子"不患寡而患不均"思想观念的反拨与修正,而带有某种通过"钧羡不足"以"调通民利"、走向社会成员"共同富裕"思想的萌芽。

儒家之后,再看墨家。

上文我们讨论《管子》对先秦道家学派的批评,曾首先说到《管子》对道家杨朱派"全生之说"和"私议自贵之说"的批评。其实,

---

① 张固也:《〈管子〉研究》,齐鲁书社 2006 年版,第 261 页。

在《管子》书中第一个批评的对象，所针对的并非是先秦道家，而是先秦墨家。《立政》曰：

> 寝兵之说胜，则险阻不守；兼爱之说胜，则士卒不战。

《立政九败解》进一步分析说：

> 人君唯毋听寝兵，则群臣宾客莫敢言兵。然则内之不知国之治乱，外之不知诸侯强弱，如是则城郭毁坏，莫之筑补，甲弊兵彫，莫知修缮。如是则守围之备毁矣。辽远之地谋，边竟之士修，百姓无围敌之心。故曰：寝兵之说胜，则险阻不守。

> 人君唯毋听兼爱之说，则视天下之民如其民，视国如吾国，如是则无并兼攘夺之心，无覆军败将之事。然则射御勇力之士不厚禄，覆军杀将之臣不贵爵，如是则射御勇力之士出在外矣。我能毋攻人，可也，不能令人毋攻我。彼求地而予之，非吾所欲也。不予而与战，必不胜也。彼以教士，我以殴众；彼以良将，我以无能，其败必覆军杀将。故曰：兼爱之说胜，则士卒不战。

《管子》中的《立政》和《立政九败解》二文均没有说明这是对墨家学派的批评，但因为"养三老五更，是以兼爱"（《汉书·艺文志》）本属于"墨家者流"的基本思想；"寝兵"之说虽始于宋钘，但由于从古代题名陶潜的《群辅录》，到近代学者钱基博、冯友兰、钱穆等，均认为其属墨家，其"寝兵"之说近于墨子的"非攻"主张。所以《立政》和《立政九败解》中对"兼爱""寝兵"之说的批评，实际就是对于墨家学派学术思想的批评。

"兼爱"是墨家的主要思想主张之一。墨子之所以主张"兼爱"，主要是针对当时社会的混乱提出来的。因为墨子认为当时社会从家庭的父子兄弟、人际关系到诸侯国之间，所以会出现"乱家""攻国"的乱象，其原因"皆起不相爱"；如果每个人爱人如"爱其身"，"爱异家"如"爱其家"，那么所有侵犯都会消失。（《墨子·兼爱上》）故墨子提倡"兼相爱，交相利"。（同上，《兼爱中》）因为《管子》一书所言乃"君人南面之术"，所以批评墨家"兼爱"之说，并不涉及此说对个人和家庭的负面影响，而只针对其对国家带来的危险后果——"士卒不战"。在《管子》此二篇的作者看来，"兼爱"之说只是对持此说者的一种单方面的要求：人君"听兼爱"之说，"视天下之民如其民，视国如其国"，当然不会侵犯别人，但却会自动解除武装，这不仅不能"令人毋攻我也"，还可能会导致我国的"覆军杀将"，丧国失地。

"禁攻寝兵，救世之战"（《庄子·天下》）虽是宋钘、尹文的主张，但其实质则是墨子的"非攻"。"非攻"是墨家的主要观点之一。《墨子》书中的《非攻》上、中、下三篇及《公输》《鲁问》《耕柱》诸篇，都有明确的"非攻"思想。《墨子·非攻上》认为人们对攻伐战争"弗知非"，是不明是非，即不知"辩与不辩"也。《墨子·非攻中》历数了"饰攻战者"给国家和人民的生产和生活造成的巨大损失。《墨子·非攻下》则认为："于此为坚甲利兵，以往攻伐无罪之国"，将"灭鬼神之主，废灭先王，贼虐万民，百姓离散"，"上不中天之利"，"中不中鬼之利"，"下不中民之利"，可谓有百害而无一利。而"非攻"必然"禁兵"，要设法阻止攻战的发生；阻止攻战的发生，即阻止发动军队、让人放下武器，故宋钘、尹文有"禁攻寝兵"之说。可见，"寝兵"之说是墨子的"非攻"主张的自然延伸；批评"寝兵之说"，亦即批评墨家的"非攻"学说。《管子》认为"寝兵"之说必然会导致自己的守御废驰，"百姓无围敌之心"，如果遇到敌国的侵略，结果就只能是"险阻不守"了。

《管子》除了从治国之术的角度对墨家的"兼爱""寝兵"之说进行理论批评之外，最具特色的则是《管子·侈靡》等篇对墨家"贵俭"

"节葬"等思想主张的辩驳。《侈靡》提出"兴时化""莫善于侈靡"的观点，虽然它并未明说是针对墨家"贵俭"之说而立论的，但从它的内容论述来看，却无疑是对墨家"贵俭"之说的否定。《侈靡》论述其"厚葬"观点曰：

> 长丧以毈其时，重送葬以起身财。一亲往，一亲来，所以合亲也，此谓众约。……巨瘗培，所以使贫民也。美垄墓，所以文明也。巨棺椁，所以起木工也。多衣衾，所以起女工也。犹不尽，故有次浮也。有差樊，有瘗藏，作此相食，然后民相利，守战之备合矣。

我们知道，墨子是主张"节葬"的，而所谓"节葬"，其实又只是"节用"或"贵俭"说的一部分。今本《墨子》中的《节用》上、中、下三篇尚存上、中二篇，《节葬》上、中、下三篇仅存下篇。《节用》上、中二篇言"圣人为政一国"，"去其无用之费"，故从衣裳、宫室、甲盾、五兵、舟车，到百工之为轮、车、鞲、匏，直至丧葬皆行"节用之法"。可知"节葬"本是墨家"节用"思想主张的组成部分，而墨家也正是从"节用"的角度来论述其"节葬"的思想主张的。《墨子·节葬下》认为，"王公大人有丧者，曰棺椁必重，葬埋必厚，衣衾必多，文绣必繁，丘陇必巨"。但这种"厚葬久丧"，不仅不能"富国家""众人民""治刑政""止侵略""干上帝鬼神之福"，而且还会使"国家必贫，人民必寡，刑政必乱"，亦可谓有百害而无一"用"，故墨家坚决反对"厚葬"而提倡"贵俭"和"节葬"。《管子·侈靡》主张"长丧""重葬""巨瘗培""美垄墓""巨棺椁""多衣衾"，正与《墨子·节葬下》篇批评的"王公大人"们"厚葬久丧"的做法相同，而和墨家"贵俭""节葬"的主张相对。故《管子·侈靡》对"长丧""重葬"之价值和合理性的论述，也可以说就是对墨家"贵俭""节葬"说的一种批评和辩驳。《管子》从社会资源配置和财富流通以及社会分工的角度来看待所谓"厚葬"的问题，认为"王公大人"们这种行为，同时也可以"使贫民""起木工""起女工"，使"民相利"。这虽然确有为"王公大人"之"侈靡消费"寻找借口之嫌，但其看问题的角度，又的确超出了墨家纯粹从小生产者角度直观的立场。故《管子·侈靡》进一步说：

> 故尝至味而罢至乐，而雕卵然后瀹之，雕橑然后爨之。丹沙之穴不塞，则商贾不处。富者靡之，贫者为之。此百姓之怠（"怠"同"怡"——引者）生，百振而食，非独自为也。

正是从这一立场看问题，《管子》不仅不反对奢侈消费，而且还提出与墨家相对的观点，认为"积者立余日而侈，美车马而驰，多酒醴而靡，千岁毋出食，此谓本事"。（《管子·侈靡》）而正是这种以"富者靡之，贫者为之"为各人"本事"的思想原则，故《管子》又进一步认为"上（尚）贤"没有必要，直接否定了墨家"上（尚）贤"的观点：

> ……战事之任，高功而下死本事，食功而省利劝臣。上义而不能与小利。五官者，人争其职，然后君闻。祭之时，上贤者也，故君臣掌。君臣掌，则上下均。以此知上贤无益也，其亡兹适。上贤者亡，而役贤者昌……。

对于如何理解《管子》中这段否定"上（尚）贤"的文字，历来亦歧说纷纭。唐人尹知章注"以此知上贤之无益也，其亡兹适"曰："祭祀之时，非不上贤，但庸臣亦能行君之事，无损于令主。人虽云上贤，而不用其智谋，与祭时适，故曰无益。既不贤，则动皆违理，故兹适于危。"这是将"上贤"理解为"助祭之时，贤者居上为仪"的所谓

"上贤"之举，认为这种"上（尚）贤"实"无益"，因为此时所"上"之"贤"并非真"贤"，而实乃"不贤"，故举之足以导致危亡。后人则多将此"上（尚）贤"等同于墨家"尚（上）贤"。惠栋曰："'掌'犹'摄'也。言臣行君事，惟祭则然，其它不摄也。苟非祭而亦摄焉，名为上贤，适足以亡而已。"这是把臣"摄"君事称为"上贤"，认为《管子》所谓"上贤无益"，即是说这种"上贤"无益于治国，适足以导致败亡。张佩纶则说："《管子》一书屡言'尚贤'，此节殊谬妄无理。使管子果为此言，直圣王之乱民而已，岂特不知礼哉？夫'上贤'乃太公之遗法，即《墨子》之非儒，犹有《尚贤》三篇，《老子》始有'不尚贤，使民不争'之说，《庄子》从而解之，则曰：'至治之世不尚贤，不使能，上如标枝，民如野鹿。'道家清虚之说不过如是而已，安得云'上贤，其亡兹适'乎？证之元注，当作'此以知不尚贤无益也，其亡兹适，役贤者亡，而上贤者昌'。"[1] 这也是将《管子》此处所谓"上贤"与诸子"尚贤"说等同，而且不惜改动原文，以证成其《管子》不当有此"上尚无益"之说。

在我看来，《管子·侈靡》此段文字，其否定"上（尚）贤"之意是毋庸置疑的。只是此处所否定的"上（尚）贤"，并非一般意义上的"尊崇贤能"，而是有特定意义的，指那种不守贤人之"本事"的、滥用"贤能"的行为。这种行为不仅"无益"，而且会使国家危亡，故曰"其亡兹适"，又曰"上贤者亡"。至于说一般各守其"本事"的贤能，则《管子》不仅不反对"上（尚）"之、尊崇之，而且还将他们的重要性提到了关乎国家兴废存亡的高度。故《管子·幼官》曰："尊贤授德则帝，身行仁义、服忠用信则王。"《中匡》曰："举贤良，而后可以废慢法鄙贱之民"；又曰："远举贤人，慈爱百姓……此为国之大

---

① 黎翔凤撰，梁运华整理：《管子校注》，中华书局 2004 年版，第 690—699 页。

礼也。"《君臣下》并说："故道术德行出于贤人"；"贤人不来，则百姓不用"；"故明主有六务……一曰节用，二曰贤佐……。"

由此也可以看出，《管子》批评和否定墨家学术思想时，并不是简单批评否定其某个观点，而是具体情况具体分析。《管子》虽然批评"寝兵"之说会导致国民解除防御意识，"士卒不战"，强调了兵战的重要性："君之所以卑尊，国之所以安危者，莫要于兵"；"然则兵者，外以诛暴，内以禁邪……不可废也"。（《管子·参患》）但《管子》同时也看到了"贫民、伤财，莫大于兵；危国、忧主，莫速于兵。"因此认为："兵当废而不废，则古今惑也；此二者不废而欲废之，则亦惑也。"（《管子·法法》）这种批评无疑比《墨子》一味地"非攻"要辩证得多，也要有现实意义得多。

也正因为如此，《管子》在批评墨家的"兼爱""节用""节葬"等观点时，也并没有忘记对这些思想观点的肯定、吸收和赞扬。《版法》和《版法解》皆曰："兼爱无遗，是谓君心"。说明君主应该兼爱无私。《立政》曰："……工事竟于刻镂，女事繁于文章，国之贫也。"《治国》曰："凡为国之急者，必先禁末作文巧。"《枢言》曰："审度量，节衣服，俭财用，禁侈泰，为国之急也。"这又是赞成墨家"贵俭""节用"之说的。这与《七臣七主》中将"节用"列为明君的"六务"之首也是一致的。而《管子》之首篇《牧民》在以"禁文巧""张四维"为"为守国之度"之外，又曰："顺民之经，在明鬼神，祗山川，敬宗庙，恭祖旧……"，则更是明显可见其对墨家"天志""明鬼"（即"右鬼"）说的继承和吸收了。

四、对名、法两家的批评和继承

名家和法家都是先秦诸子的重要流派。司马谈《论六家之要指》和班固的《汉书·艺文志》都认为，名家的根本特征乃是所谓"苛察激绕"或"专决于名",亦即孔子所谓"正名";法家的思想特点则可以归纳为"不别亲疏,不殊贵贱,一断于法"和"信赏必罚,以辅礼制"。但从《汉书·艺文志》居名家之首的"《邓析》二篇"的邓析其人来看,名家和法家似有一种与生俱来的联系。因为邓析其人好辨名析理,"设无穷之词,操两可之说",即"专决于名,而失人情";但却又曾著有《竹刑》一书。唐颜师古《汉书·艺文志注》说:"据《左传》,昭公二十年子产卒。定公九年,驷歂杀邓析而用其《竹刑》。"可见,今本《邓析》一书虽然"是一部伪书"①,但自邓析开始,名、法就联系在一起了,而形成了所谓"刑名法术之学"。这一点还是有迹可循的。

名家和法家的结合,主要表现为法家对名家之名、实关系辨析的借鉴和对名家循名责实思维方式的运用。前期的法家代表人物李悝、吴起等人都还没有明确的名、法结合的思想,至《商君书》,则有《定分》之篇,曰:"故圣人必为法令置官也,置吏也,为天下师,所以定名分也。"到战国中期的申不害、慎到,更提出了"操契以责其名"的"刑名之术"(《申子·大体》),故《史记·老庄申韩列传》称其"学本于黄老而主刑名。"

对先秦法家,《管子》对其法、术、势三方面的思想,皆有继承、批评和扬弃。《韩非子·定法》篇曰:"今申不害言术而公孙鞅为法术者。"并有《难势》等篇专门辨析慎到的"势论"。可见,法、术、势三者乃先秦法家思想的主干。韩非之前,先秦法家的每个思想家的思想主张是各有侧重。商鞅(公孙鞅)侧重于"为法",申不害侧重于"言术",而慎到则侧重于论"势"。《管子·明法解》曰:"明主者,有术数而不可欺也,审于法禁而不可犯也,察于分职而不可乱也。"又曰:"人主之所以制臣下者,威势也。故威势在下则主制于臣,威势在上则

---

① 许抗生:《先秦名家研究》,湖南人民出版社 1986 年版,第 10 页。

臣制于主。"可以说，《管子》对此前法家法、术、势的思想理论都有所吸收，但同时又有批评与扬弃。

商鞅之法，刑赏并用，主张轻罪重刑，"王者刑九赏一"，"刑于将过"；（《商君书·开塞》）同时又鼓励耕战，重本抑末，认为"圣人之为中国也，壹赏，壹刑，壹教"，即"利禄官爵抟出于兵"，"（刑）无等级"，"博闻、辩惠、信廉、礼乐、修行、群党、任誉、清浊，不可以富贵，不可以评刑，不可独立私议以陈其上。"（同上，《刑赏》）《管子·重令》曰："凡先王治国之器三：……曰号令也，斧钺也，禄赏也。"与《商君书·刑赏》之说略同。又曰：治国必"民有经产"："务时殖谷，力农垦草，禁止末事者，民之经产也。"则不仅其重本轻末的思想主张同于商鞅，而且其"禁末事""垦草"概念的使用，也似与商鞅的《垦草令》之类存在一脉相承的关系①。但《管子》对《商君书》"为法"也多有发展、改造和批评。如《商君书》虽然强调刑赏、政令的重要，但对"法"并无更多的界定。《管子》则不然。《管子》除我们上文论其对道家批评时所指出的"以道论法"，提出了"道法"概念之外，还对"法"的性质、作用和特点有很深入的论述。《管子·权修》曰："法者，将立朝廷者也"；"法者，将用民力者也"；"法者，将以用民者也。"《七法》曰："尺寸也，绳墨也，规矩也，衡石也，斗斛也，角量也，谓之法"。《管子·七臣七主》曰："夫法者，所以兴功惧暴也；律者，所以定分止争也；令者，所以令人知事也。"《禁藏》曰："法者，天下之仪，所以决疑而明是非也，百姓所以县（悬）命也，故明王慎之。"这些显然较商鞅所谓"圣人必为法令……所以定名分也"之说，要

---

① 《商君书》多用"垦草"一词，但也偶称"治草莱"或"辟地"。（《商君书·算地》）《孟子·离娄上》称"辟草莱"。《管子》一书或曰"地辟举"（《牧民》）、或曰"垦田"（《权修》）、或曰"辟田畴"（《五辅》）、或曰"垦草"（《重令》）、或曰"垦草莱"（《七臣七主》）、或曰"壤辟举"（《事语》），与《商君书》概念使用更为接近。

更全面，也更准确。它既可以是对商鞅"法"论的补充、发展和改进，也可以说是对失之粗糙简单的商鞅"法"论的一种批评。

商鞅"为法"的最大特点，前代学者早已指出，就是其所谓严刑峻法、轻罪重刑，释人情而专任刑法。《管子》虽然并未明言商鞅其人其"法"之弊如何，甚至个别地方也有"严刑罚"的倾向①，但其基本观点则正与商鞅之说相反，完全可以看成是对商鞅之说的一种批评。《管子·牧民》明确提出："政之所兴，在顺民心；政之所废，在逆民心。"又说："令顺民心则威令行"。《管子·形势解》曰："法立而民乐之，令出而民衔之。法令之合于民心，如符节之相得也，则主尊显。""人主能安其民，则事其主如事其父母……故上施厚，则民之报上亦厚；上施薄，则民之报上亦薄。"此与儒家孟子所谓"君之视臣如手足，则臣视君如腹心；君之视臣如犬马，则臣视君如国人；君之视臣如土芥，则臣视君如寇雠。"（《孟子·离娄下》）正复同义，可以说是对商鞅所谓"重罚轻赏，则上爱民，民死上；重赏轻罚，则上不爱民，民不死上。"（《商君书·去强》）"慈仁，过之母也。"（《商君书·说民》）诸如此类之"胜民"说的一种直接否定。故《管子·治国》篇以舜为例反驳所谓"重刑"说曰："故舜一徙成邑，贰徙成都，参徙成国。舜非严刑罚，重禁令，而民归之矣；去者必害，从者必利也。先王者，善为民除害兴利，故天下之民归之。"《七臣七主》曰："刑法繁则奸不禁，主严诛则失民心。"《小问》则径直否定商鞅的"胜民"之说，曰："此非人君之言也"；"夫胜民之为道，非天下之大道也。"针对商鞅所谓"明君修政作壹"，使天下之民"壹之农""壹之战"的极端重本抑末的主张，《管子》则提出了与之针锋相对的"士、农、工、商四民者，国之石民也，不可使杂处"的观点，并认为"是故圣之处士必

---

① 胡家聪：《管子新探》，中国社会科学出版社 1995 年版，第 58 页。

于闲燕，处农必就田野，处工必就官府，处商必就市井"；"士之子常为士"，"农之子常为农"，"工之子常为工"，"商之子常为商"；而"其（农）秀才之能为士者，则足赖也"，因而可以进而为"士"。以为只有这样，才能使"民情可得，而百姓可御"，国家可富足而繁荣昌盛。(《管子·小匡》) 至于《管子》为什么认为不能如商鞅设计的那样，使天下之民"壹之兵""壹之战"，我们在评述《管子》批评墨家"寝兵之说"时已经涉及，此处不再重复。

同样，《管子》对法家的"术""势"也进行了自己的改造、批评和扬弃。《韩非子·定法》篇说："术者，因任而授官，循名而责实，操生杀之柄，课群臣之能者也。"《难三》篇说："术者藏之于胸中，以偶众端而潜御群臣者也。"战国中期稍早的申不害即以"言术"闻名。申不害的"术"，一方面是要因能授官、循名责实，"为人君者操契以责名"，"名正则天下治"，"名倚而天下乱"；另一方面则是所谓"不欲见"的"潜御君臣者也"。(《申子·大体》)《管子》继承了申不害"言术"的合理内容，如《管子·立政》以"德不当其位""功不当其禄"和"能不当其官"为"立政"之"三本"和国之"治乱之原也"。《枢言》曰："名正则治，名倚则乱，无名则死，故先王贵……事之名二：正之，察之"。基本袭自《申子·大体》。而《管子·明法解》曰："故明主之听也，言者责之以其实，誉人者试之以其官。"循名责实的意思更为明确。但另一方面，《管子》又基本扬弃了申子之"术"中那些阴谋权术的内容，将"术"更多地朝客观规律方面加以发挥和引申。《管子·七法》曰："刚柔也，轻重也，大小也，实虚也，远近也，多少也，谓之计数。"这是将申不害所用的"隐秘而不给人知道"的"术"，改造为"根据多方面调查研究的结果"的"术数"①。故《明法

---

① 杨宽：《战国史》，上海人民出版社 2008 年版，第 524 页。

解》又曰："明主者，有术数而不可欺"；"乱主……听无术数，断事不以参伍，故无能之士上通，邪枉之臣专国。"而正因为《管子》中的"术数"是"公开进行的"，所以《管子》就自然对那些"隐秘而不让人知道"的"诡术""诈术"予以坚决的排斥和反对，即使是这些所谓的"术"用于兵战之中，也为其所不取也。《管子·兵法》认为："故至善不战"，"乱之不以变，乘之不以诡，胜之不以诈"，方为"兵法"之上策。

《管子》在很多地方也继承了此前法家的"势论"。《韩非子·难势》引《慎子》曰：

> 飞龙乘云，腾蛇游雾，云罢雾霁，而龙蛇与蚓蚁同矣，则失其所乘也。贤人而诎于不肖者，则权轻位卑也；不肖而能服于贤者，则权重位尊也。尧为匹夫，不能治三人；而桀为天子，能乱天下：吾以此知势位之足恃而贤智之不足慕也。（《慎子·威德》略同）

慎到的"势论"讲"飞龙乘云，腾蛇游雾"，是指"自然之势"；但尧、桀之能否"治天下"所凭之"势位"，则是指政治权势。《管子》一书中《形势》篇说："蛟龙得水而神可立也，虎豹得幽而威可载也"。《管子·势》篇讲"圣人之因天"，说的都是"自然之势"或时势。但《管子》中所谓"势"，很多时候也指政治权势。如《管子·法法》曰："凡人君之所以为君者，势也。故人君失势，则臣制之矣。"《管子·明法解》曰："人主之所以制臣下者威势也"。即指政治权势。而这些显然是承袭慎到"势论"而来的。但《管子》的"势论"同时又发展、超越了慎到的"势论"思想。这就是，《管子》的"势论"是"以法为主，'法、术、权势'结合的"。① 故《管子·明法解》在

---

① 胡家聪：《管子新探》，中国社会科学出版社1995年版，第58页。

强调"人主威势"重要性的同时，又说："明主者，有术数而不可欺也，审于法禁而不可犯也，察于分职而不可乱也"；"主无术数则群臣易欺之，国无明法则百姓轻为非。"应该说，《管子》的法、术、势结合并举的"势论"，同时也是对法家慎到偏重"势治"思想观点的一种批评，而下开了韩非法、术、势"三位一体"法治思想的先路。

对于先秦名家，《管子》虽然继承了其重视"名"和"名实之辨"的思想，但其继承的更主要的乃是与法家思想相结合的"刑（形）名之学"。上文我们所举《管子·枢言》"名正则治，名倚则乱"，与《申子·大体》"为人君者操契以责其名，名正则天下治……其名倚则天下乱"之间的因袭关系，已可见出这一特点。故《枢言》又有"有名则治，无名则乱，治者以其名"之说。《管子·九守》曰："脩名而督实，按实而定名。名实相生，反相为情。名实当则治，不当则乱。"如果从名家的名实相符的角度来看待"君人南面之术"，则国家政治的核心亦不过名实是否相当的问题。故《管子·心术上》曰："名者，圣人之所以纪万物也"；"物固有形，形固有名，此言（名）不得过实，实不得延名……督言正名，故曰圣人。"

当然，《管子》和先秦法家一样，对名家也有所批评。而且，其批评的锋芒也是对准当时名家的"名学"思想方法及其所形成的名辩思潮的。上文我们在论述《管子》对道家的批评时，曾以《管子》之《立政》和《立政九败解》中对"私议自贵之说"的反对，为对道家杨朱学派的批评。因为杨朱有所谓"贵己"或"自贵"之说，且"因为'私议自贵'，就要'退静隐伏，'窟穴就山"，这也是老子以来道家的一贯作风①，故将其归入道家杨朱之学是没有疑问的。不过，由于战国中后期诸子学术思想的相互渗透和融合，道家学说和儒、墨、名、法

---

① 杨宽：《战国史》，上海人民出版社 2008 年版，第 520 页。

皆有交融，"到了庄子后学，又把由道家出发的名辩一派如惠施、公孙龙等划为杨（朱）"①。所以，《管子》之《立政》和《立政九败解》中对道家杨朱"私议自贵"之说的批评，同时实亦是对名家名辩作风的批评。《庄子·骈拇》曰："骈于辩者，累瓦结绳窜句，遊心于坚白同异之间，而敝跬誉无用之言非乎？而杨、墨是已。"成玄英疏曰："杨者，姓杨，名朱，字子居……禀性多辩，咸能致高谈危险之辞，鼓动物性，固执是非。［犹］缄结藏匿文句，使人难解，其游心学处，惟在坚执守白之论、是非同异之间，未始出非人之域也。"很显然，杨朱的这种"多辩""高谈"的名辩作风，其特点乃"固执是非"、自是而非人，而其"固执是非"所争执的既为"离坚白、合异同"之类的无用之论，自然也就属于非君主"公法"所主张的"私议""私言"了。杨朱学者的"自是"或"自贵"之议，乃不合君主"公法"之议，故为"私议"。合而言之，即是"私议自贵之说"。《管子》主张"圣君任法而不任智，任数而不任说，任公而不任私"（《任法》）；"言者责之以其实，誉人者试以其官"（《明法解》）；认为"上舍公法，而听私说，故群臣百姓皆设私立方以教于国"，"民不诽议则听从矣"（《任法》），故必须要对那些"私议自贵之说"予以坚决的制止和反对了——不论他们属于道家、墨家，还是名家学说。

《管子》批评名家名辩的根本目的，显然是为了维护国家或君主的"公法"，实行法治；而其论法治的基本内容则是要使名实相当。《管子·君臣上》曰："名正分明，则民不惑于道。"《正》篇曰："制断五刑，各当其名。罪人不怨，善人不惊，曰刑。……如四时之不贰，如星辰之不变，如宵如昼，如阴如阳，如日月之明，曰法。"其"法"与"名"相连，如影随形，已密切不可分，而"名法"概念亦呼之欲出。

---

①　郭沫若：《十批判书》，人民出版社 2012 年版，第 123 页。

故《管子·白心》曰:

> 是以圣人之治也,静身以待之,物至而名自治之。正名自治之,奇身名废,名正法备,则圣人无事。

五、《管子》对阴阳家、农家等其他诸子学派的批评

司马谈《论六家之要指》述黄老学派之特点,在称其"采儒墨之善,撮名法之要"之前,首曰:"因阴阳之大顺"。可见,作为稷下黄老学派著作的《管子》一书,对先秦阴阳家学说也是有吸收、改造和批评的。当然,客观地讲,由于《管子》一书的形成可能要早于阴阳家的正式成立,所以《管子》一书中基本只有对阴阳家某些观点的吸收、改造,而并无多少批评。

在《管子》一书中,阴阳五行思想较为集中的代表作,是《幼官》《四时》《五行》《轻重己》四篇。另有两组文章则反映了阴阳五行思想相互渗透的过程。一是以《乘马》《势》《侈靡》《形势解》《水地》《地员》为一组,或只见阴阳而不见五行,或只有五行而不见阴阳;二是以《宙合》,《七臣七主》《揆度》《禁藏》为一组,阴阳和五行思想开始并行,"甚至试探着将二者结合起来"①。在《管子》之前,先秦阴阳家思想的基本特点是"阴阳自阴阳,五行自五行,各有分畛"②。

《管子》对阴阳家思想的继承与改造,主要表现在两个方面:一是阴阳和五行的合流;二是阴阳五行不是朝预示灾害的方向发展,而是朝政治功用方向发展,即所谓"务时而寄政"。

先秦的阴阳观念和五行观念都起源很早。《汉书·艺文志》曰:

---

① 白奚:《稷下学研究——中国古代的思想自由与百家争鸣》,生活·读书·新知三联书店 1998 年版,第 235—237 页。

② 庞朴:《阴阳五行探源》,《中国社会科学》1984 年第 3 期。

"阴阳家者流，盖出于羲和之官。"《尚书·尧典》曰："乃命羲和，钦若昊天，历象日月星辰，敬授人时"。《尚书·洪范》："初一曰五行……一曰水，二曰火，三曰木，四曰金，五曰土"。一个在尧舜时代，一个在殷周之际。但直到《管子》之前，仍未见二者发生联系的文献记载。《管子》则逐步将二者结合。《幼官》和《幼官图》将一年分为四季、三十节气，"虽然篇中没有写出'木、火、土、金、水'五行，但以'东、南、中、西、北'五方配合春、夏、秋、冬四时，所谓'中'实指'中央土'"①，并提到"五和时节"。这与《四时》所谓"东方曰星，其时曰春……"；"南方曰日，其时曰夏"；"中央曰土，土德实辅四时入出……"；"西方曰辰，其时曰秋……"；"……北方曰月，其时曰冬……"一样，在夏、秋之间加上一个虚设的中央土，使五行与四时相配合。《五行》则改变了《幼官》《四时》等"播五行于四时"（《礼记·礼运》）的方向，五等分一年 360 天，以配木、火、土、金、水五行：

> 睹甲子，木行御……七十二日而毕。
>
> 睹丙子，火行御……七十二日而毕。
>
> 睹戊子，土行御……七十二日而毕。
>
> 睹庚子，金行御……七十二日而毕。
>
> 睹壬子，水行御……七十二日而毕。

《管子》之所以要采取各种方式力图将四时与五行相配，其中最直接的原因，应该是对"早期阴阳家"学说②和"阴阳自阴阳，五行自五行，各有分畛"局面的一种不满和改进，也可以说是一种批评。《左

---

① 胡家聪：《管子新探》，中国社会科学出版社 1995 年版，第 116 页。
② 萧萐父：《中国哲学史史料源流举要》，武汉大学出版社 1998 年版，第 92—100 页。

传·文公十四年》载："有星孛入于北斗，周内史叔服曰：'不出七年，宋、齐、晋之君皆将死乱。'"《吕氏春秋·制乐》载："宋景公之时，荧惑在心，公惧，召子韦而问焉，曰：'荧惑在心，何也？'子韦曰：'荧惑者，天罚也；心者，宋之分野也。祸当于君……。'"这是《管子》之前"阴阳家"以"天道"论"人（事）"之显例。但由此也可以看出，《管子》之前的"早期阴阳家"虽也有以天象预示人世灾异的思想，但这种"预示"尚不是"天（道）主动"的"谴告"，因而人（君）也就没有依之而"行政"的意愿。同时，因为这种"天道"阴阳没有和五方、五气、五色、五味、五音等五行系列配合，故而"天道"与"人（事）"的联系还只是粗浅的和片面的，而非一套时空上全方位的感应系统。《管子》诸篇显然对这种阴阳观念是不满意的，持否定和批评态度的。所以，在《管子》所建构的阴阳五行系统中，"时空是其表现形式，自然天象的变化和社会政治活动都是在四时更替和五方转化中完成，而天人感应则是五行模式的内在机制，天象变化的征兆和人事活动的吉凶相联系，从而形成了一个有秩序的感应系统。"①

《管子》对此前阴阳家思想继承、改造与批评的另一表现，是它将以前阴阳家思想中以天象异常预示人世灾异的自然反映形式，改造成了人君主动因"阴阳五行感应系统"而实施不同教令的"务时而寄政"。《管子·轻重己》将一年四季分成八个 46 日，服青、黄、黑、白等不同颜色，按时发布政令，已形成《管子》中最早的"务时而寄政"的模式。②《四时》篇则曰："阴阳者，天地之大理也；四时者，阴阳之

---

① 张连伟：《〈管子〉哲学思想研究》，巴蜀书社 2008 年版，第 92 页。
② 案：有研究者认为，《轻重己》虽以 46 日等分一年为四季，以发布政令，但其中四时与五行并不搭配，故而"《轻重己》有可能是《管子》中最早配成的阴阳五行图式。"参见白奚：《稷下学研究——中国古代的思想自由与百家争鸣》，生活·读书·新知三联书店 1998 年版，第 245 页。

大经也；刑德者，四时之合也"；"阳为德，阴为刑。"又说："德始于春，长于夏；刑始于秋，流于冬"。以之为春夏行德政、秋冬施刑政的根据，并对每一季德政与刑政的具体内容作了详细的规定。如春季："东方曰星，其时曰春，其气曰风。风生木与骨，其德喜嬴而发出节时。其事号令，修除神位，谨祷币（原作"檠"，据王引之说改）梗，宗正阳，治堤防，耕耘树艺……。"这里不仅形成了一个"使四时之政令与阴阳之气的运行相符合"的纲领，而且这个纲领还"通过五行方位的形式或途径贯彻到每一个季节中去的"①。而《管子》之所以对"早期阴阳家"之"天人感应"的模式进行加工和改造，使之成为一个四时政令与阴阳五行相配合的"务时而寄政"的系统，显然也是有感于"早期阴阳家"天人感应模式的简单机械，故无疑也包含了《管子》作者们对此前"早期阴阳家"学说的不满、否定和批评态度。因此，可以说这种加工、改造和发展，也就是《管子》对此前阴阳家思想的一种学术批评。

先秦农家在孟子之时已正式形成。《管子·揆度》篇曾引《神农之数》曰："一谷不登，减一谷，谷之法什倍。二谷不登减二谷，谷之法再什倍。夷疏满之。（郭沫若曰："'夷疏'乃平翟之意，'夷'谓率平其价，'疏'谓通其有无。"）无食者予之陈，无种者贷之新，故无什倍之贾，无倍称之民。"《神农之数》为神农之书，即农家著作。《管子》引之以为据，可知是对农家学说的继承。而根据前人的研究，《管子·揆度》其实"为《管子·轻重》之一"，而"《轻重》诸篇，皆农家言也"。《管子》中的《度地》《地员》诸篇，"言种树之事"，或农事与治水问题，实"皆农家言也"②。这说明《管子》对农家学说有广泛的

---

① 白奚：《稷下学研究——中国古代的思想自由与百家争鸣》，生活·读书·新知三联书店 1998 年版，第 240 页。
② 吕思勉：《先秦学术概论》，岳麓书社 2010 年版，第 123 页。

吸收和传承，甚至可以说它曾对此前农家学说进行过一次全面的总结。

当然，《管子》对于先秦农家也并非只"全盘接受"的传承与总结，是在吸收与传承中也有批评与扬弃。与对儒、墨、名、法各家的批判继承稍有不同的是，《管子》对先秦农家的批评是在当时儒家孟子一派与农家许行一派的学术争鸣的背景下展开的，故而其对先秦农家的批评在农家的"言种树之事"和"关涉政治"二者①中，只针对"关涉政治"一派，而于"言种树之事"者，则只有继承而无批评。而且，其于农家"关涉政治"一派的批评，又有折中儒、农而调和之的意味。《孟子·滕文公上》载"为神农之言者"陈相曰："贤者与民并耕而食，饔飧而治"。孟子则以为治天下"固不可耕且为也"；"人之有道也，饱食、煖衣、逸居而无教，则近于禽兽。圣人有忧之，使契为司徒，教以人伦：父子有亲，君臣有义，夫妇有别，长幼有序，朋友有信。"圣人"忧民如此"，根本不可能与百姓"并耕而食，饔飧而治"。孟子之言，虽重点在强调"劳心"与"劳力"分工的必要，否定农家"君臣并耕"的主张，但似乎也有将"君臣并耕"与礼义教化对立之嫌，故《汉书·艺文志》称"君臣并耕"为"悖上下之序也"。《管子》一书在《牧民》开篇即说："凡有地牧民者，务在四时，守在仓廪。"又说："仓廪实则知礼节，衣食足则知荣辱"。虽没有说明是针对儒家或农家，但显然有强调农业的重要性，并说明耕织与礼义教化并不矛盾，显有为农家辩护之意。《管子》一方面认为农家提倡的耕织是礼义教化的基础和前提，另一方面又认为儒家所强调的礼义教化乃是农家提倡耕织的目的和宗旨。这就既实现了儒家和农家思想的双向扬弃，也实现了二者的折中与调和。故《管子》一书在反复申明："一农不耕，民或为之饥；

① 先秦农家之学，实可"分为二派：一言种树这事"，"一则关涉政治"。参见吕思勉：《先秦学术概论》，岳麓书社 2010 年版。

一女不织，民或为之寒。"（《轻重甲》，《揆度》略同）即在强调耕织重要性的同时，又一再宣扬了"仓廪实则知礼节，衣食足则知荣辱"之义。（《事语》）《揆度》《轻重甲》等）可以说，将耕织与礼节并重，既是《管子》批评先秦农家学术最突出的特点，也是《管子》一书所提出的治国纲领之一。

除了对儒、墨、名、法、道及阴阳家和农家的学术批评之外，《管子》一书对当时"九流十家"中的纵横、杂、小说诸家也都有一些批评。在《管子》成书的年代，正值稷下学兴盛的齐威、宣时代，齐国远离强秦与东方直接对冲之地，虽然纵横家"合众弱以攻一强"或"事一强以攻众弱"（《韩非子·五蠹》）的纵横活动，对稷下学者的直接影响较小，但《管子》中实亦有纵横家言，如《霸言》曰："弱国众，合彊以攻弱"，"彊国少，合小以攻大。"即为纵横之术。另外，由于《管子》中有大量"法"及"兵权谋"的内容，故《管子》对纵横家之言行实亦多有批评。如《管子·任法》提出要"禁私说"，虽然这可能主要针对的是儒、墨"显学"，但纵横家的"纵横驰说"，无疑也应包括在这些"私说"之内，也应属于《管子》所应禁止的对象之一。《管子·兵法》是论用兵胜敌之法的作品，其文曰："故至善不战，其次一之……乱之不以变，乘之不以诡，胜之不以诈，一之实也。"前文已曾指出，此论并非针对纵横家而发，而是反对兵家之"诡术"；但由于纵横家多"上诈谖而弃其信"（《汉书·艺文志》），故此处实亦可视为对纵横家的一种学术批评。又，《管子》一书，历来皆有人视之为"杂家"著作，近代更有人认定其中《正》《禁藏》等多篇为"杂家作"[①]，但《管子·君臣上》《任法》等篇皆言"道法"为"治之本也"，则显然是对杂家"兼儒、墨，合名、法"，却"漫羡而无所归心"

---

① 罗根泽：《诸子考索》，人民出版社 1958 年版，第 426—427、483—484 页。

之学的否定。《管子·内言》中的《大匡》《中匡》《小匡》《霸形》《霸言》诸篇，多叙桓、管轶事，虽可能多取自齐国的历史档案，但如《大匡》言齐人杀彭生之后，"襄公田于贝丘，见豕彘"，"射之，豕人立而啼"，众人以为公子彭生，而"公惧，坠于车下"，则显属"齐东野语"，可为《管子》有取于小说家之证也。

第三章

先秦墨家对诸子百家的学术批评

　　墨家是先秦诸子百家中最早公开进行学术论争的学派之一。以往的研究认为，在现存《墨子》一书中，即有以"非"为题之《非攻》《非乐》《非命》《非儒》诸篇，对当时流行的攻战及礼乐学说、厚葬久丧及命定论观点等，提出了明确的学术批评。尤其是其中的《非儒》《公孟》《耕柱》等篇，历来被视为"与儒家相诘难者"："其所非者为儒家之丧服及丧礼，以其违节葬之旨也；非其娶妻亲迎，以其尊妻侔于父，违尚同之义也；非其执有命，以申非命之说也；非其贪饮食，惰作务，以明贵俭之义也；非其循而不作，以与背周用夏之旨不合也；非其胜不逐奔，掩函勿射，以其异于非攻之论也；非其徒古其服及言，非其君子若钟，击之则鸣，勿击不鸣，以其无强聒不舍之风，背于贵义之旨也。"① 此外，墨家对道家、法、阴阳、名、农、杂及纵横、小说诸家思想，也或有吸收、摄取，或有否定、扬弃，进行了或隐或显的学术批评。但

_____

① 吕思勉：《先秦学术概论》，岳麓书社 2010 年版，第 108—109 页。

大多数学者多只注意到墨家的"非儒"，冯友兰等学者虽把墨家的批评都归结为"后期墨家对于老、庄学说和其他各家的批评"①，但也未对墨家对先秦诸子的学术批评做出全面和系统的梳理。故本章拟尝试墨家对先秦诸子的学术批评做出全面和系统的梳理，以期为学术界对墨家及先秦诸子思想的研究提供一个新的视角。

第一节　先秦儒、墨思想之关系

墨家批评儒家，最难让人理解的一点，大概在于墨家虽批评儒家，但它和儒家其实又存在某种渊源关系。《淮南子·要略》曰：

> ……孔子脩成、康之道，述周公之训，以教七十子，使服其衣冠，脩其篇籍，故儒者之学生焉。墨子学儒者之业，受孔子之术，以为其礼烦扰而不说，厚葬靡财而贫民，（久）服伤生而害事，故背周道而用夏政。禹之时，天下大水，禹身执耒垂（臿）以为民先，剔河而道九岐，凿江而通九路，辟五湖而定东海。当此之时，烧不给攒，濡不暇挖，死陵者葬陵，死泽者葬泽，故节财、薄葬、闲（简）服生焉。

根据《淮南子》的这一记载来看，墨家的形成实与儒家有密切的渊源关系。具体地说，即是墨子曾"学儒者之业，受孔子之术"。

尽管历代都有学者认为，在《淮南子》的这段话中，"此'学'字、'受'字，不可作相师及受业解，谓读其书而已。"② 但根据我的考证，墨子当生于公元前525至公元前520之间，约卒于公元前438

---

① 冯友兰：《中国哲学史新编》（上），人民出版社2001年版，第604页。
② 陈柱：《诸子概论（外一种）》，华东师范大学出版社2015年版，第137页。

年，这与孔子的生卒年相距约在二、三十年之间，故《史记·孟子荀卿列传》所谓墨子之生活年代"或曰并孔子时，或曰在其后。"两说都是可以成立的。孔子生卒年在公元前551至前479年，墨子曾经师从或受业于孔子，那是完全可能的。① 更何况，根据前人的研究，墨家的很多思想，实际上是可以在孔子及儒家思想中找到源头的。例如，"墨子唯一之主义，在乎'兼爱'"②。但"兼爱"之义，在孔子已屡言之。《论语》既记载有孔子告诫弟子"入则孝，出则悌，谨而信，泛爱众，而亲仁。"（《论语·学而》）"泛爱"亦即"兼爱"也；而孔门又有"博施于民而能济众"之说。由此可见，"兼爱"实亦为孔门儒家所持有。且这一思想主张的提出实早于墨子，应为墨家学说之所从出。不仅如此，近人张孟劬、陈柱等还以为墨家兼爱之外，尚贤、非命、节用、明鬼诸义亦皆由儒家之"所从出也"，为"孔子习而诵焉者也"，"及至墨子发辉而光大之。"③ 因为《大戴礼记·千乘》曾记孔子之言曰：

> 夫政以教百姓，百姓齐以嘉善。故盅佞不生，此之谓良民。国有道则民昌，此国家之所以大遂也。卿设如大门，大门显美，小大尊卑中度，开明闭幽，内禄出灾，以顺天道。近者闲焉，远者稽焉。君发禁，宰而行之。以时通于地，散布于小，理天之灾祥，地宝丰省。及民共绘其禄，共任其灾，此国家之所以和也。国有四辅。辅，卿也。卿设如四体，毋易事，毋假名，毋重食。凡事尚贤进能，使知事爵不世，能之不怨。凡民戴名以能，食力以时，成以事立。此所以使民让也。民咸孝弟而安让，此以怨省而乱不作也，此国之所以长也。下无用则国家富，上有义则国家治，长有礼则民

---

① 高华平：《墨子生卒年新考》，《江西师范大学学报》（哲学社会科学版）2018年第5期。

② 陈柱：《诸子概论（外一种）》，华东师范大学出版社2015年版，第312页。

③ 陈柱：《诸子概论（外一种）》，华东师范大学出版社2015年版，第310页。

不争，立有神则国家敬，兼而爱之则民无怨心，以为无命则民不偷。昔者先王本此六者而树之德，此国家所以茂也。

将孔子的这段话与墨家之义相比较，可见二者相同的地方的确不少，二家思想确实存在某种渊源关系。在孔子的这段话中，"'夫立政以教百姓'云云，非尚同之法邪？'内禄出灾，以顺天道'云云，非天志之说邪？'卿设如四体，尚贤进能'云云，非尚贤之说邪？'下无用则国富'，无用即节用也；'上有义则国家治'，有义即法仪也；'立有神则国家敬'，立神即明鬼也；'兼而爱之则民无怨心'，则《兼爱篇》之义也；'以为无命则民不偷'，则《非命篇》之义也。"（陈柱语）即使《大戴礼记·千乘篇》的内容本出自于《孔子三朝记》，其中所记孔子之说乃孔子告鲁哀公之言，"亦不过（孔子）叙述古先哲王遗教如是耳"；或者说这些记载即使出于孔子后学所记，但它们"亦必有所本，否则无缘以墨氏之说厚诬孔子"也（张孟劬语）。①

墨家之源出儒家，墨子曾"学儒者之业，受孔子之术"，其基本思想与儒家思想具有密切的渊源关系。这可以说是毋庸置疑的。那么，这样的墨子及墨家，为什么还要对孔子及儒家学派进行批判和非难呢？难道真如有的学者所云，墨家所"非"之儒乃是"有道德，有道术之通名，不特儒家得称为儒"，或者说"墨子不非儒"，《墨子》书中的"非儒"之言，"皆非墨子之本意"②？此又不然。理由如下：

首先，根据《淮南子·要略》的记载和《墨子》自己的叙述，墨子"非儒"并非是对儒家的所有观点进行批判和否定，而只是不认同

① 以上并见陈柱：《诸子概论（外一种）》，华东师范大学出版社 2015 年版，第309—310 页。

② 陈柱：《诸子概论（外一种）》，华东师范大学出版社 2015 年版，第 137 页。案：章太炎《诸子学略说》先有此说。章氏以为"孔子所言，与墨子相同者五"（见章太炎：《诸子学略说》，广西师范大学出版社 2010 年版，第 74 页）。

儒家思想中的某些观点和做法。《淮南子·要略》说墨子以儒者"其礼繁扰而不说，厚葬靡财而贫民，（久）服伤生而害事"。即表明，墨子所反对的实际只是儒家的部分"礼"（如"繁文缛节""厚葬久服"），而非儒家全部的思想主张。在《墨子·非儒下》篇中，作者所批评的，也只是"久服""亲丧""强执有命""繁饰礼乐""君子循而不作""君子胜不逐奔""君子若钟"及孔子的某些言行，而非对儒家的仁、义、礼、智、信（圣）等核心价值观进行批驳。而且，正如墨子本人所说，他批评儒家的某些观点，很可能是在某个具体的时间、地点，针对某种具体情况而做出的。《韩非子·内储说上七术》记载说：齐桓公时，"齐国好厚葬，布帛尽于衣衾，材木尽于棺椁，桓公患之，以告管仲曰"云云。可知，"厚葬久服"，在齐桓公时代已习以成俗。墨子批评"厚葬久服"，有可能即是针对当时的社会风俗而言的，而并非仅仅是针对儒家的思想主张也。故《墨子·鲁问》载墨子语魏越云：

> 国家昏乱，则语之尚贤、尚同；国家贫，则语之节用、节葬。国家憙音湛湎，则语之非乐、非命；国家淫僻无礼，则语之尊天、事鬼；国家务夺侵凌，即语之兼爱、非攻，故曰择务而从事焉。

这就是说，墨子在何种情况下批评何种思想观点或学说，是并无一定之规的。他批评儒家的思想和行为，实际只是其由繁缛礼节造成的奢侈浪费和命定论两个方面。而且，这还是在"国贫"而"憙音湛湎"这样的前提之下提出的。在"国贫"的背景下，不独儒家，所有提倡繁文缛节之"礼"以造成浪费的言行实都在墨子所"非"之列。儒家在当时的背景下，以其"显学"的声势提倡厚葬久丧和礼乐、天命之类，墨子要批评当时的世风侈靡，把一些社会风俗都算在儒家的名下，也就不难理解了。而批评儒家思想言论的错误，揭露儒家观点创始人孔子言行中存在的矛盾之处，也就是势所必然了。

其次，在孔、墨时代，我国的学术思想处于自由发展的阶段，各个学派和学派之间互相争鸣或相互批评，本来极为常见；即使在孔子和孔子弟子之间亦是如此。《史记·仲尼弟子列传》说："子路性鄙，好勇力，志伉直，冠雄鸡，佩豭豚，陵暴孔子。"但这种"陵暴"绝不能理解为肢体上的"陵暴"，而应该是思想观点上对孔子毫不客气的抨击。《论语·子路》载：

> 子路曰："卫君待子而为政，子将奚先？"
>
> 子曰："必也正名乎？"
>
> 子路曰："有是哉，子之迂也！奚其正？"
>
> 子曰："野哉，由也！君子于其所不知，盖阙如也。名不正，则言不顺；言不顺，则事不成；事不成，则礼乐不兴；礼乐不兴，则刑罚不中；刑罚不中，则民无所措手足。故君子名之必可言也，言之必可行也。君子于其言，无所苟而已矣。"

如果说子路对孔子"正名"的嘲讽和批评，是他的粗鄙的个性使然的话，那么孔子其他弟子对儒家及孔子本人观点的诘难，就不能简单理解为某个弟子的个性问题了。《论语·阳货》载：

> 宰我问："三年之丧，期已久矣。君子三年不为礼，礼必坏；三年不为乐，乐必崩。旧谷既没，新谷既升，钻燧改火，期可已矣。"子曰："食夫稻，衣夫锦，于女安乎？"曰："安。""女安，则为之。夫君子之居丧，食旨不甘，闻乐不乐，居处不安，故不为也。今女安，则为之！"

宰我对儒家孔子的"丧礼"持完全否定的态度。他认为，"三年之丧"不仅是"久服伤生而害事"，而且"三年之丧"必使"礼坏"而"乐崩"，几乎可说是导致当时社会"礼崩乐坏"的直接原因。故有学者以为宰我"近乎墨家者流也"。① 而《墨子·非儒》中所"非"孔子之出处行事，乃在于其有与孔子本人所提倡之仁、义、忠、信相违背之处。尽管如《孔丛子·诘墨》对之一一进行了辩护，但这仍然改变不了孔子的行为在当时已遭到质疑和诘难的事实。而且，这种质疑和诘难，很多时候还并不来自儒家之外的其他诸子学派，而恰恰是来自孔子自己的弟子。《论语·阳货》又载：

> 公山弗扰以费畔，召，子欲往。子路不说，曰"末之也，已，何必公山氏之之也？"子曰："夫召我者，而岂徒哉？如有用我者，吾其为东周乎？"
>
> 佛肸召，子欲往。子路曰："昔者由也闻诸夫子曰：'亲于其身为不善者，君子不入也。'佛肸以中牟畔，子之往也，如之何？"子曰："然，有是言也，不曰坚乎，磨而不磷；不曰白乎，涅而不缁。吾岂匏瓜也哉？焉能系而不食？"

孔子的行为之所以往往和自己所宣传的道义发生背反，并引起包括自己学生在内的他人的质疑、诘难与嘲笑，其中最根本的原因，可能既是因为孔子前后言辞的背反，也是因为孔子心中坚持的道义原则与其追求的政治理想之间本存在不可调和的矛盾。但不管怎样，这的确说明，在孔子时代，即使是追随孔子的弟子们，对孔子的思想主张和言行也是经常提出非难和批评的。因此，作为只是曾"学儒者之业，受孔子之业"的墨子，其作出《非儒》之篇也不是绝不可能、或完全不可理解的。更何况，即使儒家的创始人孔子本人，他曾师事道家的老聃，受过老聃的谆谆教导，但最终不也是与道家分道扬镳、背"朴"而用"文"，否定了道家的古直质朴之道而尊崇文武周公之道了吗？《论语·宪问》载：

---

① 陈柱：《诸子概论（外一种）》，华东师范大学出版社 2015 年版，第 193 页。

或曰："以德报怨，何如？"子曰："何以报德？以直报怨，以德报德。"

"以德报怨"一句，见于传世本《老子》第62章，作"报怨以德"，《论语》在这里却将此语记成了"或曰"。或许是因为《论语》的编纂者认识到此语出自老子，孔子曾师从老子，这样把孔子记成一位背叛师说而直接批评老子的人，似乎有些不大好，故而将其改成为"或曰"的吧。但正如黄式三《论语后案》所指出的："以德报怨"实为老氏之说也①。故孔子在此提出"以直报怨，以德报德"，显然是在与老子唱对台戏，是在否定和批评老子"以德报怨"的思想观点。——孔子和他的弟子们都可以直接批评老师的思想观点和言行，为什么到了曾"学儒者之业，受孔子之术"的墨子那里，他就不可能来"非儒"了呢？是否可以反过来思考，墨子与孔子及其弟子一样，都对老师的学说及言行进行过直接的、直言不讳的批评，这正好说明了墨子是受过孔子的嫡传——的确曾"学儒者之业，受孔子之术"的。甚至可以说，正因为墨子有这样的学术经历，他的学说和思想与儒家及孔子思想有如此关系，才对孔子及儒家思想和言行提出了深中要害的批评与非难。

当然，根据我的研究，现存《墨子》书中的《非儒下》篇，可能只有前半部分是墨子自己的观点，而后半部分则应该是秦统一天下之后的墨子后学所作。对于这一点，我们留待下文再说。

第二节　墨子及其后学的"非儒"

《墨子·公孟》篇曾批评"儒之道足以丧天下者四政焉"，对儒者"以天为不明""厚葬久丧""弦歌鼓舞"和"以命为有"四者提出了

---

① 程树德：《论语集释》（三），中华书局2014年版，第1313页。

批评。但在现有文献中，最能集中反映墨家对儒家学术批评的，则仍当数《墨子》一书中的《非儒》一篇。《非儒》原为上、下二篇，今仅存《非儒下》篇。但就是这篇集中批评儒家思想的文章，学术界对其作者和具体批评的批评对象，却存在着不同看法。毕沅认为此篇为"述墨氏之学者设师言以折儒也"，"门人小子臆说之词，并不敢以诬翟也……后人以此病翟，非也。"孙诒让则举《荀子·儒效》云："逢衣浅带，解果其冠，略法先王而足乱世；术缪学杂，举不知法后王而一制度，不知隆礼义而杀《诗》《书》，其衣冠行伪已同于世俗矣……是俗儒者也。"而认为"是周季俗儒信有如此所非者，但并此以非孔子，则大氐诬诋增加之辞。"① 即认为《非儒》篇应该不是墨子所作，而是墨子后学的妄增，"非儒"之不应算在墨子头上，至少其中的"非孔"之账不应算在墨子头上。美国学者顾立雅曾举例说："《墨子》责怪儒家的以下说法，即：所有事情均受人的努力不能改变的命运的决定。这种批评对一些后儒来说确实是真实的，但它不是孔子的学说。"②

我在上文已经指出，墨子本人曾"非儒"或"非孔"，这恐怕皆不可以臆断。孔子在世时，孔子的弟子即对孔子思想观点有许多质疑和批评。墨子早年"学儒者之业，受孔子之术"，后来却"背周道而用夏政"，故而不论其"非儒"还是"非孔"，这对他来说都是合情合理的，完全没有必要曲予回护。但这只是问题的一个方面。问题的另一方面是，墨子在理论或逻辑上可能"非儒"和"非孔"，并不等于事实上墨子必定存在"非儒""非孔"的行为。墨子是否真的曾经"非儒"或"非孔"，或者合"儒""孔"而并"非之"，这既要看理论和逻辑上是否可能，更要看历史文献上是否确有根据。

---

① （清）孙诒让：《墨子间诂》（上），中华书局 2001 年版，第 286 页。
② ［美］顾立雅：《孔子与中国之道》（修订本），高专诚译，大象出版社 2014 年版，第 125 页。

就《墨子·非儒下》篇来看，此篇在结构和内容上似存在一个显著的特点，即该篇实存在前半"非儒"、而后半"非孔"的不同（且其前半在"儒者曰"中间，强加入了"有强执有命以说议曰"一段，文气不顺，似为《非命》篇错入）。前半以"儒者曰"和"又曰"起头，先陈述儒者的观点，然后分别加以批评；后者自"夫一道术学业，仁义也"始，则专门针对"孔丘之行"（依次为"晏子言孔子为人""孔子之齐""孔某为鲁司寇""孔丘穷于陈蔡之间""孔丘与其门弟子闲坐"等）与其所提倡的仁义之术的"相反谬也"，分别进行非难。故近代以来学者多认为《墨子》中的《非儒下》篇，自"夫一道术学业，仁义也"以下，专"非"孔子之行，"与上文就事立论者显然有别，不类一篇文字，疑经后人补缀窜乱，非墨书之旧也。"① 而《淮南子·泛论训》论儒、墨是非之起时，亦曰："夫弦歌鼓舞以为乐，盘旋揖让以修礼，厚葬久丧以送死，孔子之所立也，而墨子非之。"可见，在孔、墨在世之时，孔子在当时社会影响最大的主要的学术观点，乃"弦歌鼓舞"的乐论、"盘旋揖让"的礼论和"厚葬久丧"的孝道等几个方面，而《非儒下》篇前半部分所针对的，也正是孔子儒家学说的这几个方面。换言之，从《非儒下》篇的内容本身和孔子在世时其思想影响最大者来看，《非儒下》篇的内容和作者既存在着前后两部分的不同，墨家对儒家的学术批评亦应存在着前后两个阶段的不同。墨子本人或墨子在世之时，墨家对儒家的批评应该是直接针对出于孔子本人的

---

① 吴毓江撰，孙启治点校：《墨子校注》（上册），中华书局1993年版，第433页。案：吴氏原文曰："自'以所闻孔丘之行'以下，与上文就事立论者显然有别，不类一篇文字"云云。但此段前"夫一道术学业，仁义也。皆大以治人，小以任官，远用偏施，近以脩身，不义不处，非理不行，务兴天下之利，曲直周旋，利则止，此君子之道也"数句，是为下文批评孔子提出是非标准，应与下文"以所闻孔丘之行"为一整体。故吴氏之言应改为"自'夫一道术学业'以下，与上文就事立论者显然有别，不类一篇文字"云。

"弦歌鼓舞"的乐论、"盘旋揖让"的礼论以及"厚葬久丧"的孝道的。而此时墨子的学术批评，也完全只是对孔子本人学术观点的批评，而不见一点对孔子人身攻击的影子。故传世本《墨子·公孟》载有墨子与儒家公孟子的长篇对话，其中墨子对儒家观点多有批评，但其批评的内容却与《非儒》篇一样，仅局限于儒者之"贫富寿夭，错然在天"、厚葬久丧和虽怀疑鬼神无有却"必学祭祀"的矛盾上，而并无对孔子的人身攻击。《墨子·耕柱》篇对儒家的推己及人之爱和无鬼论等也有毫不隐讳的批评①，但亦无一处对孔子本人的攻击。不仅没有一处对孔子本人的攻击，墨子还认为对孔子之有"当而不可易者也"，固应"称之"（《墨子·公孟》）。但到了战国中后期墨子弟子或后学那里，墨家原来那种对儒家的学术批评已发生明显的变化：主要表现为这种批评已明显超出了学术批评的限度，而发展成对儒家的全面挞伐乃至人身的攻击——用《庄子·齐物论》中的话说，儒、墨两家之间已是不问是非，而是"是其所非而非其所是"。只是儒家的观点，墨家就要开展批评；反之，亦然。更有甚者，则和法家一样，对儒家的祖师孔子直呼其名，毫不留情地加以嘲弄与批评。——《墨子·非儒下》篇的后半部分，直呼"孔丘"，斥其不仁不义，俨然已超过了《庄子》一书，而与法家《韩非子》中的口吻极其相似。故前辈学者多以《非儒》篇已"非墨书之旧"，当属"后人被缀窜乱"。

《墨子·非儒下》篇的后半部分，应属战国中后期甚至更晚的墨家后学对儒家的批评。这一点，我们还可以从今本《孔丛子·诘墨》对

---

① 案：《墨子·耕柱》在记墨子言论中，突然插入"叶公子高问为政于仲尼"一节，而此节末曰："故叶公子高未得其问，仲尼亦未得其所以对。"与《韩非子》之《难一》《难二》《难三》《难四》诸篇叙述模式相同，故疑此为法家著作《韩非子》之类错入。又，《耕柱》篇随后又有公孟曰："君子不作，术（述）而已"一节，则疑似为《公孟》篇错入。

《墨子·非儒下》篇的反诘中得到证明。由《孔丛子·诘墨》篇末称"曹明问子鱼"作《诘墨》之由，可知《诘墨》的作者当为孔子之九世孙鲋（字子鱼）。孔鲋生于公元前264年（秦襄王四十三年），秦末入陈胜军。秦灭六国在秦始皇二十七年（公元前220年），秦始皇十四年（公元前213年）用李斯之"策"以"别墨白而定一尊"。这也就是说，孔鲋的这篇反诘墨家攻击孔子的《诘墨》篇，一定完成于秦统一天下的公元前220年之前。因为那时可能还有"百家争鸣"、儒墨相非的社会环境。而墨家《非儒下》篇的后半部分，也应该就写于《诘墨》篇成文之前不久，因为也只有这样，《诘墨》篇中的"诘墨"才是有的放矢和具有现实意义的。

在前期墨家对儒家的学术批评中，墨子所批评的主要为儒家孔子所提倡的"弦歌鼓舞"的乐论、"盘旋揖让"的礼论和"厚葬久丧"的孝道。今存《墨子》一书中有《节用上》《节用中》（《节用下》阙）、《节葬下》（《节葬上》《节葬中》阙）、《非乐上》（《非乐中》《非乐下》阙）诸篇，应该即是墨子针对儒家孔子以上言行提出学术批评的作品。《墨子》之《非乐上》篇首先提出了"仁人"的行事标准："必务求兴天下之利，除天下之害。"然后指出，今"民有三患：饥者不得食，寒者不得衣，劳者不得息"。继而墨子得出结论说：

> 是故子墨子之所以非乐者，非以大钟、鸣鼓、琴瑟、竽笙之声以为不乐也，非以刻镂（华）文章之色以为不美也，非以刍豢煎炙之味以为不甘也，非以高台厚榭邃野之居以为不安也……然上考之不中圣王之事，下度之不中万民之利，是故子墨子曰：为乐非也。

由于《非乐中》《非乐下》篇已阙，仅就今存《非乐上》篇而言，则墨子在这里与其说是在批评儒家的乐论思想，不如说是在批评当时上层社会存在的奢靡享乐之风；与其说是在就当时的社会风气和艺术观点进行学术批评，还不如说是在对当时的社会风气和社会现象进行一种社会批评。

《节用上》《节用中》《节用下》三篇和《节葬下》篇，从表面上看，都是在宣扬墨家的"贵俭"的观点，但如果从《墨子》诸篇皆凡立论必有所破、凡"是"必有所"非"的结构模式来看，则其正面立论"节用""节葬"——"贵俭"的思想主张之时，同时也必是在对儒家之"繁礼"予以否定和批评。《汉书·艺文志》在说墨家"上原之"上古尧舜禹文武诸王"茅屋采椽"之"节用"目的——"贵俭"之后，又说：墨者"见俭之利，因以非礼。"这也就是说，与墨家对"节用""节葬"——"贵俭"等正面立论相对的，其实乃是儒家的"繁礼"，是对儒家"盘旋揖让"或"其礼繁扰而不悦"（王念孙曰："悦当为说"）的非难与批评。

同墨子对儒家"乐论"的批评一样，墨家批评儒家礼论也并非是在进行理论上的批判，更主要乃是由儒家所提倡的"盘旋揖让"和"繁扰而不说"之礼所造成的社会效果出发，就儒家所提倡的"繁扰之礼""加费不加于民利"这一点而展开的社会批评。而且，由于孔子本人虽对于礼十分重视，一心想恢复周礼，但当鲁人林放"问礼之本"时，他却说："礼，与其奢也，宁俭；丧，与其易也，宁戚"。（《论语·八佾》）即孔子也并不是一味强调礼之形式的繁缛与过度文饰的。故墨子对儒家礼论的批评，也就不可能是专门针对孔子本人的了，而应该是针对那些只求以外在的繁文缛节来炫惑世人之"俗儒"的。

《墨子·节用》上、中（《节用下》阙）二篇也是墨子宣传"贵俭"主张和"非"儒家所倡之礼的作品，因为此时儒家的"礼"已是"礼仪三百，威仪三千"——在所谓吉凶军宾嘉"五礼"中，既有属于国家祭祀大典的礼仪，也包括有与士人生活密切相关的婚丧嫁娶之礼等，故《节用中》篇在论"节用之法"时也提出了"古者圣王制为节葬之法曰：'衣三领，足以朽肉；棺三寸，足以朽骸。堀穴深不通于泉，流不发洩，则止。死者既葬，生者毋久丧用哀。'"而《节葬下》则是对违背这一"节葬之法"的"今天下之士君子"的直接批评。对"后世之士君子"以"厚葬久丧"为"仁也、义也、孝子之事也"，或"犹多皆疑惑厚葬久丧之为中是非利害也"、或以为"厚葬久丧"为"众人民""治刑政""干上帝鬼神之福"等等的观点，予以了一一反驳。因此可以说，墨子对"厚葬久丧"的批评，实际就是对儒家丧礼的批评，是墨子"非"儒家之"礼"的一部分。

后期墨家对儒家的学术批评，应该主要发生在战国中后期的秦国。墨学传入秦国的起始时间，学术界还存在不同的看法。已故美籍华裔学者何炳棣先生，认为"秦墨"的出现当在秦孝公任用商鞅变法之前的秦献公（公元前384—公元前362年在位）之时。至迟到秦孝公任用商鞅变法之后，大批墨者向秦国集中则是没有问题的①。《吕氏春秋》之《首时》《去私》《去宥》诸篇，分别载有"东方墨者"和"秦之墨者"田鸠、谢子、唐姑果、腹䵍等人见秦惠王之事，可见当时秦国墨家之活跃。而此时墨者之所以云集于秦国，应与商鞅变法以后秦国推行"法治"的环境有关。殆商鞅变法虽"什伍连坐"、劝赏告奸及奖励军功等项政策，虽有"刻暴寡恩"之弊，而与墨家的"兼爱""非攻"主张相冲突，但商鞅之法一切以功利为皓的，"僇力本业"，"奖励耕织"，主张禁绝《诗》《书》及儒者等扰乱国家的"六虱"，这又是与墨家的思想主张完全吻合的。故在法家思想主导下的秦国，在荀子时已是举国"殆无儒"也（《荀子·强国》），而如韩非、李斯之类，则先后斥儒者为"五蠹"之一，并对孔子的言行不断进行质疑，以至于提出了"别黑白而

---

① 何炳棣：《国史上的"大事因缘"解谜——从重建秦墨史实入手》，《光明日报》2010年6月3日第10—11版。

定于一尊"这种统一思想的主张，采取了"焚书坑儒"这种打击儒学的行动。而此时的"秦之墨者"对儒家的态度，亦竟有与秦晋法家合流之势。对此，我们只要看看《韩非子》中对墨家的态度，将《墨子·非儒下》篇对孔子言行的"诘难"与《韩非子》一书中的相关内容加以对比，即可见出二者的一致。（如《韩非子》之《说林下》载孔子使弟子"导子西之钓名"以见孔子势利、《内储说七术上》载孔子赞"殷之法刑弃灰于街者"以见孔子重刑、《难一》质疑孔子称赞赵襄子先赏高赫为"仲尼不知善赏"、《难二》质疑孔子称赞周文王"请解炮烙之刑"为太过、《难三》批评孔子对叶公和鲁哀公问政为"亡国之言也"等等）。故我认为，《墨子·非儒下》篇后半部分对孔子的"非难"，应该与《非儒下》篇前半部分产生于不同的时代——应该是产生于战国后期的儒、墨论争中，甚至有可能产生于秦国统一天下前后的法、墨合流之势中——更具体来说，即是孔鲋作《孔丛子·诘墨》篇之前不久的时间。

第三节　墨家对道家的学术批评

上文我们在论述墨家对儒家之"繁礼""揖上"的批评时，曾引用《汉书·艺文志》的话指出墨家之所以如此的动机或出发点，乃在"贵俭"二字。但如果检视先秦诸子百家之后，我们就会发现，"贵俭"并非为墨家独有的思想主张，其他诸子学派也多有此种思想。如先秦道家。《老子》第 65 章曰："我有三宝，持而保之：一曰慈，二曰俭，三曰不敢为天下先。"老子把"俭"作为其"三宝"之一，即可知他的确也有"贵俭"主张。《墨子·亲士》一篇，毕沅曾"疑（墨）翟所著也"，孙诒让认为该篇"大抵《尚贤》篇之余义"[1]。而汪中则以其中

---

① （清）孙诒让：《墨子间诂》（上），中华书局 2001 年版，第 1 页。

"今有五锥，此其铦，铦者必先挫……是以甘井近竭，招木近伐，灵龟近灼，神蛇近暴……故曰'太盛难守'"一段，与《庄子·山木》篇所谓"直木先伐，甘井先竭"大意相近，故谓此处当属"错入道家言二条"①。我认为，在没有其他文献根据的情况下，是难以断定《亲士》篇的作者及"今有五锥"一段是属于他书"错入"的。但传世本《墨子·亲士》一篇有"今有五锥"一段存在、且这一段应属"道家者言"，则是确定无疑的。故我们似乎可以说，至少在《墨子》诸篇形成之时，墨家的思想中其实是或多或少地吸收了某些道家思想的成分的。《庄子·列御寇》载庄子将死，弟子欲厚葬庄子，然庄子以为："在上为乌鸢食，在下为蝼蚁食"，其实并无二样，厚葬没有任何意义。庄子的这种观点与墨子的"薄葬"之说，也是十分相近的。可见，墨家对先秦道家思想也是做出了自己的批评的，墨家对道家思想应是既吸收也有扬弃的。

墨家对道家批评，冯友兰以为主要是后期墨家对老子"认为学是无益的"（"绝学无忧"）观点和"庄周的相对主义的观点"的批评②。但据《淮南子·氾论训》在叙"儒、墨之是非"时所说，则道、墨思想似存在更广泛的分歧：

> 兼爱、尚贤、右鬼、非命，墨子之所立也，而杨子非之。

兼爱、尚贤、右鬼、非命是"墨家的十大主张"中的主要部分③。《汉书·艺文志》曰："墨家者流……茅屋采椽，是以贵俭；养三老五

---

① 吴毓江撰，孙启治点校：《墨子校注》（上册），中华书局1993年版，第7页。

② 冯友兰：《中国哲学史新编》（上），人民出版社2001年版，第606页。

③ 嵇文甫说："墨子的十大主张：兼爱、非攻、尚贤、尚同、天志、明鬼、非乐、非命、节用、节葬，在《墨子》书中各有专篇"（见嵇文甫：《春秋战国思想史话》，北京出版社2015年版，第30页）。

更，是以兼爱；选士大射，是以上贤；宗祀严父，是以右鬼；顺四时而行，是以非命；以孝视天下，是以上同。此其所长也。"但根据《淮南子·氾论训》的记载来看，在"墨家的十大主张"之中，每一项主张提出的时间先后和倡导者并不完全相同。兼爱、尚贤、右鬼（即"明鬼"）、非命四项应该是墨子亲自提出的，"所立"的时间可能要早一些；而其他各项主张，即使是"墨子之所立"，其提出的时间也要晚些，有的甚至可能是墨子弟子或后学鉴于其所处的社会情势，对墨子基本思想所作的进一步发挥。如墨家的"非攻"主张的提出，就明显是作为"兼爱"之说的补充和延伸而来。因为"墨子唯一之主义，在乎兼爱"，"且攻战者，兼爱之敌也。既主兼爱，则不能不非攻。此《非攻篇》所由作也"①。可见，"非攻"之说的提出，乃是"兼爱"主张的自然延伸，应晚于"兼爱"主张的出现。同时，墨家的这"十大主张"，又显然是在于与其他诸子学派的论争中提出的——即使是在墨子正面阐述或论证其"兼爱""尚贤""右鬼"等思想主张时，亦肯定是包含有对反对其观点或主张者的反驳与批评的。《淮南子·氾论训》说兼爱、尚贤、右鬼、非攻诸义，为"墨子之所立也，而杨子非之"。这就包含有墨子这些观点的确立，乃是属于与杨朱进行学术批评与反批评结果的意思。《庄子·骈拇》曰："骈于辩者，累瓦结绳窜句，游心于坚白同异之间，而敝跬誉无用之言非乎，而杨（朱）、墨（翟）是已"。同书《胠箧》曰："削曾、史之行，钳杨（朱）墨（翟）之口"云云。可见在当时杨、墨学术论争之激烈。《墨子·兼爱下》曰："然而天下之士非兼者之言犹未止也"，《明鬼下》亦曰"今执无鬼者曰"云云，又可知墨子"兼爱""明鬼"诸论，当时已多遭非议，而《墨子》书

_____

① 陈柱：《诸子概论（外一种）》，华东师范大学出版社 2015 年版，第 151、312 页。

中《兼爱》《尚贤》《明鬼》《非命》诸篇，亦不能不包含有对先秦诸子其他学派非难言论的批评明矣。

墨子"立"兼爱、尚贤、右鬼、非命诸义时，所批评和驳斥的是哪个诸子学派的何种言论呢？过去有人以为是针对儒家孔学的。我以为，若根据《淮南子·氾论训》的说法，墨子批评的不是别人，而是针对杨朱及其与墨子的兼爱、尚贤、右鬼、非命相对立的观点和言论的。因为在杨、墨的论争中，既然杨朱针对墨子及墨家的兼爱、尚贤、右鬼、非命诸义"非之"，那墨子及墨家也绝不会是只顾正面宣传自己的主张、对杨朱及其徒众对自己观点的批评置若罔闻的，而必定会奋起还击，给予杨朱学派以最直接的抨击。现存《列子》书中有专记杨朱之学的《杨朱》一篇，学界历代都对其真伪存在争论。但正如梁启超、胡适二人所云："《杨朱篇》似从古书专篇采集以充帙者"①，故"这一篇的大体似乎可靠"②。而在《杨朱》这篇中，杨朱的思想主张似乃正为与墨子兼爱、尚贤、明（右）鬼、非命相对者，而墨家禽滑釐与杨朱之辨亦赫然在于其间。由此可知，墨子当年之"辟杨"应不虚矣。

杨朱，他书又作"阳朱"或"阳子居"，其事迹载籍少见，《史记》不仅无其传，且《老子韩非列传》和《孟子荀卿列传》等记载先秦诸子人物的传记中也没有提到他，《汉书·艺文志》既无其书，《古今人表》亦无其人。其事迹仅散见于先秦及汉初子书。关于杨朱，我们已做过多次考辨。杨朱的生活年代，历来存在较大争议，一般皆依刘向《说苑》称杨朱见梁王而论治，而以"杨朱辈行较孟轲、惠施略同时而稍前"，并推定杨朱生卒年为公元前395至公元前335之间③。我认为，这种看法将杨朱的生活时代定得太晚，而且仅据这一记载也未必

① 胡适：《中国哲学史大纲》，上海古籍出版社1997年版，第126页。
② 梁启超：《老子、孔子、墨子及其学派》，北京出版社2016年版，第272页。
③ 钱穆：《先秦诸子系年》，商务印书馆2001年版，第284、695页。

能说明问题。因为从《孟子》来看，孟子虽詈斥杨朱为无君无父，"是禽兽也"，有时却仍不能不尊其为"杨子"（《孟子·尽心上》），而且从来皆称"杨、墨"而不曰"墨、杨"。（要知道当时的"显学"可是"儒、墨"，而不是"儒、杨"啊！）这说明，杨朱的年辈不仅应早于孟子，而且还要早于墨子。因此，孟子才会将杨、墨两家这样排序的。况且，《庄子》之《应帝王》和《寓言》二篇都有杨朱（阳子居）见老聃的记载，后人也都相信杨朱师事老子一事，则杨朱自应与孔子为同辈，即使晚于孔子，也应与孔子弟子中之年长者行辈相当，这样才有可能与孔子一样直接受教于老子（老聃）①。

从学理上看，杨朱也正是继承了老子学说中的养生成分而加以发展的。《孟子·滕文公下》曰："杨子为我，是无君也。"同书《尽心上》曰："杨子取为我，拔一毛而利天下，不为也。"《吕氏春秋·不二》曰："阳生（即杨朱）贵己。"（高诱注："阳生轻天下而贵己，孟子曰：'阳子拔体一毛以利天下，弗为也。'"）可知杨朱思想特点就是所谓"为我"或"贵己"。但此"为我"或"贵己"，却"并不是损人利己"，因为"他一面贵'存我'，一面又贱'侵物'，一面说'损一毫利天下不与也'，一面又说'悉天下奉一身不取也'。他只要'人人不损一毫，人人不利天下'。"② 这是杨朱的根本学说。所以我认为，杨朱的这种思想主张实际是先秦道家的一种养生学说，是由老子的养生论发展而来的。《老子》曰："见素抱朴，少私寡欲"（第 19 章）又曰："我有三宝，持而保之。一曰慈，二曰俭，三曰不敢为天下先。"（第 65 章）于是一般人便以老子的生存之道，全都是寡欲无私和退隐无为的柔道了。但这其中实在是存在不少误解的，至少是有意无意地忽视了老

① 高华平：《先秦诸子与楚国诸子学》，北京师范大学出版社 2016 年版，第 120—121 页。

② 胡适：《中国哲学史大纲》，上海古籍出版社 1997 年版，第 129 页。

子的辩证法思想。因为在老子那里的确重视和强调无私寡欲无为、"为人""与人"，等等，但在老子那里，这些其实都只是手段而非目的。《老子》自己本来已说得很清楚，为什么要"与人""要为人"、要"无为"呢？只是因为"圣人"是"不积"的："既以为人，己愈有；既以与人，己愈多。"（第 81 章）还因为"为道"又是需要"日损"的："损之又损，以至于无为，无为而无不为"（第 48 章），故《老子》第 7 章曰：

> 天长地久。天地所以能长且久者，以其不自生，故能长生。是以圣人后其身而身先，外其身而身存。非以其无私邪？故能成其私。

由此可知，老子的所谓"去欲""无私""外身""无为"，实际是为了实现更多的"欲"，更大的"私"，更多的"为"——"无不为"。而杨朱的所谓"为我""贵己"，虽表面上看起来是那样的"极端自私"，但实际则和老子的"见素抱朴，少私寡欲"一样，只是保持个人的原始的本真状况，为了返璞归真而"天下治矣"（宋代苏轼《赤壁赋》曰："苟非吾之所有，虽一毫而莫取。"正杨朱所谓"人人不取一毫，人人不利天下"之义）。从这个意义上讲，墨子对杨朱思想观点的批评，未必不可以看成是对先秦道家及老子思想本身的批评。

因为先秦诸子的著作中"立"与"破"、批评与反批评往往是同时并存的，故墨子对杨朱及其先秦道家思想的批评，也应该主要是存在于墨家之"立"兼爱、上（尚）贤、右鬼（明鬼）、非命诸义的各篇之中。

《墨子·兼爱》上、中、下三篇所"立"，皆"兼（相）爱"之义。《吕氏春秋·不二》《尸子·广泽》亦皆云："墨子贵兼"。可见，"兼爱"乃墨子及墨家最根本的学说。但《兼爱》篇在"立"论"兼"

义之时，又对与之相对立的"今天下之士君子之言"或"天下之士非兼者之言"进行了反驳和批评。那么，《墨子·兼爱》所批评和反驳的"今天下之士君子之言"或"天下之非兼者之言"都是哪些人的言论呢？依《淮南子·氾论训》可知，此即是杨朱的"为我"之论。而由《墨子》书中之论可知，其中与"兼"相对的乃是"别士"之"别"。《墨子·兼爱下》认为："当今之时"的"天下之大害"，皆"从恶人、贼人生"；而"名分乎天下恶人而贼人者，兼与？别与？即必曰别也。"故而他得出结论："是故别非也。"这说明，墨子所批评的与"兼"相对的，乃是"别"论。

梁启超也认为，《墨子》中与"兼"相对的，正是"别"。但他又说："墨子以'别'与'兼'对，若儒家正彼所斥为'别士'者也。"[①]这是以孟子批评杨朱"为我"为不爱君父的思路看待墨子和杨朱的批评与反批评，而不是以杨朱、墨翟本身的立场看待二者的互"非"。实际上，杨朱所"非"墨子的"兼爱"，并非儒家的"等差之爱"，而是墨子所谓与"自爱"相对的"兼爱"。故《兼爱》诸篇释"兼爱"之义为"兼相爱，交相利"，"兴天下之利，除天下之害"；而"别士"之"别"义则为："子自爱不爱父，故亏父而自利；弟自爱不爱兄，故亏兄而自利；臣自爱不爱君，故亏君而自利。"（《兼爱下》）即皆在"自爱""自利"——爱之"别"而不"兼"、而不在"爱"的等差或先后顺序上。因为杨朱的"为我"，"拔一毛而利天下不为也"，不论如韩非所理解的那样："只要杨朱肯拔他身上一根毛，他就可以享受世界上最大的利益"；还是如孟轲理解的那样："只在杨朱肯拔他身上一根毛，全世界就可以都受到利益，这样杨朱还是不干"。实际都是从这样一个前提出发的，即"一个人的生命是最重要的，生活中的一切都是

---

① 梁启超：《先秦政治思想史》，上海古籍出版社 2014 年版，第 126 页。

为的养生，也就是养身"；"身是主体，一切都为了它。一个人的身，就是他的'我'，为身就是为我。"① 而且杨朱还认为，只要全社会都做到了"人人不损一毫，人人不利天下"，则"天下治矣"。所以人必须"自爱""自利"。这就与墨子以"爱人""利人"——"兼爱"为前提的"天下治矣"的方案正相对立，因而也就不能不招致墨子的坚决批评和反对。

《墨子·尚贤》（孙诒让曰："尚与上同"）上、中、下三篇，是墨子"立"其"尚贤"之论的作品。文章反复论证了贤良之士"固国家之珍，而社稷之佐也"，而"尚贤"乃"为政之本也"。墨子"尚贤"的措施是："必且富之贵之，敬之誉之。"同时，《尚贤》三篇也批评了那些"不尚贤"或不知"以尚贤使能为政"的观点和行为，"以此知天下之士君子明于小而不明于大也"。

正如墨子本人所说："今天下之士君子居处言语皆尚贤"，（《尚贤下》）"岂独子墨子之言哉！"（《尚贤中》）在先秦诸子中，言"尚贤"者实多。但在墨子之前，只有老子是明确反对"尚贤"的。老子主张"人法地，地法天，天法道，道法自然"。（《老子》第25章）认为一切仁、义、礼、智都应否弃，而应返归于无知无欲的"愚"或"自然"。故《老子》第3章曰：

> 不尚贤，使民不争。不贵难得之货，使民不为盗；不见可欲，使民心不乱。是以圣人之治，虚其心，实其腹；弱其志，强其骨。常使民无知无欲，使夫智者不敢为也。为无为，则无不治。

《老子》有如此"不尚贤"和"无为而治"的主张，故梁启超认

---

① 以上并见冯友兰：《中国哲学史新编》（上），人民出版社2001年版，第272—273页。

为《墨子》提倡"尚贤"和"有为而治",乃"和老子的'不尚贤''正相反","都是对于老学的反动"①。老子之后,道家的庄子,法家的商、韩,无不变本加厉地鼓吹老子"不尚贤"的主张。但由于他们皆出于墨子之后,故《淮南子·氾论训》仅以杨朱为"非"墨子"尚贤"主张者。这说明,墨子对当时"不尚贤"主张的批评,也明显是针对杨朱的。杨朱是老子的弟子,他继承了老子的"自然"思想并发展为"人人不损一毫,人人不利天下"的极端"为我"之论,又怎么会不反对墨子提出的以"富之贵之,敬之誉之"、而诱使贤能贡献出自己才智的"尚贤"主张呢?他反对"尚贤",主张"不尚贤",《墨子·尚贤》在论证其"尚贤"观点时,同时对他的学术观点展开学术批评,那也就不足为奇了。

《墨子·明鬼》上、中、下三篇,今仅存下篇。《明鬼下》一方面从理论和史实上极力证明确有鬼神,另一方面也在极力否定和驳斥"今执无鬼者"所谓"鬼神者,固无有"的观点。二者相反相成。而在墨子时代,儒家的孔子及其弟子虽"不语怪、力、乱、神","敬鬼神而远之"(《论语·先进》),但也并非是完全的"无鬼"论者。故孔子又说:"祭如在,祭神如神在。"(《论语·八佾》)而《墨子》之《非儒》及《公孟》诸篇虽也批评了儒家"贫富寿夭,错然在天"和"以天为不明,以鬼为不神",但同时指出了儒者"教人学而执有命""以鬼神为不神明"而犹祭祀之,二者之间存在矛盾。可见,儒者之持"无鬼论""有命论"皆并不彻底,并不足以成为墨子批评的例子。应该说,在墨子同时代及以前,实只有道家的老聃一系是彻底的无神论者。《老子》第60章曰:"以道莅天下者,其鬼不神。"到了老子之后的道家那里,人及其精神都成了"气",就更不具有所谓神性了。《管

---

① 梁启超:《老子、孔子、墨子及其学派》,北京出版社 2016 年版,第 159 页。

子·内业》曰："凡物之精，此则为生"。又说："精业也者，气之精者也。气，道乃生，生乃思，思乃知，知乃止矣……一物能化谓之神，一事能变谓之智。"《庄子·至乐》曰：人之生也，"察其始而本无生，非徒无生也而本无形；非徒无形也而本无气。杂乎芒芴之间，变而有气，气变而有形，形变而有生。"至死，则形解气散，故而他彻底否定了鬼神的存在。杨朱是史有明文"非"墨子"所立"之"有鬼"（"右鬼"）论者，他至少应该是对墨子的"天志""明鬼"之论不以为然的。而墨子在"立"其"明鬼"之论时所予以批评和驳斥的"执无鬼论"者，自然也就应该是非杨朱莫属了。至少，杨朱也是《墨子·明鬼下》所批评的"执无鬼"论者之一。

《墨子·非命》上、中、下三篇是墨子与杨朱所进行的批评和反批评中唯一以"非"字名篇者，直接表明了其内容是对"有命者"或"执有命者之言"的批评。

说到墨子的"非命"，一般人都会联系起儒家的"生死有命，富贵在天"（《论语·颜渊》）之说，而今本《墨子·非儒下》的前半，在"儒者曰"中又有"有强执有命以说议曰"一段，于是很多人便认为墨子这里针对就是孔门儒家的。但我以为不然。且不说在先秦诸子"道家讲命，比儒家更甚。"[1] 仅就《非儒下》篇前半的内容上来说，连续两个"儒者曰"所提起的都是仁爱和礼义的观点，中间绝对不应该插入一段所谓"有强执有命以说议曰"而批评"有命论"的文字，以致使整个文字显得杂乱无章。即使依孙诒让的解释，将上一个"有"字读作"又"，这与下文紧接着"儒者曰"之后皆只用"又曰"的文例仍然不符。更何况，儒家的孔子及其弟子虽也承认"有命"，但他们都是"知其不可而为之"的一群人，十分强调个人后天的学习和道德修

———————————

① 张岱年：《中国哲学大纲》（下），中华书局 2017 年版，第 513 页。

为，即使是"老之将至"也仍不会放弃自己的主观努力的。孔子说："为人（仁）由己"，"我欲仁，斯仁至矣"，（《论语·述而》）这些都不难看出其积极用世的态度。所以我疑心，这段文字有可能不是《非儒》篇中的原文，而可能本出于《非命》篇，不知什么时候和什么原因，被人传抄时错入到《非儒》篇中了。

我认为，在孔、墨时代最主要的"执有命者"，即使不如张岱年所云：先秦时"道家讲命，比儒家更甚"。至少也应该如胡适所言，把道家与儒家相称并论："老子和孔子都把'天'看作自然而然的'天行'，所以以为凡事都由命定，不可挽回。"① 因为正如我们在上文所指出的，孔子虽也信"天命"，但由于他对待世事是"知其不可为而为之"的，故他不可能完全"听命"，而有"抗命"之意。只有在老子及道家那里，"命"乃具有绝对不可违背之义。《老子》第 16 章曰："夫物芸芸，各复归其根。归根曰静，是谓复命。复命曰常，知常曰明，不知常，妄作，凶。"庄子更把这种"认命""听天由命"的思想推于极致。《庄子·人间世》曰："天下有大戒二：其一命也，其一义也。子之爱亲，命也，不可解于心；臣之事君，义也，无适而非君也，无所逃于天地之间，是之谓大戒……知其不可奈何而安之若命，德之至也。"《德充符》亦曰："知其不可奈何而安之若命，唯有德者能之。"皆以安于性命之情为至德。而《庄子》外、杂各篇亦多有此义。如《骈拇》篇曰："彼正正者，不失其性命之情。"又曰："吾所谓藏者……任其性命之情而已矣。"《天运》篇曰："圣也者，达于情而遂于命也。"又曰："性不可易，命不可变，时不可止，道不可壅。"《达生》篇曰："达命之情者，不务知之所无可奈何。"皆把"命"看成不可改变之自然律，而人只能听之顺应之。

---

① 胡适：《中国哲学史大纲》，上海古籍出版社 1997 年版，第 122 页。

由"杨朱为老子入室弟子，能得真传者"而言，杨朱亦应如庄子一样，继承了老子"听命"的思想，而有命定之论，故遭到了墨子本人的坚决批判，而把他视为"执有命者"的代表。

第四节　墨家对先秦其他诸子学派的批评

墨子生活的年代与孔子大略一致，属于战国初期。孔子是先秦诸子的开山祖师。故墨子本人虽然对儒家、道家的学术思想有明确的批评，但却不可能针对尚未正式形成的阴阳、纵横、法、名、农、杂等其他诸子学派提出批评。如果说墨子思想与阴阳、纵横、名、农、杂及小说家有某些联系的话，那就是因为墨家出现在前，它的思想或多或地被其他后起的诸子学派所吸取，以至于导致了许多某家源于墨家之类说法的出现。

例如阴阳家。墨子既倡"兼爱""尚贤"，把人民之"利"放在首位；又屡言"天志""明鬼"，以证天遭祸福之不爽。《墨子·辞过》曰："凡回于天地之间，包于四海之内，天壤之情，阴阳之和，莫不有也，虽至圣不能更也。何以知其然？圣人有传：天地也，则曰上下；四时也，则曰阴阳；人情也，则曰男女；禽兽也，则曰牝牡雄雌也。真天壤之情，虽有先王不能更也。"此为墨子显言阴阳之例。近人蒙文通又曰："墨家尚鬼，而阴阳家'舍人事而任鬼神'（《艺文志》）"，"则阴阳家固墨学之流也。"[1]《墨子·贵义》载墨子与"日者"之言曰："且帝以甲乙杀青龙于东方，以丙丁杀赤龙于南方，以庚辛杀白龙于西方，以壬癸杀黑龙于北方"，毕沅则于其后增"以戊己杀黄龙于中方"一句。孙诒让注曰："此即古五龙之说，《鬼谷子》'盛神法五龙'，陶弘

---

[1]　蒙文通：《古学甄微》，巴蜀书社 1987 年版，第 312 页。

景注云：'五龙，五行之龙也。'《水经注》引《遁甲开山图》云：'五龙见教，天皇被迹'，荣氏注云：'五龙治在五方，为五行神'。《说文·戉部》云：'戉，中宫也，象六甲、五龙相拘绞也。'义并同。然则五龙自有中宫，但日者之言，不妨约举四方耳。"则墨子不仅言阴阳，实亦是中国思想史上最早将五行与"五帝""五方""五时"相配合，同时言阴阳与五行者也，遂开此后阴阳家并言"阴阳""五行"之先河。

又如名家。先秦名家是与墨家关系最为密切的诸子学派之一，历来皆有人认为名家源出于墨家，冯友兰论后期墨家对先秦诸子的学术批评，差不多都是基于对名家名辩学说的批判而展开的。冯氏之说诚为有据，只不过我们认为墨家对名家的批评实有更丰富的内容。《墨子·耕柱》篇记载治徒娱、县子硕问子墨子"为义孰为大务"时，子墨子曰："譬若筑墙然，能筑者筑，能实壤者实壤，能欣者欣，然后墙成也。为义犹是也。能谈辩者谈辩，能说书者说书，能从事者从事，然后义事成也。"可见，在墨子时代，虽名家可能尚未正式成为先秦诸子中的一家，但名辩之风则似已经形成，而墨子是认可"谈辩"的价值和意义的——认为它是"为义"的"大务"之一。因此，尽管墨子本人之言论"多不辩"（《韩非子·外储说左上》），但他很喜欢辩论则是无疑的。《墨子》书中《耕柱》《贵义》《公孟》《鲁问》《公输》诸篇，多载墨子与人辩论之辞，亦可见墨子之"谈辩"特点，即他也是从"辩名"的角度来"析理"的。故《墨子》所记其辩论之辞，多显示出严密的逻辑性。前人于此已多有解说，今但举一例以明之。《墨子·公输》载子墨子见楚惠王曰：

今有人于此，舍其文轩，邻有敝舆，而欲窃之；舍其锦绣，邻有短褐，而欲窃之；舍其梁肉，邻有糠糟而欲窃之。此为何若人？

王曰："必为窃疾矣。"子墨子曰："荆之地，方五千里，宋之地，方五百里，此犹文轩之与敝舆也；荆有云梦，犀兕麋鹿满之，江汉之鱼鳖鼋鼍为天下富，宋所为无雉兔狐狸者也，此犹梁肉之与糠糟也；荆有长松、文梓、楩柟、豫章，宋无长木，此犹锦绣之与短褐也。臣以三事之攻宋也，为与此同类，臣见大王之必伤义而不得。"

从形式逻辑的角度来看，在《墨子》的这一段文字里，实包含了形式逻辑（"名学"）上的两个有省略的三段论推理。第一个（有省略的）"三段论推理"中的大前提（《墨子·经说上》称"大故"），明显是被省略了。这个大前提应该是："有窃疾者""必舍其文轩，邻有敝舆而欲窃之；舍其锦绣，邻有短褐而欲窃之；舍其梁肉，邻有糠糟而欲窃之"；小前提（《墨子·经说上》称"小故"）是："今有人于此，舍其文轩，邻有敝舆而欲窃之；舍其锦绣，邻有短褐而欲窃之；舍其梁肉，邻有糠糟而欲窃之"。结论是：此人"必为窃疾矣"。而在全段整个大的三段论推理中，上面这个三段推理，又只是一个大前提。全段整个大的三段论推理中的小前提是："荆之地，方五千里，宋之地，方五百里，此犹文轩之与敝舆也；荆有云梦，犀兕麋鹿满之，江汉之鱼鳖鼋鼍为天下富，宋所为无雉兔狐狸者也，此犹梁肉之与糠糟也；荆有长松、文梓、楩柟、豫章，宋无长木，此犹锦绣之与短褐也。"结论是：荆（楚）"为与此同类"，亦"必为窃疾矣。"

墨子用这两个缜密的类比推理来论证楚国攻伐宋国的不义，不仅具有强大逻辑力量，而且可证明他不愧为中国"名学"理论的伟大奠基者和实践家，后期墨家"名学"理论取得了辉煌的成就，以至于人们往往认为名家源自墨家，这些都是有深刻的历史原因的。

后期墨家一般被称为"别墨"。"别墨"是指"以坚白同异之辩相訾，以觭偶不仵之辞相应，以巨子为圣人"的南方之墨者"相里勤之弟子五侯之徒"和苦获、己齿、邓陵子之属。"别墨"的"名学"理论成果，主要保存在《墨子》中的《大取》《小取》《经》（上、下）和《经说》（上、下）等六篇之中。西晋的鲁胜名之曰《墨辩》。以往有学者认为《墨辩》命题产生的时代应该在惠施（《汉书·艺文志》"名家"有"《惠子》一篇"，班固自注："名施，与庄子并时。"）等人之前，并说惠施反驳了《墨辩》中的观点。[①] 我认为，如果把这种看法颠倒过来，即把《墨辩》中的"坚白同异之辞"看作是宋钘、惠施到南方之后所引起的南方墨学阵容中的分歧和争辩，把"别墨"中"盈坚白""合异同"一派看作是对同于名家惠施、公孙龙的"离坚白""别异同"一派的批评，或许更接近战国中期墨学发展的实际。[②] 因为根据郭沫若等人的研究，至少《墨子》中的《经》上、《经说》上和《经》下、《经说》下是互相反对的两派："《经上》派主张盈坚白，《经下》派则主张离坚白"；"《经上派》的同异观是根据常识来的，《经下》派则颇承受惠施的主张。"[③] 所以，《墨经》中"别墨"的互相批评，既可看作是后期墨家中一派对另一派的批评，也可以看成后期部分墨家对名家惠施等人的学术批评。

再如法家。尽管先秦法家的正式形成在墨家之后，早期的墨家不可能批评法家的思想，但在《墨子》一书中却多有言"法"之处。《墨子》书中"法"之义，一是动词，为效法，如《法仪》中所谓"法父

---

① 杨宽：《战国史》，上海人民出版社 2008 年版，第 573 页。

② 高华平：《先秦诸子与楚国诸子学》，北京师范大学出版社 2016 年版，第 223—227 页。

③ 郭沫若：《十批判书》，人民出版社 1954 年版，第 247—248 页。案：《墨子·天志》有上、中、下三篇，与所谓"天于人，无厚也"的观点似乎是针锋相对的。有人视为"对（名家）邓析的批判"。（见董英哲：《先秦名家四子研究》，上海古籍出版社 2014 年版，第 758—759 页）但《邓析子》一书真伪难定，故此处不涉及。

母""法天"；二为法则，法度。《墨子·天志中》曰："是故子墨子之有天志……是以圜与不圜皆可得而知也。此其故何？则圜法明也。"《天志下》曰："是故子墨子置立天志，以为仪法。"《经上》曰："法，所若而然也。"《经说上》曰："法，意、规、员三也俱，可以为法。"《墨子》中的以上诸"法"字，孙诒让引《礼记·少仪》郑玄注曰："法，谓规矩尺寸之数。"可见，《墨子》此类"法"字，皆指法度、法则。而此与法家之"法"多指刑法、政令不同。《说文解字·廌部》曰："灋（法），刑也。"（段玉裁注："刑者，罚罪也。"）墨子的"法"虽与法家以刑赏为主要内容的"法"不同，但其对"法"的重视，主张一切依"法"而行的思想原则和方式则是与法家完全一致的。法家以"法"名家，这既可以说是法家受到墨家启发、吸收墨家思想的结果，也可以说是墨家受到"前期法家"思想中那种"尚法"观念影响的表现。故《墨子·法仪》曰："子墨子曰：天下从事者不可以无法仪，无法仪而其事能成者，无有也。虽至士之为将相者皆有法，虽至百工从事者亦皆有法。"另外，《墨子·尚同中》曰："天下之人异义，是以一人一义，十人十义，百人百义。其人数兹众，其所谓义者亦兹众。是以人是其义而非人之义，故交相非也。"这一认识，可能直接启发了法家统一思想、禁绝百家之义主张的提出。这在中国学术思想史上产生了极为恶劣的影响。

墨家明确地对法家学术进行批评的，应该是稷下学派中的"宋钘、尹文之墨"。宋钘，又称宋牼、宋荣子。《荀子·正论》载"子宋子曰：'明见侮之不辱，使人不斗。"《韩非子·显学》曰："宋荣子之议，设不斗争，取不随仇，不羞囹圄，见侮不辱，世主以为宽而礼之。"《吕氏春秋·正名》载尹文与齐王论士曰："（民）深见侮而不敢斗者，是全王之令也。"今本《尹文子·大道上》亦曰："见侮不辱，见推不矜，禁暴息兵，救世之斗，此仁君之德，可以为主矣。"可见，"见侮不辱""禁暴息兵""使人不斗"等等，的确是"宋钘、尹文之墨"的思想特点。那么，宋、尹为什么会提出这样的思想主张呢？很显然，这是在当时社会上人们为满足争强好胜的心理而"攻""斗"非常激烈和普遍的情况下提出来的。而这种通过"攻""斗"的方式去富国强兵或为个人争取荣誉的最强烈主张者，当属先秦法家。故对宋、尹"见侮不辱""使人不斗""禁暴息兵"等主张加以激烈批评者，一为"隆礼重法"的荀卿，二为法家的集大成者韩非。而由荀卿、韩非对宋、尹主张的批评，又不难想见，当初宋、尹思想主张的提出，也并非是无的放矢的，它应该是针对法家为了自己的荣利之心而进行"斗""争"的思想观点而提出的。从这个意义上讲，宋、尹的主张也就是对法家思想观点的一种批评。

先秦诸子中的纵横、农、杂等几个学派的形成，也都晚于墨家。因此，墨子及早期的墨家都不可能对纵横、农、杂等几个学派提出批评。也就可以说，墨家与纵横、农、杂、小说诸家关系并不很大。然墨家的"兼爱""非攻""尚同"诸义，与纵横家主张的攻守兼并、游说谈论、朝秦暮楚、诈谖亏人之术正相反对，故可以说，上文墨家对法家攻战、兵斗言行的批评，在某种意义上也是对纵横家的一种批评。《墨子·贵义》自述曰："翟上无君上之事，下无耕农之难。"可见，他是不直接参加农业生产劳动的。但墨子曾经"削竹以为鹊"（《墨子·鲁问》），又曾制作木鸢（《韩非子·外储说左上》），他的绝大多数弟子也都是手工业者出身，他自然不会过多关注农民和农业生产了。不过，墨子是坚决维护当时社会的等级制度的，故可以想象，墨子和墨家对农家"贤者与民并耕而食"的主张是一定会采取否定的态度的。至于说有人把《孟子·滕文公上》所说的许行"其徒数十人，皆衣褐，捆屦织席以为食"，说成是"属于墨子学派"①。这是不正确的。上文说墨子反对

---

① 任继愈：《墨子与墨家》，北京出版社 2016 年版，第 4 页。

"一人一义"，"百人百义"，故墨子是不会认同杂家的观点，而是应该会和法家一样，坚决要求统一思想的。《墨子·明鬼》篇列举杜伯射杀周宣王、郑穆公见句芒、庄子仪击杀燕简公、宋观辜举楫击毙宋文君鲍、齐王里国和中里徼共盟不以其情而被杀，等等，以明鬼神之不诬。东汉王充在《论衡·订鬼》篇曾逐一予以驳斥，以为皆妖妄之气变化，绝无所谓鬼神。虽今人多以《墨子》所记为"小说家"言，但《墨子》在列举以上诸例时，已经明言其属"《书》之说"、或著之于《诗》《书》《春秋》者，即皆是"书之竹帛""琢之盘盂"的官方典籍。如果用"别墨"对墨家典籍的分类来说，即是"经"与"经说"。墨子只引用经典以证明自己言论的可信性，说明他也是以为"小说家"言乃"街谈巷语，道听途说者之所造也"，是不能登大雅之堂的。故即使是"小说家言"中有可以证明其观点的材料，墨子也是不会采用的。这既可以看出墨子对"小说家"的态度，也可以当作墨家对"小说家"的一种批评。

总的来看，由于墨子本人曾"学儒者之业，受孔子之术"，他对儒家有最深入的了解，故墨家对先秦儒家的学术批评最多、也最切中儒家的弊端。墨家通过批评儒家的"繁饰礼乐""厚葬久丧""弦歌鼓舞""死生有命，富贵在天"等思想和行为，宣扬了自己"非乐""贵俭""节用""节葬"和"天志""非命"等思想观点；通过批评道家、尤其有道家杨朱学派的"不尚贤""无鬼""执有命"和"绝弃"仁义、礼乐等，凸显了其"兼爱""尚贤""佑（明）鬼"等思想主张；通过批评纵横家、法家的攻战兼并和名家的"淫辞""谈辩"，宣传了其"非攻"的主张，发展了先秦的逻辑学说。墨家对先秦诸子百家的思想都有批评和扬弃，最终发展成为了先秦时期与儒家并列的"显学"之一。

第四章

先秦法家对诸子学派的学术批评

法家是先秦诸子中的重要学派之一。先秦法家的形成，与先秦儒、道、墨、名诸家思想都具有密切的联系。先秦法家对此前诸子学派思想的吸收和继承，主要是通过对诸子百家思想的学术批评来完成的。对于先秦法家思想的发展演变，学术界一般有前、后两个阶段和前、中、后三个阶段两种划分。前、后两个阶段的划分，是以李悝、吴起、商鞅、慎到、申不害为代表的前期法家的代表，而以韩非、李斯为后期法家的代表；前、中、后三个阶段的划分法，则将慎到、申不害等人从"前期法家"中划分出来作为中期法家的代表人物。

只是因为在一般的学术思想史研究中，慎到、申不害等人多被归属于"稷下黄老学派"，而正如我们曾经指出的，"对于稷下学者是不能以先秦早期纯粹的儒、墨、道、法、名等诸子学派来对待的"，"在稷下学宫中，诸子学术的基本特点是走向融合，概而称之，可曰'稷下学派'或'稷下黄老道家'……实则彼此多有吸收交融"①。故在本书第二章论稷下黄老道家的学术批评时，我们已对慎到等人的学术批评略有论及。况且，因年代的久远，有关慎到、申不害等人的史料留存至今的已少，关于其对先秦诸子学术批评的史料更是少而又少，根本无法进行深入的探讨。故在本章中，我们只准备将先秦法家的学术批评分为前后两阶段进行研究，前一阶段以《商君书》为中心展开，而后一阶段则以《韩非子》对先秦诸子的学术批评作为代表。

第一节　商鞅及早期法家对诸子
百家的学术批评
——以《商君书》与先秦诸子思想的关系为中心

法家是先秦诸子重要的学派之一。对于早期法家的代表人物吴起、商鞅等人的思想特点及成因，学术界已做过多方面的探讨并取得过许多有价值的成果。但这些研究似乎也存在明显的不足，如他们并未将吴起、商鞅的思想与当时思想界业已存在的诸子百家之学结合起来进行全面和系统的讨论，以见出早期法家思想与当时诸子百家思想之间相互吸收与批评、继承与扬弃的复杂关系。有鉴于此，笔者在此尝试以《商君书》的解读为基础，围绕商鞅思想与先秦诸子百家思想的互动关系，从学术批评史的角度，对以商鞅为代表的早期法家思想家与当时诸子百家思想的继承和批评关系进行全面和系统的考察，以期更准确和更深入地揭示先秦法家思想的演变轨迹及其内在的思想史原因。

---

① 高华平：《先秦诸子与楚国诸子学》，北京师范大学出版社 2016 年版，第162 页。

一、先秦早期法家思想的特点

对于先秦法家思想，学术界通常将其划分为尚法派、尚术派、尚势派和法、术、势综合派。尚法派以商鞅为代表，尚术派以申不害为代表，尚势派以慎到为代表，法、术、势综合派则以战国末期的韩非为代表。先秦法家的创始人，前人或以为是"撰次诸国法，著《法经》"的李悝，或以为是最早实行"变法"的吴起，或以为是在秦国成功实行"变法"的商鞅①，似尚未达成一致的结论。但有一点是可以肯定的，即李悝、吴起、商鞅都属于先秦早期法家的代表人物，他们的思想应该代表了先秦早期法家思想的特点。

李悝的著作，《汉书·艺文志》著录为"《李子》二十二篇"，班固自注："名悝，相魏文侯，富国彊兵。"但这"二十二篇"书早已亡佚，后人已无从据以讨论李悝的思想。后世学者据以探讨李悝思想的基本资料，一是《晋书·刑法志》所谓"秦汉旧律，其文起自魏文侯师李悝。悝撰次诸国法，著《法经》"云云；二是《汉书·食货志》所载："李悝为魏文侯作尽地力之教"，认为"籴甚贵伤民，甚贱伤农。民伤则离散，农伤则国贫，故甚贵与甚贱，其伤一也。善为国者，使民无伤而农益劝……行之魏国，国以富强。"《汉书·艺文志》儒家类又有"《李克》七篇"，班固自注："子夏弟子，为魏文侯相。"《史记·货殖列传》亦曰："当魏文侯时，李克尽地力之教。"以往学者皆认为（李）悝、（李）克乃"一声之转"，殆即一人。从这些有限的材料来看，李悝

---

① 案：于先秦法家之始，《汉书·艺文志》著录有"《李子》二十二篇"，班固自注："名悝，相魏文侯富国彊兵。"《晋书·刑法志》曰："其文起自魏文侯师李悝，悝撰次诸国法，著《法经》。"故世多以李悝为先秦法家之创始人。近人蒙文通则曰："法家之学，莫先商鞅。"（见蒙文通：《古学甄微》，巴蜀书社 1987 年版，第 301 页）但李悝仅"撰次诸国法"而"著《法经》"，商鞅之生卒年及"变法"年代皆晚于另一位法家思想家吴起，故笔者认为先秦法家的开山祖应为吴起（参见高华平：《先秦诸子与楚国诸子学》，北京师范大学出版社 2016 年版，第 181—186 页）。

应是从儒家学派脱胎而来的，他虽著有《法经》和"尽地力之教"等"积极一方面的经济政策"①，但在法家理论方面却并没有多少建树。

吴起的著作，《汉书·艺文志》"杂家类"有"《吴子》一篇"，前人多以其"颇似吴起"，认为应属吴起的论政之文，可惜其书早亡，无得而据以论其思想②。《汉书·艺文志·兵书略》又有"《吴起》四十八篇"。《韩非子·五蠹》曰："今境内皆言兵，藏孙（武）吴（起）之书者家有之。"《史记·孙子吴起列传》云："世俗所称师旅，皆道《孙子》十三篇，《吴起兵法》，世多有。"《汉书·艺文志》的"《吴起》四十八篇"原在《兵书略》，应该即是"世俗所称"的《吴起兵法》了。《隋书·经籍志》《新唐书·艺文志》皆有"《吴起兵法》一卷，（魏）贾诩注"。但《宋史·艺文志》著录此书，已变成了"《吴子》三卷"。学者们考证认为，唐人所见的《吴子兵法》一卷，并非《汉书·艺文志·兵书略》中的"《吴起》四十八篇"；而《宋史·艺文志》中的"《吴子》三卷"，今存六篇，"辞意浮浅，殆非原书"③。郭沫若猜测："或者今存《吴子》即是此书，被后人由一篇分而为六篇的吧。"④ 客观地讲，这些看法多属臆测。可以肯定的只是，吴起传世的似主要为"兵家"著作而不是法家思想。

商鞅的著作，《汉书·艺文志》"法家类"著录为"《商君》二十九篇"。班固自注："名鞅，姬姓，卫后也。相秦孝公，有《列传》。"《隋书·经籍志》著录为"《商君书》五卷"，两《唐志》以后改称"《商子》五卷"。今传本《商君书》为五卷二十六篇，较《汉书·艺文志》少三篇，且《刑约》一篇有目无篇、第二十一篇并目亦亡，实

---

① 郭沫若：《十批判书》，人民出版社 2012 年版，第 243 页。
② 张舜徽：《汉书艺文志通释》，华中师范大学出版社 2004 年版，第 333 页。
③ 张舜徽：《汉书艺文志通释》，华中师范大学出版社 2004 年版，第 375 页。
④ 郭沫若：《青铜时代》，科学出版社 1957 年版，第 172 页。

存二十四篇。对于今传本《商君书》哪些篇属于商鞅自著，学术界仍存在较多争议。比较普遍的看法是，"先秦无私家著述"，"周秦诸子之书，不皆出自己手，大率由其门生故吏或时人之服膺其说者、衷录其言论行事以为之。（此）上古书通例。"① 故不能因此而怀疑诸子著作与诸子本人学术思想的关系。在今存《商君书》二十四篇中，《更法》"称（秦）孝公之谥"，当"是法家者流掇拾軼徐论以成是编"；"《徕民》一篇，时势多非商君时事"，"在廿四篇中最为不伦"，"非商君意也"。故总体而言，《商君书》"其书即非商君自撰，要为近古，不失商君之意与其时事者也。"② 《荀子·议兵》曰："秦之卫鞅，燕之缪蚁，是皆世俗之所谓善用兵者也。"《汉书·刑法志》曰："雄杰之士，因势辅时，作为权诈，以相倾覆。吴有孙武，齐有孙膑，魏有吴起，秦有商鞅，皆禽敌立胜，垂著篇籍。"《汉书·艺文志·兵书略》亦著录有"《公孙鞅》二十七篇"。商鞅之兵书与传世本《商君书》的关系虽不可得而详，然"今观《商君书》中《算地》《赏刑》《画策》《战法》诸篇中论兵之语，至为精要，知其沉研于此道者深矣。"③ 由此可见，商鞅的法家思想是和其兵法思想联系在一起的，其法家思想同时也是一种军政思想。

综观现存有关李悝、吴起、商鞅等人的思想资料，我们不难看出，先秦早期法家的思想似具有如下基本特点：

首先，先秦早期法家思想皆源于儒家，与儒家思想具有某种天然的

---

① 张舜徽：《汉书艺文志通释》，华中师范大学出版社 2004 年版，第 284 页。

② 蒋礼鸿：《商君书锥指·序》，见《商君书锥指》，中华书局 1986 年版，第 2页。案：张林祥的《〈商君书〉的成书与思想研究》（人民出版社 2008 年版）第二章"《商君书》各篇的作者和作时"，对该书与商鞅的关系有详细讨论，亦可参考。同时，笔者认为，即使《商君书》中那些可能属于商君后学所作的各篇，其思想亦只是对商鞅思想的继承和发展，故不能排除在商鞅思想研究资料之外。

③ 张舜徽：《汉书艺文志通释》，华中师范大学出版社 2004 年版，第 375 页。

联系。《汉书·艺文志》儒家有"《李克》七篇",班固谓李克为"子夏弟子"。陆玑《毛诗草木虫鱼疏》云:"孔子删《诗》,授卜商,商为之序,授鲁人曾申,申授魏人李克。"虽后人颇疑此说中诸人年辈失序①,但李克(李悝)之学源于儒家则应无疑。《史记·孙子吴起列传》说吴起曾学于曾子(与《吕氏春秋·当染》同),《汉书·儒林传》则说他"受业于子夏之伦";刘向《别录》云《春秋左传》的传授系统为:"左丘明授曾申,申授卫人吴起,起授其子期,期授楚人铎椒。"②皆可见吴起之学与儒家思想之关系。传世本《吴子·图国》曰:"凡制国治军,必教之以礼,励之以义,使有耻也。夫人有耻,在大足以战,在小足以守矣。"《战国策·魏策一》《史记·孙子吴起列传》亦皆载有吴起对魏侯"魏国之宝"乃"在德不在险"之说。可见,吴起"自然也是在初期儒家的影响中陶冶出来的人",儒家思想的色彩是十分明显的。商鞅,虽说《史记·商君列传》说他"少好刑名之学",似与儒家没有关系,但由他初说秦孝公"变法"所言皆为"礼法"来看,正如郭沫若所云:和吴起一样,"他也是在魏文、武二侯时代儒家气息十分浓厚的空气中培养出来的人物,他的思想无疑也是从儒家蜕化出来的。"③

其次,先秦早期法家的立论宗旨皆为富国强兵,故他们制定的法律政令多涉"兵法",实施的法令亦皆带有战时法令的性质。《汉书·艺文志》在"《李子》三十二篇"之下班固注曰:"相魏文侯,富国彊兵。"《汉书·食货志》则云李悝"著《法经》"、行"尽地力之教"的目的,乃在"行之魏国,国以富强。"显然他实行的法令也是针对战国

---

① 钱穆:《先秦诸子系年》,商务印书馆2001年版,第99页。

② (汉)刘向、刘歆撰,(清)姚振宗辑录,邓骏捷校补:《七略别录佚文·七略佚文》,上海古籍出版社2008年版,第16页。

③ 郭沫若:《十批判书》,人民出版社2012年版,第245、248页。

"贵诈力而贱仁义，先富有而后礼让"特殊时局而提出的，故带有战时法令的性质。同样，吴起在楚国实行"变法"，亦是"要在彊兵"。《商君书》明确定位当时的社会为："今世彊国事兼并，弱国务力守。"（《商君书·开塞》）因此，他提出的"画策"是"壹言""壹刑""壹教"和"兵战"之法，其目的乃在于使"民听于上"——"若民服而听上，则国富而兵胜，行是必久王。"（同上，《战法》）故《汉书·艺文志·诸子略》如在儒家著录"《李克》七篇"、在法家著录"《李子》三十二篇"一样，除在《诸子略》"法家类"著录"《商君》二十九篇"之外，于《兵书略》又著录了"《公孙鞅》二十七篇"。这种情况的出现，虽可能是因为刘向校"诸子"和步兵校尉任宏校"兵书"时，两部分都有商鞅之书，故二人都做了著录；但从另一方面来看，这似也正好说明，商鞅、吴起等早期法家制定和实行的法令实多属"兵法"，带有战时法令的性质。

再次，先秦早期法家思想常以治乱、虚实、强弱、贫富诸范畴论当时治国方略，肯定和提倡能增强国家实力、使国家走向治强的主张，而否弃和批评将导致国家政治混乱和贫弱败亡的思想。李悝的《法经》和"尽地力之教"固然是要使"善为国者，使民无伤而农益劝……国以富强"。吴起谓魏武侯"山河之固"乃"在德不在险"，则是对以魏武侯为代表的以"山河之固"为实、以"德""义"为虚的传统虚实观的否定，他认为山河的"险固"其实是虚而不可靠的，只有"德""义"这种"软实力"才是实在的、可靠的。《商君书·农战》曰："是以明君修政作壹，去无用，止浮学事淫之民壹之农，然后国家可富而民力可抟也。今世主皆忧其国之危而兵之弱也，而彊听说者。说者成伍，烦饰言辞而无实用。主好其辩，不求其实，说者得意，道路曲辩，辈辈成群……此贫国弱兵之教也。"又曰："今民求官爵皆不以农战，而以巧言虚道，此谓劳民。"《商君书·慎法》曰："士学于言说之人，则民释实事而诵虚词。"皆以治乱、虚实、强弱、贫富诸范畴论当时政治社会和道德学术，进一步凸显了先秦早期法家重实力，图富强和强本抑末等思想特点。

二、《商君书》学术批评的主要指向

先秦早期法家对当时的各种政治思想和学术主张，皆以治乱、虚实、强弱、贫富诸范畴加以评判，肯定和提倡其中有利于富国强兵、增强国家实力的思想观点，而否定和扬弃了其中可能导致国家贫弱的思想因素。《汉书·艺文志》曰：

> 法家者流，盖出于理官。信赏必罚，以辅礼制。《易》曰："先王以明罚饬法。"此其所长也。及刻者为之，则无教化，去仁爱，专任刑法而欲以致治，至于残害至亲，伤恩薄厚。

《汉书·艺文志》的这段文字，虽然并非只是就先秦早期法家的思想特点而发，而且也并非只是论法家的学术批评的，但它说法家的优点在于"信赏必罚，以辅礼制"，即相当于是说法家的这一思想乃是吸收了先秦儒家的"礼"学思想而来的；而法家的缺点所谓"无教化，去仁爱"，则等于说它是否定了先秦儒家的礼义教化、摒弃了先秦儒家的仁义道德的。而很显然，这里的"仁义""礼制""教化"，不论是为法家所肯定或否弃，都是先秦儒家的核心价值观。——这既说明了班固的《汉书·艺文志》"叙说"先秦法家完全是从儒家立场出发的，是儒家的批评视角；也说明先秦法家主要是以儒家思想来作为自己的思想资源的。它肯定与否定、吸收与摒弃的，主要乃是先秦儒家的"仁义""礼制"和"教化"思想。以商鞅为代表的先秦早期法家思想都是如此。因此，我认为，《商君书》中对先秦诸子百家展开学术批评的主要对象或目标，也是指向当时儒家的思想和行为的。

法家是先秦诸子中一个以"法"名家的学派，法家之"法"归纳起来不外乎两个方面的内容：一为"变法"之"法"，即法度、法式或制度；二为刑赏之"法"，而且主要为"刑"。正因此，商鞅法家思想的内容也不外乎"因时变法"和保障法令制度统一的"壹言""壹刑""壹教"和"重刑"等思想主张。而且，它还对可能妨害法家思想的各种思想观点和行为予以了明确而坚决的反对，甚至欲以法律的手段加以禁止。如《商君书·更法》曰："三代不同礼而王，五霸不同法而霸。故知者作法，而愚者制焉；贤者更法，而不肖者拘焉。拘礼之人，不足以与言事；制法之人，不足与论变。"这是主张"因时而变法"。同书《赏刑》曰："圣人之为国也，壹赏，壹刑，壹教。壹赏则兵无敌，壹刑则令行，壹教则下听上。"这是主张"壹言""壹刑""壹教"。《商君书·外内》篇曰："故欲战其民者必以重法，赏则必多，威则必严，淫道必塞，为辩知者不贵，游宦者不任，文学私名不显……以此遇敌，是以百石之弩射飘叶也，何不陷之有哉？"则是对各种可能危害"法治"的思想行为坚决的否定和批判。

但是，如果我们对《商君书》中所反对和否定的各种"违法"思想行为进行深入分析就会发现，《商君书》所批判和否定的思想观点和行为，如果从学派的归属来看，其实主要是针对先秦的儒家思想和言行的。如上文商鞅对反对"变法"者的批评，虽表面看来是对所谓"拘礼"和"守法"者的批评，但实际却应该看作是对儒家思想态度的批评的。因为儒家的孔子即是以"克己复礼"为己任，并力求恢复三代的礼乐制度的。孔子说："殷因于夏礼，所损益可知也；周因于殷礼，所损益可知也。其或继周者，虽百世可知也。"（《论语·为政》）孟子也说："今之乐犹古之乐"（《孟子·梁惠王下》）。这都有"道不变，礼乐亦不变"的意思。但《商君书·开塞》却说："法古则后于时，脩今者则塞于势。周不法商，夏不法虞。三代异势而皆可以王。"商鞅此处虽未明确说明自己是针对谁而发的，但由"周不法商，夏不法虞"，明显与孔孟"殷因于夏礼"、"周因于殷礼"相对立，故可知商鞅对反对"变法"和固守旧礼者的批评与否定，主要乃是针对当时的孔孟儒家的。

又如，《商君书·外内》反对所谓"必塞""不贵"和"不显"的"淫道""辩知""游宦"和"文学"等，虽然商鞅也未说明这些都属于儒家的思想和行为，但如果结合《商君书》全书来看，则其所要"禁塞"的"辩知""游宦"和"文学"等"淫道"，其实仍主要是属于先秦儒家的思想观点和行为的。《商君书·说民》曰："民贫则弱，国富则淫。淫则有虱，有虱则弱。"（《商君书·弱民》篇略同）同篇又说："辩慧，乱之赞也；礼乐，淫佚之征也；慈仁，过之母也；任举，奸之鼠也。"则其所谓"淫道"，乃是"淫佚之道"的意思，具体而言，即是所谓"礼乐"。而又因为战国时代"礼乐"的主要提倡者是儒家，其内容则是由《诗》《书》《礼》《乐》《易》《春秋》之教而来的"礼教"和"乐教"，故商鞅此处"必塞"的所谓"淫道"，其实就是指儒家的礼乐教化思想的；而所谓"辩慧""慈仁""任举"之类，亦同样应该属于儒家的思想行为无疑。

"慈仁"属儒家的核心价值观，自不待言。"任举"，蒋礼鸿以为当作"任誉"，并引《商君书·赏刑》和《韩非子·六反》以为证，说："盖任为任侠，誉为名誉"——"任誉"即"任侠致声誉"①。清人陈澧认为"墨子之学，以死为能，战国时侠烈之风，盖出于此。"② 故近代学者多以此"侠"乃是指"墨"而言，以法家批评"任侠"，即是批评墨家的思想作风（《韩非子·显学》批评"儒以文乱法，侠以武犯

---

① 蒋礼鸿：《商君书锥指》，中华书局 1986 年版，第 35 页。
② （清）陈澧：《东塾读书记（外一种）》，生活·读书·新知三联书店 1999 年版，第 244 页。

禁"，为指儒、墨）的。但我认为，此处的"任誉"之"任"既非"任侠"，"任誉"一词更不是"任侠而致声誉"的意思。《说文解字·人部》："任，保也。从人，壬声。"段玉裁注："按上文云：'保，养也。'此云'任，保也。'二篆不相属者。'保'之本义，《尚书》所谓保抱也。任之训保，则保引申之义，如今言保举是也。"这说明，"任"之义应是"保举"，而所谓"任誉"，本即"任举"，即相互保举。相互保举者一定是以智辩巧言互相吹捧，激扬名声，以致声誉，故可谓之"任誉"。而不管是作"任举"还是"任誉"，似乎都和所谓"任侠"没有关系，不可能是所谓墨家的"任侠而致声誉"，而应该只会和儒家的好《诗》《书》及"文学"和"辩智"有关。退一步讲，即使"任誉"或"任举"的"任"是指"任侠"，在当时"任侠"的也不一定就是墨家，而很可能就是儒家。如《韩非子·显学》篇说的"子张氏之儒"，就很有一些勇武的精神，"言议谈说无以异于墨子"，"已经是更和墨家接近了"；但"他们尽管有些相似，在精神上（与墨家又）必然有绝对不能混同的地方"，所以他们仍然是儒家。① 故《商君书·说民》此处批评"任举"的理论指向，同样是针对当时儒家的思想和行为的。从今传本《商君书》来看，商鞅最为反对或批评最为激烈的，乃是所谓"五民"。《商君书·垦令》有曰：

> 重刑而连其罪，则褊急之民不斗，很刚之民不讼，怠惰之民不游，费资之民不作，巧谀恶心之民无变也。五民者不生于境内，则草必垦矣。

此处所谓"褊急之民"，指气量狭小之民；因气量狭小，故斤斤计较、好与人争斗。"很刚之民"，指不听众指令的强有力的民众（参见

---

① 郭沫若：《十批判书》，人民出版社 2012 年版，第 97—100 页。

《说文解字》）。"怠惰之民""费资之民""巧谀恶心之民"，应该是指"好学问"、为"博闻、辩慧、游居之事"而"恶农"的"辟淫游惰之民"。但在此"五民"中，"褊急之民"和"很刚之民"，似都与儒家有关，至少与"好学问"、习《诗》《书》的"辩慧"有关。《左传·昭公六年》载"郑人铸刑书，叔向使诒子产书"曰："郑铸刑书则民知有辟，则不忌于上，并有争心，尽征于书，锥刀之末，将尽争之。"似乎民众的"争""斗"之心产生于法家自身的颁布法律；但这只是因为"持法最重名例，故法家必与名家相依"的缘故①。但如果从儒家与刑名或法家的联系来看，则民之"争""斗"之心形成的最根本的原因，未必不是由于其"好学问"、习《诗》《书》及求"正名而开启智慧"的结果。《商君书·垦令》在下文接着又说："愚农不知，不好学问，则务疾农。"可知"好学问"而"知"，是一切危害国家法令行为的根源。故商鞅此处对"好争""好讼"的"褊急之民"和"很刚之民"的拒斥与反对，不可能只是针对其"征于书"的"争心"，而更应该是针对引起其"争""讼"之"心"的源头——"博学"和"辩慧"的，即是针对儒家的思想和行为的。

同样，商鞅"五民"中的"怠惰之民""费资之民""巧谀恶心之民"，亦皆是指"好学问""习《诗》《书》"的儒家思想和行为，或至少主要是针对儒家的思想和行为的。《垦令》曾说："民不贵学则愚，愚则无外交；无外交，则国勉农而不偷……则辟淫游惰之民无所于食。"下文接着说："废逆旅，则奸伪、躁心、私交、疑农之民不行，逆旅之民无所于食……上不费粟，民不慢农，则草必垦矣。"《农战》曰："务学《诗》《书》，随从外权……国之危也。"又说："学者成俗则民舍农从事于谈说，高言伪议，舍农游食以言相高也……此贫国弱兵

① 章太炎：《诸子学略说》，广西师范大学出版社 2010 年版，第 28 页。

之教也。"在商鞅看来，"贵学问""务学《诗》《书》"之民，一定是怠惰于农，外交谀上，空费国家粟帛钱财的无用之民，是应该坚决地批判和反对的；而这样的人十有八九又都是儒家人士。这就说明，《商君书》中所谓"五民"主要都是属于儒家的；商鞅所拒斥和反对的主要乃是先秦儒家的思想和行为。

当然，《商君书》中对"五民"也有不同说法。《商君书·算地》曰："夫治国舍势而任谈说①，则身修而功寡。故事《诗》《书》谈说之士，则民游而轻其君；事处士，则民远而非其上；事勇士，则民竞而轻其禁；技艺之士用，则民剽而易徙；商贾之士佚且利，则民缘而议其上。故五民加于国用，则田荒而兵弱。"这是将"谈说之士""处士""勇士""技艺之士""商贾之士"合称"五民"；且这里的"五民"似乎儒、道、工、商都有，不独为儒家。但如果考虑到商鞅此处立论的出发点，仍在于"任谈说，则身修而功寡"上面，则仍不难看出，他对所谓"五民"的否定和排斥，重点其实仍是针对着儒家的思想和行为的。因为这里"五民"所以托身之资，说到底仍不外儒家的"贵学问""务《诗》《书》"及由此而来的"辩慧"；只有具备了这些"士之资"，他们才会"轻其君""非其上"或"议其上"而"轻其禁"以"徙居"或"游居"。故《商君书》又有所谓"六虱"之说。《商君书·靳令》曰：

六虱：曰礼乐，曰诗书，曰修善，曰孝弟，曰诚信，曰贞廉，曰仁义，曰非兵，曰羞战。国有十二者，上无使农战，必贫至削。

"虱"繁体作"蝨"，《说文解字·虫部》："蝨，齧（同书《齿部》：'齧，噬也。从齿，㓞声。'）人虫。从䖵，卂声。"可引申指害人虫。

---

① 案：原文作"说说"，陶鸿庆曰："上'说'字当作'谈'字。"此据以改。

"六虱"即是"六种害人虫"。但此处所列"六虱",文中却称"国有十二者",与"六虱"之数目不符。《商君书·去彊》既曰:"农、商、官三者……生虱官者六:曰岁、曰食、曰美、曰好、曰志、曰行。"(《商君书·弱民》篇同①)又曰:"国有礼、有乐、有《诗》、有《书》、有善、有修、有孝、有弟、有廉、有辩,国有十者,上无使战,必削至亡。"同书《赏刑》曰:"所谓壹教者,博闻、辩慧、信廉、礼乐、修行、群党、任誉、清浊不可以富贵,不可评刑,不可独立私议以陈其上……。"则不仅数目不一,所谓"虱"的内容亦互有异同。故近人蒋礼鸿注《靳令》曰:"此言十二者,而中间所列凡九事。《农战》《去彊》《赏刑》三篇并有其文,名目或同或异,数目或十或八,或不举数。盖六者乃汪中所谓虚数,必斠而一之,则非矣。"②而历代学者于"三官者生六虱"之"岁、食、美、好、志、行"所指争讼不止。我认为,在"岁、食、美、好、志、行"六者之中,尽管其确切含义难以确指,但"岁"、"食"属"食货"之事,后四者则属价值范畴,且多出于儒家则应属无疑;而所谓"礼乐、诗书、修善、孝悌、诚信、贞廉、仁义、非兵、羞战"或"礼、乐、《诗》、《书》、善、修、孝弟(悌)廉、辩"诸范畴,除"非兵""羞战"主要应出于墨子的"非攻"之说外,其余显然皆属儒家的核心价值观。因此,《商君书》对所谓"六虱"的批评和否定,其批评的目标始终主要都是针对先秦儒家的。

不仅如此,即使是《商君书》中正面论证其极端重刑观的"刑用于将过""刑九赏一""以刑去刑"等思想主张,其实也是隐含着对儒

---

① 案:学术界的研究多认为《商君书》中的《说民》《弱民》二篇,实"为《去彊》篇之注"。《弱民》言"三官生六虱"与《去彊》篇同。参见蒋礼鸿:《商君书锥指》,中华书局1986年版,第152—161页。

② 蒋礼鸿:《商君书锥指》,中华书局1986年版,第79页。

家思想观点的反驳与批判的。《商君书·说民》论述其"行刑重其轻"的观点说：

> 故行刑重其轻者，轻者不生，则重者无从至矣。此谓治之于其治也。行刑重其重者，轻其轻者，轻者不止，则重者无从止矣。此谓治之于其乱也。故重轻，则刑去事成，国彊；重重而轻轻，则刑至而事生，国削。

《商君书》这里的立论目的，当然是为论证其"行刑重其轻者"之必要。他认为，只有"重其轻者"，才可能使"轻者不生，则重者无从至矣"，即达到"以刑去刑"的目的，真正实现"天下大治"了。但他同时也并没有忘记对当时社会流行的"行刑重其重者，轻其轻者"的量刑原则予以反驳与批评，使他的这篇文章做到有"破"有"立"，立论和驳论结合。他认为"行刑重其重者，轻其轻者"，根本起不到法律的威慑作用，结果只能是"轻者不止，则重者无从止矣"。虽然使用了刑罚，但各种犯罪行为（"事"）仍然会不断出现，不仅会导致社会的"乱"，更会使国家衰弱（"国削"）。而在当时那个属于"儒墨显学"的时代，商鞅所批评与反驳的"行刑重其重者，轻其轻者"的观点，无疑主要是应该针对儒家所主张的法治原则的。《尚书·立政》记周公之言曰："兹式有慎，以列用中罚。"（孔传曰："此法有所慎行，必以其列用中罚，不轻不重。"）说明儒家自其奉以为"圣人"的文、武、周公以来，即已有施刑"不轻不重"的主张。孔子主张"为政以德"，不要随便使用刑戮，曰："善人为邦百年，亦可以胜残去杀矣。"（《论语》之《为政》《颜渊》《子路》等）如果一定要用刑杀，则应"宽以济猛，猛以济宽，政是以和。"（《左传·昭公二十年》）即遵循执法公正和量刑公平的原则。《韩非子·外储说左下》载：

孔子相卫，弟子子皋为狱吏，刖人足，所刖者守门……夜半，子皋问刖危曰："吾不能亏主之法令而亲刖子之足，是子报仇之时也，而子何故乃肯逃我？我何以得此于子？"刖危曰："吾断足也，固吾罪当之，不可奈何。然方公之狱治臣也，公倾侧法令，先后臣以言，欲臣之免也甚，而臣知之……非私臣而然也，夫天性仁心固然也。此臣之所以悦而德公也。"

孔子曰："善为吏者树德，不能为吏者树怨。概者，平量者也；吏者，平法者也。治国者，不可失平也。"

孔子这里所说的"概者，平量者也；吏者，平法者也。治国者，不可失平也。"正是上文《尚书·立政》篇中的所谓"不轻不重"之意；而孔子弟子子皋行刑刖危时不仅要做到客观上"不轻不重"的"公平"，更有主观上有"轻其重者"的"不忍"。而这些，既是与商鞅法家思想家的主张针锋相对的，而且应该也是当时社会主流的法律思想。商鞅要论证其"行刑重其轻者"思想观点的合理性与正确性，自然不能不对与之相反的观点进行反驳，也就不能不对持这种观点的儒家思想行为给予重点的批评了。

三、商鞅对道、墨、名、法等诸子学派的批评与继承

商鞅除了对属于当时"显学"的儒家思想和学说进行重点批评之外，对当时道、墨、名、法等诸子学派的思想也给予了相应的批评和继承。

道家思想与法家思想的关系十分密切，这一点学术界的讨论可以说已相当充分。稷下"黄老学派"因有兼采阴阳、儒、道、名、法的特点，故或被人称为"黄老道家"，或被人称为"稷下法家""道法家"或"法道家"，等等，即可看出法家与道家关系的密切与复杂。

从现有文献来看，在中国先秦思想中有意识地将法家思想与道家思

想联系起来的第一人，当属法家的商鞅。商鞅之前的李悝、吴起等人，儒家思想成分较多，在法家思想理论方面的建构又少，故基本未涉及道家思想。商鞅是先秦法家历史上第一位有理论建设自觉的思想家，故他对当时儒、道各家思想都有借鉴与吸收。上文引郭沫若说："他的思想无疑也是从儒家蜕化出来的"，已可见出他受儒家思想的影响；《商君书》又屡言应使民"愚""朴""无知"等，则显然又带有道家"愚民"和"返璞归真"等思想特点。《商君书·垦令》曰"民不贵学则愚，愚则无外交"。这是其"愚民"观点。同书《农战》曰："国去言，则民朴；民朴则不淫"；"善为国者，官法明，故不任知（智）虑"；同书《禁使》曰："故遗贤去知（智），治之数也。"等等。这又是"民朴""不淫"和"遗贤去知（智）"之说。而这些都明显是先秦道家的思想观点和主张。如《老子》中就曾提倡"愚"，曰："圣人之治……常使民无知无欲"（第 3 章），"见素抱朴"，"众人皆有以，而我独顽似鄙。"（第 19、20 章）又曰："返璞归真"，"去甚、去奢、去泰"（第 28、29 章），等等。上文我们曾说商鞅批评当时社会的仁爱、礼智、举贤任能之风是针对先秦儒家的，但从思想源头上来看，《商君书》对儒家仁义礼智、贤德辩慧的批评，很多其实都是沿袭道家老子的观点。《老子》说："失道而后德，失德而后仁，失仁而后义，失义而后礼。夫礼者，忠信之薄而乱之首。"（第 38 章）又说："绝圣弃智，民利百倍；绝仁弃义，民复孝慈；绝巧弃利，盗贼无有。"（第 3 章）商鞅对儒家仁、义、礼、智的批评，显然与老子对仁、义、礼、智和"辩慧"的否定态度一脉相承。《老子》还说："信言不美，美言不信；善者不辩，辩者不善；知者不博，博者不知。"（第 81 章）"不尚贤，使民不争。"（第 3 章）等等。而《商君书》中对儒家"美、好、志、行"和"善、辩、孝、廉"等善行贤德的批评，显然也正是对老子否弃"美""辩""智""博"等"不尚贤"观点的继承。所不同的只是，道家《老子》主要是从道家的"道德"标准出发，反对仁、义、礼、智和"美言""善""辩""知""博"之类儒家的核心价值观，即所谓"大道废，有仁义；智慧出，有大伪；六亲不和，有孝慈；国家昏乱，有忠臣。"（第18章）而商鞅则更主要是从实用功利的立场出发，认为这些将影响国家的"壹言""壹教"，影响国家引导人民抟力于农战，并最终影响法家实现富国强兵的目标。

因此，商鞅同时又对道家的某些思想和行为提出了明确的批评。如《老子》曾明确地说："人多伎巧，奇物滋起；法令滋彰，盗贼多有。"（第57章）这是对"法令"和法家之"法"的直接否定，认为"法令"不仅不能导致社会的安定，相反还会使社会上滋生更多的违法行为。因此，这里甚至可以说是包含了某种要求取消"法令"之意。但《商君书·错法》却曰：

> 臣闻古之明君，错法而民无邪，举事而材自练，赏行而兵彊，此三者，治之本也。夫错法而民无邪者，法明而民利之也。

在商鞅看来，"法令"不仅不能取消，而且必须制定和实施。这不仅是认为"法令"乃"治国之本"，是"民利"所赖；而且他还认为"法令"应越繁越详越好。只有"法令"十分严密和烦苛，人们的一举一动才都有章可循，也才能使人民微小的过错都不遗漏而受到惩处。这样，就能通过"刑用于将过"，达到"以刑去刑"的目的。故《商君书·说民》曰：

> 法繁则刑繁，刑繁则刑省。①

---

① 案：此两句原作"法繁则刑繁，法繁则刑省。"蒋礼鸿曰："'法繁则刑省'疑当作'刑繁则刑省'。'刑繁'即下文'行刑重其轻者'，'则刑省'即'则重者无从至。其定刑繁，则其用刑也省，是所谓以刑去刑也。'"（见蒋礼鸿：《商君书锥指》，中华书局1986年版，第37页）

这样，商鞅通过"法繁""刑繁""刑省"三者关系的论证，否定了老子"法令滋彰，盗贼多有"的观点，也可以说实现了对道家老子学术思想的批评。

商鞅同时也有对先秦墨家思想的继承和批评。

作为法家思想家的商鞅，对墨家思想的继承和发展，最为明显的莫过于对墨子"法仪""法度"的重视。《墨子·法仪》曰："天下从事者不可以无法仪，无法仪而其事能成者，无有也"；"故百工从事，皆有法度"。（《群书治要》引）即表明墨子对于所谓"法仪""法度"，即"法"的重视。商鞅作为法家的代表人物，他受墨家重视"法仪""法度"思想的影响，但又有进一步的发展。但他重视的已不是"百工从事"的规矩方圆等"法仪"，而专指"治国之法"。他说："国之所治者三：一曰法，二曰信，三曰权。"（《商君书·修权》）"故有明主忠臣产于今世而散领其国者，不可以须臾忘于法。"[1] 即应是对墨家"重法仪"精神的继承和发展。但商鞅所尚的"法"，不仅不是墨子所谓"百工之规矩"，亦非其以为"治法"的"法天"以及所谓"天必欲人之相爱相利，而不欲人之相恶相贼也"的"天志"（《墨子·法仪》），而且他还对这种以"爱利""仁义"为内容的所谓"天志"提出了尖锐的批评。他认为这种所谓"法治"实是"释法度而任辩慧，后功力而进仁义"（《商君书·慎法》）：而"仁者能仁于人，而不能使人仁，义者能爱于人，而不能使人爱，是以知仁义之不足以治天下也。"（同上，《画策》）从根本上走上了"法治"的反面。

商鞅对人性的基本认识是："民之生（性）度而取长，称而取重，权而索利"；"羞辱劳苦者，民之所恶也，显荣佚乐者，民之所务也"；"民之性，饥而求食，劳而求佚，苦则索乐，辱则求荣，此民之情也。"

---

① 蒋礼鸿：《商君书锥指》，中华书局 1986 年版，第 138 页。

（《商君书·算地》）故可以说："民之欲富贵也共阖棺而后止。"（《商君书·赏刑》）"民之于利也若水于下也"。（《商君书·君臣》）但在商鞅以前的诸子学派中，儒家的孔子思想中虽然"性善论""性恶论""性无善无恶论""性有善有不善论""性善恶混论"的成分都有，但他基本不论人性，即使谈到也是说得很含混，他主要是说"性相近，习相远"，即强调后天学习的重要性，并有把"富与贵，是人之所欲也……贫与贱，是人之所恶也"（《论语·里仁》），当成人的某种"普遍性"或"普遍人性"的倾向。因此客观地讲，孔子的人性论接近于荀子的地方似不少，其中也是有"性恶论"的因素的。（《论语·阳货》）只是孔子思想那种"人性恶"或"有善有恶"的因素，在思孟强势的"性善论"背景下，即使在儒家内部也并不能得到彰显。在道家那里，早期道家的老子、杨朱也不见直接论"性"之文，只是老子认为宇宙的创生乃"道生之，德育之，物形之，势成之"（第51章）的过程，"因此，老子的道德论，亦即老子的性命论"；"他对于道与德的规定，亦即是他对人性的规定"①。而又因为这种所谓"性"，"是自然的朴素的，乃所谓'德'之显见"，故"可以称为性超善恶论"，"亦可以说是一种绝对的性善论。"② 因此，从现有文献来看，商鞅之前的先秦诸子有与之相类似的人性论观点的，似只有墨子。《墨子·尚贤下》曰：

> 今也天下之士君子，皆欲富贵而恶贫贱……若此，则饥者得食，寒者得衣，乱者得治。若饥则得食，寒则得衣，乱则得治，此安（王引之曰："'安'犹'乃'也"）生生。"

---

① 徐复观：《中国人性论史·先秦篇》，九州出版社 2014 年版，第 306、307—308 页。
② 张岱年：《中国哲学大纲》（上），中华书局 2017 年版，第 265—266 页。

墨子此处并未明言普遍的人性如何，但他说"天下之士君子皆欲富贵而恶贫贱""饥则得食，寒则得衣"云云，则无疑已包含有"士君子"之"性"乃趋利避害、好逸恶劳之意。"天下之士君子"之德性自当高于一般民萌及愚贱不肖者，他们之"本性"尚且如此，等而下之的民萌及愚贱不肖者之本性趋利避害、好逸恶劳则更不待言。① 故墨子一书处处皆以"利"为言，其对"义"的定义亦为"义利也"。（《墨子·经说下》）对世上的一切事物皆以功利权衡之曰："故虽有贤君，不爱无功之臣；虽有慈父，不爱无益之子。"（《墨子·亲士》）而现实社会纷乱争斗的根源，亦由于人的自私自利之本性使然。《墨子·兼爱上》曰：

> 圣人以治天下为事者也，不可不察乱之所自起。当察乱何自起？起不相爱……子自爱不爱父，故亏父而自利；弟自爱不爱兄，故亏兄而自利；臣自爱不爱君，故亏君而自利，此所谓乱也。

墨子又将这种自私自利的"私爱"称为"别"，以与"爱人若爱其身"的"兼爱"相对。很显然，墨子这种以人的本性为趋利避害、好逸恶劳、自私自利的观点，在很大程度上影响了商鞅对人之本性的认识的，成为他提出以"刑赏"之"二柄"治国的"法治"主张的理论根据。《商君书·算地》篇说："羞辱劳苦者，民之所恶也；显荣佚乐者，民之所务也。"又说："故圣人之为国也，入令民以属农，出令民以计战。夫农，民之所苦；而战，民之所危也。犯其所苦，行其所危者，计

---

① 案：如果从更远的思想渊源关系来看，墨子的"今也天下之士君子，皆欲富贵而恶贫贱"，明显是由孔子"富与贵，是人之所欲也，不以其道得之，不处也；贫与贱，是人之所恶也，不以其道得之，不去也。"（《论语·里仁》）即是"学孔子之术"，把"欲富与贵"和"恶贫与贱"当成人的某种"普遍性"而来。由此也可以看出孔、墨思想之间的更多联系以及法家思想与儒家思想之间的更多关联。

也。故民生则计利，死则虑名，名利之所出，不可不审也。利出于地，则民尽力；名出于战，则民致死……富彊之功可坐而致也。"这正是从人之好逸恶劳、追求名利的本性出发，提出"壹于农战"的治国方略的。同时，《商君书》所谓"壹言""壹教"思想观点的提出，亦当是受墨子有感于当时"一人则一义，二人则二义，十人则十义"，且人人"是其义，以非人之义，故交相非"，因而提出"尚同"主张的影响。上文言商鞅批判儒家的礼乐繁饰，其基本的观点也应该来自墨子"节用""非乐"等崇尚功利实用的立场。

但商鞅又并非全盘照搬墨家的思想观点，他对墨子本人"兼爱""非攻""尚贤""尚同"等核心价值和好辩、"外交"等行为，都给予了明确的批评。

上文已经指出，商鞅对"兼爱""尚贤""非攻""辩慧""外交"等思想观点的批评，其中很大一部分，甚至可以说其中最主要的部分是针对当时儒家的；但无可避讳的是，其中也有很多批评是针对当时的墨家，或至少是包括了当时的墨家思想的。如墨子因"兼爱"而"非攻""非战"，但《商君书》则针锋相对地主张"强兵阔土"，主张使全民"壹于农战"，"是父兄、昆弟、知识、婚姻、合同者皆曰：'务之所加，存战而已矣'"；"是故民闻战而相贺也，起居饮食所歌谣者战也"。（《商君书·赏刑》）而《商君书·靳令》则径将"非兵""羞战"与仁义、礼乐等合称为"六虱"，并予以了毫不留情的批判。

先秦时期的"贤"概念，本应兼指德行、才能皆优者，如《尚书·大禹谟》："野无遗贤，万邦咸宁。"这里的"贤"，即指德、才兼优者。但"贤"有时也偏指德行或才能。《周礼·地官·乡大夫》：曰："考其德行道艺而兴贤者能者。"郑玄注："贤者，有德行者。"即偏指德行。《谷梁传·文公六年》："使仁者佐贤者。"范宁注："贤者，多才也。"则偏指才能（大体而言，儒、道所谓"贤"偏于德，而墨、法所谓"贤"偏于才)。先秦典籍中又多以"贤""不肖"对举者。如《商君书·修权》曰:"不以法论知能、贤不肖者惟尧";《荀子·儒效》曰:"身不肖而诬贤,是犹伛伸而好升高也。"这里的"贤"都是与"不肖"相对的。而"不肖"的"肖",《说文解字·肉部》曰:"肖,骨肉相似也。从肉,小声。不似其先,故曰'不肖'也。"段玉裁《说文解字注》曰:"骨肉相似者,谓此人骨肉与彼人骨肉状貌略同也。"《说文解字》云"不似其先,故曰不肖也",乃是"释经传之言不肖,此自然引申也。"即是说,"不肖"的本义是"不似其先人之骨肉状貌",但后来多用其"引申之义",指无如其先人的德才,故与"贤"相对而言。商鞅对于所谓才德并不一般地反对。《商君书·画策》曰:"国或重治,或重乱。明主在上,所举必贤,则法可在贤。法可在贤,则法在下,不肖不敢为非。"肯定了"明主""举贤"的意义。但他对"举贤与能"的所谓"尚贤"之弊端却更为关注。《商君书·慎法》曰:"夫举贤能,世之所治也,而治之所以乱。世之所谓贤者,言正也;所以为善正也,党也。听其言也,则为能;问其党,以为然;故贵之不待其有功,诛之不待其有罪也;此其势正使污吏有资而成其奸险,小人有资而施其巧诈。"这说明,商鞅之所以否定"举贤能"的"尚贤",主要乃是因为评判"贤能"的标准和方式并非客观的审核名实或客观的法则,而在于道德或舆论的"善正";而这种道德或舆论"善正"评价的基础,则是"朋党"众口一词的臧否,其最终的结果可能并非"尚贤"论者所期待的"贤能"得以选拔任用,反而是"使污吏有资以成其奸险,(使)小人有资而施其巧诈。"——商鞅这里对"任贤能"思想主张的否定,无疑也是对墨家"上(尚)贤"思想观点的否定与学术批评。

先秦有"好辩"之风,墨家从墨子开始就是"尚辩"的。《墨子·耕柱》说:"能谈辩者谈辩,能说书者说书"。这里的"辩"实际已是

"将'辩'的辩别、认识、论辩含义概括而成的一门学问"①。而墨子的"谈辩"超出了当时诸子的地方还不在此,而在于他第一个提出了"辩"的原则和标准,即所谓"三表法"。《墨子·非命上》曰:

> 言必立仪。言而毋仪,譬犹运钧之上而立朝夕者也,是非利害之辩不可得而明知也。故言必有三表……上本之于古者圣王之事……下原察百姓耳目之实……废(发)以为刑政,观其中国家百姓人民之利。此所谓言有三表也。

墨子在这里虽然同时以"本之者""原察者"和"废(发)以为刑政"而"观之者"为"三表",但故其中最重要的,却无疑应该是所谓"本之者",即"古者圣王之事"。故《墨子》书中动必以尧、舜、禹、汤、文、武为说,足见他的确是把这一原则贯彻到底了。而这种动辄以"古者圣王之事"为言的辩说原则与标准,则说明墨子的思想中是存在强烈的"尚古"意识或"尚古"情结的。

《商君书》虽然也常举伏羲、神农、黄帝、尧舜、禹汤、文武为言②,似乎也给人以"尚古"的印象,但《商君书》援引"古者圣王"的目的,却似乎并非要"本之古者圣王之事";恰恰相反,它只是为了说明自古以来即没有永恒不变之法,"古者圣王"皆是"各当时而立法,因事而制礼"。(《商君书·更法》)因此,如果要以"古者圣王"为法的话,那么,也只能是以"古者圣王"因时变法的精神为楷模,而不是固守他们的成法。而从某种意义讲,商鞅援引"古者圣王"以为例,不仅不是墨子的"尚古",而恰恰是对墨子"本之古者圣王之

---

① 张晓芒:《先秦诸子的论辩思想与方法》,人民出版社 2011 年版,第 80 页。
② 案:在现存先秦诸子的著作中,《商君书》是第一个将伏羲、神农、黄帝与尧舜、禹汤、文武并列的。从这个意义上来讲,商鞅可谓是先秦"黄老学派"(或至少是先秦"黄老法家")的先驱。

事"的一种批评和否定。

商鞅对于他之前的名家思想也有吸收和批评。《汉书·艺文志》著录名家著作，始于"《邓析》二篇"。（班固自注："与子产并时"）后代的研究一般认为"邓析年代略前于孔子"①，今存《邓析子》一书"不类先秦古书"，应属于伪书之列②。自邓析始先秦的名家思想大致可分为偏向逻辑学意义上的、知识论意义上的"名"学和偏于伦理学、政治意义上的"名"学两个路向。前者（不论是与"名称相关的概念论"，还是作为"论辩技巧手段"的"辩学"）是后者（即伦理学、政治意义上的"名学"）得以成立的基础和联系环节③。根据《吕氏春秋》的《离谓》《淫辞》篇及《左传·定公九年》经注等记载，邓析的思想无疑是十分重视"名"的，故他在作有属于"制名定律"的《竹刑》的同时，还又以"善辩"闻名。他"操两可之说，设无穷之词"；"以是为非，以非为是"，是《荀子·非十二子》所谓"好治怪说，玩琦辞者"。这说明他应该同时是逻辑学或知识论意义上与伦理学或政治学意义上的名家的先驱。但必须承认，即使是在邓析时代或邓析本人那里，偏于逻辑学、知识论意义上与伦理学或政治学意义上的"名"或名家，二者之间既是互相联系，也是互相冲突的。这种联系在于逻辑学、知识论意义上的"名"或"名学"是伦理学、政治上的"名"或"名学"的基础或前提，因为不论是纯粹论辩的"辩学"，还是政治伦理的"正名"，都必须以"与名称相关的概念论"为基础。这种矛盾冲突一是"与名称相关的概念论"要实现"名""实"的相符（"相副"），就必须充分揭露"名""实"之间的矛盾，有可能走向

---

① 温公颐：《先秦逻辑史》，上海人民出版社 1983 年版，第 200 页。
② 吕思勉：《先秦学术概论》，岳麓书社 2010 年版，第 91 页。
③ 曹峰：《中国古代"名"的政治思想研究》，上海古籍出版社 2017 年版，第 16、91 页。

"以是为非，以非为是"的"怪说"或诡辩，故《礼记·王制》曰：
"析言破律，乱名改作，执左道以乱政，杀。"二是在偏于伦理的、政
治上的"名"理解上，因为"名"既可以理解为区分等级的礼仪制度
"名位"（《汉书·艺文志》曰："古者名位不同，礼亦异数"即此义），
也可以理解为与法律政令相关的"刑名"或"形名"之类；但"礼"
与"法"既有一致性，即都强调上下等级制度的分明；但也存在冲
突——"礼"为"礼治"之本，属于"礼治"时代，"刑不上大夫、
礼不下庶人"；而"法"为"法治"之本，属于"法治"时代，即
"不别亲疏，不殊贵贱，一断于法。"（《汉书·艺文志》）

　　《商君书》中"名"有两个基本涵义：一是指名声、名誉、名利和
功名，二是指伦理、政治意义上的"名位"或"名分"。而这种伦理、
政治意义上的"名位"或"名分"，殆又可分为指"礼"或伦理意义
上的"名位"和指与"法"相对的、属政治意义上的"名分"二义。
《商君书·君臣》曰："是以圣人列贵贱，制爵位，立名号，以别君臣
上下之义。"《汉书·艺文志》曰："古者名位不同，礼亦异数。"这里
的两个"名"都是指"礼"所规定的上下等级，是"名位"的意思。
《商君书·定分》曰："今法令不明，名分不定①，天下之人得议之，
其议人异而无定"；这里的"名分"与"法令"对举，表明"名分"
即指"法令"，是法令制度及其规定。故近人吕思勉曰："名、法二字，
古每连称，则法家与名家，关系亦极密也。"②

　　《商君书》在如上意义上使用"名"概念，说明它与当时的名家思
想是有极为密切的关系的。它对此前已有的名家思想是采取了既有批评
也有吸收、继承的态度的。它继承了名家思想与"礼""法"相联系的

---

　　① 原作"其名不定"，蒋礼鸿曰："'其名'当作'名分'。"今据以改。见蒋礼
鸿：《商君书锥指》，中华书局 1986 年版，第 146 页。
　　② 吕思勉：《先秦学术概论》，岳麓书社 2010 年版，第 82 页。

指向上下等级制度和法令制度的"名"之意义，提出了"法令者，民之命也，为治之本也"；"圣人必为法令置官也置吏也为天下师，所以定名分也"的主张，而对"烦言饰辞而无实用"的"谈说""辩慧""辩说""私议"等"名辩"则给予了坚决的批判和否定。

我们在上文曾经指出，《商君书》对"辩慧""辩知""谈说""私议"的批判和否定，因为这些思想和行为的根源乃由于"学《诗》《书》或"贵学问"而来，所以其主要矛头是针对儒家思想的。但这只是问题的一个方面。问题的另一方面是，不论是儒、墨在道德评价领域的"贤""善""辩慧"，还是道、法、形名各家在政治和法律领域关于法令与"名分"的讨论，都必须借助逻辑学或概念论的形式来进行，而这些无疑都是属于名家"名辩"的范围。因此，《商君书》对"辩慧""辩知""谈说""私议"的批判和否定，从某种意义上说，也就是对名家"名辩"思想行为的批评和否定。

《商君书》对"辩慧""辩知""谈说""私议"等的学术批评，主要集中于两个方面。其一，这些"名辩"乃"烦言饰辞而无实用"，"学者成俗，则民舍农从事于谈说，高言伪议……此贫国弱兵之道也。"（《商君书·农战》）道德的说教不论多么美好，辩说的言辞不论多么巧妙，都不可能有什么实用价值，故应该禁止。其二，这些"名辩"即使属于政治或法律领域，也是属于"违法"的言论，同样应该予以禁止和否定。《商君书·定分》曰：

> 一兔走，百人逐之，非以兔也。夫卖者满市而盗不敢取，由名分定也。故名分未定，尧、舜、禹、汤皆如鹜焉而逐之；名分已定，贫盗不取。今法令不明，其名不定，天下得议之，其议人异而无定。

《商君书·定分》篇所述"百人逐兔"的故事，亦见于先秦典籍

《慎子》《尹文子》等。前人对此多从"立法明分"的重要性和必要性上加以解读，这无疑是正确的。但在我看来，《商君书·定分》篇中的这段文字，其意蕴尚不止于此，它同时也是对当时名家"名辩"的批评和否定。因为"百人逐兔"之事之所以发生，并非是由于完全没有"法令"可依，而主要的只是因为"法令不明，名分不定，天下之人得议之，其议人异而无定。"（《商君书·定分》）这种情况，即是《礼记·王制》所说的"析言破律，乱名改作，执左道以乱政"。可以说，要防止"百人逐兔"事件的发生，不仅需要"立法明分"，而且更需要使天下人不能"私议"已经形成于上的"法令"。故《商君书·定分》接着说："人主为法于上，下民议之于下，是法令不定，以下为上也。此所谓名分不定也。"即不是将"名分不定"界定在"立法"的环节，而是明确地将其界定在"立法"（"为法"）之后的——这一阶段主要属于法令的实施或执法的阶段。在这一阶段还仍然在"自议""私议"或"辩慧"着"名""法"的内容或价值的言行，这即使在儒家那里亦是不被允许的，故有所谓"析言破律，乱名改作，执左道以乱政，杀"之说。《商君书·说民》曰："辩慧，乱之赞也"；同书《修权》曰："先王知自议誉私之不可任也。"这也是从"名辩"之"乱名实"或"乱法"的角度来加以批评和否定的。

商鞅是先秦前期法家的代表人物，他对于他之前的法家思想无疑也是有所继承和扬弃的。《晋书·刑法志》曰："（李）悝撰次诸国法，著《法经》以为王者之政莫急于盗贼，故其律始于《盗》《贼》……故所著六篇而已，然皆罪名之制也。商君受之以相秦。汉承秦制。"已可见商鞅对此前法家思想的接受。《商君书·更法》云："郭偃之法曰'论至德者不和于俗，成大功者不谋于众。"这里是引"郭偃之法"以为自己"变法"的根据。蒋礼鸿《商君书锥指》曰："韦昭注：'郭偃，晋大夫卜偃也'。又曰：'卜偃，晋掌卜大夫郭偃也。'《春秋左氏传》皆作卜偃，无作郭偃者。其人则献公、文公间人。《左传》《国语》无此（指"郭偃之法"）二语。法，盖言之可以为法者也。"《商君书》此处所引郭偃既远在晋献公、晋文公（公元明636—前628年）在位之时，其言也并无涉及"名法"的内容，所可肯定的，只是商鞅对此前法家人物和思想是奉为楷模和准则的。今传本《商君书·禁使》曰："故先王不恃其彊而恃其势，不恃其信而恃其数。今夫飞蓬遇飘风而行千里，乘风之势也；探渊者知千仞之深，悬绳之数也。"似乎已提出了法家的"势""术"（"数"）学说，而这一学说的提出，也应该不是商鞅的凭空创造，应该包含了对此前法家思想的继承与发展。只是前人多认为《商君书》中的这些篇章，应该不是商鞅本人所作，而是商鞅后学所作，因此对于这一点，我们似乎要采取更为慎重的态度。

除此之外，《商君书》对农家的重农思想也有明显的批评和继承。《商君书》明显吸收了农家的重农思想。《史记·商君列传》裴骃《集解》引刘向《新序》既曰："夫商君极身无二虑，尽公不顾私，使民内急耕织之策以富国，外重战伐之赏以劝戎士"云云，《商君书》之《垦令》《农战》《赏刑》等篇又都有使民"壹之农"的观点。故近人蒙文通认为"兵、农、纵横统为法家"，而有"李悝、商鞅又农家流欤"之说[1]！但由于《商君书》本是极为重视礼法和名位的，故商鞅虽然没有谈到农家的"贤者与民并耕而食"之说，但仍不难想像他应该是和此后法家的韩非一样，对农家的这一观点是持坚决的批判和否定态度的[2]。

至于商鞅对先秦诸子中的阴阳、纵横、杂、小说等学派的学术批评，则此数家或形成时代较晚，或其与法家思想关系太远，《商君书》

---

[1] 蒙文通：《法家流变考》，见《古学甄微》，巴蜀书社1987年版，第285页。
[2] 高华平：《客观的总结和辩证地扬弃——韩非对先秦诸子的批判和继承》，《诸子学刊》（第一辑），上海古籍出版社2008年版。

中基本没有涉及，我们的讨论亦暂付之阙如。

第二节　客观的总结与辩证的扬弃

——《韩非子》对先秦诸子的学术批评

中国学术思想史发展到战国中后期，出现了诸子百家都力图对先秦的思想做出综合和总结的倾向。《荀子·非十二子》《尸子·广泽》《庄子·天下》《吕氏春秋·不二》《韩非子·显学》等，都是这方面的代表作。但迄今为止的哲学思想史著作，基本上都将荀子视为先秦诸子学术思想的总结者。而如果从对先秦学术思想批判总结的广度和深度来看，真正堪称这一学术思潮的标志的，应首推韩非其人其书。韩非对先秦诸子的总结与扬弃，涉及儒、道、墨、法、名、农、兵、杂、阴阳、纵横乃至小说家，这就远远超出了《荀子·非十二子》和《庄子·天下》的"六家十二子"的范围，而且他既不同于荀子对诸子的一味非难，也不同于杂家的"漫羡而无所归心"（《汉书·艺文志》）。可以说包括法家在内的先秦诸子思想，无不接受过韩非的批判和选择。从这个意义上讲，只有到了韩非，才有对中国先秦学术思想的真正全面的批判和总结。

自 20 世纪上半叶以来，中国学术界皆十分重视研究战国中后期诸子学术思想的总结思潮。钱穆、吕思勉、郭沫若、侯外庐、冯友兰等人无不深究于此。但是由于论者立场和方法的局限，这种研究往往存在两种偏颇：一是往往将这种总结简单化，认为是诸子之间的"互相批评指责，而忽视了他们之间的互相影响和吸取"①；二是研究者过多地将

---

① 白奚：《稷下学研究——中国古代的思想自由与百家争鸣》，生活·读书·新知三联书店 1998 年版，第 3 页。

自己的主观好恶，影响到对研究对象的客观评价，有违科研的客观公正性。由于论者不满意韩非专制主义立场和他对学术文化的否定态度，故基本上都不承认韩非是一位先秦诸子之学的全面总结者和客观批判者。笔者认为，尽管任何一个从事学术研究的人，对韩非否定学术文化的态度都会有一种本能的反感，但这并不能改变韩非对先秦诸子学术思想做过最为全面的批判和最为辩证扬弃的事实。有鉴于此，本节力求以科学的态度，就韩非对先秦学术思想的总结工作作一番新的探讨。

一、韩非对先秦法家思想的批判和继承

韩非是先秦法家思想的代表人物和集大成者。他的思想，自然首先继承和吸取了此前的法家思想的成分。根据《汉书·艺文志》记载，直到西汉末，当时尚存的先秦法家著作，在《韩非子》一书之前，共有《李子》三十二篇（班固自注："名悝，相魏文侯，富国强兵。"）、《商君书》二十九篇（班固自注："名鞅，姬姓，卫后也，相秦孝公，有列传。"）、《申子》六篇（班固自注："名不害，京人，相韩昭侯，终其身诸侯不敢侵韩。"）、《处子》九篇（班固自注："《史记》云：'赵有处子。'"）、《慎子》四十二篇（班固自注："名到，先申韩，申韩称之。"）。此外，《左传·昭公六年》说，郑国子产"相郑国，作封洫，立谤政，制参辟，铸《刑书》"，因此，"法家的产生应该上溯到子产"①。《韩非子·五蠹》说："今境内之民，皆言治，藏商、管之法者家有之。"同书《饰邪》篇提到，当魏、赵、燕"方明"《立辟》②《国律》《奉法》等刑律，"从宪令之时"，国家强盛。这说明韩非法家思想的形成，应该受到了在他之前的众多的法家人物及其思想的影响。

---

① 郭沫若《十批判书》，人民出版社 2012 年版，第 240 页。

② 案：据周勋初先生考证，《立辟》应为李悝《法经》的原名。见周勋初：《〈韩非子〉札记》，江苏人民出版社 1980 年版，第 118—125 页。

从现有文献来看，法家子产的思想似有两方面曾对韩非产生过较大的影响：一是子产铸《刑书》的出发点："严断刑罚，以威其淫"①，达到"民知争端矣，将弃礼而征于书。"即依法而断是非；二是子产的"好直"②和"独忠于主也"（《韩非子·外储说左上》）的态度。《管子》一书，《汉书·艺文志》隶之道家，《隋书·经籍志》列入法家，但学术界历来也有人认为其"实成于无意中之杂家也"③。从《韩非子》一书来看，他在《难三》篇中，引用过《管子》一书中《权修》和《牧民》篇中的文字，《韩非子·有度》与《管子·明法》篇，大部分文字相同。从逻辑上讲，上述几篇所反映的管子法治思想，出现的时代应早于韩非，韩非应吸收了这些相关的思想。韩非对管子思想的吸取主要也在两个方面：一是其关于人性欲利而恶害、欲生而恶死的观点，二是其"因能受禄，録功与官，论劳行赏"的思想。《韩非子·外储说左下》曾记管仲回答齐桓公关于治国之术时说："君无听左右之请，因能而受禄，录功而与官，则莫敢索官。"又说置吏应"辩察于辞，清洁于货，习（于）人情"，等等。这既是韩非引用管子之言，也应是韩非从管子那里吸取的相关思想。根据《晋书·刑法志》的记载："秦汉旧律，其文起自魏文侯师李悝。"《汉书·艺文志》中的"《李子》三十二篇"早亡佚，"儒家类"有《李克》七篇，旧说多以李克即李悝异名，但这七篇也亡佚了。只有《史记·孟子荀卿列传》《汉书·食货志》有李悝"尽地力之教"和《说苑·政理》有李克主张"为国之道，食有劳而禄有功，使有能而赏必行、罚必当"的记载，《韩非子·内储说上七术》也说李悝"为魏文侯上地之守，而欲人之善射也"。韩非本人一贯重耕战、主张録功使能、赏罚必当，可能在这些

---

① 《左传·昭公六年》。
② 《左传·襄公二十九年》。
③ 吕思勉：《先秦学术概论》，中国大百科全书出版社1985年版，第47页。

方面曾吸取过李悝的思想。

当然，韩非法家思想中最具特色的，还是他的法、术、势相结合的政治思想体系。而这种思想体系又正是他在吸取了此前的法家商鞅关于"法"的思想、申不害关于"术"的思想和慎到关于"势"的思想的基础上建立的。

商鞅，据说是李悝的学生，但他的法家思想要比李悝完备得多，今天也保留得较多。《汉书·艺文志》著录有《商君》二十九篇，今天仍存二十四篇。从《韩非子》一书来看，韩非最重视其中关于法的思想。《韩非子·奸劫弑臣》云：

> 古秦之俗，君臣废法而服私，是以国乱兵弱而主卑。商君说秦孝公以变法易俗而明公道，赏告奸，困末作而利本事。……于是犯之者其诛重而必，告之者其赏厚而信，故奸莫不得而被刑者众，民疾怨而众过日闻。孝公不听，遂行商君之法。民后知有罪之必诛，而告私奸者众也，故民莫犯，其刑无所加。是以国治而兵强，地广而主尊。

《商君书》作为一部集合商鞅法家思想的著作，其内容自然要较韩非上面所述详细和丰富。但韩非所看重的，也是他吸取的，却实不外于这样几个方面：一是塞私门而服公法、废除世卿世禄制；二是禁游宦而显耕战之士，包括焚《诗》《书》而奖励耕战，即所谓"利出一孔"；三是"连什伍"而设告相坐，鼓励告奸；四是厚赏而信，刑重而必。《韩非子·饬令》与《商君书·靳令》基本相同，已说明其中"饬令""任功""以治去治""以言去言""重刑少赏""以刑去刑"的观点，是直接吸取于商鞅的。《韩非子·和氏》篇云："商君教秦孝公以连什伍，设告坐之过，燔《诗》、《书》而明法令，塞私门之请而遂公家之劳，禁游宦之民而显耕战之士。孝公行之，主以尊安，国以富强。"《定法》

篇云：“公孙鞅之治秦也，设告相坐而责其实，连什伍而同其罪，赏厚而信，刑重而必。”《内储说上七术》也说，“公孙鞅之法也重轻罪”，“轻者不至，重者不来，此谓以刑去刑也”。这些都说明韩非汲取商鞅的法思想主要是如上四个方面的内容。

申不害，《史记·老庄申韩列传》上说：“申子之学本于黄老而主刑名，著书二篇，号曰《申子》。”《汉书·艺文志》著录为“《申子》六篇”。而今人考证二者只是篇幅分合上的不同，实际并没有差别①。只是《申子》一书早已亡佚，今保存比较完整的唯有《大体》一篇。《申子》中的这个《大体》篇，它的“主要内容不外‘尊君卑臣’和‘循名责实’两个方面。”② 而这两个方面，又实可以一言以概之，即“术”。《韩非子·定法》篇说：“今申不害言术而公孙鞅为法。”正是用“言术”来概括申不害的思想的，而韩非本人从申不害那里吸取的，正是其“术治”的思想。如《申子·大体》说：“夫一妇擅夫，众妇皆乱，一臣专君，群臣皆蔽……是以明君使其臣并进辐凑，莫得专君也。”《韩非子·难一》也说：“明主之道：一人不兼官，一官不兼事；卑贱不待尊贵而进，大臣不因左右而见；百官修通，群臣辐凑。”《申子·大体》说：“明君如身，臣如手……君设其本，臣操其末……为人君者操契以责其名……故善为主者，倚于愚，立于不盈，设于不敢，藏于无事；窜端匿疏，示天下无为。”《韩非子·主道》则说：“明君无为于上，群臣竦惧乎下。明君之道，使智者尽其虑，而君因以断事……臣有其劳，君有其成功，此之谓贤主之经也。”《二柄》篇也说：“人主将欲禁奸，则审合刑名；刑名者，言与事也，为人臣者陈而言，君以其言授之事，专以其事责其功。”《申子·大体》说：“圣君任法而不任智，

① 金德建：《司马迁所见书考》，上海人民出版社 1963 年版，第 237—240 页。
② 周勋初：《〈韩非子〉札记·论申不害》，见《周勋初文集》（一），江苏古籍出版社 2000 年版，第 436 页。

任数而不任说。"①《韩非子·制分》就说:"夫治法之至明者,任数不任人……故有术之国,去言而任法。"从这些地方可以看出,韩非基本是继承了申不害的术治观点而加以发挥的。所以,《韩非子·外储说右上》里还记载了申不害要韩昭侯慎其言行,"惟无为可以规之","能独断者故可以为天下主"的言论,更证明他是有意吸取申不害的这些"术治"思想的。

慎到的著作,《史记·孟子荀卿列传》说有《十二论》,《汉书·艺文志》著录有《慎子》四十二篇,但均已亡佚,现存《慎子》辑本七篇,今人多认为他"是由道到法的过渡人物,他的思想具有道法两方面"②;也有的将他归入道家。在《韩非子·饰邪》篇说:"道法万全,智能多失。"《大体》篇曰:"守成理,因自然,祸福生乎道法,而不出乎爱恶;荣辱之责在乎己,而不在乎人。"《说疑》称"霸王之佐","进善言,通道法"。第一次提出了"道法"概念③,应该是受到了慎到的影响。韩非说:"明君无为于上,群臣竦惧乎下","有功则君有其贤,有过则臣任其罪","臣有其劳,君有其成功。"(《主道》)"圣人之道,去智与巧。"(《扬权》)似正是对慎到弃知去己,而缘于不得已和"君臣之道,臣事事而君无事,君逸乐而臣任劳,臣尽智力以善其事而君无与焉,仰成而已"思想的继承。当然慎到作为法家学派中的一员,被韩非子吸取的根本思想除了"尚法"之外,自然是其"势"

---

① 《艺文类聚》(卷五十四)引。

② 侯外庐、赵纪彬、杜国庠:《中国思想通史》(第一卷),人民出版社1957年版,第601页。

③ 案:韩非之前,《荀子·致士》曰:"无道法则人不至。""道之与法也者,国家之本作也。君子也者,道法之总要也。"似乎提出了"道法"的概念,但由"道之与法"一语来看,"道"和"法"更像两个概念而不是一个整体概念。《韩非子》中的"道法"则明显是一个整体概念。又,长沙马王堆帛书《经法》中有"道法"一节,但帛书产生的年代,学界还有不同看法,故此以韩非为早。

论。《韩非子·难势》曰：

> 慎子曰：飞龙乘云，腾蛇游雾，云罢雾霁，而龙蛇与蚓蚁同矣，则失其所乘也。贤人而诎于不肖者，则权轻位卑也；不肖而能服于贤者，则权重位尊也。尧为匹夫，不能治三人；而桀为天子，能乱天下：吾以此知势位之足恃而贤智之不足慕也。

韩非所引慎到的这段话，与今本《慎子·威德》篇文字基本相同。《韩非子》中的《功名》《八经》等篇也重申了这一"重势"观点："故立尺材于高山之上，下临千仞之溪，材非长也，位高也。桀为天子，能制天下，非贤也，势重也；尧为匹夫，不能正三家，非不肖也，位卑也……有势之与无势也。"（《功名》）"君执柄以处势，故令行禁止。""势行教严，逆而不违，毁誉一行而不议。"（《八经》）显然，韩非在这方面是完全认同并吸取了慎到的思想的。

与儒家"祖述尧舜，宪章文武"完全不同，先秦法家人物不会像儒家人物那样："言不称师谓之畔，行而不称师谓之倍（背）。"（《荀子·大略》《吕氏春秋·尊师》等）韩非更没有固守师说的影子，他有点像近代德国那位宣称"上帝死了"的尼采，要对世上现存的一切思想理论都进行"重估"。所以，韩非对于他所属的法家学派的元老们的思想，也毫不留情地予以了批判。《韩非子·内储说上七术》即批评李悝失信于部下，几至有秦人来袭而"夺其军"之患；而《难一》《难二》《难三》《难四》《难势》《定法》等篇，则比较集中地批判了法家人物。如《难一》中批评管仲建议齐桓公"以爱其臣"为选用大臣的标准，是不知"刑罚以威之"和"爵禄以劝之"的"无度"之言；又批评管仲"事增宠益爵"为"泰侈逼上"的行为和"暗而不知术也"。《难三》批评子产"待耳目之所及而后知奸"的方法，是"不察参伍之政，不明度量，恃尽聪明劳智虑而以知奸，不亦无术乎？"《难势》是专门围绕慎到"势治"学说进行驳难的文章，文中在肯定了慎到"势治"主张的同时，也指出其理论的不足，即慎到的"势治"既没有明分"自然之势"和"人设之势"，更没有对与"术"相关的"用势"问题作出深入分析。"设势""用势"的重要在于运用刑赏、参验等手段，"使天下不得不为己视，天下不得不为己听。"（《奸劫弑臣》）这样，韩非就将自己的"势论"明确界定为"人所设定之势"或"多设耳目"的"聪明之势"、任用法术的"威严之势"，并形成了法、术、势相结合的新的时代特点。

《韩非子·定法》篇则专门批评了商鞅、申不害的法、术思想。韩非认为，商鞅的"法"和申不害的"术"都存在严重缺陷：一是其"徒法而无术"或"徒术而无法"；二是"申子未尽于术，商君未尽于法"。一方面，商鞅虽"勤饰于法"，却徒法而无术，"无术以知奸，则以其富强也资人臣而已矣"。从秦孝公开始，到秦惠王、武王、昭襄王，秦国实施商鞅之法达数十年，却仅培养了一些尊贵的大臣，强秦并未称霸天下。申不害虽然使韩昭侯用术，但却并没有相应地"勤饰于法"，而是听任国家的新旧法律矛盾并存："韩者，晋之别国也。晋之故法未息，而韩之新法又生；先君之令未收，而后君之令又下。"结果法令不一，新故相反，前后相悖。"托万乘之劲韩，十七年而不至于霸王"。另一方面，申不害之术和商鞅之法本身也并不完善。申不害用术，但又说："治不逾官，虽知弗言。"这就要人们发现他人的奸情也不要告发，也就等于是要君主用一人的耳目去监视整个国家的人们的行动，君主失去了"假借"，又怎么能无为而治呢？商鞅推行法令："斩一首者爵一级，欲为官者为五十石之官；斩二首者爵二级，欲为官者为百石之官。"这又没有考虑到受赏者的才能是否足以胜任官职。如果让一个根本没有任何吏治能力的人去担任官职，就好比让斩首立功的人做医生和工匠，后果是可想而知的。

另外，先秦法家人物吴起、商鞅二人的著作在《汉书·艺文志·兵书略》亦有著录，韩非对这些所谓"兵家"也展开了学术批评。因为正如蒙文通所云，战国"纵横、农、兵"当"合于法家"①，《汉志·兵书略》著录的"兵书"同时也是法家著作，故韩非对所谓"兵家"的批评实际就是对法家的学术批评。

《韩非子·难言》称孙膑、吴起、公孙鞅（商鞅）为"世之仁贤忠良有道术之士也，不幸而遇悖乱暗惑之主而死"。对孙、吴等人的评价很高，对他们的不幸寄寓了很深的同情。韩非对"兵家"思想的吸收和继承主要有三个方面。一是"上（尚）势利"②。《韩非子·外储说左上》说，吴起任魏将时曾几次三番为士兵吮伤口，而"行事施予"并非出于爱，只是"以利之为心"。韩非一再强调人"皆挟自为之心也"，又教导君主使用刑赏二柄，其目的也是很势利的。二是变法思想。孙膑为齐军军师，曾屡变兵法而大败庞涓；吴起相楚，教楚悼变法："使封君之子孙三世而收爵禄，绝减百吏之禄秩，损不急之枝官，以奉选练之士。"韩非因此称吴起为"法术之士"，以为楷模。三是信赏必罚。孙武在吴国斩吴王爱姬而整肃军令；吴起为魏国西河之守而借徙车辕、赤豆以立信，待故人而后食、以妻织组不如前诺而出之。已显示出孙、吴兵家信赏必罚，严格依规定办事的特点。而韩非的"法治"理论也一再强调要"明其法禁，必其赏罚。"（《五蠹》）应是受到了"兵家"思想的影响。

韩非对"兵家"思想的批评，一方面在于兵家过于强调谋略，有滥用智巧之嫌。《难一》说，舅犯以对晋文公战阵之间不厌诈伪而获胜，韩非则对舅犯用诈而后获赏的行为予以非难；而《主道》篇则以

---

① 蒙文通：《法家源流考》，见《古学甄微》，巴蜀书社1987年版，第285页。
② 《荀子·议兵》曰："孙、吴上势利而贵变诈。"可见，"尚势利"为孙、吴兵家的一大特点。

为："法分明，则贤不得夺不肖，强不得侵弱，众不得暴寡……孙、吴之略废，盗跖之心伏。"即将"孙、吴之略"与"盗跖之心"同样视为应该废弃的东西。另一方面，孙、吴之法虽然本身没有太多的不当，但社会上人们过多地谈论孙、吴之法，却可能会培养出一批如赵括那样的纸上谈兵之辈。而这样的流弊也是韩非坚决反对的。《韩非子·五蠹》说："（今）境内皆言兵，藏孙、吴之书者家有之，而兵愈弱，言战者多，被甲者少也。故明主用其力，不听其言；赏其功，必禁无用。"这里韩非所主张禁止的，恐怕不是有的学者所说的要禁止孙、吴本人的思想或"搜藏他们的书也在必须禁止之列了"[①]，而实是要禁止那种空谈兵学理论的行为。

二、韩非对先秦儒、墨思想的批判和继承

韩非专门写了一篇批判当时两个最为显赫的儒家和墨家的文章——《显学》。文章的开头说：

> 世之显学，儒、墨也。儒之所至，孔丘也。墨之所至，墨翟也。自孔子之死也，有子张之儒，有子思之儒，有颜氏之儒，有孟氏之儒，有漆雕氏之儒，有仲良氏之儒，有孙氏之儒，有乐正氏儒。自墨子之死也，有相里氏之墨，有相夫氏之墨，有邓陵氏之墨。故孔、墨之后，儒分为八，墨离为三……非愚则诬也。

人们因此断定韩非对儒家和墨家学说，采取的完全是一种批判和否定的态度。但是，批判和否定只是问题的一个方面，韩非对儒家和墨家思想流派演变情况的详细把握，本身就说明他是对儒、墨二家的思想和学说是做过深入研究的，作为一位站在新世纪前沿的思想家，他在批判

---

① 郭沫若：《十批判书》，人民出版社 2012 年版，第 295 页。

和否定儒、墨的同时，对儒、墨的态度必定还存在另一面——继承和吸收。

从现有史料来看，韩非对儒家诸派学说的继承与批判殆以孔子、荀子、思孟为多。此外，他对曾子杀彘的诚信、宰予反对田常篡立的立场也有认同和肯定。

韩非对儒家思想的继承与吸收，最多的是表现在对孔子的态度，《韩非子》中有很多地方直斥孔丘，但也有很多地方是引用和称赞孔子的观点的。如果说《说林》上、下二篇关于孔子的故事，其中"吹捧孔丘"，是因为《说林》本是"为创作而准备的原始资料汇编"，那些故事"当是儒家系统"的话，那么，《内外储说》六篇则是作者精心写作的"先提纲挈领地列出论点，然后加以解释和发挥"的论文①，其中引述的孔子观点，则无疑应该看作是韩非经过认真选择、认为值得吸取的孔子思想内容，而恐怕不只是"走私般地顺受了"。《内外储说》六篇共引述关于孔子的故事 12 则，平均每篇 2 则。在这些故事中，如孔子回答鲁哀公"今寡人举事，与群臣虑之，而国愈乱，其故何也"的提问时说："今群臣无一辞同轨乎季孙。"韩非实际是从孔子的回答中提炼和吸收了他自己非常赞同的"听有门户则主雍塞"的观点；鲁哀公问《春秋》为何记"冬十二月霣霜不杀菽"和子贡问殷法刑弃灰时，孔子回答说："宜杀而不杀，桃李冬实。"和"治之道"在于"使人行之所易，而无离所恶"，则实际包含了孔子可能有过、而特别为韩非所认同的严刑重罚的观点。孔子"治国者，不可失平也"的观点，显然是韩非"法不阿贵，绳不挠曲"，"贵贱不相逾，愚智提衡而立"，执法公平的思想的源头之一；孔子食桃"先饭黍而后啖桃"时提出的"君

---

① 周勋初：《〈韩非子〉札记·历历如贯珠的一种新文体——储说》，见《周勋初文集》（一），江苏古籍出版社 2000 年版，第 329、380、381 页。

子以贱雪贵，不闻以贵雪贱"的观点，以及制止子路以私粟餐作沟者时所谓"夫礼，天子爱天下，诸侯爱境内，大夫爱官职，士爱其家，过其所爱曰侵"的观点，无疑也启发韩非提出"尊主卑臣，明分职不得相逾"（司马谈：《论六家之要指》）的法家思想。

有人可能认为韩非对儒家完全是敌视态度，因而韩非在上面诸篇中引述孔子故事，应当做寓言来看待。但我们只能说，这种看法可能是受韩非与儒家思想绝对对立这种先入之见影响的结果，并不符合实际情形。因为不仅这些关于孔子的故事，在儒家典籍如《春秋》《孔子家语》《说苑》及后世类书如《初学记》《太平御览》中都有记载，不可能出于韩非的杜撰，而且其中许多故事所反映的孔子思想，与其他儒家典籍中的孔子观点也是一致的。徐复观因此认为"他（韩非）终不能将儒家经学中的典籍及孔子完全抹煞。"[1] 具体如《外储说右上》中孔子斥责子路以私粟饭作沟者的记载，就与《论语·八佾》中孙子对季氏"八佾舞于庭"的僭礼，"是可忍也，孰不可忍也"的怒吼，《论语·先进》篇中孔子见弟子冉求为季氏"敛而附益之"时，要弟子对冉求"鸣鼓而击"之的态度，是完全吻合的。又如《内储说上七术》中记孔子"宜杀而不杀，桃李冬实"和"治之道"在"使人行所易，而离所恶"的观点，也与《史记·孔子世家》及《孔子家语·始诛》中"朝政七日而诛乱政大夫少正卯"的动机与行为完全一致。

韩非同时也吸收了儒家思孟学派其关于心（性）重要性的观点。孟子说："心之官则思，思则得之，不思则不得也。"（《孟子·告子上》）"尽其心者，知其性也；知其性，则知天矣。"（《孟子·尽心上》、《中庸》略同）说明思孟认为统治人，最重要的是使人"心服"，

---

① 《徐复观论经学史二种》，上海书店出版社 2002 年版，第 40 页。

"以力服人者，非心服也，力不赡也；以德服人者，中心悦而诚服也。"①（《公孙丑上》）《韩非子·诡使》也说：社会上之所以有乱法违禁的行为，关键在于"士有二心私学"；因此，相应的"禁奸之法"，应该是"太上禁其心，其次禁其言，其次禁其事"（《说疑》）。尽管韩非的目的和思孟相反，但他要制服"人心"的思路却与思孟极其相似。韩非的这一思想，应是取之于子思、孟氏之儒的。对于作为其师说的"孙氏（荀氏）之儒"，韩非则吸取了其性恶论和"隆礼重法""法后王"的社会进化观。荀子说："生而有耳目之欲，有好声色焉。""今人之性，饥而欲饱，寒而欲暖，劳而欲休，此人之情性也。"（《荀子·性恶》）韩非也说："人以肠胃为根本，不食则不能活，是以不免于欲利之心。"（《解老》）"人为婴儿也，父母养之简，子长而怨。子盛壮成人，其供养薄，父母怒而诮之。子、父至亲也，而或谯或怨者，皆挟相为而不周于为己也。"（《外储说左上》）"民之性，恶劳而乐佚。"（《心度》）这些地方，都可以看出韩非对荀子思想的继承。荀子说："养人之欲，给人之求，使欲必不穷乎物，物必不屈于欲，两者相持而长，是礼之所起也。"（《礼论》）"起礼义，制法度，以矫饰人之情性而正之，以扰化人之情性而导之也。始皆出于治，合于道者也。"（《性恶》）韩非说："而圣人者，审于是非之实，察于治乱之情也。故其治国也，正明法，陈严刑，将以救群生之乱，去天下之祸，使强不陵弱，众不暴寡，耆老得遂，幼孤得长，边境不侵，君臣相亲，父子相保，而无死亡系虏之患，此亦功之至厚者也！"（《奸劫弑臣》）这又可以见出韩非继承了荀子礼法发生论的观点。荀子说："夫曰尧舜擅让，是虚言也，是浅者之传，陋者之说也……未可与及天下之大理者也！"（《荀子·正

---

① 案：有学者认为，孟子心性论"对《管子》的心气论进行了全面的吸收和改造"。参见白奚：《稷下学研究——中国古代的思想自由与百家争鸣》，生活·读书·新知三联书店1998年版，第175—184页。

　思想的碰撞——学术批评史视野下的先秦诸子百家争鸣

论》）"百王之道，后王是也。"（《不苟》）"彼后王者，天下之君也，舍后王而道上古，譬之是犹舍己之君而事人之君也。"（《非相》）韩非说："古之所谓圣君明王者，非长幼弱也及以次序也；以其构党与，聚巷族，逼上弑君而求其利也……舜逼尧，禹逼舜，汤放桀，武王伐纣。此四王者，人臣弑其君者也……察四王之情，贪得人之意也；度其行，暴乱之兵也。"（《说疑》）"然则今有美尧、舜、汤、武、禹之道于当今之世者，必为新圣笑矣。是以圣人不期修古，不法常可，论世之事，因为之备。"（《五蠹》）则韩非在历史观方面对"荀氏之儒"也有继承和吸取。

墨家学派的相里氏、相夫氏、邓陵氏三家之墨，近代学者蒙文通认为实即《墨子·耕柱》中的"谈辩者""说书者"和"从事者"。《庄子·天下》"相里勤之弟子，五侯之子；南方之墨者苦获、已齿、邓陵氏之属，俱诵《墨经》……以坚白、同异之辩相訾"，为"谈辩一派"；《吕氏春秋·去宥》中的"东方之墨者谢子"，"说（秦惠）王，王弗听，谢子不悦，遂辞而行"，则为"说书一派"；韩非所谓"相夫氏之墨"，盖"为从事一派，不重理论，不在诵《墨经》而倍谲不同之列。"而"庄书所言，视韩子有相里，无伯夫，庄不应遗东墨不论，则相里勤为东墨而伯夫（即"相夫氏"）自应为秦墨也。"[1] 因此，韩非要继承和吸取的，主要是墨家学派中注重实际才能一派的观点。

韩非对墨子思想的继承和吸收是很明显的。《韩非子·八经》说："官袭节而进，以至大任，智也。"《显学》说："故明主之吏，宰相必起于州部，猛将必发于卒伍。"这明显是对墨家学者田鸠答徐渠"不试于屯伯，不关乎州部，故有失政亡国之患"思想的发挥。周勋初先生

---

① 蒙文通：《论墨学源流与儒墨汇合》，见《古学甄微》，巴蜀书社1987年版，第211—212页。

指出，墨家"强调尊君，主张尚同，就是说要把全国的意志都要集中到天子那里"的观点，就因与韩非一致因而被其吸收①。"韩非子思想源于墨子者，不仅在于名理之承继，如墨子名理之法仪与法家法度之法术，就有类似之点。更重要的是，韩非接受了墨家所具有的显族贵族的阶级意识"；把《墨子·尚贤》与《非命》二篇，在理论上同情了国民阶级，主张赖劳力以生，反对旧氏族的"非所学而能"的观点"接受下来"②。《韩非子·外储说左上》记载了两则关于墨子的故事：

> 楚王谓田鸠曰："墨子者，显学也。其身体则可，其言多而不辩，何也？"曰："……墨子之说，传先王之道，论圣人之言，以宣告人。若辩其辞，则恐人怀其文，忘其直，以文害用也。此与楚人鬻珠、秦伯嫁女同类，故其言多不辩。"

> 墨子为木鸢，三年而成，蜚一日而败。弟子曰："先生之巧，至能使木鸢飞。"墨子曰："吾不如为车輗者巧也。用咫尺之木，不费一朝之事，而引三十石之任，致远力多，久于岁数。今我为鸢，三年成，蜚一日而败。"惠子闻之曰："墨子大巧，巧为輗，拙为鸢。"

显然，韩非在这里是要继承和吸取墨子及其后学"秦墨"重实用、尚质朴、去文采的观念。

当然，儒、墨也是先秦诸子中韩非批判最为集中、最为猛烈的两家。《韩非子·显学》说：

> 孔子、墨子俱道尧、舜，而取舍不同，皆自谓真尧、舜，尧、

---

① 周勋初：《韩非》，见《周勋初文集》（一），江苏古籍出版社2000年版，第571页。
② 侯外庐、赵纪彬、杜国庠：《中国思想通史》（第一卷），人民出版社1957年版，第613—614页。

舜不复生，将谁使定儒、墨之诚乎？……故明据先王，必定尧、舜者，非愚则诬也。愚诬之学，杂反之行，明主弗受也。

这与《五蠹》篇所谓"儒以文乱法，侠以武犯禁"一样，都是合儒、墨两家而加以批判的。批判的内容是儒、墨两家的"无参验而必之者"和"弗能必而据之者"。但更具体地讲，韩非批判的锋芒又似乎更侧重于儒家中的"孟氏之儒"和墨家中的"东墨""说书者"和"南方之墨""谈辩者"。为什么说韩非所批判的儒家实为"孟氏之儒"呢？《韩非子·显学》篇说："今或谓人曰：'使子必智而寿。'则世必以为狂……以仁义教人，是以智与寿说也……言先王之仁义，无益于治。""今世儒者之说人主，不言今之所以为治，而语已治之功；不审官法之事，不察奸邪之情，而皆道上古之传誉、先王之成功。儒者饰辞曰：'听吾言，则可以霸王。'此说者之巫祝，有度之主不受也……今不知治者必曰：'得民之心。'欲得民之心而可以为治，则是伊尹、管仲无所用也，将听民而已矣。民智之不可用，犹婴儿之心也。"这明显是针对孟子学说而发的。张岱年先生说："孔子讲仁，又讲义，但据《论语》所载，孔子未尝以仁义相连并举……《左传》亦无以仁义相连并举之例。二十年代，梁任公曾谓仁义对举始于孟子（《古书真伪及其年代》），事实上，《墨子》书记述墨子的言论，已将仁义相连并举了。"[1]但是，即使孟子在诸子中并不一定是谈仁义最早的，但他至少是儒家中谈仁义最多的。故朱熹《孟子序说》引程子之言曰："仲尼只说一个'仁'字，孟子开口便说'仁义'"；"孟子有功于圣门，不可胜言。"[2]此其一。《孟子·梁惠王上》载："齐宣王问（孟子）曰：'齐桓、晋

---

① 张岱年：《中国古典哲学概念范畴要论》，中国社会科学出版社 1987 年版，第161—162 页。

② （宋）朱熹：《四书章句集注》，上海古籍出版社、安徽教育出版社 2001 年版，第 232 页。

文之事可得闻乎？'孟子对曰：'仲尼之徒无道桓、文之事者，是以后世无传焉。臣之未闻也。无以，则王乎？'……曰：'保民而王，莫之能御也。'"在《公孙丑下》篇孟子又说："行仁政而王，莫之能御也。"都是称"道上古之传誉"及尧、舜、汤、武之事和"唐虞之道德"的。这与《韩非子·显学》所谓"今世儒者之说人主"者最为相似。此其二。孟子教人主者，除了"行仁义"之外，另外一点则为"得民心"。《孟子·尽心上》载："孟子曰：'仁言，不如仁声之入人深也。善政，不如善教之得民也。善政民畏之，善教民爱之；善政得民财，善教得民心。"《孟子·离娄上》亦载孟子之言曰："桀、纣之失天下也，失其民也；失其民者，失其心也。得天下有道，得其民，斯得天下矣；得其民有道，得其心，斯得民矣。"这就是所谓"得民心者得天下"一说的源头，亦是韩非所斥"今不知治者"之所言。此其三。孟子不仅在儒家，在整个战国诸子之学有两个特点也很鲜明：一是其善辩（孟子尝自谓："予岂好辩哉？予不得已也。"即可为证）；二是孟子之学"在当时很有显学的气派，所谓'后车数十乘，从者数百人'，他到哪一个国家，都敢于批评国君而无所顾忌，甚至责备得国君'顾左右而言他'"[①]韩非批儒家不能不从"孟氏之儒"开刀。此其四也。而他批判儒家学说的重点又不能不集中于仁义之言、行仁政、得民心之说及其好辩上。他的基本逻辑是：仁义者，"慈惠而轻财者也。""慈惠，则不忍；轻财，则好与……不忍，则罚多宥赦；好与，则赏多无功……下肆而轻犯禁法，偷幸而望于上……皆亡国者也。"（《八说》）至于其他的儒家学派如"漆雕氏之儒"等，韩非不过是指出其"不色挠，不目逃，行曲则违于臧获，行直则怒于诸侯"的"暴"，与宋荣子之

---

① 侯外庐、赵纪彬、杜国庠：《中国思想通史》（第一卷），人民出版社 1957 年版，第 390 页。

"宽"的矛盾对立，人主不可两立而兼礼之。

对于墨家学说，韩非除了一般地合儒家而批判之外，主要对墨翟"尚贤"和"节财"的观点提出了相反的看法。《韩非子·二柄》说："人主有二患：任贤，则臣将乘于贤以劫其君；妄举，则事沮不胜。故人主好贤，则群臣饰行以要君欲，则是群臣之情不效；群臣之情不效，则人主无以异其臣矣。"这是他反对"尚贤"的理由。《难三》则就"政在选贤"和"政在节财"的观点作出了反驳。韩非认为"选贤"会导致大臣"内比周以愚其君"，是"使宗庙不扫除，社稷不血食者"；"节财"，则不仅会富了私家，而且也破坏了君臣上下的等级制度："有君以千里养其口腹，则虽桀、纣不侈焉……明君使人无私，以诈而食者禁；力尽于事，归利于上者必闻，闻者必赏；污秽为私者必知，知者必诛。然，故忠臣尽忠于公，民士竭力于家，百官精克于上，侈倍景公，非国之患也。"这也就等于是说，"选贤""节财"之说乃不知"秉国之要"。

《显学》则主要针对稷下墨子学派，即"东方之墨""说书一派"的代表人物——宋荣子的学术思想提出了批评。宋荣子，即宋钘，又称宋牼，战国时宋国人。《庄子·天下》篇曰："不累于俗，不饰于物，不苟于人，不忮于众，愿天下之安宁以活民命，人我之养毕足而止，以此白心，古之道术有在于是者。宋钘、尹文闻其风而悦之，作为华山之冠以自表，接万物以别宥为始；语心之容，命之曰心之行，以聏合驩，以调海内，请欲置之以为主。见侮不辱，救民之斗，禁攻寝兵，救世之战。以此周行天下，上说下教，虽天下不取，强聒而不舍者也，故曰上下见厌而强见也。"《汉书·艺文志》"小说类"著录"《宋子》十八篇"，班固自注："孙卿道：'《宋子》，其言黄老意。'"据此，郭沫若等人乃将宋钘、尹文视为稷下黄老道家一派。但《荀子·非十二子》和《韩非子》中的此篇所述，他们都"把宋钘与墨子合论……把宋钘看成墨家一派"。因而，今天学者们有更多理由认为："宋钘在亲身实践着墨家的主张，先秦重要的思想家中唯独宋钘采取同墨子一样的行动，这一点最能说明宋钘是墨家。"① 当然，如果根据蒙文通先生的研究，宋钘当与《吕氏春秋·去宥》所言谢子同为"东方之墨"。

韩非对宋荣子（宋钘、宋牼）思想的批判，实际并不止于《显学》篇对他与儒家同属"杂反之学"的攻击。宋荣子主张"设不斗争，取不随仇"；"见侮不辱"，做人不妨做孬种。这种主张不仅与韩非用战争兼并天下的"霸道"相抵触，而更重要的是它会松懈国民的斗志，使法家费了好大劲才使得人们绷紧的战斗神经松开，这可就非同小可了。况且，宋荣子"不羞囹圄"，那法家制定的法令制度岂不白费？这种学说显然是一种"二心私学"。而"私者，所以乱法也"。如此，则"大者非世，细者惑下"，会使法家的理想化为泡影。

三、韩非对道家思想的批判与继承

道家是对韩非有重要影响的学派。现代学者认为先秦道家实分南北二派：南方以老庄为代表，菲薄仁义；北方道家远源于列御寇，创始于杨朱，发挥于田骈、慎到，而下开稷下及秦汉黄老道家，以杨朱的"贵己""尊生"思想为根本，"不绌仁义"，詹何、子华子、它嚣、魏牟、田骈等实属北方道家②。我们则认为，先秦道家实则可分为南方老庄、北方杨朱和稷下黄老三派。《史记·老庄申韩列传》说，韩非"喜刑名法术之学，而归其本于黄老。"这说明韩非主要是继承了道家学派中稷下黄老一系的思想，而批判了道家学派中近于儒墨、名辩家的观

---

① 白奚：《稷下学研究——中国古代的思想自由与百家争鸣》，生活·读书·新知三联书店 1998 年版，第 196—197 页。

② 蒙文通：《杨朱学派考》，见《古学甄微》，巴蜀书社 1987 年版，第 235—247 页。参阅萧萐父：《蒙文通与道家》，见《吹沙二集》，巴蜀书社 1999 年版。

点。因为"黄老之学"的一个"要点"，就是"认为'养生'和'治国'是一个道理的两方面的应用"，把杨朱学派原有的全生、"保生"思想，"加以改造，应用到治国"①。《韩非子》中有《解老》《喻老》二篇，韩非说："道者，万物之所然也，万理之所稽也。"这就吸收了老子以"自然"解"道"的思想。韩非之前，尽管讲诸子已明分"道"为天道、地道、人道（《易传》），以便"天人相分"（《荀子·天论》）。但至战国中期，特别是在儒家"思孟学派"那里，始终并未脱离"天道"对"人道"的干预。《中庸》说："天命之谓性，率性之谓道，修道之谓教。"（《郭店楚墓竹简·性自命出》略同）荀子是主张"天人相分"的，但他提出的理想是：人"积善而不息，则通于神明，参于天地矣。"（《荀子·性恶》）又说："道者，非天之道，非地之道，人之所以道也。"（《儒效》）这就使他的"道"仍不能完全落实于"自然之道"，而必然与人道相联系。只有《老子》中的"道"，虽然"先天地生"，"恍兮惚兮"，但却是完全效法"自然"的，纯为自然之道。韩非说："道者，万物之所以然也"；"万物之所以成也"。"万物各异理，而道尽稽万物之理，故不得不化。""德者，内也。得者，外也。"这就斩断了"天道"影响"人道"的任何可能，使"道"完全成为了客观自然之物的总规律。而这种观点，正是老子道论的精髓。

其次，韩非还继承和吸取了黄老学派的治国思想。《韩非子·主道》曾引黄帝之言："上下一日百战。"而《韩非子》全书"引证《老子》原文或阐发老子思想的达十九篇之多，占全书三分之一强"②。韩非引用或阐发黄老思想，当然吸收的是黄老思想。韩非不同于黄老之处，是他只谈治国，而不谈治身。老子说："治大国若烹小鲜。"在黄

① 冯友兰：《中国哲学史新编》（上），人民出版社 2001 年版，第 492 页。
② 陈奇猷、张觉：《韩非子导读》，巴蜀书社 1990 年版，第 118 页。

老道家中则既要虚静无为，又要"尚法"，而且是"名为法用，以名论法"。《管子》一书，学界向来以为"是稷下学术中心的一部论文集"，"但中心是黄老之学的论文"①。而当时的"稷下先生中自然应包括司马迁列举的邹衍、慎到、田骈、尹文、接子等人"②。因此，《管子》一书可代表稷下黄老道家的思想。《管子·明法解》说："法者，天下之程式也，万事之仪表也。"《任法》说："法者，天下之至道也。"这是以法为天地间的最高准则。《管子·心术上》说："无为之道，因也。因也者，无益无损也，以其形因为之名，此因之术也。"又说："是故有道之君，其处也若无知；其应物也若偶之。静因之道也。"这又是主虚静无为，"以名论法，名为法用"了。韩非继承和吸收了黄老道家这方面的思想。故《韩非子·有度》说："明主使其群臣不游意于法之外，不为惠于法之内。"《饰邪》说："释规而任巧，释法而任智，惑乱之道也。"《扬权》说："故圣人执一以静，使名自命，令事自定。""虚静无为，道之情也；参伍比物，事之形也。参之以比物，伍之以合虚。"显然，这都是对稷下道家思想的继承。

再次，韩非继承和吸取了黄老道家"采儒墨之善，撮名法之要"的整合诸子学术的思路。在老庄道家中，仁、义、礼、智这些儒家的核心价值是被抨击的对象③，但稷下道家却不反对仁义，正如其"尚法"一样。这是公认的事实。而且，他们还从礼法的关系，论证了礼法并用、注重民心和道德教化的重要性。《管子·心术上》说："君臣、父子，人间之事谓之义；登降揖让，贵贱有等，亲疏之体谓之礼。""义

---

① 冯友兰：《中国哲学史新编》（上），人民出版社 2001 年版，第 499 页。

② 白奚：《稷下学研究——中国古代的思想自由与百家争鸣》，生活·读书·新知三联书店 1998 年版，第 218 页。

③ 参阅黄钊：《竹简〈老子〉的版本归属及其文献价值探微》，见武汉大学中国文化研究院编：《郭店楚简国际学术研讨会论文集》，湖北人民出版社 2000 年版。

者，谓各处其宜也。礼者，因人之情，缘义之理，而为之节文者也。故礼者，谓有理也。理也者，明分以谕义之意也。故礼出乎义，义出乎理，理因乎道者也（"道"原作"宜"，据郭沫若《管子集校》改）。法者，所以同出，不得不然者也。故杀僇禁诛以一之也。"这就是所谓"礼出于法"（《管子·任法》）、"法出于礼"（《管子·枢言》）。而且稷下道家还认为执法要"得民心"，几乎跑到儒家一边去了。《管子·七主七臣》说："刑罚繁则奸不禁，主严诛则失民心。"即是此意。稷下道家的这一思路，基本上也被韩非继承和吸收了。《韩非子·解老》既和《管子》一样，以"君臣上下之事也，父子贵贱之差也，知交朋友之接也，亲疏内外之分也"释"义"，以"群义之文章也，君臣父子之交也，贵贱贤不肖之所以别也"释"礼"，又将其与"道""德"联系起来考察：

> 道有积而德有功；德者，道之功。功有实而实有光；仁者，德之光。光有泽而泽有事；义者，仁之事也。事有礼而礼有文；礼者，义之文也。故曰："失道而后失德，失德而后失仁，失仁而后失义，失义而后失礼。"

韩非的这段话，前半和《管子·心术上》如出一辙；后半引《老子》又与今本不同，而近于可能属于"不细仁义"之"稷下传本"的"郭店《老子》"。可见，韩非是怎样继承和吸取了稷下道家融合百家的思路。

当然，韩非对道家学派也有严肃而尖刻的批判。《外储说左上》说：魏牟、长卢子、詹何、庄周这些道家人物"皆鬼魅也"，就是其例。但是，韩非的批判，只是针对这些人"论有迂深闳大"，不切实际，无法参验的方面。《韩非子·解老》批评"詹何坐，弟子侍，牛鸣于门外"，詹子猜出"黑牛也，而白在其角"，这种行为是"无缘而妄意度也"的"前识";而"前识者，道之华也，而愚之首也"。韩非之所以要批判这些道家人物，除了其言行的"妄意度"、无法参验之外；另一个重要原因则是他们有出世或遁世倾向，"无用"而"乱法"。《韩非子·忠孝》说："世之所为烈士者，离众独行，取异于人，为恬淡之学而理恍惚之言。臣以为：恬淡，无用之教也；恍惚，无法之言也。……恍惚之言，恬淡之学，天下之惑术也。"这就将批判的立足点和批判的理论根据，仍回到法家的"功用"和"尚法"上来了。

四、韩非对先秦其他诸子学派的扬弃

韩非对道家学派采取了一种区分不同流派、不同思想观点的批判继承方法，他在总结名、兵、农、杂、阴阳、纵横及小说家等先秦诸子其他学派的思想时，也无不使用此法。上世纪 40 年代，郭沫若在《十批判书》中仅称名家为"名辩思潮"，并将列御寇、宋钘、尹文、告子、孟子等与惠施、兒说、桓团、公孙龙一并论列①；而蒙文通既认为"以兵、农、纵横统为法家"，又认为"阴阳、名、杂分属墨、道二家"②。今不复详辨诸子思想之流变，仅举其荦荦大端，以略论韩非对诸子学术的总结，无不取一种辩证扬弃的态度。

1. 名家

韩非对名家主要继承和吸取了其"审其名实""名实相当"和形式逻辑方面的学说，他的"术治"理论中反复强调要"循名责实""形名参同"，他在《难一》《难二》《难三》《难四》等篇中，又每使用揭示对方矛盾以驳难对方的方法，这些都是他对名家思想的吸收。而对于名辩思潮中的"坚白""同异"之辩、"无厚""有间"之词、"白马非

---

① 郭沫若：《十批判书·名辩思潮的批判》，见《郭沫若全集·历史编（第 2 卷）》，人民出版社 1982 年版。

② 蒙文通：《法家流变考》，见《古学甄微》，巴蜀书社 1987 年版，第 285、311 页。

马"之论,他只能如荀况、司马谈、刘向、刘歆等人一样,不能真正了解或者出于误解,从无实用价值的角度批评其为"虚辞"。《外储说左上·说二》曰:

> 兒说,宋人,善辩者也,持"白马非马也"服齐稷下之辩者。乘白马而过关,则顾白马之赋。故藉之虚辞,则能胜一国;考实按形,不能谩于一人。

《韩非子·问辩》更进一步说:"坚白、无厚之词章,而宪令之法息。"看来,韩非认为名辩思潮与儒家学说一样,还有"乱法"的危害,必须加以禁止。

2. 农家

《汉书·艺文志》曰:"农家者流,盖出于农稷之官,播百谷,劝耕桑以足衣食,故八政一曰食,二曰货。孔子曰:所重民食。此其所长也。及鄙者为之,以为无所事圣王,欲使君臣并耕,悖上下之序。"《汉书·艺文志》著录有"农九家百一十四篇",首列"《神农》二十篇",班固自注:"六国时诸子疾时怠于农业,道耕农事,托之神农。"颜师古注:"师古曰:'刘向《别录》云:'疑李悝及商君所说。'"前文已经指出,李悝、商鞅乃法家祖师,李悝有"尽地力之教"、商鞅有"壹于耕战"之法,韩非在继承他们法家思想的同时,也吸取了他们思想中的农家的成分。韩非认为"人无毛羽,不衣则不犯寒;上不属天而下不着地,以肠胃为根本不食则不能活",所以要"事利其产业",使"民蕃息而畜积盛"。理由很简单:"田荒则府仓虚,府仓虚则国贫,国贫而民俗淫侈,民俗淫侈则衣食之业绝,衣食之业绝则民不得无饰巧诈。"(《韩非子·解老》)"不能辟草莱生粟而劝贷施赏赐,不为能富民者也",故"明主不受也"(《韩非子·八说》)。因此,韩非甚至告诉人们如何才能增加收入,"举事慎阴阳之和,种树节四时之适,无早晚之失、寒温之灾，则入多。不以小功妨大务，不以私欲害人事，丈夫尽于耕农，妇人力于织纴，则入多。务于畜养之理，察于土地之宜，六畜遂，五谷殖，则入多。"（《韩非子·难三》）"财用足而力作者"，只有神农这类"圣人"才可做到；常人则必须力耕。君主不重耕战，则必将亡国（《韩非子·亡征》）。

韩非对农家思想的批判，应该主要集中于农家学派中的"鄙者"以为"无所事圣王，欲使君臣并耕"的思想。因为这种思想不仅"悖上下之序"，而且还有无政府主义倾向①。韩非是坚决主张"贵贱不相逾"的（《有度》），在他看来，"臣事君，子事父，妻事夫。三者顺则天下治，三者逆则天下乱，此天下之常道也。"怎么可能使君臣并耕，甚至不要君主呢？韩非此言不一定是针对农家而发，但却是与农家学说正相反对的。

3. 杂家

杂家是战国中后期出现的一种"兼儒墨，合名法，知国体"的学术思潮（《汉书·艺文志》）。而在这些学派中，从政治思想上来说，受儒家的影响为大。吕不韦及其《吕氏春秋》是战国杂家的代表。韩非子对与其同时、著书年代约略相当的杂家人物及其思想也有批判和继承。

韩非继承和吸收吕不韦的学说，主要是吸收了吕氏综合儒、道、墨、农、阴阳等诸子百家思想的学术视野和思路。吕不韦的杂家思想，从某种意义上说，与稷下黄老学派，"采儒墨之善，撮名法之要"的综合诸子百家的思路是一致的；不同的只是，稷下黄老学派以道家思想为主干，"归本于黄老"；而"杂家"思想主张则显得更为庞杂，虽庞杂

---

① 吕思勉：《先秦学术概论》，岳麓书社 2010 年版，第 123、125 页。

中"大抵以儒为主，而参以道家、墨家。"① 韩非对凡当时学术思想界出现的各种学说均纳入自己的视野，并加以批判地继承，显然也受到杂家的影响。

但是，韩非却对《吕氏春秋》这种杂家代表著作中表现的儒家思想倾向进行了针锋相对的批判。《韩非子·难一》和《吕氏春秋·义赏》都记载了晋文公城濮之战后行赏先"雍季而后舅犯（咎犯）"的故事，但《吕氏春秋》只记到孔子闻之，称赞晋文公善赏、"足以霸矣"为止，表明《吕氏春秋》是赞成孔子之说的。但《韩非子·难一》却不然，他在记叙完这个故事后借"或曰"，对雍季、晋文公乃至孔子做了大篇的驳难。这一驳难，不仅可以说明《难一》一文是韩非"在读到了《吕氏春秋》的文章之后写作的"②；也可以使我们看到韩非对吕氏的观点是完全否定的。《韩非子》中的《难一》《难二》还对《吕氏春秋》中的《知接》《下贤》二篇中齐桓公向管仲问用人、齐桓公见小臣稷，及《吕氏春秋》中的《任数》《贵直》二篇中凡事均要有司问管仲和赵简子听行人烛过之言躬冒矢石的故事，逐一进行了驳斥，表明他反对礼贤下士、"佚于使人"及君主事必躬亲的观点。韩非表面上所驳斥的可能是晋文公、管仲、孔子或其他人的观点，但最终的锋芒无疑是指向杂家的。

4. 阴阳数术

《汉书·艺文志》云："阴阳家者流，盖出于羲和之官。敬顺昊天，历象日月星辰，敬授民时，此其所长也。及拘者为之，则牵于禁忌，泥于小数，舍人事而任鬼神。"这与司马谈《论六家之要指》中所说："序四时之大顺，不可失也"；"阴阳之术，大祥而众忌讳，使人拘而多

---

① （清）纪昀总纂：《四库全书总目提要》（上册），中华书局1965年版，第1009页。
② 周勋初：《〈韩非子〉札记》，《周勋初文集》（一），江苏古籍出版社2000年版，第395页。

所畏。"二者基本相同。《汉书·艺文志》"数术略"又有"耆龟""杂占""形法""数术""医经""经方""房中""神仙"之类，其理论根据皆在阴阳学说，故吕思勉说："论其学，（"阴阳"与"数术"）二家实无甚区别。盖数术家陈其数而阴阳家明其义耳。"① 韩非亦多混合二家以言之。

韩非对阴阳数术采取的是一种实用主义态度。《韩非子·难二》说："举事慎阴阳之和，种树节四时之适，无早晚之失、寒温之灾，则入多。"因为阴阳学说此方面内容有利于耕桑，自然是他主张吸收和利用的。《内储说上七术》和《难四》都引述了侏儒以梦说卫灵公的故事，韩非虽然以梦解为无稽之谈，但又认为侏儒借梦批评了君主"听有门户则主雍塞"的现象："不亦可乎！"

韩非批判了阴阳数术论事缺乏事实根据，不能参验的弊端。《韩非子·亡征》说："用时日，事鬼神，信卜筮，而好祭祀者，可亡也。"《饰邪》又说：燕、赵、魏等国，"凿龟数策，兆曰'大吉'"。先得意于邻，"一旦与秦国交战，则割地失国"："此非丰隆、五行、太一、王相、摄提、六神、五括、天河、殷抢、岁星数年在西也，又非天缺、弧逆、刑星、荧惑、奎台数年在东也。"恃此而战，"愚莫大焉"。韩非认为，邹衍谈天之类，也同儒、墨的辩说一样，无用而乱法。"今战胜攻取之士劳而赏不沾，而卜筮、视手理、狐虫为顺辞于前者日赐"，一定会导致君主名卑位危。

《汉书·艺文志》"数术略"中的"医经""经方""房中""神仙"四家，大略相当于后世所谓"医家"。韩非对于"医家"主要是从中吸收了两方面的治国道理：一是远祸避乱应从小处着手，早做准备。《韩非子·解老》借"扁鹊见蔡桓侯"，屡次劝桓侯治病不听，最后却

---

① 吕思勉：《先秦学术概论》，岳麓书社2010年版，第127页。

"望桓侯而还走"，桓侯亦不治身死的故事，说明"良医之治病也，攻之于腠理。此皆争之于小者也。夫事之祸福亦有腠理之地，故曰圣人蚤从事焉。"二是认为救危革弊，必须要忍心刺骨，忠言逆耳，良药苦口。《韩非子·安危》曰："闻古扁鹊之治其病也，以刀刺骨；圣人之救危国也，以忠拂耳……故甚病之人利在忍痛，猛毅之君以福拂耳。""忍痛，故扁鹊尽巧；拂耳，则子胥不失：寿安之术也。"《六反》说："夫弹痤者痛，饮药者苦，为苦惫之故，不弹痤饮药，则身不活，病不已矣。"说的同样是这个道理。

韩非对医家的吸取多于批判。所谓批判，主要是提醒君主要防备身边的后妃、太子等"有欲君之早死者"，使用鸩毒等医药学的手段危害君主（《韩非子·备内》）。同时，韩非还告诫君主，神仙之言乃是无根据的骗术。《韩非子·内储说上七术》记载了一则关于齐人使齐王见河伯的故事，而所谓的河伯其实只不过是一条大鱼。《外储说左上》又载："燕王使人学不死之道"，"所使学者未及学"而教者已死，燕王大怒，诛"所使学者"。韩非批判说："王不知客之欺己，而诛学者之晚也。夫信不然之物而诛无罪之臣，不察之患也。且人所急无如其身，不能自使其无死，安能使王长生哉？"这就进一步从逻辑上揭露了神仙之术的欺骗性。

5. 纵横家

韩非对纵横家可以说表现了一种极为复杂的心理。一方面，作为一位坚持法家理想的思想家，韩非对纵横家们"不言国法而言纵横"（《忠孝》）、"简法禁而务谋虑"、"荒封内而恃交援"的行为十分反感，进行了痛切的批判。另一方面，韩非作为一位"三晋之士"[①]、一名想

[①] 《史记·张仪列传》说："三晋多权变之士。夫言从（纵）横强秦者，大抵皆三晋之人也。"

要说服当时的君主实行"法治"的"法术之士",本身就近似于纵横术士的身份,你看他的著作《说难》《难言》,"对于人情世故的心理分析是怎样的精密"①,就可以见出他对纵横辩说之术是下过很大的功夫的!他甚至准备为达到实现说服君主的目的,而像纵横家那样受最大的屈辱:"今以吾言为宰虏,而可以听用而振世,此非能仕之所耻也。"(《说难》)

以这种心理考察纵横家,韩非就会对纵横家这样"一个流品很杂的学派"②,作出一种有双向的扬弃;他继承和吸收的只是纵横家揣摩听者心理修饰的形式或方法,而对纵横家说的内容——不论是合纵还是连横,"由求名利只讲策略不讲原则"的丑恶行径,则给予了坚决的抨击:"世人多不言国法而言从(纵)横。诸侯言从(纵)横者曰:'从(纵)成必霸。'而言横者曰:'横成必王。'山东之言从(纵)横未尝一日而止也,然而功名不成,霸王不立者,虚言非所以成治也。"(《忠孝》)"从(纵)者,合众弱以攻一强也;而衡者,事一强以攻众弱也:皆非所以持国也。"(《五蠹》)

6. 小说家

《汉书·艺文志》称"小说"为"街谈巷语,道听途说者之所造也。"这就告诉我们小说实源于"说",即《韩非子》一书中常批评的"辩说者"、或"谈说者"之言。而从中国古代著述的发展来看,"说"和"解""传""注""记"一样,都是与"经"相对的一个概念。在"经"出现以前,虽然人们也要"谈说",但绝对没有人会想到应有一个"说"概念。正如西餐进入中国之前,绝对没有人在请吃饭时会问你用中餐还是西餐。"说"成为与"经"相对的一个概念之后,人们日

---

① 《郭沫若全集·历史编(第2卷)》,人民出版社1982年版,第352页。

② 周勋初:《〈韩非子〉札记》,见《周勋初文集》(一),江苏古籍出版社2000年版,第245页。

常生活仍要"谈说"，这便有必要对"说"加以分类：解"经"的"说"是一种"大说"①，而日常生活中的"说"，则为"小说"。《墨子》一书中既有《经》上下，又有《经说》上下，这个与"经"相对的"说"，应该就是"大说"；《庄子·外物》篇曰："饰小说以干县令，其于大达亦远矣。"显然，这样的"说"，只能是"修饰小行，矜持言说"，"必不能大通于至道"②，也就只能称为"小说"。诸子之书，解说本学派的始祖或言说者本人的重要论点就为"大说"或"说"；其余一般的"杂记"，则为"小说"。《汉书·艺文志》称："街谈巷语，道听途说者之所造也。"显然也有将其与"大说"相区别的意思。

韩非对小说家也作了批判的继承，一方面：他在自己的"大说"中大量引用"从现实生活中产生的历史故事和民间故事"③——即"小说"，并且认同了这些"小说"的历史真实，他在引用这些"小说"时经常采用"一曰"的形式将这些"小说"的异闻以另一种形态的文本列出，表明他是不仅超出庄子等人"小说家"不通于"大道"（以及后来班固等人）的陈见，而且他还是认同且十分重视这些"小说"的历史真实性的；但另一方面，韩非又对这些"小说"中的神话成分很不满意。《外储说左下》《外储说左下》之"说二"记："（鲁）哀公问于孔子曰'吾闻夔一足，信乎？'曰：'夔，人也，何故一足？彼其无他异，而独通于声。尧曰："夔一而足矣。"使为乐正。故君子曰："夔有一，足。"非一足也。'"韩非对"小说"神话成分的不满，正与他对"文学""辩说"之虚诞不实的批判是一致的。

---

① 李致忠在《四部分类的应用及其类表的调整》一文中说："小说家虽非大说，但亦是先秦九流十家之一。"见《国学研究》（第十卷），北京大学出版社 2002 年版。

② （清）郭庆藩撰，王孝鱼点校：《庄子集释》，中华书局 1961 年版，第 927 页。

③ 周勋初：《〈韩非子〉札记》，见《周勋初文集》（一），江苏古籍出版社 2000 年版，第 302 页。

五、韩非对先秦诸子思想的整合及其理论创新

　　韩非对先秦诸子法、儒、墨、道、名、农、兵、杂、阴阳、纵横及小说各家都有批判与继承，但是作为一位中国思想史上总结过去、开拓未来的杰出思想家，仅仅限于对以往思想成果的批判和继承是不够的，他必须对这些既有的思想资源重新整合，并做出自己的理论创新。韩非正是这样做的。

　　韩非对先秦诸子既有学术资源的整合，表现为扬弃与发展两个向度。韩非对先秦诸子"九流十家"的思想都有批判，但他的批判既不是甲、乙、丙、丁列队式地一一训斥，也不是正反各打五十大板，而是一种有归纳、有区别、有分析的批判。儒、墨同为"显学"，而道、名、纵横等家又都有"辩说""谈论"的倾向，故韩非常常将它们的这一特点结合起来加以批判。《韩非子·外储说左上》将"白马非马论"的兒说、惠施与听神仙家的燕王，及杨朱学派的季良，墨家的墨翟、宋钘，道家的魏牟、长卢子、詹何、陈骈、庄周，以及隐士（"烈士"）务光、卞随、鲍焦、介之推、田仲等人合并加以批判，认为他们"不以功用为的""不以仪的为关"，皆"鬼魅""坚瓠"之类。《五蠹》又称："儒以文乱法，侠以武犯禁"；"今境内之民皆言法，藏商、管之法者家有之，而国愈贫……藏孙、吴之书者家有之，而兵愈弱……"将法、兵、儒、侠（墨）合而批判。这些都是韩非对先秦诸子有归纳、有区别、有分析地加以扬弃的例证。

　　我们在前文已经指出，韩非子继承和吸收了稷下黄老道家整合先秦诸子思想的学术理路，《韩非子》中的《解老》《喻老》二篇将道家的"道论"，名家的循名责实、刑名参同，法家的"尚法"、儒家的仁义、礼、智之说，以及兵家的信赏必罚，农家的重本轻末，阴阳家的敬慎天时等思想融为一炉，形成其"道法"家的观点。但是，韩非并不满足于稷下黄老道家的"采儒墨之善，撮名法之要"，而是进一步将"道"

的独一无二、法的等级严格、名家的参验刑名等整合起来，作为"法"至高无上、"一断于法"的理论根据。这样，韩非既继承和吸收了诸子百家，又整合了诸子百家，并且还发展了诸子百家。即使对法家内部各家的学说，韩非也是既整合又发展的：在整合中发展，在发展中整合。商鞅的"法"、申不害的"术"、慎到的"势"，韩非认为正如衣食之于人，缺一不可：只讲法、术或势不行，且商、申本人于法、术、势都未臻尽善。因此，不能徒术而无法、势，或徒法而无术、势，而是将法、术、势三者结合起来；同时又要发展商、申、慎的固有法、术、势理论。韩非这种思路和做法，无疑已是一种理论创新。

读过韩非的著作，可能会给人一种韩非过于注重实用、而理论色彩不浓的感觉，以至于可能有人会怀疑韩非的思辨能力。其实，这只是由于其功利色彩过浓给人的错觉。《老子》说："道常无为而无不为"（第37章）；"上德无为而无以为"（第38章）；"为学日益，为道日损，损之又损，以至于无为，无为而无不为"（第48章）。从汉人到王弼，都只是将无为解为顺其自然；"以无为心"、"以虚为主"①。但《韩非子·解老》却明确将"无为"与"无思"，即"意无所制"联系起来解释：

> 所以贵无为无思为虚者，谓其意无所制也。夫无术者，故以无为无思为虚也。夫故以无为无思为虚者，其意常不忘虚；是制于为虚也。虚者，谓其意无所制也。今制于为虚，是不虚也。虚者之无为也，不以无为为有常。不以无为为有常，则虚；虚，则德盛，德盛之谓上德。

这里，韩非成功地说明了"无为""虚"或"不思"，与"思""为"的辩证关系，即"无为""虚""无思"并不是心里什么也不思考了，

---

① （魏）王弼著，楼宇烈校释：《王弼集校释》，中华书局1980年版，第90、93页。

而只是说"意无所制也"或"不以无为为有常";如果你心里常想着"虚",那正说明你被"虚"所牵制,达不到"无为""无思"或"虚"。正如冯友兰解释宋明理学家们批评佛道二家说"无"谈"虚"其实"着了相"时说:"(修行)需要有心,其目的是无心,正像为了忘记,先需要记住必须忘记。可是后来时候一到,就必须……抛弃有心,达到无心;正像终于忘记了记住必须忘记。"① 韩非对《老子》的解释,不仅对道家和法家是一种整合,为他论证君主虚静而治天下的主张铺平道路,更是对道家的"无为"、法家的"因道全法"和儒家积极有为治国思想的成功整合。《庄子·逍遥游》"藐姑射之山,有神人居焉"郭象注曰:"夫圣人虽在庙堂之上,然其心无异于山林之中,世岂识之哉!徒见其戴黄屋、佩玉玺,便谓足以缨绂其心矣……岂知至至者之不亏哉?"② 冯友兰曾说:郭象努力"使原来道家的寂寞恍惚之说,成为涉俗盖世之谈。"③ 其实,早在其数百年前的韩非已有过这种努力。《韩非子·外储说左上》"说一"云:

> 有术而御之,身坐于庙堂之上,有处女子之色,无害于治;无术而御之,身虽瘁臞,犹未有益。

韩非的所谓"有术",自然不限于"虚静无为";但"虚静无为"无疑却是"有术"的重要内容之一。因此,"有术而御之",正可以看成他自觉地整合儒、道、法三家思想的努力,是他很早即已做出的发展诸子学术的理论创新之一。

以往的观点认为,韩非继承并发展了商鞅禁绝先秦诸子思想,"在

---

① 冯友兰:《中国哲学简史》,北京大学出版社 1996 年版,第 222—223 页。
② (清)郭庆藩撰,王孝鱼点校:《庄子集释》,中华书局 1961 年版,第 28 页。
③ 冯友兰:《新原道》,见《贞元六书》(下),华东师范大学出版社 1996 年版,第 808 页。

理论与实践的结合上把文化专制主义落实了"①。说韩非有"文化专制主义思想",这是不错的,但如果简单地把他的思想看成是对商鞅主张的继续,则并不符合事实。事实上,韩非的文化思想比商鞅的"燔《诗》《书》而明法令"的主张复杂得多。这不仅因为韩非的身份和地位与商鞅受秦孝公任用为相实行变法完全不同,他不可能推行一种将儒生辩士及《诗》《书》典籍斩尽杀绝的政策。而且因为韩非对与《诗》《书》密切相关的问题的认识已吸收了当时的思想成果,因而要比商鞅深刻得多。儒、道两家都有"书不尽言,言不尽意"之说(《易·系辞上》、《庄子·外物》),韩非则对这些思想既有继承又有发展。《韩非子·外储说左上》"说三"记载这样几则故事:

> 《书》曰:"绅之束之。"宋人有治者,因重带自绅束也。人曰:"是何也?"对曰:《书》言之固然。

> 《书》曰:"既雕既琢,还归其朴。"梁人有治者,动作言学,举事于文,曰难之,顾失其实。人曰:"是何也?"对曰:"《书》言之固然。"

> 郢人有遗燕相国书者,夜书,火不明,因谓持烛者曰:"举烛。"云而过书"举烛"。举烛,非书意也。燕相受书而说之,曰:"举烛者,尚明也;尚明也者,举贤而任之。"燕相白王,王大悦,国以治。治则治矣,非书意也。今世举学者多似此类。

韩非引上述故事的目的,他自己已说得很明白:"先王之言,有其所为小而世意之大者,有其所为大而意之小者,未可必知也。"因为《诗》《书》乃"先王之言",它是否能完全准确表达"先王之意"已很难说,而理解者又难免不会像"宋人""梁人"或"燕相"那样郢书燕

---

① 刘泽华:《先秦政治思想史》,南开大学出版社 1984 年版,第 307 页。

说，那么，《诗》《书》言谈的社会效果离作者的原意相距何止是十万八千里？因此，《诗》《书》虽可能在一方面导致人们思想混乱，因而应该禁止。但另一方面，即使你把某几类书禁止了，把某些随意解释的儒生杀掉，那么"先王之意"就能准确传达下去了吗？这是不可能的。所以，韩非比商鞅高明，他虽然也主张"言行之不轨于法者必禁"，而他毕竟要比商鞅理智得多，并未直接提出"燔《诗》、《书》而明法令"，而是设想出一条富有喜剧性的策略。《韩非子·喻老》篇云：

> 王寿负书而行，见徐冯于周涂（途）。冯曰："事者，为也；为生于时，知（智）者无常事。书者，言也；言生于知（智），知（智）者不藏书。今子何独负之而行？"于是，王寿因焚其书而舞之。故知（智）者不以言谈教，而慧者不以藏书箧。

韩非的这一想法似乎太简单，甚至有些幼稚可笑，但它却是韩非在整合了儒、道、名、法等先秦诸子思想后，站在专制君主立场上做出的一项理论创新。韩非希望通过理智和人道的方式，以取代"燔《诗》、《书》而明法度"的强制与残暴，在读书人对"言"（书）、"意"关系理解后自觉而自愿地"壹言""壹教"。这与他的"太上禁其心，其次禁其言，其次禁其事"的主张一样，实是他在封建文化政策上整合了诸子思想后的一种理论创新。

从以上我们对法家商鞅和《韩非子》对先秦诸子百家学术批评的研究来看，先秦法家不仅是批评否定了儒墨"显学"的思想，对其他诸子百家的思想也有批评与扬弃；法家思想既与道家和墨家思想有渊源关系，也吸收有其最激烈反对的儒家和名家等诸子学派的思想成分。先秦法家正是在与其他诸子学派思想的不断激荡与碰撞中，批判地继承了其他诸子学派思想中的某些因素，并形成了自己以"法治"为手段，欲通过明罚审令、严刑峻法以统一思想和加强中央集权统治的目的。

第五章

先秦纵横家对诸子百家的学术批评

对于先秦纵横家的学术评价，历来存在不同的看法。清代章学诚曾说："纵横之学，本于古者行人之官。观春秋之辞命，列国大夫，聘问诸侯，出使专对，盖欲文其言以达旨而已。至战国而抵掌揣摩，腾说以取富贵，其辞敷张而扬厉，变其本而加恢奇焉。……九流之学，承官曲于六典，虽或原于《书》《易》《春秋》，其质多本于礼教，为其体之有所该也。及其出而用也，必兼纵横，所以文其质也。"① 指出纵横家学术由《诗》教演变而来，诸子之学皆兼纵横——章学诚给予纵横家学术以极高的评价。但近代学者却多以纵横家实无学术可言。吕思勉以为纵横家之所言不外"理"与"术"二者："盖纵横家所言之理，亦夫人之所知；惟言之之术，则为纵横家之所独耳。"② 蒋伯潜则曰："纵横本策略，不足以言学术；不但不能望儒、道、墨、法、名五家之项背，且不能与阴

---

① （清）章学诚著，叶瑛校注：《文史通义校注》，中华书局 2014 年版，第 72 页。
② 吕思勉：《先秦学术概论》，岳麓书社 2010 年版，第 117 页。

阳家比也。"①

那么，纵横家到底是"九流之学"的源头，还是纯为纵横之"术"，或某种谋取功名的"策略"呢？到底哪一种看法更为客观公允呢？笔者认为，要判断先秦纵横家到底是否具有学术性以及它的学术思想价值，除了就其本身进行考察之外，还应该从它与当时其他学术思想的相互关系上来加以研究。如果先秦纵横家曾以自己特殊的学术立场，对其他诸子学派的思想和观点进行过批评与继承或吸收与扬弃，那么，即使它并没有留下专门的学术著作，也不难窥见其学术思想的观点及价值。

从现存有关先秦纵横家的文献资料来看，大多都是关于其如何使用"术"或"策略"以开展内政外交活动的记载，都不见关于其学术思想观点的论述。因此，本文将尝试从先秦纵横家言论中涉及到对先秦诸子思想的评论或批评的梳理中，探讨其学术思想及价值，以便为先秦纵横家学术研究开辟一条新的路径。

第一节　先秦纵横家内部的相互批评

对战国纵横家的思想和行为，自古以来即以"诈谲""诈伪"或"上诈谖而弃其信"② 以概括之。《战国策》是专门记载战国纵横家言行的著作，其中津津乐道地记载了不少先秦纵横术士们欺诈"成功"的事例，由此也可以看出当时纵横家对其自身行为不以为耻、反以为荣的态度。虽然纵横家有时也能比较客观地看待自己的言行，承认自己有不"忠"不"信"、不"孝"不"廉"的表现，但他们对自己的言行

---

① 蒋伯潜：《诸子通考》，岳麓书社 2010 年版，第 520 页。
② （汉）班固撰，（唐）颜师古注释：《汉书》，中华书局 1962 年版，第 1740 页。

虚诞和不"忠"不"信"，似乎并不持批评的态度，而是自我辩解，认为世之忠、信、仁、义实际只是"自覆之术"或"自完之道"，纵横家的不"忠"不"信"、不"孝"不"廉"则是"进取之道"。因此，在纵横家们看来，即使他们口中说出欺诈之言，也只能算是"善意的谎言"，适足以成两君之好。《战国策·燕策一》①载：

> 燕王谓苏代曰："寡人甚不喜訑（鲍彪注："沈州谓'欺'曰'訑'。吴师道注：'訑或作诞。'"）者言也。"苏代对曰："周峚贱媒，其两誉也。之男家曰女美，之女家曰男富。然而周之俗，不自为娶妻。且夫处女无媒，老且不嫁。舍媒而自炫，弊而不售。顺而无败，售而不弊者，唯媒而已矣。且事非权不立，非势不成。夫使人坐受成事者，唯訑者耳。"王曰："善矣。"②

由此可见，在纵横家眼中，他们的言行虽然涉嫌欺诈，但动机和结果都是美好的。而且，他们的言行不仅不违反传统的"忠信"观念，而且还是对传统"忠信"观念的一种发展和改进，是对利益相反的两国之君的一种同时的"忠信"。《战国策·燕策一》又载：

> 燕王曰："夫忠信，又何罪之有也？"对曰："足下不知也。臣邻家有远为吏者，其妻私人。其夫且归，其私之者忧之。其妻曰：'公勿忧也，吾已为药酒以待之矣。'后二日，夫至。妻使妾奉卮酒进之。妾知其药酒也，进之则杀主父，言之则逐主母，乃阳僵弃

---

① 案：1973 年 12 月湖南长沙马王堆汉墓出土了大量帛书，有一种最终被命名为《战国纵横家书》的文献，共有 27 章，其中有 11 章的内容与今本《战国策》和《史记》大致相同，另有 16 章是佚书。这些内容具有很大的古籍整理和研究价值，但因其与传世文献对纵横家的记载一致，故本文只引《战国策》而未引帛书。

② （西汉）刘向集录，范祥雍笺证，范邦瑾协校：《战国策笺证》，上海古籍出版社 2011 年版，第 1704 页。

酒。主父大怒而笞之。故妾一僵而弃酒，上以活主父，下以存主母也。忠至如此，然不免于笞，此以忠信得罪者也。"①

与此大致相同的内容，还见于《燕策一》所谓"苏代谓燕昭王曰"。在这里，纵横家面对他人对自己不"忠"不"信"的批评进行了自我辩护。他们自认为，纵横家破解了一个形式逻辑上的二难推理，即以自我牺牲的方式，同时消除了导致"杀主父"和"逐主母"结果的前提条件，致使"二者必居其一"的矛盾结果都不会出现。纵横家通过这种辩论，既肯定了传统的"忠信"价值观，实际上同时也是对自己的不"忠"不"信"于"主父"的行为予以肯定和辩护②。不管怎样，纵横家对自己言行所表明的态度，其中包含了对自己言行的评论，可以视为他们对自己的一种学术批评。

与其他先秦诸子学派不同，因为战国时期的纵横家是在秦孝公任用商鞅变法、秦国走向富强之后形成两种战略思想——"合纵"和"连横"："从（纵）者，合众弱（主要为六国）以攻一强（秦国）也；而横者，事一强（秦国）以攻众弱（主要为六国）③也。"④ 而"合纵""连横"两派的主张是针锋相对的，这就形成了纵横家内部纵、横两派对对方思想观点和言行的互相批评、指责和揭露。

---

① （西汉）刘向集录，范祥雍笺证，范邦瑾协校：《战国策笺证》，上海古籍出版社 2011 年版，第 1657 页。
② 当然，纵横家将其未帮助"主母"实现药杀"主父"的计划，当成了对"主父"的"忠信"，这里对"忠信"概念的理解，违反了形式逻辑的同一律。因为未帮助"主母"实现药杀"主父"的计划，最多只能看成对"主母"之"忠信"的不彻底，而不能视为对"主父"的"忠信"；对"主父"的"忠信"应该是积极地维护"主父"的利益，揭露"主母"侵害"主父"的行径，而不是"消极"地避免"主父"受到更进一步的侵害。
③ 括号内容为引者加。
④ （清）王先慎撰，钟哲点校：《韩非子集解》，中华书局 1998 年版，第 452 页。

一、"合纵"派对"连横"派的学术批评

"合纵"是纵横家中主张"合众弱以攻一强"的一派，苏秦及苏代、苏厉是其代表。《史记·苏秦列传》曰："苏秦者，东周雒阳人也。东事师于齐，而习之于鬼谷先生……秦兵不敢窥函谷关十五年……苏秦之弟曰代，代弟苏厉，见兄遂，亦皆学（术）。"①

从《战国策》及《史记·苏秦列传》记载来看，以苏秦为代表的"合纵"派对与之相对的"连横"派的学术批评，主要集中于两个方面：一是揭露"连横"派所主张的弱国应依附和事奉的强秦乃"虎狼之国"，有吞并天下之心；二是批评"连横"派"欲割诸侯之地以事秦，此所谓养仇而奉雠者也"；而"连横"之人亦皆"外挟彊秦之威以内劫其主"的"大逆不忠"之辈。《史记·苏秦列传》载苏秦说楚威王曰：

> 夫秦，虎狼之国也，有吞天下之心。秦，天下之仇雠也。衡人皆欲割诸侯之地以事秦，此所谓养仇而奉雠者也。夫为人臣，割其主之地以交彊虎狼之秦，以侵天下，卒有秦患，不顾其祸。夫外挟彊秦之威以内劫其主，以求割地，大逆不忠，无过此者。②

这既是对"连横"派观点的一种经验层面的批评，也可以视为是对"连横"派事强秦以攻弱小主张的一种理论批判。因为秦既为"虎狼之国也，无礼义之心，其求无已"，那么，"连横"派以割地方式事强秦而攻弱国的行为，从逻辑上来说，就不仅是以肉投虎，即所谓"养仇而奉雠者也"，还包含了一种损国家而自利的险恶用心，即所

---

① （汉）司马迁撰，（唐）司马贞索隐，（宋）裴骃集解：《史记》，中华书局1959年版，第2241页。

② （汉）司马迁撰，（唐）司马贞索隐，（宋）裴骃集解：《史记》，中华书局1959年版，第2261页。

谓"大逆不忠"也。《战国策·楚策四》载:"或谓楚王曰:'臣闻……今夫横人嗫口利机,上干主心,下牟百姓,公举而私取利。是以国权轻于鸿毛,而积祸重于丘山。'"① 《战国策·魏策一》载"苏子为赵合从(纵)说魏王"曰:"凡群臣之言事秦者,皆奸臣,非忠臣也。夫为人臣,割其主之垄以求外交,偷取一旦之功而不顾后,破公家而成私门。"② 这些都是"合纵"派对"连横"派言行进一步的实质揭露。

二、"连横"派对"合纵"派的学术批评

"连横"派是纵横家中主张"事强秦以攻弱小"的一派,张仪是其代表。根据《战国策》和《史记》二书的记载,"合纵"和"连横"二派主张的提出,应该是苏秦提出"合纵"的观点在先,而张仪提出"连横"的观点在后。故在"连横"派提出其主张的时候,处处皆是针对"合纵"派观点的批评而展开。因为后起思想主张的提出,必先有"破"然后才有"立",不批倒对方的观点,势必不能确立自己的观点。《战国策·魏策一》载"张仪为秦连横说魏王"曰:

> 且夫诸侯之为从者,以安社稷、尊主、强兵、显名也。合从者一天下约为昆弟,刑白马以盟于洹水之上,以相坚也。夫亲昆弟同父母,尚有争钱财。而欲恃诈伪反覆苏秦之余谋,其不可以成亦明矣。大王不事秦,秦下兵攻河外,拔卷、衍、燕、酸枣,劫卫取晋阳,则赵不南。赵不南,则魏不北;魏不北,则从道绝……秦、韩为一国,魏之亡可立而须也。此臣之所以为大王患也。为大王计,

---

① (西汉)刘向集录,范祥雍笺证,范邦瑾协校:《战国策笺证》,上海古籍出版社 2011 年版,第 865 页。
② (西汉)刘向集录,范祥雍笺证,范邦瑾协校:《战国策笺证》,上海古籍出版社 2011 年版,第 1263 页。

莫如事秦，事秦则楚、韩必不敢动。无楚、韩之患，则大王高枕而卧，国必无忧矣。①

张仪此处谈论的目的，就是要确立自己以秦、魏"连横"的观点，即让魏国"事秦"，从而达到制衡楚、韩，"国必无忧矣"的目标。但张仪并不在说魏王之初始就直接提出自己的观点，而是首先破斥了"合纵"派的主张和理论。张仪说"合纵"派要使天下的诸侯"约为昆弟"，形成坚固的同盟，这根本没有现实和理论的基础，因而是不可能成功的。因为从现实性上来说，每个诸侯"合纵"的目的，都是要"安社稷、尊主、强兵、显名也"，但这并不是建立在共同利益的基础之上，而只是"欲恃诈伪反覆苏秦之余谋"，这肯定是不能成功的。从理论上来说，即使各诸侯国真如"合纵"派所说"天下约为昆弟"了，这也是不可能成功的。因为在现实社会中，真正的骨肉血亲兄弟之间也常常会因钱财而起争执，反目成仇，何况凭一两句巧诈的言辞而结成的联盟呢？

"连横"派批评"合纵"派所针对的另一点，与"合纵"派针对"连横"派的看法一样，就是他们"朋党比周"，混淆是非，而且不"忠"不"信"，反覆无常。《战国策·赵策二》载："张仪为秦连横说赵王曰：凡大王之所信以为从者，恃苏秦之计，荧惑诸侯，以是为非，以非为是，欲反覆齐国而不能，自令车裂于齐之市。"②《战国策·齐策一》载张仪说"从人朋党比周"，《史记·张仪列传》又载张仪说魏王曰："且夫从（纵）人多奋辞而少可信，说一诸侯而成封侯，是故天下

---

① （西汉）刘向集录，范祥雍笺证，范邦瑾协校：《战国策笺证》，上海古籍出版社 2011 年版，第 1272 页。

② （西汉）刘向集录，范祥雍笺证，范邦瑾协校：《战国策笺证》，上海古籍出版社 2011 年版，第 1041 页。

之游谈之士莫不日夜搤腕瞋目切齿以言从（纵）之便，以说人主。"①这就是说，"合纵"派"合众弱以攻一强"的目的，其实也并不是为了保护弱小和伸张正义，而只是为了争利，取得自己的富贵。故如《战国策·秦策三》范雎对秦王所说："秦于天下之士，非有怨也。（天下之士）相聚而攻秦者，以己欲富贵耳。"②

正因此，我们今天对于纵横家内部"合纵"和"连横"两派之间相互批评，似乎也不必完全以严肃认真的学术批评来对待。事实上，纵横家们多属朝秦暮楚之辈，他们之间的所谓学术批评，有时他们自己也承认实如同游戏。《史记·张仪列传》载：

> 张仪者，魏人也。始尝与苏秦俱事鬼谷先生，学术，苏秦自以为不及张仪。
>
> ……
>
> 苏秦已说赵王而得相约从亲，然恐秦之攻诸侯，败约后负，念莫可使用于秦者，乃使人微感张仪……因而数让之，曰："以子之材能，乃自令困辱至此。吾宁不能言而富贵子，子不足收也。"谢去之。张仪之来也，自以为故人，求益，反见辱，怒，念诸侯莫可事，独秦能苦赵，乃遂入秦。
>
> 苏秦已而告其舍人曰："张仪，天下贤士，吾殆弗如也。今吾幸先用，而能用秦柄者，独张仪可耳。然贫，无因以进。吾恐其乐小利而不遂，故召辱之，以激其意。子为我阴奉之。"……
>
> 张仪曰："嗟乎，此在吾术中而不悟，吾不及苏君明矣！吾又新

---

① （汉）司马迁撰，（唐）司马贞索隐，（宋）裴骃集解：《史记》，中华书局 1959 年版，第 2286 页。

② （西汉）刘向集录，范祥雍笺证，范邦瑾协校：《战国策笺证》，上海古籍出版社 2011 年版，第 343 页。

用，安能谋赵乎？为吾谢苏君，苏君之时，仪何敢言？且苏君在，仪宁渠能乎！"①

《史记》的这段记载，既可以使我们感受到纵横家之间那种惺惺相惜的情怀，更使我们有理由相信纵横家之间看似针锋相对、义正词严的所谓学术批评，其实只是他们操持的纵横之"术"的一部分而已。或者说，至少有相当一部分并不是出于严肃的学术立场和态度。

第二节　先秦纵横家对诸子百家思想的吸收与扬弃

先秦纵横家们除了在本学派内部相互抨击之外，对当时诸子百家的思想也曾进行学术批评，或肯定与否定，或吸收与扬弃。《孟子·滕文公下》曰："杨朱、墨翟之言盈天下。天下之言，不归杨，则归墨。"②《韩非子·显学》曰："世之显学，儒、墨也。"③ 自古以来，学术界都认为杨朱是老子的弟子，为先秦道家的代表，墨翟是先秦墨家创始人，杨朱、墨翟是春秋战国之际最为兴盛的诸子学派人物，儒家、墨家并盛于战国中后期——道家、儒家和墨家是先秦诸子中影响最大的三个学派，而它们正是先秦纵横家重点批评的对象。先秦纵横家与儒家有着极为密切的关系，章学诚已言纵横家学源于儒家《诗》教。章太炎又说："儒家者流，势中趋利，故未有不兼纵横者。"④

先秦纵横家对儒家的学术批评，主要表现在纵横家在其言谈中对儒

---

① （汉）司马迁撰，（唐）司马贞索隐，（宋）裴骃集解：《史记》，中华书局 1959 年版，第 2279—2281 页。
② （清）王先慎撰，钟哲点校：《韩非子集解》，中华书局 1998 年版，第 456 页。
③ （宋）朱熹：《四书章句集注》，中华书局 2014 年版，第 276 页。
④ 章太炎：《诸子学略说》，广西师范大学出版社 2010 年版，第 13 页。

家仁、义、忠、信、孝、廉等核心价值观念的继承与扬弃方面。

在现有记载先秦纵横家言行的文献中，我们虽然很少见到他们提到儒家圣贤孔丘、孟轲及其后学的姓名①，但先秦儒家的典籍如《易》《诗》《书》《春秋》等却屡次被纵横家引用，特别是《诗》，被引用的次数最多。如《战国策·东周一》引《诗·小雅·北山》："普天之下，莫非王土，率土之滨，莫非王臣。"《战国策·秦策四》引《诗·大雅·荡》："靡不有初，鲜克有终。"又引《诗·大雅·巧言》曰："他人有心，予忖度之"等。正因为如此，章学诚以为"九流之学，承官曲于六典，虽或原于《书》《易》《春秋》"，"又谓多出于《诗》教"，但实际上"及其出而用世，必兼纵横"。因为纵横家"抵掌揣摩，腾说以取富贵，其辞敷张而扬厉"，在在皆是对孔子《诗》教的"推而衍之"，"变其本而加恢奇焉"②。

仁、义、忠、信、孝、廉等都是儒家的核心价值观。《吕氏春秋·不二》曰："孔子贵仁。"③《论语·述而》记载孔子曰："不义而富且贵，于我如浮云。"④《论语·学而》又曰："主忠信。"《论语·学而》记载曾子亦曰："吾日三省吾身：为人谋而不忠乎？与朋友交而不信乎？"⑤ 孔子及弟子又以为："孝弟也者，其为仁之本与？"⑥《周礼·天官·小宰》曰："以听官府之六计，弊群吏之治：一曰廉善，二曰廉能，三曰廉敬，四曰廉政，五曰廉法，六曰廉辨。"⑦ "六经"及孔子

---

① 仅《战国策·楚策四》载有"客说春申君曰"孙卿为"天下贤人"，而春申君先"谢"后"请"孙卿。《秦策》《燕策》中仅几次提到曾参其人其事。

② （清）章学诚著，叶瑛校注：《文史通义校注》，中华书局 2014 年版，第 72 页。

③ 许维遹撰，梁运华整理：《吕氏春秋集释》，中华书局 2009 年版，第 467 页。

④ （宋）朱熹：《四书章句集注》，中华书局 2014 年版，第 97 页。

⑤ （宋）朱熹：《四书章句集注》，中华书局 2014 年版，第 48 页。

⑥ （宋）朱熹：《四书章句集注》，中华书局 2014 年版，第 48 页。案：此语虽出于有子之口中，但也代表了孔子的观点。

⑦ 陈成国点校：《周礼·仪礼·礼记》，岳麓书社 1989 年版，第 8 页。

皆秉持这些核心价值观。

孔子之后，孔门"七十子"及孟轲、荀卿亦继承着儒家的这些核心价值观。孟子以"仁、义、礼、智"等"四善端"为"我固有之"。《孟子·告子上》又说："仁，人心也；义，人路也。""仁义忠信，乐善不倦，此天爵也。"①《孟子·尽心下》说："居之似忠信，行之似廉洁"，是"众皆悦之"②的德行，君主如能"修孝悌忠信"而"行仁政"，必将无敌于天下。《荀子·修身》认为，士君子修身应"体恭敬而心忠信，术礼义而情爱人"③，应如圣君贤臣那样。《荀子·君道》指出，应"仁厚兼覆天下而闵"，"行义塞于天地之间"；《荀子·臣道》又指出："忠信以为质"，"礼义以为文"，应舍弃欺世盗名的所谓"孝廉"，而行曾子那样的"孝子之道"。这仍然是秉持着儒家仁、义、忠、信、孝、廉等基本的价值观念。

战国纵横家虽然处身于《战国策书录》所提及的"兵革不休，诈伪并起"④的时代，但他们仍然认同、肯定儒家的仁、义、忠、信、孝、廉等核心价值观。故纵横家游说君主时，不论主张"合纵"抑或"连横"，皆首先以《战国策·齐策一》"祖仁者王，立义者伯，用兵穷者亡"为说，即是将仁、义视为"王、伯（霸）之道"的根本。因此秦王不听张仪以兵"临二周之郊"以攻韩的建议，而采取了司马错伐蜀的主张。这样做除了从军事得失方面考虑之外，更主要的原因应该是"今攻韩劫天子，劫天子……又有不义之名"，这与儒家道德观相冲突，会成为道义上的负资产。而即使是面对向自己复仇的豫让，赵襄子仍然

---

① （宋）朱熹：《四书章句集注》，中华书局1983年版，第340、342页。

② （宋）朱熹：《四书章句集注》，中华书局1983年版，第384页。

③ （清）王先谦撰，沈啸寰、王星贤点校：《荀子集解》，中华书局1988年版，第28页。

④ （西汉）刘向集录，范祥雍笺证，范邦瑾协校：《战国策笺证》，上海古籍出版社2011年版，第2页。

赞扬其为"义士",以至于纵横家喊出了"义之所在,身虽死,无憾悔"的口号。赵武灵王立周绍为太子傅的理由,也只因为其是"孝子",因为赵国人相信"父之孝子,君之忠臣也"。《战国策·秦策五》记载,在当时纵横术士们的心中,"曾参孝其亲,天下愿以为子;子胥忠于君,天下愿以为臣"。不论是"合纵"派还是"连横"派,纵横家内部批评对方的首要一点都是说对方"虚辞""无信"。其对"信"的重视由此可见一斑。尽管燕、秦之君希望臣下能为自己国富兵强建立功勋,但当他们被问及"今有人于此,孝如曾参、孝己;信如尾生,廉如鲍焦、史鰌,兼此三行以事王,奚如"时,他们的回答都是"如是足矣"。可见,儒家的忠、信、孝、廉等基本的价值观,已是深入到战国社会君臣上下的心中了。

先秦纵横家们尽管对儒家的仁、义、忠、信、孝、廉等核心价值观十分肯定、认可,赞扬有加,但这并不表示他们对儒家思想观念已全盘接受。恰恰相反,战国纵横家虽然口头上也会鼓吹一番仁、义、忠、信,承认这些思想观念的价值和意义,在实践中他们却基本上以欺诈虚伪和不"忠"不"信"而著称。这就决定了他们对儒家的仁、义、忠、信、孝、廉这些核心价值观,实际上主要又采取一种批判和否定的态度。

战国纵横家对先秦儒家思想的学术批评,主要是从两个维度来展开的。一是他们认为儒家的仁义道德没有实用功利的价值,即"仁义道德,不可以来朝"。《战国策·燕策一》载苏秦对燕王言忠、孝、信、廉的不足之处曰:

> 且夫孝如曾参,义不离亲一夕宿于外,足下安得使之之齐?廉如伯夷,不取素飡,汙武王之义而不臣焉,辞孤竹之君,饿而死于首阳之山。廉如此者,何肯步行数千里,而事弱燕之危主乎?信如尾生,期而不来,抱梁柱而死。信至如此,何肯扬燕、秦之威于齐

而取大功乎哉？且夫信行者，所以自为也，非所以为人也；皆自覆
之术，非进取之道也。①

　　苏秦对燕王讲的这番话，此后苏代对燕昭王又讲过一次。苏代的话与苏
秦之言只有两个细微的差别：其一是，苏秦所谓的"自覆之术"，苏代
改为了"自完"与"自忧"。根据后世学者的研究，长沙马王堆帛书
《纵横家书》三处皆作"自复"，"复"与"覆"同声，古相通。"自
复"有保守之意②。"自忧"之"忧"，鲍彪《战国策注》云："忧"
亦"完"也。不完则忧，故曰完，又曰忧。③。二者的意思其实没有多
少区别。其二是，苏代把忠、信、孝、廉没有实际功用的看法讲得更充
分、更具体。苏代说："以自忧（自完）为足，则秦不出殽塞，齐不出
营丘，楚不出疏章。三王代位，五伯改政，皆以不自忧故也。若自忧而
足，则臣亦之周负笼耳，何为烦大王之廷耶？昔者楚取武章，诸侯北面
而朝。秦取西山，诸侯西面而朝……故功可成而名可立也。"④

　　战国纵横家批评儒家仁、义、忠、信、孝、廉等核心价值观的另一个
重要维度，是认为儒家这些核心价值观不能适应时代的需要，已落后于时
代的发展。《战国策·赵策二》赵武灵王在"胡服骑射"，变古之礼俗，遭
到公子成等一班贵戚大臣的反对时，批评这种固守礼法的儒家观点说：

　　……礼服不同，其便一也。是以乡异而用变，事异而礼易。是

---

　　①　（西汉）刘向集录，范祥雍笺证，范邦瑾协校：《战国策笺证》，上海古籍出版
社 2011 年版，第 1656—1657 页。
　　②　（西汉）刘向集录，范祥雍笺证，范邦瑾协校：《战国策笺证》，上海古籍出版
社 2011 年版，第 1600 页。
　　③　（西汉）刘向集录，范祥雍笺证，范邦瑾协校：《战国策笺证》，上海古籍出版
社 2011 年版，第 1701 页。
　　④　（西汉）刘向集录，范祥雍笺证，范邦瑾协校：《战国策笺证》，上海古籍出版
社 2011 年版，第 1698—1699 页。

故圣人苟可以利其民，不一其用；果可以便其事，不同其礼……今卿之所言者，俗也；吾之所言者，所以制俗也。今吾国东有河、薄洛之水，与齐、中山同之，而无舟楫之用。自常山以至代、上党，东有燕、东胡之境，西有楼烦、秦、韩之边，而无骑射之备。故寡人且聚舟楫之用，求水居之民，以守河、薄洛之水；变服骑射，以备其（燕）参胡、楼烦、秦、韩之边。①

表面看来，赵武灵王是在说明自己变易服饰的理由，实际上则是批评俗儒不知适应时势的变化而变革礼制，故一定意义上也可以说是对儒家传统价值观的一种批评。上文引苏秦、苏代反复提及仁、义、忠、信、孝、廉"乃自完之道也，非进取之术也"，除了说明儒家这些核心价值观念缺乏实用功利的价值之外，也说明儒家的这些核心价值观已不能完全适应当时特定时势的变化，所以容易使人提出类似孔子对于《诗》教的看法，即《论语·子路》所说："诵《诗》三百，授之以政，不达；使于四方，不能专对，虽多，亦奚以为？"② 从这种意义上来看，仁、义、忠、信、孝、廉乃"自完之道，非进取之术也"，就是对儒家思想观念不能适应时代需要而发展变化，及"不周世用"的批评。

道家也是战国纵横家学术批评的重点对象。根据学术界的研究，先秦时期的道家学派，除南方的老、庄学派之外，还有北方的杨朱学派和东方齐国稷下的黄老学派③。战国中后期以后，最为流行的道家学派，主要是北方道家的杨朱学派和齐国稷下的黄老学派。战国纵横家所批评的，也主要是这两个道家学派的学术观点。

---

① （西汉）刘向集录，范祥雍笺证，范邦瑾协校：《战国策笺证》，上海古籍出版社 2011 年版，第 1048 页。

② （宋）朱熹：《四书章句集注》，中华书局 1983 年版，第 144 页。

③ 高华平：《先秦诸子与楚国诸子学》，北京师范大学出版社 2016 年，第 95—96 页。

杨朱，又称阳子居，老子弟子，《庄子》《孟子》《列子》《韩非子》《吕氏春秋》等先秦诸子著作皆可见其行事。根据现有文献记载，杨朱思想的主要观点，一是《孟子·滕文公下》记载的孟子所说"杨子为我"，《孟子·尽心上》所说："杨子取为我，拔一毛而利天下不为也。"① 二是其由"治身"或"养生"等而引申出的"治国"道理。根据我最新的研究，从学术思想的渊源来看，杨朱思想既与老子思想存在继承关系。如其以"治身"而"治国"的主张，就与《老子》第 13 章中老子所谓"故贵以身为天下，若可以寄天下；爱以身为天下，若可以托天下"② 的观点相同，也与此前有更早历史的"道家伊尹学派"密切相关。

　　《汉书·艺文志》著录道家著作，其最早为"《伊尹》五十一篇"③。《汉书·艺文志》小说家又著录有"《伊尹说》二十七篇"④。前辈学者以为此二书，"一则发摅道论，一则荟萃丛谈也，所记皆'割烹要汤'一类传说故事"⑤。我认为道家《伊尹》与小说家《伊尹说》的区别只表现在形式上，道家《伊尹》属于"六经之支与流裔"或诸子的"经论""经说"，而小说家的《伊尹说》乃是"街谈巷语，道听途说者之所造也"的"残丛小语"。如果就其所谈论的内容来看，则二者"实际并无区别"："都有一个共同的思想特点，即它们都不一般地谈论'治国'，而是以为'治国必先治身'，由'治身'而通向'治国'——具体来说，是由'具至味'以'治身'（养生），然后由己及人、由近及远，推论治国平天下之道。"⑥ 伊尹的道家学说虽然基本上

---

① （宋）朱熹：《四书章句集注》，中华书局 1983 年版，第 364 页。
② 朱谦之：《老子校释》，中华书局 1984 年版，第 50 页。
③ （汉）班固撰，（唐）颜师古注释：《汉书》，中华书局 1962 年版，第 1729 页。
④ （汉）班固撰，（唐）颜师古注释：《汉书》，中华书局 1962 年版，第 1744 页。
⑤ 张舜徽：《汉书艺文志通释》，华中师范大学出版社 2004 年版，第 340 页。
⑥ 高华平：《论〈吕氏春秋〉对先秦诸子百家的学术批评》，《暨南学报》（哲学社会科学版）2018 年第 3 期，第 56 页。

已经失传了，其对后来道家的影响却显而易见。这种影响体现在两个方面：一是它将"治身"与"治国"相结合（包括把"烹饪"与"治国"相结合）的思路，对后来老子"治大国若烹小鲜"的学说和稷下黄老的"君人南面之术"，都有重要启发。近人罗焌曾以为老子的"贵以身于天下，则可以托天下；爱以身于天下，则可以寄天下"，《庄子·让王》的"道之真，以治身"，以及《吕氏春秋》所谓"为天下者不于天下，于身"云云，"与伊尹'天下不可取'之义正同"①。二是《孟子·万章上》所谓"非其义也，非其道也，一介不以与人，一介不以取诸人"②，实则开启了此后杨朱"拔一毛利天下不为也"之学。换言之，《列子·杨朱》曰："古之人，损一毫利天下不与也，悉天下奉一身不取也。人人不损一毫，人人不利天下，天下治矣。"③此句亦即伊尹"一介不取""不与"之说。

战国纵横家对先秦道家的学术批评，包括吸收继承和否定扬弃两个方面。战国纵横家主要吸收、肯定和继承了道家老子哲学思想中对立面互相转化的辩证法思想和以柔弱处上、以退为进、戒骄奢淫逸的处世哲学。《战国策·楚策四》记"或谓黄齐曰"：老莱子曾教孔子齿坚而亡之理。《战国策·齐策四》引老子曰："虽贵，必以贱为本；虽高，必以下为基。是以侯王称孤、寡、不穀，是其贱之本与？"《战国策·魏策一》引老子曰："圣人无积，尽以与人，己愈有。既以与人，己愈多。"前者见于今本《老子》第 39 章，仅个别文字小有差异④，表现了"圣人"以"贱""下"而取"高""上"的治世策略；后者见于今本

---

① 罗焌：《诸子学述》，华东师范大学出版社 2008 年版，第 269 页。
② （宋）朱熹：《四书章句集注》，中华书局 1983 年版，第 315 页。
③ 杨伯峻撰：《列子集释》，中华书局 1979 年版，第 230 页。
④ 今本《老子》第 42 章亦曰："人之所恶，唯孤、寡、不穀，而王公以为称。故物或损之而益，或益之所损。"与《老子》第 39 章语意近似。

《老子》第 81 章，既包含了"无积"与"有积"、"与"与"取"的辩证关系，也体现了老子道家的处世行事哲学。《战国策·秦策三》蔡泽引"语曰：'日中则移，月满则亏。'物盈同衰，天之常数也"。《战国策·秦策四》载黄歇曰："物至而反，冬夏是也；致至则危，累棋是也。"俞樾在《湖楼笔谈》卷三云："黄歇曰：'臣闻物至则反，冬夏是也；致至则危，累棋是也。'蔡泽曰：'日中则移，月满则亏。物盛则衰，天地之常数也……。'此皆黄、老之说。"① 即指出了纵横家吸收继承了道家黄老思想的事实。

战国纵横家在吸收、继承道家及黄老思想的同时，对杨朱学派及其在战国中后期的杨朱后学也有所继承和吸收。

上文曾指出，杨朱之学的特点，应是上承道家"伊尹学派"而来的"为我"或"拔一毛利天下不为也"。战国中期以后流行的则主要是子华子、詹何、魏牟（中山公子牟）等杨朱后学。《庄子·让王》《吕氏春秋·审为》等载子华子见（韩）昭僖公曰："两臂重于天下。"《吕氏春秋》之《贵生》《先己》《诬徒》《明理》《知度》等篇亦引子华子之言。以上诸篇亦多载詹何（瞻子）、中山公子牟（魏牟）之事。《荀子·非十二子》曰："纵情性，安恣睢，禽兽行，不足以合文通治，然而其持之有故，其言之成理，足以欺惑愚众，是它嚣、魏牟也。"②

子华子、詹何、魏牟之将杨朱"拔一毛利天下而不为"的"为己"之学，朝"全生""贵己""重生"的方向推向极端，以至出现《庄子·让王》提及的"不能自胜则从（纵）"③、《吕氏春秋·审为》提及

---

① （西汉）刘向集录，范祥雍笺证，范邦瑾协校：《战国策笺证》，上海古籍出版社 2011 年版，第 405 页。

② （清）王先谦撰，沈啸寰、王星贤点校：《荀子集解》，中华书局 1988 年版，第 91 页。

③ （清）郭庆藩撰，王孝鱼点校：《庄子集释》，中华书局 1961 年版，第 980 页。

的"纵情性，安恣睢"等违背礼义廉耻的行为。但子华子、詹何、魏牟的本意当不如此。近人蒙文通即认为《荀子》"谓之'安恣睢，禽兽行'过也"，所谓纵欲妄行的"禽兽行"，实为"杨朱末流之弊也"①。故战国纵横家不仅不见对詹何、魏牟的贬斥和批评，似乎还包含着对他们的赞赏和肯定。《战国策·赵策三》载：

> 平原君谓平阳君曰："公子牟游于秦，且东而辞应侯。应侯曰：'公子将行矣，独无以教之乎？'曰：'且微君之命命之也，臣固且有效于君。夫贵不与富期而富至，富不与粱肉期而粱肉至，粱肉不与骄奢期而骄奢至，骄奢不与死亡期而死亡至。累世以前，坐此者多矣。'应侯曰：'公子之所以教之者厚矣。'仆得闻此，不忘于心，愿君之亦勿忘也。"平阳君曰："敬诺。"②

范祥雍《战国策笺证》曰："平原君赵胜，平阳君赵豹，并见前《秦王谓公子他曰章》。"其言曰："赵豹，平原君，亲寡君之母弟也。"应侯，指纵横家范雎，后封应侯，《史记》有传③。公子牟，即魏牟，《庄子》书中又称"中山公子牟"，《汉书·艺文志》"道家类"有"《公子牟》四篇"，即公子牟之书。《庄子·让王》篇记瞻（詹）何语中山公子牟"重生，不能自胜则纵"。《荀子·非十二子》称詹何（它嚣）、魏牟"安恣睢，禽兽行"，似皆为其发扬杨朱"为我""贵己""重生"之旨而有放纵情性言行之证。但蒙文通已言其为"杨朱末流之弊也"，不能简单地斥责詹何、魏牟；而此处纵横家范雎、赵胜、赵豹亦十分赞成公

---

① 蒙文通：《古学甄微》，巴蜀书社1987年版，第246页。
② （西汉）刘向集录，范祥雍笺证，范邦瑾协校：《战国策笺证》，上海古籍出版社2011年版，第1110页。
③ （西汉）刘向集录，范祥雍笺证，范邦瑾协校：《战国策笺证》，上海古籍出版社2011年版，第1110页。

子牟"夫贵不与富期而富至，富不与梁肉期而梁肉至，梁肉不与骄奢至骄奢，骄奢不与死亡期而死亡期"之说，显示处对公子牟戒盛戒满和"不以物累己"之"重生"思想的肯定和悦服。《战国策·魏策三》又载周䜣谓魏王曰："无梁孰与无河内急？""无梁孰与无身急？"与《庄子·让王》载子华子见（韩）僖侯而说以"两臂重于天下"之意，同样显示出纵横家对当时杨朱后学传承的"为我""贵己""重生"之说的认同。

杨朱后学"重生"而"轻利"，故他们在处世方式上常常会选择主动远离荣名利禄，隐居岩穴，如陈（田）仲子之类。《庄子·让王》曰："魏牟，万乘之公子也，其隐岩穴也。"① 似乎魏牟就是这样的一位岩穴之士。《孟子》之《滕文公下》《尽心下》有所谓陈（田）仲子"齐之世家也。兄戴，盖禄万钟。以兄之禄为不义之禄而不食也，以兄之室为不义之室而不居也，辟兄离母，居于於陵"，"不义与之齐国而弗受"②。《荀子·非十二子》曰："忍情性，綦谿利跂，苟以分异人为高，不足以合大众，明大分；然而其持之有故，其言之成理，足以欺惑愚众，是陈仲、史鰌也。"③ 则皆以陈（田）仲子为此派道家人物的代表。

战国纵横家对这种"忍情性，綦谿利跂，苟以分异人为高"的道家人物，与儒家孟、荀的态度比较接近，基本持批评与否定的态度；但其出发点则与孟、荀有异，而近于法家韩非子所谓此乃"无益人之国"的"坚瓠之类也"的立场。《战国策·齐策四》载赵威后问齐王使者曰："於陵子仲尚存乎？是其为人也，上不臣于王，下不治其家，中不

① （清）郭庆藩撰，王孝鱼点校：《庄子集释》，中华书局1961年版，第980页。
② （宋）朱熹：《四书章句集注》，中华书局1983年版，第278、366页。
③ （清）王先谦撰，沈啸寰、王星贤点校：《荀子集解》，中华书局1988年版，第92页。

索交诸侯。此率民而出于无用者，何为至今不杀乎？"① 战国纵横家这种以"有用""无用"为标准评判道家避世隐居之士的思路，正与先秦法家出于同一立场。《管子·立政九败解》非难"私议自贵"之士曰："私议自贵，则民退静，隐伏窟穴，就山，非世间，上轻爵禄而贱有司，然则令不行，禁不止。"而《韩非子·外储说右上》则曰："太公望东封于齐，齐东海上有居士曰狂矞、华士昆弟二人者立议曰：'吾不臣天子，不友诸侯，耕作而食之，掘井而饮之，吾无求于人也。无上求于人也。无上之名，无君之禄，不事仕而事力。'太公望至于营丘，使吏执杀之以为首诛。"这些都反映了先秦法家对道家避世隐居之士的态度。

战国纵横家批评道家中的另一派，即是稷下黄老学派中的田骈之类。《史记·孟子荀卿列传》曰："自邹衍与齐之稷下先生，如淳于髡、慎到、环渊、接子、田骈、邹奭之徒，各著书言治乱之事，以干世主……慎到，赵人。田骈、接子，齐人。环渊，楚人。皆学黄老道德之术，因发明序其指意。故慎到著十二论，环渊著上下篇，而田骈、接子皆有所论焉。"②《汉书·艺文志》著录"《慎子》四十二篇"于"法家"，"道家类"则有"《田子》二十五篇"③、"《捷子》二篇"④ 等。稷下黄老道家慎到、田骈、接子、环渊这一派，学术历来多将他们视为"道法家"或"法道家"。郭沫若曾说："慎到、田骈的一派是把道家的理论向法理一方面发展了的"，严格地说，"慎到一人"可谓"真正是

_____

① （西汉）刘向集录，范祥雍笺证，范邦瑾协校：《战国策笺证》，上海古籍出版社 2011 年版，第 656 页。
② （汉）司马迁撰，（唐）司马贞索隐，（宋）裴骃集解：《史记》，中华书局 1959 年版，第 2346 页。
③ 班固自注："名骈，齐人。游稷下，号天口骈。"见（汉）班固撰，（唐）颜师古注释：《汉书》，中华书局 1962 年版，第 1730 页。
④ 梁玉绳曰："捷子又作接子，始见《庄子·则阳》《田完世家》《孟荀传》。"参见张舜徽：《汉书艺文志通释》，华中师范大学出版社 2004 年版，第 298 页。

法家"①。《荀子·非十二子》中批评慎到、田骈之学曰："尚法而无法，下修而好作，上则取听于上，下则取从于俗。终日言成文典，反紃察之，则倜然无所归宿，不可以经国定分……是慎到、田骈也。"② 似也将慎到、田骈归于法家。《庄子·天下》篇曰："公而不党，易而无私，决然无主，趣物而不两；不顾于虑，不谋于知，于物无择，与之俱往，古之道术有在于是者。彭蒙、田骈、慎到闻其风而悦之，齐万物以为首。"③ 表面上看，这里所谓田骈、慎到之学似与法家关系不大，但《庄子·天下》篇实际上也是将田骈、慎到一派"齐万物以为首"的学说归之于法家的。因为这里的"齐万物"，并非《庄子·齐物论》中把"认识需一定的基础和条件，包括认识的对象和能力等等"，"看成都是不确定的"，从而"主张根本放弃认识活动"的④；而是主张由"初步视万物无差异"，"进而纳万物于一轨，所谓一轨者即法也。《慎子》：'法者，所以齐天下之动，至公大定之制也……'是其义也。此法家之齐物也。"⑤

现有战国纵横家直接批评稷下黄老道家的材料中，不见接子、环渊其人。《战国策·楚策二》有一位楚襄王的傅叫慎子，清人黄式三《周季编略》以此"慎子"为"慎到"，但现代学者经过考证，认为"此慎子之决非慎到也"⑥。而且此章文字也并未对此"慎子"思想观点和

① 郭沫若：《十批判书》，人民出版社 2012 年版，第 128 页。
② （清）王先谦撰，沈啸寰、王星贤点校：《荀子集解》，中华书局 1988 年版，第 93 页。
③ （清）郭庆藩撰，王孝鱼点校：《庄子集释》，中华书局 1961 年版，第 1086 页。
④ 萧萐父、李锦全主编：《中国哲学史》（上卷），人民出版社 1982 年版，第 166—167 页。
⑤ 高亨：《〈庄子·天下篇〉笺证》，见张丰乾编：《〈庄子·天下篇〉注疏四种》，华夏出版社 2016 年版，第 200 页。
⑥ （西汉）刘向集录，范祥雍笺证，范邦瑾协校：《战国策笺证》，上海古籍出版社 2011 年版，第 835—836 页。

言行置一词褒贬，故实难言及对他的学术批评。现有文献中真正直接记载战国纵横家批评稷下黄老道家材料的，是《战国策·齐策四》中对田骈的学术批评。其曰：

> 齐人见田骈曰："闻先生高议，设为不宦，而愿为役。"田骈曰："子何闻之？"对曰："臣闻之邻人之女。"田骈曰："何谓也？"对曰："臣邻人之女，设为不嫁。行年三十，而有七子。不嫁则不嫁，然嫁过毕矣。今先生设为不宦，訾养千锺，徒百人。不宦则然矣，然富过毕矣。"田子辞。①

田骈即陈骈，《尸子》称"田子"。田骈之学，《庄子·天下》篇合慎到、彭蒙而称之为"齐万物以为首"。《吕氏春秋·不二》和《尸子·广泽》则分别有"陈骈贵齐"和"田子贵均"之说。《吕氏春秋·不二》"陈骈贵齐"，高诱注曰："陈骈，齐人也。作《道书》二十五篇。贵齐，齐生死、等古今也。"对照《庄子·天下》篇，可知高诱之注似不确；但说田骈之学"齐万物以为首"或"贵齐"，大概是可以肯定的。《战国策·齐策四》却无一言及"齐物"，而是将批评的矛头指向田骈所谓"设为不宦，而愿为役"的"高议（义）"上。而所谓"设为不宦，而愿为役"，近人解读为"此云不宦而愿为役，盖亦许行之流"。故"齐人"讥其虽"抗言不宦"，却实溺情于禄养，不仅"言行不一"，而且哗众取宠，有如邻女不嫁而多子②。《史记·田敬仲完世家》曾载："（齐）宣王喜文学游说之士，自如邹衍、淳于髡、田骈、接子、慎到、环渊之徒七十六人，皆赐列第，为上大夫，不治

---

① （西汉）刘向集录，范祥雍笺证，范邦瑾协校：《战国策笺证》，上海古籍出版社 2011 年版，第 660 页。

② （西汉）刘向集录，范祥雍笺证，范邦瑾协校：《战国策笺证》，上海古籍出版社 2011 年版，第 660—661 页。

而议论。"① 此处 "齐人" 批评田骈 "设为不宦，而愿为役"，但实际上却 "訾养千钟，徒百人"，虽并非就田骈的学术观点而发，却也十分切合田骈为代表的稷下黄老学者的实际生活。

战国纵横家对先秦墨家的学术批评，主要体现在其对 "攻战" 的态度上。《战国策·宋卫策》载："公输般为楚设机（械），将以攻宋。墨子闻之，百舍重茧，往见公输般。"② 并由公输引见楚王，说服楚王，最终阻止了这场以大欺小的不义战争。《战国策·宋卫策》记载墨子的此一义举，既是对墨子止战之功的歌颂，也是对墨子 "非攻" 之说的充分肯定。同样，《战国策·赵策三》记载鲁仲连冒 "就脯醢之地" 的危险而 "罢秦兵"，也属于对其 "非攻" 止战 "义举" 的赞扬，是一种学术批评。

不过，纵横家对 "非攻" 思想的肯定，与墨家纯粹从道义角度 "非攻止战" 是不同的。纵横家并非如墨家那样从根本上否定兼并他国土地和人民，而只是认为如果以 "攻战" 的方式实现兼并，所花费的成本太大，远不如使用纵横家的计谋，即所谓 "比之堂上""禽之户内""折之衽席"，这样就能事少而功多。《战国策·齐策五》载苏秦说齐闵王曰：

> 故明主察相，诚欲以伯王也为志，则战攻非所先。战者，国之残也，而都县之费也。残费已先，而能从诸侯者，寡矣。彼战者之为残也，士闻战则输私财而富军，市输饮食而待死士，令折辕而炊之，杀牛而觞士，则是路君之道也。中人祷祝，君翳酿，通都小县

---

① （汉）司马迁撰，（唐）司马贞索隐，（宋）裴骃集解：《史记》，中华书局 1959 年版，第 1895 页。
② （西汉）刘向集录，范祥雍笺证，范邦瑾协校：《战国策笺证》，上海古籍出版社 2011 年版，第 1813 页。

置社，有市之邑，莫不止事而奉王，则此虚中之计也。夫战之明日，尸死扶伤，虽若有功也。军出费，中哭泣，则伤主心矣。死者破家而葬，夷伤者空财而共药，完者内酺而华乐，故其费与死伤者钧。故民之所费也，十年之田而不偿也。……天下有此再费者而能从诸侯，寡矣。攻城之费，百姓理襜蔽，举冲橹，家杂总，身窟穴，中罢于刀金，而士困于土功，将不释甲，期数而能拔城者为亟耳。上倦于教，士断于兵，故三下城而能胜敌者，寡矣。故曰：彼战攻者非所先也。①

苏秦对齐闵王所说的这一番话，虽然也要止"战"非"攻"，但很显然，他所"非"或所"止"的，只是作为手段的"战""攻"，而并非是作为"明主"目的的"伯（霸）王之志"：——兼并他国。而且，他所以"止战""非攻"的出发点，也并非是"战攻"在"道义"上的正当性，而是"战攻"过程的消耗及救死扶伤的公私之费，"十年之田而不偿也"；即使侥幸取胜，"完者内酺而华乐，故其费与死伤者钧"，同样也是得不偿失。况且"战攻"因"残费已先"，故能号召诸侯结盟而"能敌者，寡矣"，"故曰：彼战攻者非所先也"。

　　这里纵横家对"战攻"的否定，与墨家"非攻止战"的言论有同有异。这既是对墨家"非攻"思想的继承，也是对先秦墨家"非攻"思想的一种学术批评。而纵横家对墨家"非攻"思想的肯定，也仅止于此。他们对"战""攻"或"兵战"的目的，即所谓"明主"心中的"伯（霸）王之志"不仅是认同的，实际上也是鼓励和支持的。这就决定了他们对墨家"非攻"思想主张的肯定和认同是不彻底的，而是有条件和暂时的。因此，从根本上来说，他们支持"战""攻"而反

---

　　① （西汉）刘向集录，范祥雍笺证，范邦瑾协校：《战国策笺证》，上海古籍出版社 2011 年版，第 673 页。

对以仁义说教去治理国家。《战国策·秦策一》又载"苏秦始将连横说秦惠王"曰：

> 以大王之贤，士民之众，车骑之用，兵法之教，可以并诸侯，吞天下，称帝而治……昔者神农伐补遂，黄帝伐涿鹿而禽蚩尤，尧伐驩兜，舜伐三苗，禹伐共工，汤伐有夏，文王伐崇，武王伐纣，齐桓任战而伯天下。由此观之，恶有不战者乎？古者使车毂击，驰言【语】相结，天下为一。约从连横，兵革不藏，文士并饬，诸侯乱惑……繁称文辞，天下不治；舌弊耳聋，不见成功；行义约信，天下不亲。于是乃废文任武，厚养死士，缀甲厉兵，效胜于战场。①

同为纵横家"合纵"派的苏秦，在前面"说齐闵王"的时候认同墨家"非攻止战"的观点，但在此处却显然站在了墨家的对立面，俨然成了一位"主战派"的人物。而他之所以会有这种思想观点的根本转变，虽然与纵横家们朝秦暮楚、政治立场的多变有关，最主要的还是因为其所处的乃是一个强国务兼并、弱国务力守、"力功争强，胜者为右"的朝代，而他们思想理论的宗旨，都是为了"取合诸侯"，帮助诸侯国君实现"伯（霸）王之志"。如果一个诸侯国足够强大，可以用武力攻伐兼并敌国，纵横家会毫不犹豫地否定墨家的"非攻"思想，主张用武力吞并天下；而当一个诸侯国还不具备足够的实力去进攻敌国的土地人民时，纵横家则会赞同墨家的"非攻"主张，如《战国策·齐策五》记载，认为"彼战攻者，非所先也"，应该以"微用兵而寄于义"，"言于尊俎之间，谋成于堂上"。

---

① （西汉）刘向集录，范祥雍笺证，范邦瑾协校：《战国策笺证》，上海古籍出版社 2011 年版，第 141—142 页。

战国纵横家在对当时儒家、道家、墨家提出自己的学术批评时，对其他诸子学派如名家、法家、杂家、小说家等的学术思想也有一些学术批评。

　　对于名家，战国纵横家基本上并未展开理论的批评。《战国策·赵策二》载苏秦之言曰："夫刑名之家皆曰白马非马也已。如白马实马，乃使有白马之为也①，此臣之所患也。"苏秦此处的本意，是说即使秦国"案兵息民"，天下也不可能结盟与秦为敌；那种天下将"合纵"与秦为敌的说法，正如名家的"白马非马"说一样，是与事实相悖的，这才是他所担忧的状况。实际上这些都并非是对名家观点的学理批评。纵横家对长于名辩的名家学者，不仅不见直接的批评与否定，反而多有褒扬和赞美之辞。如《战国策·赵策三》载名家"白马非马"论者公孙龙劝赵之平原君，勿因自己解邯郸之围的功绩而受封赏，平原君以为"善"而"受令"。《战国策·魏策二》载惠施以"文王之义"说魏太子为魏惠王择日下葬，曰："惠子非徒行其说也，又令魏太子未葬其先王，而因又说文王之义。说文王之义以示天下，岂小功也哉？"②纵横家必须常常借助名家的名辩技巧以游说诸侯，所以他们即使直接批评名家学派，也不是批评名家的辩说技巧，甚至也不是批评名家的名学内容或命题，而只是批评其辩说的时间选择不对。正如《战国策·宋卫策》所载卫人之"新妇"一样，刚出门即问婆家迎亲的马从何来，应该如何招待；又让灭厨房灶下之火，以免发生火灾；还让人移走石臼，说会妨害行人，真是非常细心周到。但在纵横家看来，"此三者，皆要言

---

　　① 案：范祥雍《战国策笺证》曰："'如'犹'然'也，'而'也，见《经传释词》。'乃'犹'故'也，见《经传释词补》。言形名家谓白马非马，然白马实马，故使有白马之谓也。"参见（西汉）刘向集录，范祥雍笺证，范邦瑾协校：《战国策笺证》，上海古籍出版社2011年版，第1037页。

　　②（西汉）刘向集录，范祥雍笺证，范邦瑾协校：《战国策笺证》，上海古籍出版社2011年版，第1320页。

也，然不免为人笑者，蚤晚之时失也"。

先秦法家和纵横家关系尤为密切，蒙文通曾在《法家流变考》一文中说，商鞅、吴起、范雎、蔡泽等人为纵横家而兼法家者，故"兵、农、纵横统为法家"①。纵横家对法家思想的学术批评，主要表现在两个方面，一是表现为纵横家对法家代表人物，如商鞅、吴起、申不害等人的高度评价和礼赞。如《战国策·秦策三》蔡泽称"若秦之商君，楚之吴起，越之大夫种……义至矣，忠之节也"。《战国策·齐策五》苏秦称卫鞅（商鞅）"比之堂上，禽将户内，拔城于尊俎之间，折冲席上者也"。《战国策·楚策四》虞卿谓春申君曰："公孙鞅（商鞅）功臣也。"《战国策·韩策三》称"申不害虑事而言之，忠臣也"。这些都是纵横家对法家人物的正面肯定和赞扬。这不仅与一般史书上所谓申、商法家"刻暴寡恩"的评价相反，更与《吕氏春秋·无义》等篇以商鞅诱取魏公子印而为"无义"典型大异其趣。

纵横家批评法家思想的另一种表现，即是纵横家完全站在法家立场上来评人论事。如上文所引赵威后批评田仲子"隐伏窟穴"、不用于世为该"杀"，说明纵横家对道家田（陈）仲一派的态度；而《韩非子·外储说左上》亦同样批评田仲"无益于人之国"，可见纵横家和法家的立场和观点完全一致。《战国策·赵策二》载赵武灵王与大臣论胡服骑射，曰："夫三代不同服而王，五伯不同教而政。知者作教，而愚者制焉；贤者议俗不肖者拘焉。"②与《商君书·更法》所论"变法"理论，甚至文字表达亦基本相同。由此可见，纵横家的"变法"思想，与法家的立场和主张是彼此相同的。

战国纵横家对当时阴阳家、农家、杂家的思想都没有直接的学术批

---

① 蒙文通：《古学甄微》，巴蜀书社 1987 年版，第 285—288 页。
② （西汉）刘向集录，范祥雍笺证，范邦瑾协校：《战国策笺证》，上海古籍出版社 2011 年版，第 1049 页。

评。上文引《战国策·秦策三》蔡泽引"语曰：日中则移，月满则亏"，既可为说明其同于道家"乘至盛不及道理也"之证；其所谓"夫四时之序，成功者去"，实亦与《战国策·赵策二》所谓"阴阳不同道，四时不一宜"一样，都是一种主张应时而动的思想，而与《汉书·艺文志》中阴阳家所谓"深观阴阳消息""敬顺昊天""历象日月星辰，敬授民时"的意图不尽相同。上文曾引蒙文通之说，以"兵、农、纵横统为法家"，似乎纵横家思想与农家为近，对农家思想有较多继承与吸收。但由于纵横家本出于"行人之官"，其重心在外交上的纵横捭阖，故现有先秦诸子文献中见不到纵横家批评农家学说的记载。《战国策·赵策二》载赵惠文王三十一年（公元前268年）田单批评赵奢用兵必发二、三十万之众，"使民不得耕作，粮食輓赁不可给"。尽管看不出这与农家学派的观点有何联系，毕竟似乎有点"重视农业"和"为农民呼吁"的意味。《战国策·秦策五》中有不少杂家吕不韦事迹的记载，皆无关于吕不韦的杂家思想，更与所谓学术批评无关。只有先秦的小说家，虽属《汉书·艺文志》记载的"街谈巷语，道听途说者之所造也"，且又在所谓"德之弃也"之列，纵横家们却常常使用之。《战国策》一书就采用了许多属于民间故事，如《楚策一》中"狐假虎威"、《魏策四》中的"南辕北辙"、《燕策》中的"鹬蚌相争"等，来解说治国理政的大道理。战国纵横家对作为"小说"的民间故事的这种态度，既是对"小说家"的肯定，也是对当时普遍鄙弃"小说"观念的一种批评。

第三节　《鬼谷子》对先秦纵横术的总结与批评

《史记·苏秦列传》曰："苏秦者，东周雒阳人也。东师事于齐，而习之于鬼谷先生。"同书《张仪列传》曰："张仪者，魏人也。始尝与苏秦俱事鬼谷先生。"裴骃《史记索隐》引《风俗通义》曰："鬼谷先生，六国时从（纵）横家。"《隋书·经籍志》著录有"《鬼谷子》三卷"，原注："皇甫谧注。鬼谷子，周世隐于鬼谷。"根据这些材料，很多学者都相信，在苏秦、张仪之前，实际还有更早的纵横家，即"鬼谷先生"。而且，此鬼谷先生还有一部早于《汉书·艺文志》著录的"《苏子》三十一篇"和"《张子》十篇"的著作——"《鬼谷子》三卷"。

但是，根据我们结合现有文献进行综合研究，所谓《史记》以来的"鬼谷"其地、鬼谷先生其人和《鬼谷子》其书，其实都是存在疑问的，历代研究者的论证皆并未解决"鬼谷子"其人其书早出于先秦时期的关键问题。

从现有文献来看，关于鬼谷先生其人和《鬼谷子》其书的记载皆出现较晚，前者只见于《史记》而不见于先秦载籍，后者首见于《隋书·经籍志》而不见于《汉书·艺文志》；对《鬼谷子》一书最早有确定无疑引用的是刘向《说苑·善说》。而所谓司马谈《论六家之要指》对"圣人不朽，时变是守"一语，是否真的属于对《鬼谷子》的引用，司马氏父子都没有明说，故当在存疑之列。也正因此，有很多学者即认为鬼谷子其人其书，"盖东汉人本二书（指"《苏秦》三十一篇"、"《张子》十篇"——引者）之言，会萃附益为此，或即（皇甫）谧手所成，而托名鬼谷，若'子虚''亡是'耳。"（胡应麟：《四部正讹》）

当然，由学者近年的最新研究成果来看，学界的结论似乎更趋向一致，即"鬼谷子"其人当是战国时期真实存在的一位纵横家，《鬼谷子》一书主要由鬼谷先生及其弟子编辑而成；鬼谷子（鬼谷先生）是苏秦、张仪的老师，传世的《鬼谷子》三卷，"依据其内容，我们大概可以把它分为两大部分：第一部分包括上、中两卷，第二部分为下卷。"上、中两卷共十二篇，这十二篇所谈的都是纵横之术……应可断定为先秦《鬼谷子》旧物";下卷因已"掺杂有浓厚的道家思想，以及道教、佛教的观点……因此我们可以肯定下卷比上、中卷成书要晚……成书年代应该是在东汉末西晋间了。"①

我认为，学术界相信苏秦、张仪之前已有作为其师辈的纵横家人物，这个观点是可以成立的；但是作为苏、张二人的"老师"的人，是否确实就是一位被称为"鬼谷先生"或"鬼谷子"之人，则是难以肯定的。尽管《汉书·艺文志》没有著录，但作为纵横家理论总结的《鬼谷子》一书，它在西汉时期或许已经存在②。只不过，这并不等于《鬼谷子》即形成于战国时期——《鬼谷子》成书很可能是在西汉建国之前的楚汉纷争之际——但当时应该还只有传世本《鬼谷子》第一部分的上、中两卷，下卷则是很晚才被人加进去的。而且，我认为，《鬼谷子》一书的作者，很可能是被人怀疑为《战国策》作者的蒯通之类的人物。我的理由如下：

从传世文献的确切记载来看，"鬼谷先生"名字的首次出现，是在《史记》的《苏秦列传》和《张仪列传》；而"鬼谷先生"的得名，则以其隐居于"鬼谷"这个地方。《史记·苏秦列传》记苏秦"习之于鬼谷先生"裴骃《集解》云：

> 按：鬼谷，地名也。扶风池阳、颍川阳城并有鬼谷墟，盖是其人所居，因为号。又乐壹注《鬼谷子》书云："苏秦欲神秘其道，

---

① 萧登福：《鬼谷子研究》，文津出版社有限公司 2016 年版，第 69 页。

② 案：钱穆《鬼谷子辨》说："《说苑·善说篇》引鬼谷子曰云云，此由汉前有苏秦、张仪学于鬼谷之说，故当时必有造为鬼谷子言论行事以传世者……亦不能据此谓刘向实曾见《鬼谷》书……而《鬼谷子》则犹为东汉后晚出伪书。"（钱穆：《先秦诸子系年》，商务印书馆 2001 年版，第 358—359 页。）笔者认为，刘向《说苑·善说》篇引鬼谷子曰云云，虽不能据以断定当时已有后世《鬼谷子》一书，但也不能否定当时已有集鬼谷子言论行事以传世的、作为后世《鬼谷子》雏形的"鬼谷子"著作存在。故我们推断《鬼谷子》最早当出现在西汉正式建国之前。

故假名鬼谷。"

从这里可以看出,"鬼谷先生"以居"鬼谷"而得名。这实际只是司马贞的推测,一个"盖"字就透露了这个信息。至于以"鬼谷子"为人名、地名和书名,那就更为蹊跷了。故司马贞又引乐壹在《鬼谷子注》中的话说:"鬼谷子"其人其书,可能根本就是苏秦自己"欲神其道"而制造出来的"假名"。

但也有人不同意"鬼谷"其地其人为"假名"的说法。他们无限欣喜地在《史记·樗里子甘茂列传》中找到了"鬼谷"地名。《史记·樗里子甘茂列传》载甘茂事迹曰:

> (苏代)因说秦王曰:"甘茂,非常士也。其居于秦,累世重矣。自殽塞及至鬼谷,其地形险易皆明知之。彼以齐约韩、魏反以图秦,非秦之利也。"秦王曰:"然则奈何?"苏代曰:"王不若重其贽,厚其禄以迎之,使彼来则置之鬼谷,终身勿出。"秦王曰:"善。"

《史记》此篇的确有两处言及"鬼谷",给人以"鬼谷先生"乃居于"鬼谷"之先生的感觉。但是,如果我们进一步追溯司马迁此传的文献来源的话,我们就会发现司马迁这一记载苏代说秦王之事,其实只是《战国策·秦策二》"甘茂亡秦且之齐"一章的简单移置——只是在这个几乎一字不易的简单移置中,却始终不见至关重要的"鬼谷"二字。《战国策·秦策二》载:

> (苏代)乃西说秦王曰:"甘茂,贤人,非恒士也。其居秦,累世重矣。自殽塞、谿谷,地形险易尽知之。彼若以齐约韩、魏,反以谋秦,是非秦之利也。"秦王曰:"然则奈何?"苏代曰:"不如重其贽,厚其禄以迎之。彼来则置之槐谷,终身勿出。天下何从

图秦?"秦王曰:"善"。

为了弥缝《战国策·秦策二》中并无"鬼谷"二字这一罅隙,历代学者做了两方面的努力:一是历代学者在注《史记·樗里子甘茂列传》中的"鬼谷"时,在没有任何文献根据的情况下,直接说《史记》此篇"鬼谷"即是《战国策·秦策二》中的"谿谷"和"槐谷","槐、鬼者,声之转也。"故"谿谷""槐谷"即是"鬼谷"。二是在注《战国策·秦策二》之"谿谷""槐谷"时,也不用任何证据,也想当然地直接将"谿谷""槐谷"说成是《史记》中的"鬼谷",理由同样是"槐""鬼"二者为声之转也。"

但这种做法其实是存在明显漏洞的。如果说"槐、鬼者,声之转也",故而"槐谷"即是"鬼谷"的话;那么"谿谷"又怎么可能会变成"鬼谷"呢?"谿"和"鬼"二者可没有什么"声之转也"的关系啊!再说,从《战国策·秦策二》苏代谈"谿谷"和"槐谷"的语境来看,这两处也不会如《史记·樗里子甘茂列传》中那样,都变成同一个"鬼谷"的。因为"自殽塞、谿谷,地形险易尽知之",其中的"殽塞"显然是指秦东部与六国接壤殽山、函谷关要塞,那么"谿谷"则要么是秦国东部与"殽塞"一样的另一要塞,要么则是秦国的与"殽塞"相对的、位于西部边境的另一要塞,这样才能说明的确是甘茂对秦国的"地形险易尽知之"的。但问题是,唐人的《史记索隐》和《史记正义》已经指出,唐以前人对"鬼谷"的注释,一是认为"鬼谷"在阳城(徐广说),一是以为"鬼谷"在关内云阳(刘伯庄说)。因在"阳城鬼谷,时属韩,秦不得言置之"[1];故姚宏《战国策注》已云:"谿谷"和"鬼谷"本不是一处,而"槐谷"乃"槐里之谷",与

---

① (汉)司马迁撰,(唐)司马贞索隐,(宋)裴骃集解:《史记》,中华书局1959年版,第2317页。

"鬼谷"更没有任何关系；且引《后语》云："槐里之谷，今京兆始平之地。言周、秦之地悉知也。或作'鬼谷'，大非。"[1] 况且，如果说在没有其他旁证的情况下，因"槐、鬼者声之转也"，而认定"槐谷"即是"鬼谷"，已是非常危险的做法——因为如果有人像王嘉《拾遗记》那样，以所谓"鬼谷"原本不是"槐谷"、而是"归谷"，"鬼者，归也"，鬼、归音近也，那我们又该来如何自圆其说呢？因此，我们可以说，"鬼谷"这个地名，很可能是司马迁根据当时的民间传说而杜撰出来的，"鬼谷先生"其人自然也就是子虚、乌有、亡是公之类了；而《鬼谷子》其书，是否是真是先秦的"鬼谷先生"其人所著，也就不难推断了。

从理论形成的逻辑上来讲，传世的《鬼谷子》一书作为先秦纵横家理论的总结，它在战国纵横家代表人物的纵横捭阖大戏结束之前，即已由苏秦、张仪的一位并不知名的老师——"鬼谷先生"独立完成了，这简直是不可思议的事，也是极其不合理的事。近代学者在研究战国纵横家游说理论与实践的相关文献之后说："纵横家之书，今此传者惟《战国策》"；"然此书止于备载行事，于纵横家之学理，未曾道及。纵横家之学理，转散见于诸子书中，而莫备于韩非之《说难》"。此外，"《吕览·顺说》，亦论说术"。[2]

《韩非子》和《吕氏春秋》二书都是我国先秦诸子思想的总结性著作，其思想成就和学术影响远在"鬼谷子"其人和《鬼谷子》其书之上。但如果你仔细比较《鬼谷子》与《韩非子·说难》《吕氏春秋·顺说》二篇中对游说技巧的论述，你就会发现，在对游说论述的系统深入和细致性等方面，《鬼谷子》远远超过了《韩非子》和《吕氏春秋》

---

① （西汉）刘向集录，范祥雍笺证、范邦瑾协校：《战国策笺证》，上海古籍出版社 2011 年版，第 269 页。

② 吕思勉：《先秦学术概论》，岳麓书社 2010 年版，第 116 页及第 117 页脚注。

第五章　先秦纵横家对诸子百家的学术批评 | 337

二书。《韩非子·说难》曰："凡说之难，在知所说之心，可以吾说当之"；"凡说之务，在知饰所说之所矜而灭其所耻。……此道所得，亲近不疑而得尽辞也。伊尹为宰，百里奚为虏，皆所以干其上也。此二人者，皆圣人也，然犹不能无役身以进，如此其污也！"《吕氏春秋·顺说》曰："善说者若巧士，因人之力以自为力；因其来而与来，因其往而与往；不设形象，与生与长……顺风而呼，声不加疾也；际高而望，目不加明也；所因便也。"《韩非子·说难》所言"说"之"难"与"务"，实即《鬼谷子》中《揣》《摩》二篇所谓"揣情饰言成文章，而后论之也"的"说之法也"（《揣》）；或所谓"情合者听"，故"测而探之"，以期得诸侯隐情的"事成必合于数"也（《摩》）。《吕氏春秋·顺说》所言的"因便"的"善说"巧术，实则不过是《鬼谷子》"反覆相求，因事为制"（《忤合》），环转因化（《内揵》），"能因能循，为天地守神"（《谋》）等之义也。但问题是，《韩非子》《吕氏春秋》皆非先秦专论的"游说"术的著作，而且它们产生的时间远晚于苏秦、张仪等战国纵横家活动的年代；而"《鬼谷子》一书是先秦纵横家的理论著作，也是对春秋以来行人游说、谏说的经验技巧和此类文章写作经验与技巧的总结。"① 其中主要的和产生时代最早是上、中两卷十四篇（缺佚《转丸》《胠箧》两篇），"上、中两卷在讲述游说时所应遵守的原理原则与游说技巧"，"各篇文义相互呼应"②，因而是系统、深入地论述游说之术的著作。但就是这样的一部比《韩非子》《吕氏春秋》都要更系统和深入地论述"游说之术"的著作，它居然产生于比苏秦、张仪还早的战国中期以前（要知道那时纵横家还刚刚出现不久啊！）、由一位身为苏秦、张仪老师而被人称为"鬼谷先生"完成

---

① 赵逵夫：《鬼谷子序言》。见许富宏撰：《鬼谷子集校集注》，中华书局 2010 年版，第 1 页。

② 萧登福：《鬼谷子研究》，文津出版社有限公司 2016 年版，第 77 页。

了（这是一部理论著作，可不是编纂成书的啊！）——这似乎在告诉人们，纵横术在它尚处于刚刚产生之时，就已被"鬼谷先生"给提前加以总结了。这是多么的不可思议和不合逻辑啊！

至于说《鬼谷子》中的《揣》《摩》与郭店楚简《语丛四》都有关于谋略问题的内容、《鬼谷子》中的《捭阖》《反应》与马王堆帛书《称》篇等都有阴阳学说为基础的论说理论，这实际也并非《鬼谷子》的内容早出于郭店楚简和马王堆帛书的根据。因为任何理论的发展都存在一个由简单到复杂、由粗陋到精致的发展过程，马王堆帛书《称》篇尚处于"由天道推衍人事的思维方式"的"比较简单的、直接的阶段"，而"很明显《捭阖》篇中的阴阳观念是处于上述阴阳说发展历程的第三个环节，即属于用阴阳来建构其领域理论的阶段"；《鬼谷子》之《揣》《摩》二篇远超出了郭店楚简《语丛四》"除了单纯强调重视谋略以外，没有更详细更深入的揭示如何谋略，以及在理论上作论证"，而《揣》《摩》则"要深入复杂得多"，"是就谋略中的某一问题进行专门论述，形成专论。"① 这些都只能说明《鬼谷子》要比马王堆帛书和郭店楚简中相关篇章的形成时间要晚，如何可证明先秦时期没有任何证据证明其真实性的"鬼谷子"其人其书，一定会出于战国中期苏秦、张仪的"老师"呢？同样，以《鬼谷子》中的《符言》《谋》篇有与《管子·九守》《战国策·赵策一》有相同或相近的内容，也是不能用来作为否定前人多以为《鬼谷子》袭用《管子》《战国策》语和证成《管子·九守》《战国策·赵策一》剿袭"鬼谷子"一书的证据的。

从先秦哲学思想发展的逻辑来看，在大约是战国中期之际，由于秦孝公任用商鞅变法而秦国走向富强，故天下出现了以联合山东诸侯

---

① 许富宏：《〈鬼谷子〉研究》，上海古籍出版社 2008 年版，第 38—46 页。

"抗秦"、或以秦国拆散六国联盟实现各个击破的"纵横家"。苏秦、张仪是战国纵横家鼎盛时期的代表。苏秦、张仪之前属战国纵横家及其思想的发生、发展与形成期，此时尚不可能产生超过苏秦、张仪的纵横家之实践者和理论家，更不可能出现对纵横术进行理论深化和总结的《鬼谷子》一书。战国后期，包括纵横家们在内的诸子学派皆救亡图存之不暇，如韩非、吕不韦等思想大家亦只能写出《说难》《顺说》之类论游说之"难"或关于某一方面游说技巧的著作，而不可能对游说之术做出全面、系统和深入的理论探讨。而此后，随着秦国统一中国推行法家的"申、韩之术"以统治天下，"别墨白而定于一尊"，包括纵横家在内的诸子之学都受到了批判和禁止。《韩非子·五蠹》曰：

> 今人臣之言衡者，皆曰："不事大，则遇敌受祸矣。"事大未必有实，则举图而委，效玺而请兵矣。献图则地削，效玺则名卑；地削则国削，名卑则政乱矣。事大为衡，未见其利也，而亡地乱政矣。人臣之言从（纵）者，皆曰："不救小而伐大，则失天下，失天下则国危，国危而主卑。"救小未必有实，则起兵而敌大矣。救小未必能存，而交大未必不有疏，有疏则为强国制矣。出兵则军败，退守则城拔。救小为从（纵），未见其利，而亡地败军矣。……人主之听说于其臣，事未成则爵禄已尊矣；事败而弗诛，则游说之士孰不为用矰缴之说而徼幸其后？故破国亡主以听言谈者之浮说……。

在这样的时代背景下，连纵横家都难再有立身之地，更何况要对其"游说之术"进行全面、系统和深入的理论总结而作《鬼谷子》之书呢？现代学者的研究最后可以确定的是，《鬼谷子》应产生于西汉正式建国以前。故我认为，"鬼谷子"其人其书的出现，从哲学思想史的发展逻辑来看，只可能产生于西汉尚未建立的楚汉分争之际、这个纵横游说之风再度兴起的时期——其最大的可能，应是近代被怀疑为"《战国策》作者"的纵横家蒯通或其同类所作。因为《史记》《汉书》都记载有蒯通说韩信背刘邦、与楚汉鼎足而三，及其"善为长短说，论战国权变为八十一首"之事（《史记·田儋列传》）。《汉书·蒯通传》曰：

> 蒯通者，范阳人也，本与武帝同讳。楚汉初起，武臣略定赵地，号武信君，通说范阳令徐公曰："……必将战胜而后略地，攻得而后下城，臣窃以为殆矣。用臣之计，毋战而略地，不攻而下城，传檄而千里定，可乎?"……后汉将韩信虏魏王，破赵、代，降燕，定三国，引兵将东击齐……蒯通知天下权在信，欲说信令背汉，乃先微感信曰："仆尝受相人之术，相君之面，不过封侯，又危而不安；相君之背，贵而不可言。"……数日，通复说曰："听者，事之候也；计者，存亡之机也。夫随厮养之役者，失万乘之权，守儋石之禄者，阙卿相之位。计诚知之，而决弗敢行者，百事之祸也。故猛虎之犹与，不如蜂虿之致螫；孟贲之狐疑，不如童子之必至。此言贵能行之也。夫功者难成而易败，时者难值而易失。'时乎时，不再来。'愿足下无疑臣之计。"信犹与不忍背汉，又自以功多，汉不夺我齐，遂谢通。通说不听，惶恐，乃阳狂为巫。
>
> ……
>
> 通论战国时说士权变，亦自序其说，凡八十一首，号曰《隽永》。

从《汉书·蒯通传》所载蒯通的言行来看，其人的确是西汉建国之前一位长于"游说之术"的纵横家。其说范阳令徐公"毋战而略地，不攻而下城，传檄而千里定"，正上文曾引《战国策·齐策五》苏秦称商鞅所谓"拔城于尊俎之间，折冲席上者也"；其说韩信"夫功者难成而易败，时者难得而易失。时乎时乎不再来"，又正司马贞《史记索隐》所谓"《战国策》皆有此文"者也①。此皆可为例证。故《汉书·艺文志》亦载蒯通于"纵横家"，著录其书"《蒯子》五篇"。《史记·田儋列传》"蒯通者，善为长短说"下司马贞《史记索隐》曰："言欲令此事长，则长说之；欲令此事短，则短说之；故《战国策》亦名曰《短长书》是也。"② 蒯通是楚汉之际的著名的纵横游说之士，最后"阳狂为巫"，曾"论战国时说士权变，亦自序其说"而为《隽永》，故他综合战国那些带有几分神秘色彩的"说士"言论与思想，"假名"为"鬼谷子"撰成自神其说的《鬼谷子》一书，应该是最有可能的了。《隽永》本有八十一首之多，属蒯通"自序"而成。而所谓"序"当如《汉书·艺文志》所载《刘向所序》《杨雄所序》之类"称'所序'者"，"盖犹今之丛书也"③。"序"即"序次"，乃编纂之意。当然，认同《战国策》为蒯通所"序"，将记战国纵横策士们言行的"《战国策》三十三篇"和《汉书·艺文志》所载"《蒯子》五篇"加在一起，视为《隽永》的一部分，也不过三十八篇之数，远不足《隽永》八十一首之数。这个问题的记载，书缺有间，很难做出令人满意的解释，但传本《鬼谷子》二卷（上、中卷）十四篇当初即在《隽永》之中亦未可知。因为当初司马迁父子都很清楚《鬼谷子》一书复杂的形成经过和它实际属于蒯通《隽永》的一部分，故他们在引用出于《鬼谷子》的"圣人不朽，时变是守；虚者道之常也，因者君之纲也"的时候，没有如引用《易·系辞》一样说明为引自"《易大传》"，而是隐去了

---

① （汉）司马迁撰，（唐）司马贞索隐，（宋）裴骃集解：《史记》，中华书局 1959 年版，第 2626 页。

② （汉）司马迁撰，（唐）司马贞索隐，（宋）裴骃集解：《史记》，中华书局 1959 年版，第 2648 页。

③ 张舜徽：《汉书艺文志通释》，华中师范大学出版社 2004 年版，第 278 页。又可参见《新序校释整理说明》，见石光瑛校释：《新序校释》，中华书局 2017 年版，第 2 页。

其出处；而刘向《说苑·善说》引"鬼谷子曰"云云，虽明言其出自"鬼谷子"，却并不见于今传本《鬼谷子》一书；《汉书·艺文志》则在将《隽永》中的"《战国策》三十三篇"入"《春秋》类"、"《蒯子》五篇"入"纵横家"之后，将神秘莫测《鬼谷子》一书弃置不顾。因为《隽永》（蒯通"所序"）不在《汉志》著录之列，也就没有"省《鬼谷子》"的说明了。

《鬼谷子》其人其书的最后成形应该是"楚汉分争"之际由蒯通或如蒯通之类纵横术士完成的。因为《鬼谷子》是对战国纵横家"说"术进行理论总结的著作，因此其对先秦诸子的学术批评基本也就是对战国纵横家的学术批评。或者说，《鬼谷子》对先秦诸子百家的学术批评，就包含在它对战国纵横家学术的批评与总结之中。

《鬼谷子》对战国纵横家学术思想的批评性总结，首先表现为《鬼谷子》对先秦纵横家思想中的道家和《易传》阴阳思想加以吸收、改造和发展，使之成为其"游说术"中的基本指导原则。

战国纵横家们在其游说活动中，经常引用《老子》及《易传》中的语句，借用道家及《周易》的阴阳对立转化以分析当时的人事及社会现象，如上文所述《战国策·秦策三》蔡泽引类似《周易·丰卦》之《彖传》"日中则移，月满则亏"，说明"物盛则衰，天之常数也"。又以"夫四时之序，成功者去"，说明"进退、盈缩、变化，圣人之常道也"。又如《战国策·秦策四》黄歇引《周易·未济》卦辞，说明"始之易，终之难也"。《战国策》之《楚策四》《齐策四》《魏策一》等处引用老子的话，说明贵贱、多少、损益、盛衰、成败等互相对立与转化之理。这些文献记载虽没有直接采用"阴阳"概念，却已包含道家和《周易》的阴阳对立转化原理。

"阴阳"是先秦诸子百家思想中的重要核心概念，阴阳家以此而得名，为当时的诸子学派之一。《庄子·天下》篇曰："《易》以道阴阳。"《老子》第42章曰："万物负阴而抱阳，冲气以为和。"① 都视阴阳为世界运行和转化的最基本原理。纵横家在纵横游说中，也常以阴阳对立原理，说明人事及社会现象的盛衰成败变化。但《鬼谷子》把战国纵横家在谈论具体人事及社会现象时偶然体现的阴阳对立转化观念，加以进一步提升和抽象，使之成为论述纵横家游说之术的普遍原则和指导思想。《鬼谷子》开篇论"捭阖"曰：

> 捭之者，开也，言也，阳也；阖之者，闭也，默也，阴也。阴阳其和，终始其义。故言长生、安乐、富贵、尊荣、显名、爱好、财利、得意、喜欲，为"阳"，曰"始"。故言死亡、忧患、贫贱、苦辱、弃损、亡利、失意、有害、刑戮、诛罚，为"阴"，曰"终"。诸言法阳之类者，皆曰始，言善以始其事；诸言法阴之类者，皆曰终，言恶以终其谋。
>
> 捭阖之道，以阴阳试之。故与阳言者，依崇高；与阴言者，依卑小。以下求小，以高求大。由此言之，无所不出，无所不入，无所不可。可以说人，可以说家，可以说国，可以说天下。为小无内，为大无外。益损、去就、倍反，皆以阴阳御其事。②

在这里"阴阳"不止是纵横术士说明某一具体人或事物变化的一个概念，而是代表游说活动中各种对立方面或对立环节的普遍范畴，故《鬼谷子·捭阖》曰："捭阖者，以变动阴阳，四时开闭以化万物。纵横、反出、反覆、反忤，必由此矣。"③ 又说："益损、去就、倍反，皆以阴阳御其事。阳动而行，阴止而藏；阳动而出，阴随而入。阳还终

---

① 朱谦之：《老子校释》，中华书局1984年版，第175页。
② 许富宏撰：《鬼谷子集校集注》，中华书局2010年版，第17—19页。
③ 许富宏撰：《鬼谷子集校集注》，中华书局2010年版，第13页。

阴，阴极反阳……阴阳相求，由捭阖也。此天地阴阳之道，而说人之法也。"① 使"阴阳"这一范围变成了游说活动中所有方面和环节的指导原则。《鬼谷子》这种以"阴阳"为游说活动普遍原则的思想，既是利用《易传》以"阴阳"对立转化为事物普遍规律，而对战国纵横家借用"阴阳"消长以说明事物变化方法的批判性改造，是对"阴阳"概念内涵和外延的一种扩张和发展，也是对包括阴阳家、道家及《易传》"阴阳"概念的一种压缩与窄化，使"阴阳"仿佛成为一种专门指导纵横家游说活动的原则或原理。因此，它也是对纵横家学说及其源头之一的阴阳家、道家及《易传》思想的一种学术批评。

《鬼谷子》对战国纵横家游说思想批判性总结的表现之二，是它对纵横家的"游说术"进行了系统的理论总结，扬弃了其中属于庸俗文化的成分和属于《汉书·艺文志》所谓"上诈谖而弃其信"的"诡道"，而将其提升到可以公之于天下之谋略的层次。

战国纵横家游说时已运用和积累了很多"巧术"，或引《诗》《书》格言成语以为据，或巧设机变引人入彀，或以各种寓言故事作为譬喻，或晓之以情而动之以理，或威胁与利诱相加而软硬兼施，等等。但从整体上看，这种所谓游说技巧多属于随机应变之术，既无实践的自觉，也无理论的总结和提升。从今传本《鬼谷子》上、中二卷共十四篇②来看，这两卷都"在讲述游说时所应遵守的原理原则与游说的技巧"③。第一篇《捭阖》，将"'捭阖'与'阴阳'交互运用，互相配合……以为天下间万事万物的变化，都离不开阴阳、刚柔、开阖等正反两面的互涵互变"，"因此我们在游说他人时，必须熟练的去运用阴阳

---

① 许富宏撰：《鬼谷子集校集注》，中华书局 2010 年版，第 19—21 页。
② 今本《鬼谷子》实际十二篇，《转丸》《胠乱》两篇已佚。
③ 萧登福：《鬼谷子研究》，文津出版社有限公司 2016 年版，第 77 页。

捭阖的道理，以达到游说的目的"①。第二篇《反应》（一作《反覆》），"旨在说明'反'与'覆'两种不同的游说技巧，'反'是指反过来站在对方的立场以对方的角度来观察事物，'应（覆）'回过头来覆验自己"②。第三篇《内揵》，由君臣之间复杂关系而讲求如何以言辞内结于君，进而说明如何向君主进献计谋。第四篇《抵巇》，意即"把有缺漏的地方堵塞住，首言抵巇之理"，"次言抵巇之法"。但抵巇亦需等待时机："世无可抵，则深隐而待时；时有可抵，则为之谋。"③ 第五篇《飞箝》，陶弘景解释说"取人之道，先作声誉以飞扬之，彼必露情竭志而无隐，然后因其所好，牵持缄束，令不得转移"④。第六篇《忤合》，说明在面对"计谋不两忠"的情形下，必"须先潜藏自己的意向，并暗中观察，度权量能，揣度有无，然后选择一个可以'成于事而合于计谋'的君主"⑤。"大体说来，《鬼谷子》一书上、中两卷，除《符言》篇外，其余诸篇，所谈的我们大都可以把它看成游说技巧。"第七篇《揣》、第八篇《摩》、第九篇《权》、第十篇《谋》、第十一篇《决》，则分别论述了如何揣量天下权势及人主内情，"并在揣知实情之后，以对方所期盼的事情去顺合他、诱动他，让他付诸行动"，或在游说时"将所要使用言谈技巧与所要说服的对象都要加以谨慎的权衡与选择"⑥，或说明应设计如何因应游说的对象，或在谨慎从事之中同时做出决断，等等。

与战国纵横家的游说之术相比，《鬼谷子》中的游说技巧已十分全面、系统，并形成了紧密的相互联系。《捭阖》篇曰："是故圣人一守

---

① 萧登福：《鬼谷子研究》，文津出版社有限公司 2016 年版，第 77—79 页。
② 萧登福：《鬼谷子研究》，文津出版社有限公司 2016 年版，第 81 页。
③ 许富宏撰：《鬼谷子集校集注》，中华书局 2010 年版，第 72 页。
④ 许富宏撰：《鬼谷子集校集注》，中华书局 2010 年版，第 75 页。
⑤ 萧登福：《鬼谷子研究》，文津出版社有限公司 2016 年版，第 89 页。
⑥ 萧登福：《鬼谷子研究》，文津出版社有限公司 2016 年版，第 108 页。

司其门户，审察其所先后，度权量能，校其技巧短长。""捭阖者，以变动阴阳……反覆反忤，必由此矣。"① 论"捭阖"的运用，而兼及所谓"权""谋""反覆""忤合"之术，可见这些游说技巧在《鬼谷子》中已被纳入一个严密的系统之中。《抵巇》曰："近而不可见，不察其辞也；远而可知者，反往以验来也。""自天地之合离终始，必有巇隙，不可不察也。察之以捭阖，能用此道，圣人也。"② 这是用"抵巇"而兼取"反覆""捭阖"之术。《飞箝》篇曰："或量能立势以钩之，或伺候见涧而箝之，其事用抵巇。"③ 《忤合》篇曰："必先谋虑计定，而后行之以飞箝之术。"④ 《谋》篇曰："摩而恐之，高而动之，微而证之，符而应之，拥而塞之，乱而惑之，是谓计谋。"⑤ 这是"飞箝""忤合""谋（虑）"诸术与"抵巇""揣摩""反覆""（量）权"等技巧的配合。这说明，《鬼谷子》对纵横家各种游说技巧的论述，既不是战国纵横家临事机变的感性活动的记录，也不是彼此无关的、零散的游说技巧的简单复述，而是对战国纵横家游说方法、技巧的一次全面、系统和深入的理论总结，是一次理论提升和深化，也可以说是对战国纵横家零散、浅层的游说思想观点和方法的一种学术批评。

《鬼谷子》对战国纵横家思想总结和批评的表现之三，是对战国纵横家肯定或否定的先秦诸子百家的一些核心价值观念，提出了自己新的看法，并在某种程度上对先秦诸子百家的思想，进行了一次以纵横游说之术为中心的理论整合。例如对儒家的"忠信"观念，战国纵横家因对儒家的仁、义、忠、信观念采取一种抽象的、绝对的理解，故他们或

---

① 许富宏撰：《鬼谷子集校集注》，中华书局 2010 年版，第 5、13 页。
② 许富宏撰：《鬼谷子集校集注》，中华书局 2010 年版，第 64、72 页。
③ 许富宏撰：《鬼谷子集校集注》，中华书局 2010 年版，第 79 页。
④ 许富宏撰：《鬼谷子集校集注》，中华书局 2010 年版，第 94 页。
⑤ 许富宏撰：《鬼谷子集校集注》，中华书局 2010 年版，第 154 页。

认为仁、义、忠、信无用，不必遵守；或认为应如女仆在女主人奸情即将败露、使用毒药杀夫之际，为使男主人不被毒杀和女主人不被驱逐，甘受鞭笞而同时两"忠"二主，保全男女主人。但《鬼谷子》却不认同战国纵横家这一对"忠、信"的态度。《鬼谷子·忤合》曰：

> 世无常贵，事无常师。圣人无常与，无不与，无所听，无不听。成于事而合于计谋，与之为主。合于彼而离于此，计谋不两忠，必有反忤。反于【此】，忤于彼；忤于此，反于彼。①

《鬼谷子·忤合》所谓"计谋不两忠"，正是对战国纵横家所谓女仆同时"忠于二主"臆说的批评；而"圣人无常与，无不与……成于事而合于计谋，与之为主"云云，也可以说是对战国纵横"忠信"无实用价值之说的一种批评。"忠信"之类的价值，不可简单地以有用、无用概之，这就比战国纵横家简单化的观点要合理得多。

战国纵横家也重新评价了先秦诸子学派的"因循"观念。先秦稷下黄老道家及《韩非子》《吕氏春秋》等，皆重"因循"之义。"因循"本为凭借、依据之义，先秦诸子加以哲学的提升，使之成为一种普遍的哲学范畴和处事原则方法。《管子·心术上》有"道贵因"和"静因之道"，《韩非子·大体》有"因道全法"。《吕氏春秋·任数》曰："古之王者，其所为少，其所因多。"② 《吕氏春秋·贵因》曰："三代所宝莫如因，因则无敌。"③ 故近代蒙文通以为："则晚周以来，黄老大盛，杂家者起，汇九流而一之，正田骈、慎到之学。""此皆因物循理之说也。"④ 战国纵横家也常谈论"因"，不过他们所谓"因"，

---

① 许富宏撰：《鬼谷子集校集注》，中华书局 2010 年版，第 92 页。
② 许维遹撰，梁运华整理：《吕氏春秋集释》，中华书局 2009 年版，第 447 页。
③ 许维遹撰，梁运华整理：《吕氏春秋集释》，中华书局 2009 年版，第 386 页。
④ 蒙文通：《古学甄微》，巴蜀书社 1987 年版，第 252 页。

只是一个普通的概念，不具有任何哲学意义①。但在《鬼谷子》中则将"因"概念引入游说术和计谋之中，使之成为一种以哲学的"因循"观为基础的、指导游说活动"根据客观实际情况，做出相应的行动"②的原则和方法。《鬼谷子·抵巇》曰："自天地之合离、终始……能因能循，为天地守神。"③《鬼谷子·忤合》曰："反覆相求，因事为制。是以圣人居天地之间……必因事物之会，观天时之宜。"④《鬼谷子·谋》曰："故因其疑以变之，因其见以然之，因其说以要之，因其势以成之，因其恶以权之，因其患以斥之……是谓计谋。"⑤ 这些对"因"概念的使用，从"天地自然"（实即"阴阳"）之合离、终始的因循开始，中间化为游说活动各环节的具体方法和原则，最后又再回归于阴阳转化，即"环转因化"。这样，《鬼谷子》对先秦纵横家"因"的概念，既有"因循"，也有发展和改造，实际上也是对纵横家思想的一种批判和总结。

需要指出的是，《鬼谷子》对战国纵横家一些基本思想观点和观念的批评性总结，实际上也包含了其对先秦诸子学术思想的批评，这种批评最终又以实现纵横家的游说之功为目的。因此，从某种意义上说，这是一种以纵横家说为中心的先秦诸子百家之学的综合与总结。《鬼谷子·内揵》曰："由夫道德、仁义、礼乐、忠信、计谋，先取《诗》《书》，混说损益，议论去就，欲合者用内，欲去者用外，外内者必明道数。揣策来事，见疑决之。策而无失计，立功建德。"⑥ 虽然"道德、

① 如《战国策·齐策四》"因而买利之"，《战国策·楚策三》"因谓惠施曰""因使人以佚之言闻于楚"等，皆包含"因而""乘机""趁势"等义。
② 许富宏：《〈鬼谷子〉研究》，上海古籍出版社 2008 年版，第 93 页。
③ 许富宏撰：《鬼谷子集校集注》，中华书局 2010 年版，第 72 页。
④ 许富宏撰：《鬼谷子集校集注》，中华书局 2010 年版，第 90 页。
⑤ 许富宏撰：《鬼谷子集校集注》，中华书局 2010 年版，第 154 页。
⑥ 许富宏撰：《鬼谷子集校集注》，中华书局 2010 年版，第 56 页。

仁义、礼乐、忠信、计谋、《诗》《书》、损益"等尚不足以概括诸子百家之学，但亦可代表纵横家所批评继承的先秦诸子思想的主要成分，代表了纵横家也希望通过吸收与扬弃诸子百家之学，以建立自己的思想体系，实现自身通过纵横捭阖的外交游说活动建功立业的政治理想。

总的来看，先秦纵横家对诸子学派的学术批评，始于纵横家中合纵、连横两派的互相批评，终于由《鬼谷子》一书对战国纵横家思想所进行的理论总结。纵横家从纵横权说的角度，对儒、墨、名、法、阴阳诸家的思想学说进行批评和扬弃，但对道家和阴阳家之阴阳对立转换的思想观点则有更多的吸收和借鉴。通过对先秦诸子百家思想的批评和继承，纵横家充分展示了其因时善变，"以此驰说，取合诸侯"① 的学术特点。

---

① （汉）班固，（唐）颜师古注释：《汉书》，中华书局 1962 年版，第 1746 页。

第六章

先秦名家对诸子百家的学术批评

　　名家是先秦诸子的重要学派之一。名家之称，始于西汉初司马谈的《论六家之要指》。在先秦载籍中，《战国策·赵策二》称为"形名之家"，先秦诸子书中则多称之为"辩者"或"察士"。而所谓"辩""察"，即是"名辩"，亦即是现代学术界所谓以"名学"或逻辑学为方法或手段而进行的学术争辩或学术批评。《墨子·经上》曰："辩，争彼也。"同书《经说上》曰："辩：或谓之牛，或谓之非牛，是争彼也。"同书《墨子·小取》曰："夫辩者，将以明是非之分，审治乱之纪，明同异之处，察名实之理。"可见，名家之学的确是一种"名辩"之学，是一种学术思想和观点的交锋或学术思想的相互批评。

　　但是，由于我国的学术界现在尚未建立起一门称之为"学术批评"或"学术批评史"的学科，故学者鲜有人从"学术批评（史）"的角度来研究包括名家在内的先秦诸子的思想。但在我看来，从这一特定的视角来研究先秦诸子的学术思想，又是最为契合先秦诸子"百家争鸣"的学术特点的。故笔者在此不避谫陋，拟从名家对先秦诸子学术批评的角度重新梳理先秦名家思想的发展脉络，以期能为学术界的先秦名家思想研究、乃至整个先秦诸子思想的研究，探索出一条新的道路。

第一节　先秦名家思想及其学术批评的发生

对于先秦名家的源起及其思想特点，《汉书·艺文志》曰：

> 名家者流，盖出于礼官。古者名位不同，礼亦异数。孔子曰："必也正名乎！名不正则言不顺，言不顺则事不成。"此其所长也。及警者为之，则苟钩鈲析乱而已。

《汉书·艺文志》此处所言，一是说名家出于礼官——这乃是"诸子出于王官说"的具体而微；二是说名家的特点乃是强调名位和礼数的差别，不同名位的人礼数是不同的，但如果只是一味地纠缠于空洞的"名位"和"礼数"概念，那就不是纯正的名家，而只是一些"钩鈲析乱"的"警者"而已。客观地讲，《汉书·艺文志》对"名家"的这一界说，既没有把名家的起源讲清楚，也没能说明名家的思想特点。——只要看看直到今天，学术界仍然没有在名家的发生及其思想特点上取得一致看法，就不难明白这一点了。

《汉书·艺文志》说"名家者流，盖出于礼官"，似乎名家的起源也很早，至少可追溯到某个"周官"。后世也有很多人认同这一说法。但如果你进一步考察《汉书·艺文志》就会发现，其中著录名家的著作，并不如道、墨、农、杂、小说诸家那样，把诸家起源追溯得很远——直到黄帝、神农那里，至少也可远及孔甲、伊尹、太公、史佚之类，而只是如"序"法家和纵横家以李悝、苏秦为起点那样，著录了"《邓析》二篇（班固自注：'郑人，与子产并时。'）"作为名家之始。故胡适作《诸子不出王官论》一文，专驳《汉书·艺文志》所谓"诸子出于王官"之说，并认为先秦实只有"名学"（逻辑）而无"名家"①。

尽管因为先秦已有"形名之家"的名称，胡适所谓先秦只有"名学"（逻辑）而无"名家"之说是并不能成立的；而《汉书·艺文志》简单地说包括名家在内的所有诸子之学"皆出于王官"，这也是并不准确的。因为如果说先秦名家的某些因素已包孕于此前的"礼官"之学中，这是可以成立的话；那么将作为名家的形成也试图追溯到遥远无稽的所谓"礼官"那里，则可能只会使人徒增疑惑。所以自来学者们多认同《汉书·艺文志》著录"《邓析》二篇"于名家之始——以春秋末期的邓析先秦名家的开创者。如西晋鲁胜《墨辩序》云："自邓析至秦时，名家者，世有篇籍。"即以邓析为名家始祖。

为什么要以邓析为先秦名家的开创者和成立标志呢？邓析的生卒年，钱穆的《诸子生卒年世约数》定为公元前545—公元前501年②；而学术界最新的研究成果认为，邓析"生当在公元前565年左右"，其被杀在"鲁定公九年即郑献公十三年（公元前501年）"；"邓析被杀时应为60多岁"③。若折中二说，邓析殆生于老聃、孔丘之间，约为孔子同时代人。孔子既答子路"为政""子将奚为"之问曰："必也正名乎！名不正则言不顺，言不顺则事不成，事不成则礼乐不兴，礼乐不兴则刑罚不中，刑罚不中则民无所错手足。"已可见其对"名"的极为重视。《老子》开篇即曰："道可道，非常道，名可名，非常名。无名，天地之始；有名，万物之母。"同样注重于"名"之讨论。如果说孔子虽为先秦诸子之第一人或"开祖"④，然孔子于公元前551年，尚不能确定

① 胡适：《中国思想史》，华东师范大学出版社2015年版，第77—84页。
② 钱穆：《先秦诸子系年》，商务印书馆2001年版，第693页。
③ 董英哲：《先秦名家四子研究》，上海古籍出版社2014年版，第85页。
④ 蒋伯潜：《诸子通考》，岳麓书社2010年版，第6—8页。

其是否果真早于邓析，故不以其"正名"说为最早之"名家言"的话，那么老子早于邓析、孔子无疑，且学术界自来即有"道家为百家所从出"之说①，为何不以老子为名家之祖呢？这里就涉及名家之"名"的根本义涵及其思想的根本特点。

名家是先秦诸子中因"名"成家的一个学派。《说文解字·口部》释"名"曰："名，自命也。从口、夕，夕者，冥也。冥不相见，故以口自命。"这是从"名"的字形结构解"名"之本义，与名家之"名"似乎并没有多少关系。作为先秦诸子学术概念的"名"殆有二义："一曰名分之名，二曰名理之名"。前者乃《荀子·正名》所谓"明贵贱""定名分"；后者乃同书同篇中所谓"制名以指实""辨同异"的"名理之名"②。用现代的学术概念来说，先秦学术思想中的所谓"名"，实际有二义：即属于政治、伦理或礼法方面的"名"和属于"名学"或逻辑学方面的"名"。孔子所谓"正名"，商鞅所谓"定名分"，荀子"明贵贱"，慎到、申不害、韩非子所谓"循名责实"，一直到司马氏、刘《略》班《志》所谓"控名责实，参伍不失"或名位、"礼数"，实际皆仅指"名"的政治伦理或礼法之义；而辩形名、名实，乃至论"坚白、同异"及"白马非马"之类的"名"，则是专属于"名学"或形式逻辑学的"名"。而也正因为中国先秦之所谓"名"有此二义，故近代以来一直有学者认为先秦名家应该分为两派，一派是"将名家思想社会治理结合的名家，另一派则是专从形式逻辑角度发挥名家理论的"名辩派"③。

我认为，说先秦"名"概念的表政治伦理和形式逻辑二义之"名"

---

① 江瑔：《读子卮言》，华东师范大学出版社 2012 年版，第 63—74 页。
② 陈柱：《诸子概论（外一种）》，华东师范大学出版社 2015 年版，第 298 页。
③ 曹峰：《中国古代"名"的政治思想研究》，上海古籍出版社 2017 年版，第 16—17 页。

的不同，或者说先秦诸子中有侧重从政治伦理和侧重从形式逻辑言"名"者之不同，这是可以成立的。但由此而将先秦名家划分为专谈政治伦理的"正名派"或"名法"派与专谈"名学"或形式逻辑的"名理派""名辩派"等等，则不仅是对先秦名家与儒、道、法、墨诸家划分的混淆，更似乎是对先秦名家之所以为名家思想特点的某种漠视。先秦名家的根本特点正在司马谈所谓"苛察缴绕"或班固所谓"专决于名""鉤鈲析乱"上①。因为道家老子虽然讲到"名"，但其落脚点实在所谓"无名天地之始"的"无名"即"道"上，而"道"又是不可言说的，故最终要归于"无言"；而孔子讲"正名"，实际只是着眼于"君君，臣臣，父父，子子"的"名位"（《论语·颜渊》）；法家讲"名分"，则是一种"政治主张"，即"正名定分"——因为这里的"名是名位，分是分属"，是说"要想确定分属，必先摆正名位"② ——这实际是将名家理论与法治实践结合起来，在"以名论法"③。故有学者指出：道家守"无名，天地之始"，"固不足以为名家"；"法家之重名缘乎衡名实，定名分"，"此谓正所言之名实，而使之不得过与不及者也"；"此正官之名位，而使之不得失职与侵权者也"；而儒、墨之法或虽善，但"其意固不専在乎名也"，而只是"各以（名）为其学说之方法论而已"；"若夫名家，则以名破名，而欲以去天下之旧名以自立其新名者也，故独谓之名家"。"《汉书·艺文志》论名家曰：'及警者为之，则苟鉤鈲析乱而已'。夫鉤鈲析乱，此正名

① 高华平：《先秦诸子与楚国诸子学》，北京师范大学出版社 2016 年版，第211 页。

② 董英哲：《先秦名家四子研究》，上海古籍出版社 2014 年版，第 447 页。

③ 参见白奚：《稷下学研究——中国古代的思想自由与百家争鸣》，生活·读书·新知三联书店 1998 年版，第 203 页。

家之所以为名家也。"① 胡适鉴于孔、老、墨、杨及荀子"家家都有名学",因而说先秦只存在作为一种"为学方法"的名学,而"没有什么'名家'"②,这可以说是只见先秦诸子之所同而不见其所异;而以儒、道、墨、法诸家的"正名""无名""名分"等等为同属于"名家"——"名家"因此可分为从政治伦理角度说"名"的一派和专论"名学"或形式逻辑的"名辩派",这同样也只是看到了诸子百家各派皆有以"名学"或逻辑学的方式"为学"之所同,而忽视名家的特点及其与其他诸子学派的区别。

因此,我以为要研究先秦名家,首要的问题是要明确名家的根本特点是什么、哪些人属于先秦名家,再在此基础分别"名家"中人各自的思想差异,细分出其中的支系学脉。而从这个意义上来说,则在先秦诸子百家中,《汉书·艺文志》著录有"名家",只有邓析、惠施、尹文、公孙龙等人,"好治怪说,玩琦辞"(《荀子·非十二子》)为确属乎"名家",其他人则不属"名家";先秦"名家"应以邓析其人为始祖。

邓析的著作,《汉书·艺文志》著录于"名家"之始,为"《邓析》二篇"(班固自注:"郑人,与子产并时。")。近年仍有学者力辨现存《邓析子》一书"并非伪造","亦非抄掇",已即是从文字到内容,虽都有残缺,但却是"真而残"的。《汉书·艺文志》所记之"《邓析》二篇",它乃"是先秦的一种珍贵古籍"③。这是不能成立的。例如,今本《邓析子》开篇《无厚》一篇曰:"天于人无厚也,君于民无厚也,父于子无厚也,兄于弟无厚也。"现代学者一般认为,根据

---

① 陈柱:《诸子概论(外一种)》,华东师范大学出版社 2015 年版,第 298、302—304 页。

② 胡适:《中国哲学史大纲》,上海古籍出版社 1997 年版,第 135 页。

③ 董英哲:《先秦名家四子研究》,上海古籍出版社 2014 年版,第 101—137 页。

《庄子·天下》篇的"惠施历物之意"："无厚不可积也，其大千里"。（《庄子·养生主》曰："彼节者有间，而刀刃者无厚，以无厚入有间，恢恢乎其于游刃必有余地矣。""无厚"应指物之厚薄，与《天下》同义。）《墨子·经上》："厚，有所大。"《经说上》："厚，惟无所大。"《荀子·修身》："夫坚白同异、有厚无厚之察"；《韩非子·问辩》："坚白、无厚之辞章，而宪令之法息。"说明当时"厚与积对举，指物之厚薄而言，几何所谓'体'也"，此"讨论綦详，形成常识，非名家亦能略悉其义"。《邓析子》以"无厚"名篇，于"无厚"之旨"茫然未察，诠释大谬"，故可见《邓析子》"伪迹暴露矣"①。

至于辩《邓析子》为"真而残"者认为这种说法"实则是有问题的"，因为"我们从先秦人论邓析的思想来看，大概邓析的'无厚论'是包括逻辑或形名思想在内的形而上学的哲学学说，理论上可能兼摄自然、社会和政治伦理诸方面的概括性的分析，决不限于某些人所说的，只讲几何形体的'无厚'之说。"《韩非子·问辩》说："坚白、无厚之辞章，而宪令之法息。"就是将"无厚之辞"与"宪令之法"相对的②。我认为这种辩护，仍是难以成立的。这是因为，首先，他们并没有拿出真正有力的证据，而只是基于"大概""可能"一类的推断之词，而这种推断之词显然是不能证成其观点的；其次，他们举出了《韩非子·问辩》中的例句，以证明"无厚之词"也不是只讲"几何形体"，而同样可以讲"政治伦理"，这同样是不能成立的。因为在《韩非子》一书中不仅仅"坚白、无厚之辞"与"宪令之法"相对，举凡儒家的"仁义"、墨家的"兼爱"、道家的"虚无"、名家的"辩察"、纵横家的"谈说"和"外交"，无一不与"宪令""法令"相对，并是

---

① 罗根泽：《诸子考索》，人民出版社1958年版，第390页。
② 汪奠基：《中国逻辑思想史》，上海人民出版社1979年版，第58—59页；董英哲：《先秦名家四子研究》，上海古籍出版社2014年版，第109页。

从有害于"法治"的角度加以批判的；但这并不能证明"仁义""虚无""辩察""谈说""外交"都是一个关于"法治"的概念。退一步讲，即使《韩非子·问辩》中的"坚白、无厚之辞张，而宪令之法息"，可以证明作为"无厚"有"政治伦理"的内涵，那也只能证明在战国末期的韩非子时代"无厚"概念如此，而并不能说明早在孔、老时代春秋末期就已经在将"无厚"作为一个"政治伦理"概念使用的。换言之，今本《邓析子》将"无厚"作为一个"政治伦理"概念使用之，或许恰恰说明了它是距邓析200多年之后的产物，而不可能出现于早在春秋末期的邓析时代，更不可能出自邓析本人之手。（从先秦文章的文体形式上来看，《论语》为语录体，《老子》属韵语格言集，《墨子》《孟子》亦为对话体，《荀子》始兼论文体，如今本《邓析子》为春秋末期的作品，已属论文体作品，这难道不正好证实前人的怀疑——梁启超所谓"疑原书已属战国末年人依托，今本又伪中出伪也。"）

因为《汉书·艺文志》中的"《邓析》二篇"早已亡佚，而今本《邓析子》属"伪书"无疑，故今人欲论先秦早期名家及邓析本人的名家学术思想，其资料十分有限，只能从先秦两汉的有关零星记载中略窥其一二。

首先，邓析的名家思想一开始就是与礼法、特别是刑法相联系的，甚至可以说是源自于礼法的。《荀子·非十二子》曰："不法先王，不是礼义，而好治怪说，玩琦辞……是惠施、邓析也。"《左传·定公九年》："郑驷歂杀邓析，而用其《竹刑》。"唐孔颖达《疏》曰："昭（公）六年，子产铸刑书于鼎。今邓析改郑所铸旧制。若用君命遣造，则是国家法制，邓析不得独专其名，知其不受君命而私造刑书。书之于竹，谓之《竹刑》。"《吕氏春秋·离谓》亦曰："郑国多相县以书者，子产令无县书，邓析致之。子产令无致书，邓析倚之。令无穷，则邓析应之亦无穷矣。"又曰："子产治郑，邓析务难之，与民之有狱者约：

大狱一衣，小狱襦袴。民之献衣襦袴而学讼者，不可胜数。"从这些记载可以见出，邓析的名家思想都是与刑事法律相联系，主要是从刑事诉讼开始的。不过，名家邓析之说虽始源出于刑法或礼、法，但却并非是源自于对现存礼、法的因袭或继承，而出于对它的批判与非难，即所谓邓析"不是礼义""务难之"云云。从这个意义上讲，刘《略》班《志》"名家者流，盖出于礼官"之说，虽看到了名家与礼、法的联系，但却又是并不准确的，并没有指出二者真正的关联之所在。

其次，邓析名家思想并不重视对概念、范畴的逻辑分析，而主要是借助形式逻辑的"二难推理"的形式（即所谓"诡辩"的形式），制造出人们进退两难的选择困境，即"以非为是，以是为非，是非无度，而可不可日变"或"是可不可无辨也"（《吕氏春秋·离谓》），亦即《荀子·不苟》杨倞注引刘向《别录》所谓："邓析好刑名，操两可之说，设无穷之辞"也。《吕氏春秋·离谓》又载

> 洧水甚大，郑之富人有溺者，人得其死者。富人请赎之，其人求金甚多，以告邓析。邓析曰："安之。人必莫之卖矣。"得死者患之，以告邓析。邓析又答之曰："安之，此必无所更买矣。"

在这里，邓析这番言辞实际暗合了一个不论赎者"买死者"或不买"死者"，买卖双方皆可"安之"的"二难推理"的形式。但因为买卖双方的利益是根本对立的，故邓析的"两可之说"实际是给买卖双方皆制造了一个买或不买与卖或不卖的两难选择的困境。

再次，邓析名家学说的另一个显著特点就是，邓析的立说目的并不在于解决任何实际问题，而只是为了证明事物间存在着更复杂的关联；揭示事物间存在着的这种复杂的关联，即是为中国先秦时期的思维方式由逻辑思维向辩证思维的发展创造了条件。《荀子·非十二子》曾说邓析之学"好治怪说，玩琦辞，甚察而不惠，辩而无用，多事而寡功，

不可以为治纲纪。"同书《不苟》又举邓析、惠施之观点"山渊平，天地比，齐秦袭，入乎耳，出乎口，钩有须，卵有毛"等为例①，称这些不仅皆是"说者之难持也"，而且亦皆"非礼义之中也"。可见，邓析所持的这些论题于社会的现实的确是没有任何实际作用的。但邓析却通过这些命题揭示了事物在形式逻辑"非此即彼""非真即伪"的对立之外，还存在矛盾双方对立面的统一，存在着矛盾向对立面转化的否定之否定规律。应该说，先秦道家老子"天下皆知美之为美斯恶矣，皆知善之为善斯不善矣，故有无相生，难易相成，长短相形，高下相倾，音声相和，前后相随。"（《老子》第 2 章）"反者道之动"（《老子》第 40 章）、"祸兮福之所倚，福兮祸之所伏"；（《老子》第 58 章）等等。这些朴素辩证法思想的形成，其中应该也有邓析名家辩证思维思想观点的贡献，应该也包含了对邓析名家辩证思维思想观点的总结。

如果从中国学术批评史的角度来看，尽管邓析并未对先秦任何诸子学派或诸子个人提出过学术批评，但从他对子产"治郑"的务难之、从他的"以非为是，以是为非"和"山渊平，天地比，齐秦裂，入乎耳，出乎口，钩有须，卵有毛"一类"怪说"的提出，仍不难感受到他对当时社会那些所谓合乎形式逻辑规则的常识观点的批评与非难。因为这种批评与非难并非是为了某一个现实问题而发生的争论，而纯粹是由"名"学而引发的"名辩"，故无疑是一种学术的"争鸣"与批评。《庄子·天地》记载说，老子曾因为孔子所闻如邓析之类以"治道若相放，可不可，然不然"者为"胥易技系劳形怵心者也"，明确予以了否定。由《庄子·天地》的这一记载来看，或许邓析与早期的儒、道二家曾有过思想交锋，而他的"以非为是，以是为非"和"两可之说"

---

① 案：《荀子·不苟》以为这个论题是惠施、邓析之所持，但据《庄子·天下》惠施"历物十事"来看，其中只有"天与地卑，山与泽平"是明确归于惠施"历物之意"的，故其他各项应视为邓析"所持"。

中也包含有对早期儒、道等诸子学派的学术批评。只是由于时代的久远和史料缺乏，我们今天已无得而言其详。

第二节　惠施、尹文对先秦诸子的学术批评

《汉书·艺文志》著录的先秦名家著作，除"《邓析子》二篇"之外，还有"《尹文子》一篇（班固自注："说齐宣王，先公孙龙。"）、"《公孙龙》十四篇"（班固自注："赵人。"）、"《惠子》一篇"（班固自注："名施，与庄子并时。"）等。因为根据后人的考证，惠施的生卒年要先于尹文、公孙龙等人，故序名家于邓析之后，自应以惠施为先。

《汉志》中的"《惠子》一篇"，《隋书·经籍志》已不见著录，可见亡佚甚早。惠施的籍贯和生卒年，史书上并没有明确的记载。班固的《汉书·艺文志》自注说：惠子，"名施，与庄子并时"。这只涉惠施的名字与时代，且非常简略。其后许慎注《淮南子·齐俗训》云："惠子，名施，仕为梁相"云云，与班固之说相差无几。只有稍后高诱注《吕氏春秋·淫辞》曰："惠子，名施，宋人也，仕魏为惠王相也。"在班、许之外，增加惠施籍贯为宋人，生活具体年代为梁惠王时、曾任"梁相"等信息。此后，唐陆德明《经典释文》、成玄英《庄子疏》基本都沿袭此说。

因为历史文献中对惠施的生卒年没有确切的记载，所以学术界历来对惠施的生卒年存在争议。从现有的研究成果来看，学术界一般将惠施生年的上限推至公元前370年，其卒年的下限定于公元前310年。钱穆的《惠施年表》以惠施当卒于魏襄王九年（公元前310年）稍前，"去徐州相王之岁凡二十五年。惠施寿盖在六十左右也。"[①] 学术界综合此

---

① 钱穆：《墨子 惠施 公孙龙》，九州出版社 2011 年版，第 12 页。

前各家之说之后认为，"惠施生活在魏惠王、魏襄王时代，他的主要经历当在公元前 336 年—前 314 年。"[1]

由于先秦名家是诸子中一个以"名学"或逻辑学而得名的学派，而名学或逻辑学是所有学派都采用的思维方法，故胡适曾认为先秦没有一个名家学派。胡适、钱穆等人又认为名家出于墨家，惠施是墨家；郭沫若则认为惠施是"黄老学派的一人"[2]；而我曾认为名家的惠施是除长于辩说之外，更是战国时期一位活跃的政治家，是不应该包含名家之列的[3]。现在看来，先秦名家虽是"长于辩说"、以"名学"或逻辑学著称的诸子学派，他们都只是些逻辑学家，但这不妨害他们各人可以有儒、墨、道、法的政治思想，他们与诸子百家学术思想有千丝万缕的联系。他们正是在通过对其他诸子学派思想的批评、继承与扬弃，建构着各自的思想体系，并显示出自己的名家思想特色。惠施的思想也是如此。

惠施的思想，以往的学者更多的将其归于墨家。《韩非子·外储说左上》载：

> 墨子为木鸢，三年而成，蜚一日而败。弟子曰："先生之巧，至能使木鸢飞。"墨子曰："吾不如为车輗者巧也。用咫尺之木，不费一朝之事，而引三十石之任，致远力多，久于岁数。今我为鸢，三年成，蜚一日而败。"惠子闻之曰："墨子大巧，巧为輗，拙为鸢。"

---

① 董英哲：《先秦名家四子研究》，上海古籍出版社 2014 年版，第 254 页。
② 钱穆：《墨子 惠施 公孙龙》，九州出版社 2011 年版，第 19—25 页；郭沫若：《十批判书》，人民出版社 2012 年版，第 206 页。
③ 高华平：《先秦诸子与楚国诸子学》，北京师范大学出版社 2016 年版，第 216 页。

墨家的学说强调实用功利，故墨子以"为车輗者"为"巧"；而自以为不如；而惠子则通过对"墨子大巧，巧为輗，拙为鸢"的评论，说明他认同墨子以制作车輗为巧、而以制作"蜚一日而败"的鸢为拙的观点。也正因此，钱穆多次表示"惠子墨徒也，墨学主用，惠子亦然。"并且认为惠施的"重功""勤力""明权""本爱""去尊""偃兵"等观点，"皆墨、惠之学有其同"也①。但我们也必须看到，惠施的重功用的思想主张，与墨家及其思想主张其实是并不完全相同的。因为墨家处处皆以实用功利为说，而惠施的学说在很多人看来，则恰恰是具有"无用"的特征的。《荀子·非十二子》曾说惠施之学与邓析之辩一样，"甚察而不惠，辩而无用，多事而寡功"；《韩非子·外储说左上》又说：惠施与季（真）、宋钘等人与"墨辩"学者一样，"皆画策也，论有迂深闳大，非用也。"即都是说惠施学说是"无用"的。

我认为，惠施之学之所以会在"有用""无用"这一点上给人以互相矛盾的印象，其根本原因乃是因为惠施的功用观的着眼点和标准，与一般人是不同的。惠施立论的目的，正如《庄子·天下》篇所云，其目的和标准只是"以反人为实，而欲以胜人为名"。这就是说，作为一位先秦名家的代表人物，惠施立论纯粹只是从"名学"或逻辑着眼的。在惠施心中，如果一种学说或"辩说"能在"名学"或逻辑上出"奇"制胜，"饰人之心，易人之意，能胜人之口"，那么它就是有用的；反之则是无用的。而在其他诸子学派那里，不论道家的庄子、墨家的墨翟，还是儒家的荀况、法家的韩非，其"有用""无用"则主要是从实用功利的标准评价的。墨子的"三表法"认为"立言"应"上本之于古者圣王之事"，"下原察百姓耳目之实……观其中国家百姓人民之利。"（《墨子·非命上》）荀子以是否"中礼义"为准："凡事行，

---

① 钱穆：《墨子 惠施 公孙龙》，九州出版社 2011 年版，第 19—25 页。

有益于理者，立之，无益于理者，废之；夫是之谓中事。凡知说，有益于理者，为之，无益于理者，舍之；夫是之谓中说。"（《荀子·儒效》）以这样的不同再来看上文惠施对"墨子大巧，巧为輗，拙为鸢"的批评，可知惠施所赞扬的"大巧"，并非是墨子的手艺，而是其对"为輗"与"为鸢"的不同于常人的评价。《墨子·鲁问》载："公输子削竹木以为鹊，成而飞之，三日不下。公输子自以为至巧。子墨子谓公输子曰："子之为鹊也，不如翟之为车辖，须臾刘三寸之木而任五十石之重。故所为功利于人谓之巧，不利于人谓之拙"。《说文解字·工部》曰："巧，技也。"这说明在一般人和公输班及墨子弟子那里，皆是以有"技巧"为"巧"的；但墨子此处却以"有功利于人"为"巧"。这可谓"巧立名目"，即是在"巧"名上"以非为是，以是为非"，很符合惠施名家的标准，故惠施认为"墨子大巧"。

从现有的文献记载来看，惠施在学术上批评最多的，是道家的庄子。惠施是庄子最为"知心"的"辩友"，这从《庄子·秋水》中那则庄子过惠施墓所说那个"运斤成风"的著名寓言中可以见出。惠施对庄子道家思想的批评主要集中这样几点：

一是批评庄子之学"大而无用"。《庄子·逍遥游》载：

> 惠子谓庄子曰："吾有大树，人谓之樗。其大本拥肿而不中绳墨，其小枝卷曲而不中规矩，立之涂（途），匠者不顾。今子之言，大而无用，众所同去也。"

《庄子·逍遥游》又载惠施以"五石之瓠"比喻"庄子之学"，同书《外物》亦记"惠子谓庄子曰：'子言无用'"。可见称庄子之言"大而无用"，是惠施对庄子之学的一贯批评。值得注意的，是惠施的批评所体现出他作为名家"辩者"的特点，即他总是执着于形式逻辑的由某种前提必然推理某种结论的规则。如他认为"大瓠"必有"盛水浆"或"为瓢"的功用，如没有就是"无用"；而"大樗"的"大本"必"中绳墨"、"小枝"必"中规矩"，可加工为一定的用具，发挥其功用；如果不能这样，那就是"无用"。这当然不是庄子追求精神自由的"大而无当"之学所遵循的逻辑，故庄子不断招致惠施的批评。

惠施对庄子的学术批评，二是批评了庄子之学在"人情"上的观点。庄子虽认为"人故无情"，但并没有说明何为"人情"、以及为什么"人固无情"，以致使人产生了庄子主张"人是无感情论者"的错觉。惠施根据当时社会对人之性情的普遍认识出发（如《孟子·告子上》）曰："生之谓性"；"食色性也。"《荀子·性恶》曰："生之所以然者谓之性"；同书《正名》曰："性之好恶喜怒哀乐谓之性。"《礼记·礼运》曰："何谓人情，喜怒哀惧爱恶欲七者，弗学而能。"等等），认为人既然生而为人，就应该有"情"；而且（1）因为人的形体生命是"人情"存在的基础和依据，所以"人情"就不可能离开人的形体生命；（2）人的形体生命是离不开培育滋养的，所以人应该"益生"——"有情"就必须有形体生命，而要使形体生命存在就必须"益生"。庄子则以为人有超越形体生命的纯精神的自由活动，即"超事象系列之主体"，"故知形躯之生死与自我无干，物理性之生命历程即显现为一事象之系列（series of events），亦无关'我'事"①，故庄子有"妻死鼓盆"之举。庄子的以上观点后人虽多称赞其所达到的齐万物、等生死的绝对逍遥之境界，但如果从"名学"或逻辑的角度来看，庄子把"不以好恶内伤其身"等同于"无情"，实际上是违背了人类逻辑思维的"概念的同一律"。——从庄子对惠施所谓"人情""益生""慨然"的回应来看，庄子的确是在不断违反形式逻辑的基本原

---

① 劳思光：《新编中国哲学史》（一），生活·读书·新知三联书店 2017 年版，第 193 页。

则，而且经常地偷换概念。

惠施对庄子的学术批评，三是批评了庄子在推论不懂得、也不遵守逻辑上的"类比推理"原理。《庄子·秋水》载：

> 庄子与惠子游于濠梁之上。庄子曰："鲦鱼出游从容，是鱼之乐也。"
>
> 惠子曰："子非鱼，安知鱼之乐？"
>
> 庄子曰："子非我，安知我不知鱼之乐？"
>
> 惠子曰："我非子，固不知子矣；子固非鱼也，子之不知鱼之乐，全矣。"
>
> 庄子曰："请循其本。子曰'汝安知鱼乐'云者，既已知吾知之而问我，我知之濠上也。"

这就是那个著名的"濠上之乐"的故事。在这里，庄子固然可以说自己知道"鱼之乐"，但这既非通过实验科学获得的认识，也非借助逻辑推理推导出来的结论，而只能说是猜测，是一种想像。但庄子却不承认这一点，因为他可能不懂得、或是故意违反逻辑学的类比推理原则。在先秦诸子中，墨子是最早提出了"类比推理"概念和"察类"问题的。《墨子·非攻下》曰："子未察吾言之类，未明其故者也。"同书《公输》曰："义不杀少而杀众，不可谓知类。"墨子后学则进一步总结出了"以类取，以类予"（《墨子·小取》）的类比推理原则。惠施是名家的代表人物，他应该懂得、并遵循这一原理，故他在批评庄子时始终抓住庄子与鱼不同"类"、"固不知鱼之乐"这一点展开，使庄子陷入理论困境。但是惠施没能进一步说明自己之所以"固不知（庄）子矣"，这只是反映了（人）"类"中个体间的差异性，与"（庄）子固不知鱼之乐"所反映出的人与鱼的不同"类"性是具有本质的不同的。这也说明惠施在"名学"或逻辑上的水平，与后期墨家还稍有距离。

惠施还对先秦诸子中的儒、法和名家思想也有自己的批评。惠施的"泛爱万物"，钱穆认为与墨家"兼爱"相同。但我们认为，这与孔子的"泛爱众"思想亦似有一定的关联。《吕氏春秋·开春论》《战国策·魏策二》都记载有惠施以"文王之义""谏太子"驰日更期葬魏惠王之事。《吕氏春秋·爱类》又载惠施与孟子之徒匡章辩"去尊"。这说明，惠施不仅认为"利民"不一道，只要合乎时宜就可以，表现出其对孔、孟"权""经"思想的认同；而且他在回答"去尊"的责难时，曾"把'黔首之命'比作'爱子之头'，认为是十分贵重的；而把王位之尊比作石头，认为是一种轻贱之物。这种看法与孟子的'民贵君轻'理论，有异曲同工之妙；都闪烁着民本思想的光辉。"[1] 这些都可说明惠施对先秦儒家思想的批评继承。《吕氏春秋·淫辞》《淮南子·道应训》又记载"惠施为魏惠王为法，为法已成，以示诸民人，民人皆善之"。说明惠施对先秦的法家思想也应当是有所继承和扬弃的。

当然，由于年代久远和史料不足，对惠施批评先秦诸子儒、法等学派的详情我们已难知晓。我们所知道稍多的，是惠施与名家本派学者之间的辩论一些记载。《庄子·天下》篇曰：

> 惠施多方，其书五车，其道舛驳，其言也不中。历物之意曰："至大无外，谓之大一；至小无内，谓之小一。无厚不可积也，其大千里。天与地卑，山与泽平。日方中方睨，物方生方死。大同而与小同异，此之谓小同异；万物毕同毕异，此之谓大同异。南方无穷而有穷，今日适越而昔来。连环可解也。我知天下之中央，燕之北、越之南是也。泛爱万物，天地一体也。"

---

[1] 董英哲：《先秦名家四子研究》，上海古籍出版社 2014 年版，第 283—284 页。

惠施以此为大，观于天下而晓辩者。天下之辩者相与乐之，"卵有毛。鸡三足。郢有天下。犬可以为羊。马有卵。丁子有尾。火不热，山出口。轮不蹍地。目不见，指不至，至不绝。龟长于蛇。矩不方，规不可以为圆，凿不围枘。飞鸟之景，未尝动也。镞矢之疾，而有不行不止之时。狗非犬。黄马骊牛，三。白狗黑。孤驹未尝有母。一尺之棰，日取其半，万世不竭。"……惠施日以其知与人辩，特与天下之辩者为怪，此其柢也。

《庄子·天下》所载惠施"历物之意"，只是说"惠施以此为大，观于天下而晓辩者"，尽管可能其中也包括某些对其他学派思想观点的学术批评，但无疑是以自我阐释为主；至于他与"天下辩者相乐"的那些命题，因为"惠施日以其知与人辩"，而所谓"辩，争彼也"，即是学术观点的"是非之争"，因而无疑应属于学术批评的范围——是惠施对名家学者中持与之相反学术观点的"辩者"的学术批评。

尹文也是先秦名家学派代表人物，他对先秦诸子学派的学术批评主要见于"《尹文子》一篇"中。

尹文其人，史书无传，只有零星记载见于先秦两汉载籍。《汉书·艺文志》名家类著录有"《尹文子》一篇"，班固自注："说齐宣王，先公孙龙。"班固的自注，应该是对《吕氏春秋·正名》的"尹文见齐王"和同书《雍塞》的"齐宣王好射"二者内容的综合。因为《正名》有尹文说齐王之事，但并未说是哪位"齐王"；《雍塞》记齐宣王好射，事虽又见《尹文子·大道上》，但却并没有尹文的"谏言"或"说词"。班固以为尹文所"说"之"齐王"即是"齐宣王"，这很显然是把《正名》中尹文所见的"齐王"当成了《雍塞》和《尹文子·大道上》中的"齐宣王"了——因为《正名》中的"尹文见齐王"，正有大篇的"说词"，故班固就有了尹文"说齐宣王"的注文。从此以后，历代的注释家差不多都把尹文当成了齐宣王时代的人了。实际上《吕氏春秋·正名》就还有"齐湣王是以知说士"，"故尹文问其故"的文字，可见虽然由于史料缺乏，尹文的生卒年代无可详考，就是其主要经历可推知，并不能简单地将其局限于齐宣王时代。目前学术界最新的研究结论是，尹文生活的年代"当在齐宣王、齐湣王时代，即公元前319—前284年"①。由于公孙龙的生卒年约在公元前319年—前251年，即公孙龙出生时尹文已活跃在齐国的政治和学术舞台上，尹文的卒年早二、三十年，故班固的注文说尹文"先公孙龙"，无疑是正确的。

《尹文子》一书，《汉书·艺文志》著录为"《尹文》一篇"，但东汉末期高诱注《吕氏春秋·正名》却说："尹文，齐人，作《名书》一篇。在公孙龙前，公孙龙称之。"即是说《尹文子》一书又称"《名书》"。《隋书·经籍志》以后，《尹文子》一书虽一直见于记录，但或作"二卷"、或作"一卷"，且今传本《尹文子》一书，前有所谓山阳仲长氏《尹文子序》，既称"余黄初末始到京师，缪熙伯以此书见示"，又说（尹文）"与宋钘、彭蒙、田骈同学，【先】于公孙龙，公孙龙称之。"但今传本《尹文子·大道下》中有"田子读书，曰：'尧时太平。宋（钘）子曰："圣人之治以至此乎？"'彭蒙在侧，越次答曰"云云诸语，罗根泽认为此段文字，详其语气，似以彭蒙为田子（骈）之弟子或后学。考《庄子·天下》曰："田骈……学于彭蒙，得不教焉。则不惟彭蒙非田骈弟子，而田骈反为彭蒙弟子。"这不仅说明《尹文子》一书"其非尹文之旧，得此益验"，所谓《尹文子序》的作者亦当"不明先秦诸子之年代先后"，实足以为《尹文子》"诚与序文同出一手之重要证据也"。故他认为，《尹文子》一书应是出于《尹文子序》作者

---

① 董英哲：《先秦名家四子研究》，上海古籍出版社2014年版，第414、424页。

所作的"伪书"①。

我认为,我们既不必以《尹文子序》文中"同学于公孙龙"一句当有"脱文",而讳言《序》文作者有"不明先秦诸子之时代先后"的问题;也不必因为今本《尹文子》非出于尹文本人之手而定其为"伪书"。因为即使我们肯定《尹文子序》文中有"脱文",也不能改变其《大道下》有颠倒宋钘、彭蒙、田骈师徒关系的原文;承认《尹文子》非出于尹文之手的事实,也并不等于《尹文子》一书就是所谓"伪书",因为"先秦本无私家著述",《尹文子》中有些属于其弟子或后学编纂的时代错乱的细节,这并不能妨害其属于"真书"。张舜徽说:"今观《大道上》《大道下》二篇,发明人君南面之术,时有善言,非尽后人所依托。然今本二篇,复多残阙,亦有窜改。"② 这应该是比较中允的看法。

关于尹文的思想属于何种学派,以往也存在较多的争论。《庄子·天下》将尹文与宋钘列为一派,《汉书·艺文志》著录《宋子》十八篇"小说家",班固自注云:"孙卿道宋子,其言黄老意。"后人因为认定《尹文子》是"伪书",便只根据关于宋钘的学说来推测尹文的思想;而因为宋钘的学说"主要在谈心与情,心欲其无拘束,情欲其寡浅,本'黄老意',是道家的一派"③,所以认为尹文也是属道家。但也有人认为,《庄子·天下》本将宋钘、尹文排在墨翟、禽滑釐之后,说宋钘、尹文"作为华山之冠以自表,接万物以别宥为始;语心之容,命之曰'心之行';以聏合驩,以调海内。请(情)欲置之以为主,见侮不辱,救民之斗;禁攻寝兵,救世之战。"《荀子·非十二子》《韩非子·外储说左上》等处亦皆以"宋(钘)、墨(翟)"并举,题名东晋

---

① 罗根泽:《诸子考索》,人民出版社 1958 年版,第 407 页。
② 张舜徽:《汉书艺文志通释》,华中师范大学出版社 2004 年版,第 314 页。
③ 郭沫若:《青铜时代》,科学出版社 1965 年版,第 207 页。

陶潜著的《群辅录》一书中还提出了"宋钘、尹文之墨"的概念，以之作为所谓"三墨"之一；故他们认为尹文应和宋钘应一起划入墨家学派。当然，近年以来，也有一些学者注意到尹文思想与宋钘的差别，认为尹文虽属名家，却具有"兼综百家"（特别是道法和名家思想）的学术特色①。刘向《别录》云："尹文子学本黄老，其书自道以至名，自名以至法；以名为根，以法为柄。"② 这应该是对尹文学术思想的准确概括。

尹文的思想虽属于名家，但却又明显具有"兼综百家"的学术特点。那么，他就必然会对先秦诸子百家的思想既有吸收与继承，也有批评和扬弃。《尹文子·大道上》曰："【以】大道治者，则名、法、儒、墨自废；以名、法、儒、墨治者，则不得离道。"可见，他对道家、名家、法家、儒家、墨家等诸家思想皆有取舍，也自有其高下轩轻。

对于道家，尹文可谓"推尊道家至矣"③。今本《尹文子》之《大道上》《大道下》不仅仅采用老庄"大道不称""大道无称"或"无名""无形"之说称述"道"之超越形、名、法、术或儒、墨、名、法的特征，而且还直接称引《老子》原文，如引《老子》第63章曰："道者，万物之奥；善人之宝，不善人所保"；引《老子》第57章曰："以政（正）治国，以奇用兵，以无事取天下"；引《老子》第74章曰："民不畏死，奈何以死惧之？"等等。而这些引述，既表达了尹文子以"道"为超越形、名、法之"治道"的观点，同时也是对《老子》所谓"失道而后德，失德而后仁，失仁而后义，失义而后礼。夫

① 董英哲：《先秦名家四子研究》，上海古籍出版社 2014 年版，第 466—471 页。
② 《文心雕龙·诸子》黄叔琳注引刘向《别录》。案："尹文学本黄老"，原作"学本庄老"，但《容斋续笔》卷十四作"学本黄老"，今据以改。
③ 胡家聪：《尹文黄老思想与稷下"百家争鸣"》，见《道家文化研究》第四辑，生活·读书·新知三联书店 1991 年版，第 123 页。

礼者，忠信之薄而乱之首"（第38章）和"法令滋彰，盗贼多有"（第57章）思想的一种发挥和阐释。我们知道，我国先秦时期现存最早的解释《老子》的著作，是《韩非子》的《解老》和《喻老》二文。《韩非子》的《解老》和《喻老》二文，皆依作者当时所见《老子》原文，逐句加解释。《尹文子》中引用《老子》原文，也并不是、或至少不纯粹是为了证明作者的观点，而只是对《老子》原文的意思进行解释，因为尹文著作内容的形成明显早于《韩非子》，故可以说《韩非子》的《解老》《喻老》二文的"解老"模式，应该是对《尹文子》的继承与发展。尹文实际开创了先秦一种"解读"《老子》的范式。

当然，尹文即使对先秦"道家"推尊备至，他仍然也是较为客观地看待和评价道家的。从《尹文子》一书虽"学本黄老"，但仍然"以名为根，以法为柄"来看，他虽然认为"大道"用"则无为而自治"（《大道上》），是圣人治天下的理想状态，但正如庄子所谓"氂牛，其大若垂天之云，此能为大矣，而不能执鼠"。（《庄子·逍遥游》）实际是有所不便的，即是"不足以治天下"的。从理论上讲，因为"大道不称"或"无称""无名""无形"，是无法用来治天下的；能用来治天下的，只能是具体的"治道"——自"理"而出的"圣法"，即《老子》所谓"以政（正）治国"的"政（正）"或儒、墨、名、法等等。《尹文子·大道下》曰："仁、义、礼、乐、名、法、刑、赏，凡此八者，五帝三王治世之术也。"又说，"《老子》曰：'以政治国，以奇用兵，以无事取天下。'政者，名法是也，以名法治国。万物不能乱。"说的就是这个意思。而这些，显然是对老庄过于强调"无为而治"的治国方略的一种修正和批评。因为老、庄道家都强调"无为治国"，老子说："治大国若烹小鲜"（《老子》第60章）、"以辅万物之自然而不敢为"（《老子》第64章）、"我无为而民自化，我好静而民自正，我无事而民自富，我无欲而民自朴。"（《老子》第 57 章）庄子更是不把"治国""平天下"这样的事放在心上；即使要实现"治国"的功业，那也是由"内圣"而达到的"自然"的"外王"。故在庄子看来，即使帝王也应该是"无为名尸，无为谋府，无为事任，无为知主。"（《庄子·应帝王》）实际上采用的也是老子"无为而治"的"道治"方略。老、庄道家都要以"无为而治"的"道治"方术治国，故他们不仅对儒家的"仁义礼智"之术予以否定，名家、法家的形名法术亦在抨击之列，所谓"法令滋彰，盗贼多有"，即是此意。《尹文子·大道上》曰："道不足以治则用法，法不足以治则用术，术不足以治则用权，权不足以治则用势。势用则反权，权用则反术，术用则反法，法用则反道，道用则无为而自治。"这说明在他们看来，"道"之"用"既是"治国"的最高理想，也是最"不足以治国"的方法。因而尹文认为，在现实的可行性上，最切合实际的方术乃是名、法、术、势，等等。尹文的这一思想观点，无疑是对道家老、庄学派"无为而治"学说的一种批评，具有鲜明的稷下黄老道家的思想特点。

尹文持稷下黄老道家的立场看待"道"与"名、法、儒、墨"的思想观点，故他既不引道家杨朱、庄子，也不引文子、蜎子、列御寇之类，而是反复引用田骈的观点。一曰："田骈曰：'天下之士……游于诸侯之朝，皆志为卿、大夫，而不拟于诸侯者，名限之也。"二曰："田子读书……宋子犹惑，质于田子"云云。田骈也是著名的稷下先生，《庄子·天下》《荀子·非十二子》都将其与慎到并列，《史记·孟子荀卿列传》等亦将其与淳于髡、慎到、环渊、接子、邹衍之徒并称"齐之稷下先生"，只有《汉书·艺文志》将"慎到四十二篇"著录于法家，而将"《田子》二十五篇"著录于道家，即认为他们二人一属道家，一属法家。但正如郭沫若所云："慎到、田骈一派是把道家的理论向法理一方面发展了的"①，都属于所谓稷下黄老道家或"道法家"；二人的不同之处是慎到更多地倾向于法家的"法理"方面，所以《汉书·艺文志》将他列入法家；田骈则更多地把道家理论向"名法"方面而非非纯粹的"法理"文向发展，所以《汉书·艺文志》将其列入道家。实际上，田骈应该是属于稷下黄老道家或"道法家"中的将道家理论向"名法"既非纯"名"亦非纯"法"的方面"发展了的一人"。但《汉书·艺文志》所录"《田子》二十五篇"，现在都已经亡佚了。后人所做的辑佚，基本见不出田骈的学术思想。现在可以依凭的材料，一是《吕氏春秋·执一》所载的"田骈以道术说齐王"，郭沫若以由此说"可见他确和慎到一样主张因任"②；另一处是《庄子·天下》所说的"田骈亦然"，即他与慎到一样，都是主张"齐万物而尚法""弃知去己"和"不用圣贤"的。但这也难以看出田骈思想与慎到的差异。现在唯一可以推知田骈思想应该是与慎到有所区别的，也是战国学术由稷下黄老道家或"道法家"推向"名法"方面的依据，就是《尹文子》其书。《尹文子》既两引田骈论"名""法"之言，又多处合"名""法"为一，而言其足以治国。如《尹文子·大道上》曰："政者，名法是也。以名法治国，万物所不能乱。"《大道下》曰："凡能用名法权术，而矫抑残暴之情，则己无事焉"，等等。这既可以见出田骈、尹文的思想特点，也可能见出田骈、尹文对此前稷下黄老道家思想的一种批评、发展和改造。

当然，与田骈相比，尹文批评和改造稷下黄老道家或"道法家"思想，是具有更多理论建设意义的。这就是，他在中国哲学思想史上第一次明确而系统地说明道、名、法之间的关系，特别是阐明了"名"

---

① 郭沫若：《十批判书》，人民出版社 2012 年版，第 128 页。
② 郭沫若：《十批判书》，人民出版社 2012 年版，第 133 页。

与"法"二者的异同之处。在尹文看来，作为一个普通名词的"名"，就是"名称者，别彼此而检虚实者也"的"名称"。他说："有形者必有名，有名者未必有形……名以检形，形以定名；名以定事，事以检名。"指的就都是这个"名"。但作为一个哲学概念的"名"，则是"名分"的意思，是一个与"道""法""术""权""势"及"礼""义""乐""刑""赏"相关的概念；特别是"名"与"法"之间，可以说有时是一种彼此交叉重叠的关系。《尹文子·大道上》曰：

> 名有三科：一曰命物之名，方圆白黑是也；二曰毁誉之名，善恶贵贱是也；三曰况谓之名，贤愚爱憎是也。法有四呈：一曰不变之法，君臣上下是也；二曰齐俗之法，能鄙同异是也；三曰治众之法，庆赏刑罚是也；四曰平准之法，律度权衡是也。

在这里，《尹文子》将"名"分为三类，即"命物之名""毁誉之名"和"况谓之名"。虽然有的学者认为，"所谓'名有三种'，其实只有二科，即'命物之名'和'毁誉、况谓之名'"，因为"第一种名表达的只是事物与名称之间的关系"，"第二种名即所谓'毁誉、况谓之名'，显然具有道德的、伦理的、政治的意义。"① 但严格地讲，这里的"名"还不是与"法"相对的"名"，而只是对作为一个普通名词的"名"（名称）的分类，因为这个"名"还不包括法理学意义上的"名分"在内。

"名"这个概念在法理学意义上的内涵，即是"名分"。此时《尹文子》中直接写作"名分"或"名""分"。它包含有两方面的涵义：一是指"名位"，即上下等级次序，如孔子"正名"观中提出的"君

---

① 曹峰：《中国古代"名"的政治思想研究》，上海古籍出版社 2017 年版，第5 页。

君、臣臣、父父、子子"。《尹文子·大道上》引田骈曰："天下之士……游于诸侯之朝，皆志为卿、大夫，而不拟于诸侯者，名限之也。"这个"名"，也是指其所处的"名位"，尤其是政治"名位"；二是指分属，即与"名位"相应的政权和物权。《商君书·定分》《慎子·佚文》和《尹文子·大道上》都列举了"百人逐兔"的故事。《尹文子·大道上》引彭蒙曰："雉兔在野，众人逐之，分未定也；鸡豕满市，莫有志者，分定故也。"这个"分"即是"名分"，亦即"名分"的第二个涵义。而正是在"名"的"名分"这个意义上，"名"才是与"法"相对的，即是存在部分内涵交叉或重叠的概念。如《尹文子·大道上》曰："法有四呈"，其一"不变之法，君臣上下是也。"而此"法"就与自孔子以来"正名"说中的所谓"君君、臣臣、父父、子子"之"名"正相一致。可见，《尹文子》此处所说的"法"，亦即是"名"，"名"亦即是"法"。如果从儒学礼义制度上来讲，"君臣上下"或"君君、臣臣、父父、子子"，即是"礼"；如果从稷下黄老道家的角度上讲，则为"名"或"名分"；而如果从法家的眼光来看，它就是"法"（实际是"习惯法"）。《尹文子》正是通过将"名"与"法"联结起来，补充了对稷下黄老道家或"道法家"在论"道""名""法"三者、特别是"名""法"二者关系上的不足，实现了对其"道法"思想的批评、继承和发展。

除了对先秦道家思想的学术批评之外，尹文还对先秦儒家、墨家、法家的思想也有批评与扬弃。《尹文子·大道上》首段既引有孔子的"正名"说，《尹文子·大道下》又引孔子称少正卯乱君臣上下之名，"行不轨时之法"，为"大乱之道"而诛之，已可见尹文对儒家学说的吸收与改造。上文引《尹文子》辩"名""名分""法"之异同，亦可见其对名家、法家的批评与扬弃、继承和发展，此不再重复。

第三节　公孙龙及战国后期"辩者"的学术批评

尹文的学术批评，标志着先秦名家思想已由邓析、惠施原有的"好形名，操两可之说，设无穷之辞"的思路发生了重大转变，转变到了以"道法"结合的"名法之学"的方向（或者说由原先的"名学"或逻辑学的方向，转到了政治和社会伦理学的方向）。这种名家关注于社会现实和政治伦理的问题，而非以"纯名学"或形式逻辑的概念、范畴和命题进行辨析或推演。稷下名家的这种与社会政治和现实紧密相联的治学路径，一方面固然可以为名家的社会地位提升和学术兴盛提供动力和资源，但另一方面也加大了包括名家学说及名家学者本人因政局的变化而导致压制和打击的风险。惠施及其学说在魏国的几起几落，就是一个最显著的例子，足以让当时的学者警醒。所以，以公孙龙为代表的战国后期的名家学者，再次实现了名家学术的转型——再次转向了"好治怪说，玩琦辞，甚察而不惠，辩而无用，多事而寡功"的纯"名学"或形式逻辑的学术道路。

公孙龙是战国后期名家学派，乃至可以说是整个先秦名家学派的代表人物。公孙龙的生卒年，史无记载，学术界根据其行事，皆认为其"卒岁约与赵平原君相上下"，"而平原君每呼龙以'公'，亦足见龙长老耳。"[1] 根据《史记》的《平原君虞卿列传》《魏公子列传》《六国年表》和《战国策·赵策四》，《吕氏春秋》的《应言》及《淫辞》等材料的记载综合推断，平原君赵胜为赵惠文王的同母弟，约生于赵武灵王十七年（公元前309年），卒于赵孝成王十五年（公元前251年）；公孙龙若年长于平原君赵胜10岁，当约生于公元前319年，至平原君卒

---

① 谭戒甫：《公孙龙子形名发微》，中华书局1963年版，第2—3页。

年，年岁约在 68 岁。①

公孙龙的著作，《汉书·艺文志》著录"《公孙龙子》十四篇"于名家。《隋书·经籍志》"名家类"无《公孙龙子》一书，但于道家则著录有《公孙龙子·迹府》所谓公孙龙"为《守白》之论"的"《守白论》一卷"。《旧唐书·经籍志》《新唐书·艺文志》皆于著录有"《公孙龙》三卷"。今存本《公孙龙》一书为六篇，即《迹府》第一，《白马论》第二，《指物论》第三，《通变论》第四，《坚白论》第五，《名实论》第六。因《迹府》第一之内容为"集录"公孙龙相关史料而成，不似出公孙之手，"余皆龙之自作"②。总体上来说，今本《公孙龙子》一书"所存六篇并不完整，是残缺不全的"；"虽较古本有残有缺，但不失其真实性，可反映公孙龙的思想体系。"③

研究公孙龙思想的资料，除现存《公孙龙子》一书外，《庄子》《吕氏春秋》及《战国策》《史记》《淮南子》《新序》等先秦两汉著作中，也都有与公孙龙相关的资料。从这些资料来看，公孙龙是一位与儒、墨、道、名、法、阴阳等各诸子学派思想都具有复杂联系的名家代表人物。《庄子·秋水》载公孙龙问于魏牟曰："龙少学先王之道，长而明仁义之行；合异同，离坚白；然不然，可不可；困百家之知，穷众口之辩；吾自以为至达已。"这里公孙龙说的"先王之道"和"仁义之行"，显然属于儒家思想；而"合异同，离坚白；然不然，可不可"，则属名家"名辩"的内容。看来，这二者是公孙龙思想的主干。《吕氏春秋·审应》载："赵惠王谓公孙龙曰：'寡人事偃兵十余年矣，而不成。兵不可偃乎？'公孙龙对曰：'偃兵之意，兼爱天下之心也。兼爱天下，不可以虚名为也，必有其实。今蔺、离石入秦，而王缟素布总；

---

① 董英哲：《先秦名家四子研究》，上海古籍出版社 2014 年版，第 577—578 页。
② 张舜徽：《汉书艺文志通释》，华中师范大学出版社 2004 年版，第 315 页。
③ 董英哲：《先秦名家四子研究》，上海古籍出版社 2014 年版，第 588—589 页。

东攻齐得城，而王加膳置酒。秦得地而王布总，齐亡地而王加膳，所非兼爱之心也。此偃兵之所以不成也。"同书《应言》亦载"公孙龙说燕昭王以偃兵"云云。可见，公孙龙又具有"兼爱""偃兵"等墨家思想。《新序·杂事》《说苑·佚文》和《艺文类聚》卷六十六及卷一百、《太平御览》卷四百五十七及卷八百三十二引《庄子》佚文，皆记公孙龙为"梁君之御①，曾以宋景公（一作齐景公）欲代为人祠求雨感动上苍的故事及止梁君射杀惊骇其狩猎白雁的行人之事，则又可见公孙龙与阴阳家思想亦有着某种内在的关联。当然，这并不能认为公孙龙应属儒家、阴阳家或如有些学者那样因此而否定有"名家"的存在，认为名家出于墨，公孙龙属于墨家。实际上，名家不同于其他诸子学派之处，乃在于其他诸子学派多属于以鲜明的政治思想主张著称的派别，而名家则是一个以"名辩之术"（"名学"或逻辑学）而得名的一个学派②。名家学者虽以"名辩"著称，但并不妨害他们在思想上采取儒、道、墨的思想主张。对公孙龙的思想亦应如是观。

---

① 案：《庄子》佚文中的"公孙龙"，《新序·杂事》中作"公孙袭"。胡道静《公孙龙子考》（胡道静：《公孙龙子考》，商务印书馆1934年版，第3页）认为"袭"与"龙"通，"公孙袭"即"公孙龙"。案：诸子引《庄子》佚文所记皆同一事，且皆作"公孙龙曰"云云，唯《新序》作"公孙袭"，可知此人当即"公孙龙"。又：《孔子家语·子路初见》"王若事龙"，王肃注云："龙，宜为袭，前后相因也。"这说明，"龙（繁体龍）"与"袭"（襲，《说文解字·衣部》："襲，左衽袍。从衣，龖省声。龖，籀文襲不省。"）虽未必相通，但典籍中却有"袭（襲）"作"龙（龍）"之例。又有人以为，由《新序》所记"梁君之御"为"公孙袭"相看，"止射之事，不必为公孙龙。"（董英哲：《先秦名家四子研究》，上海古籍出版社2014年版，第572页）此说其实不能成立。因为公孙龙长期为平原君赵用门客，而赵用于魏惠文王末年曾为魏相，公孙龙随赵胜往魏国、并任"梁君之御"是完全可能的；其与魏公子牟等人的交往亦或在此时。此亦可证"公孙袭"即"公孙龙"。

② 案：刘《略》班《志》划分先秦诸子为"九流十家"，其中有两"家"是比较特殊的：一是"名家"，它以"名"术见称，而非以其思想主张得名；另一个是"小说家"，它也不是以其思想、而是以其思想文本与"经"无关、为"街谈巷语，道听途说者之所造也"而名"家"。（参见高华平：《先秦的"小说家"与楚国的"小说"》，《文学评论》2006年第1期）

公孙龙以这种思想立场对先秦诸子思想开展学术批评，故其学术批评显示了鲜明的名家特色：

其一，公孙龙批评儒、墨、道、名、法、阴阳诸家各种观点，并不着眼于其思想观点在政治伦理或道德上的曲直是非，而多是就其逻辑上的矛盾或漏洞发难。公孙龙在名家内部与辩者相互批评时所论固属"名学"或逻辑的问题，其着眼于逻辑学的原理立论自不用说，他在与其他诸子学派学者辩论时也无不如此。如上文曾经提到的《吕氏春秋·审应》所载公孙龙批评没有"偃兵之意"的赵惠文王，和同书《应言》所载批评燕昭王并非真正想实行"偃兵"，尽管以往的学者多以之与墨家"非攻"相提并论，认为公孙龙是属于墨家，公孙龙是以墨家的"非攻"立场对赵惠文王和燕昭王提出批评；"但如果我们以《墨子》中的《兼爱》《非攻》之篇与《吕氏春秋》所记公孙龙偃兵之说相比较，就可以看出二者的根本差异，盖墨家之'非攻'着眼于攻伐之'不义'"，"而公孙龙则完全从名实关系出发，认为燕昭王、赵惠文王乃口头上'偃兵'，而实则为好战分子——其所谓'偃兵'完全是名不副实的。"①《公孙龙子·名实论》曾说："故彼彼止于彼，可；彼此而彼且此，此彼而此且彼，不可。"专门阐述了逻辑论上的名实相副原则。又如，我们在论先秦儒家对诸子学派的学术批评时，曾引述过公孙龙与儒家孔穿之间的相互批评，孔穿劝公孙龙放弃其"白马非马"之论，自己愿"受业"为弟子。公孙龙并不从儒家与名家学说具体观点的优劣是非入手立论，而只是抓住孔穿言论中的逻辑矛盾展开批评。《孔丛子·公孙龙》记公孙龙之言曰：

> 先生之言悖也。龙之学，正以"白马非马"者也。今使龙去

---

① 高华平：《先秦诸子与楚国诸子学》，北京师范大学出版社 2016 年版，第 219—220 页。

之，则龙无以教矣。今龙为无以教而乃学于龙，不亦悖乎？且夫学于龙者，以智与学不逮也。今教龙去"白马非马"，是先教也。先教而后师之，不可也。……且"白马非马"者，乃子先君仲尼之所取也……先生好儒术而非仲尼之所取也；欲学龙而使龙去所以教；虽百龙之智，固不能当前也。

在这里，公孙龙批评孔穿的言论，基本未针对孔穿言说的内容，而是着重在揭露其中所包含的逻辑矛盾，即"悖"——孔穿请从公孙龙"受教"却"先教"公孙龙之"悖"、孔穿使公孙龙"教"之却让公孙龙弃其所为"教"者之"悖"、孔穿好儒术而"非"其"先君仲尼之所取也"之"悖"、等等。通过运用形式逻辑矛盾律批评孔穿言论的内在矛盾，显示了一位先秦名家思想家的高超逻辑水平和论辩技巧。

其二，公孙龙对先秦诸子百家的学术批评，更多的是发生在名家内部，是名家中的"分析主义"——对"常识"一派的"名学"或逻辑学的批评①。《淮南子·诠言训》"公孙龙粲于辞而贸名"，许慎注曰："公孙龙以白马非马，冰不寒、炭不热为论，故曰'贸'也。"同书《齐俗训》"公孙龙折辩抗辞，别同异，离坚白"，许慎注曰："公孙龙赵人，好分析诡异之言，以白、马不得合为一物，离而为二也。"所谓"好分析诡异之言"，即前人所谓"分析主义"。从某种意义上讲，公孙龙所持乃是名家"分析主义"的观点。公孙龙在论证自己的"分析主义"观点的同时，也就是在对名家"常识派"学者（即"辩者"）思想观点进行一种学术批评。如《公孙龙子·通变论》在论述逻辑分类理论时说：

---

① 案："分析主义"一词为劳思光《新编中国哲学史》中给名家公孙龙等人思想方法的名称；郭沫若在分析"墨辩"时，称《经下》《经说下》一派为"常识派"。此处为借用劳氏"分析主义"和郭氏"常识派"的概念。

……曰："羊合牛非马，牛合羊非鸡。"曰："何哉？"曰："羊
与牛唯异，羊有齿，牛无齿；而牛之非羊也，羊之非牛也，未可。
是不俱有，而或类焉。羊有角，牛有角；牛之而羊也，羊之而牛
也，未可。是俱有而类之不同也。羊、牛有角，马无角；马有尾，
羊牛无尾。故曰羊合牛非马也。非马者，无马也。无马者，羊不
二，牛不二，而羊牛二。是而羊而牛，非马可也。若举而以是，犹
类之不同。若左右，犹是举。牛羊有毛，鸡有羽。谓鸡足一，数足
二；二而一，故三。谓牛羊足一，数足四；四而一，故五。牛羊足
五，鸡足三，故曰："牛合羊非鸡。""非有以非鸡也。与马以鸡，
宁马。材不材，其无以类，审矣。举是谓乱名，是狂举。"①

在这里，公孙龙实际是论证了逻辑分类及类比推理中"类"的重要性。
牛、羊都是有角的，但并不能说羊是牛或牛是羊，因为它们不同类。但
牛、羊与马相比，牛、羊都是有角的同"类"，马则是"类之不同也"。
同样，因为"羊、牛有角，马无角；马有尾，牛、羊无尾"，故可以说
"羊合牛非马也"。又因为"非马"，也可以说成是"无马"；而"无
马"，也就是说羊不与马为二，牛不与马为二，"则一羊一牛并之而
二"。那么，前面所说的"牛若羊，羊若牛"（即"牛之而羊，羊之而
牛"），"非马"。这也就是可以的②。但如果像这样以牛羊非马举例，
牛羊与马是不同类的，如"左、右"一样。

　　由此再举牛羊与鸡为例。同样，牛羊都有细绒毛，鸡则是长羽毛
的。人们称说"鸡足"时，把"鸡足"当作一件东西（"一足"），细
断则鸡有两足，"实数的二与称谓的一相加，鸡足就是三个了"。牛、
羊都有足，这是"一足"；细数同牛、羊有"四足"，"实数的四与称谓

①　王琯：《公孙龙子悬解》，中华书局 2014 年版，第 66—68 页。
②　谭戒甫：《公孙龙子形名发微》，中华书局 1963 年版，第 37 页。

的一相加，便成了"五足"。牛、羊各有"五足"，鸡有"三足"，所以说"牛合羊非鸡"。"在选择'牛合羊非鸡'与'羊合牛非马'作例时，宁肯用马来论证而不用鸡来论证，这不仅因为马成材、鸡不成材，而且由于马不越类、鸡越类了"；"如果用鸡的例子来论证，那是违背逻辑分类理论的。"① 公孙龙认为，违背逻辑分类理论的举例，"然既谓之无以类，应不复举，竟乃举之，名必不正。盖名不正者谓之乱名，则举之不当者亦谓之狂举。"② 这就在提出和论述自己的"分析主义"命题时，也对持与之相反的看法"常识派"的观点给予了"名学"或逻辑学的批评。

根据《韩非子·外储说左上》记载："兒说，宋人，善辩者也。持'白马非马'也，服齐稷下之辩者。"则"白马非马"论，应该是兒说而非公孙龙首先提出的。但据《公孙龙子·白马论》来看，公孙龙无疑是对"白马非马"论做出过最充分理论论证的名家思想家。公孙龙在《白马论》中不仅论证了"白马非马"（异于，不等于马）这个逻辑思想命题，而且实际上还批评了"白马是（等同于）马"这种"常识派"的观点。《公孙龙子·白马论》既从复合概念的构成（即是由尹文所谓"通称"从属于"定形"的方式构成的）正面论证了"白马"和"马"两个概念的不同，即"白马"是由"马"这个"定形"与"白"这个"通称"或"命色"和"马"这个"命形"两部分构成的。"马"则只是一个单一概念，没有"白"所反映的"某类事物的偶有属性"，故曰"白马非（异于）马"；同时，《白马论》也批评了"常识派"的"辩者"以为"白马是（等同于）马"的命题。但此时公孙龙并不着眼于"白马"与"马"两个概念的不同，而是采用逻辑上的

---

① 董英哲：《先秦名家四子研究》，上海古籍出版社 2014 年版，第 617 页。
② 谭戒甫：《公孙龙子形名发微》，中华书局 1963 年版，第 39 页。

"归谬法"，由"常识派"之"辩者"的"错误"前提，推演出一个与之相矛盾的结论，再以此说明"常识派"的主张实际上是"天下之悖言乱辞也。"《公孙龙子·白马论》先由"常识派"的"白马是（等同于）马"的必然结论——"以有白马为有马"开始，巧设机辩，引对方入彀，曰："谓有马为有黄马，可乎？"等对方承认"黄马"与"马"不同（即"黄马"不等同于或异于"马"概念）时，便加以反驳说：

> 以有马为异有黄马，是异黄马于马也；异黄马于马，是以黄马为非马。以黄马为非马，而以白马为有马，此飞者入池而棺椁异处。——此天下之悖言乱辞也。

公孙龙以概念构成方式的不同，分析了"白马"与"马"两个概念不同，批评了"常识派""辩者"不懂概念分析的不足。但客观地讲，正如在《公孙龙子·迹府》中孔穿批评的那样，公孙龙"并没有真正把握由概念内涵和外延变化而形成的概念间的种属关系"①。他以为，"常识派辩者"以有"白马"为"有马"，那么就必然会认为"有马"就是"有白马"，或"有马就是有黄马"，这与其说是"常识派辩者"昧于"白马"或"黄马"与"马"两个概念的区别，还不如说公孙龙自己、而非"常识派辩者"回到了（或故意回到了）"白马"或"黄马"与"马"两个概念不分的层次；因为即使你承认"白马（或黄马）是马"，也不能完全倒过来说"马"是"白马"或"黄马"。

《庄子·天下》篇曰："桓团、公孙龙，辩者之徒，饰人之心，易人之意，能胜人之口，不能服人之心，辩者之囿也。"则与公孙龙同时开展过学术批评的名家学者，还有桓团等人。《史记·平原君虞卿列

---

① 高华平：《先秦儒家对诸子学派的学术批评》，《哲学研究》2019 年第 4 期。

传》裴骃《集解》引刘向《别录》云："齐使邹衍过赵，平原君见公孙龙及其徒綦毋子之属，论'白马非马'之辩，以问邹子。"这说明，公孙龙有弟子"綦毋子之属"，并曾参与到公孙龙与阴阳家邹衍的辩论——这其中自然有他们对阴阳家的批评与反批评。《吕氏春秋·当务》载："备说非六王、五伯，以为'尧有不慈之名，舜有不孝之行，禹有淫湎之意，汤武有放杀之事，五伯有暴乱之谋，世皆誉之，人皆讳之，惑也。'"高亨认为"备说"即是"兒说"①。《史记·鲁仲连邹阳列传》张守节《正义》引《鲁连子》、马总《意林》、《文选》载曹子建《与杨德祖书》、《荀子·强国》杨倞注及《太平御览》各卷引《鲁连子》皆曰："齐之辩士田巴，辩于徂丘，议于稷下，毁五帝，罪三王，訾五伯，离坚白，合同异，一日而服千人。"唐僧法琳《破邪论》卷上曰："昔公孙龙著《坚白论》，罪三王，非五帝。至今读之，人犹切齿。"今本《公孙龙子》虽无"罪三王，非五帝（伯）"的内容，但可以说明在战国后期对"三王""五帝（伯）"的批判，应是当时名家学术批评的主要内容之一。而据《汉书·艺文志》的记载，战国后期名家学者的著作还有"《毛公》九篇"（班固自注："赵人，与公孙龙等并游平原君赵胜家。"）等，他们也应该有自己对诸子百家的学术批评。

桓团，《庄子·天下》成玄英《疏》曰："姓桓，名团，赵人，辩士也，客游于平原君之家。"《列子·仲尼》曰："公孙龙之为人也……欲惑人之心，屈人之口，与韩檀等肄之。"卢重玄《列子解》曰："韩檀，《庄子》云'桓团'，俱为人名，声相近也。"即认为韩檀就是桓团，他与公孙龙持相似的学术观点。根据《列子·仲尼》及张湛注的记载，桓团等"辩者"当时讨论的论题共七个："有意不心，有指不至，有物不尽，有影不移，发引千钧，白马非马，孤犊未尝有母。"这

---

① 参见陈奇猷校释：《吕氏春秋校释》，学林出版社 1995 年版，第 599 页。

些论题中，有四个是桓团、公孙龙承袭《庄子·天下》中的"辩者"而来，如"有指不至"一题，"是承袭'辩者'的'目不见，指不至，至不绝'而来"；"'有物不尽'一题，则是与'辩者'的'一尺之棰，日取其半，万世不竭'相通"；"'有影不移'一题，则与'辩者'的'飞鸟之景，未尝动也'同义；'孤犊未尝有母'一题，与'辩者'的'孤驹未尝有母'了无区别。"① 其他三个论题"有意不心"、"发引千钧"和"白马非马"，则为《庄子·天下》中的"辩者"所无。因为所谓"辩"乃是"争彼也"或"辩是非"，故桓团、田巴一类"辩者"就以上论题的辩论，其中也就自然包含了他们的学术批评和反批评。只是由于缺少更多的文献资料，故我们今天已无得而论其详了。但由上文我们对公孙龙"白马非马"论中所包含的对"常识派辩者"的学术批评来看，桓团、田巴一类"辩者"的这种学术批评同样体现着先秦名家思想"名学"或逻辑学的基本特点，则是可以肯定的。

而先秦名家自兒说、田巴、公孙龙、桓团，一直延续到战国中后期的"罪三王，非五帝（伯）"等论题，可以说它本身就是一个学术批评的题目。而且，根据现有文献的记载来看，"罪三王，非五帝（伯）"还主要是针对当时儒、墨两家的推崇尧舜汤武之论而发的。《孟子·梁惠王下》载："齐宣王问曰：'汤放桀，武王伐纣，有诸？'孟子对曰：'于传有之。'曰：'臣弑其君，可乎？'曰：'贼仁谓之贼，贼义谓之残，残贼之人，谓之一夫。闻诛一夫纣矣，未闻弑君也。'"同书《万章上》载："咸丘蒙问曰：'语云："盛德之士，君不得而臣，父不得而子。"舜南面而立，尧帅诸侯北面而朝之，瞽瞍亦北面而朝之……不识此语诚然乎哉？'"《庄子·盗跖》曰："世之所高，莫若黄帝，黄帝尚不能全德，而战涿鹿之野，流血百里。尧不慈，舜不孝，禹偏枯，汤放

---

① 董英哲：《先秦名家四子研究》，上海古籍出版社 2014 年版，第 353—354 页。

其主，武王伐纣，文王拘羑里。此六子者，世之所高也，孰论之，皆以利惑其真，而强反其情性，其行乃甚可羞也。"《荀子·正论》曰："世俗之为说者曰：'桀纣有天下，汤武夺之。'"《韩非子·说疑》曰："舜逼尧，禹逼舜，汤放桀，武王伐纣。此四王者，人臣弑其君者也……察四王之情，贪得之意也；度其行，暴乱之兵也。"在以上著述中，庄子、韩非子对"三王""五帝"的攻伐代立持批评态度，孟子、荀子则持辩护立场，可知先秦名家所谓"罪三王，非五帝（伯）"，实际是对儒家学术观点和立场的批评。

综合来看，先秦名家对诸子学派的学术批评主要有两种形态，一是主要在名家内部属于"名辩"或"名学"论争的学术批评，二是名家对儒、道、墨、法等诸子学派就政治伦理或"名法""礼法"等"正名"问题所作的学术批评与反批评。先秦名家对诸子学派的学术批评，始于邓析的"以是为非，以非为是，是非无度，而可不可日变"；中经惠施、尹文对儒、墨、道、法的吸收与扬弃，在对诸子学派的学术批评中基本确立了名家思想"正名"或政治伦理化的走向；到公孙龙及战国后期的"辩者"那里，先秦名家又以其"白马非马""坚白石"之辩，力图向"名辩"或"名学"的学术批评回归，并在同儒家、纵横家等诸子学派的论争中落败并走向消歇。先秦名家"名辩"或"名学"的学术批评的消歇，不仅标志着先秦以"名辩"或"名学"讨论为主的名家最终被与儒、道、墨、法等日渐融合的"正名"派或政治伦理派名家所取代，实际也标志着中国真正名家学说的消亡。从此，中国的哲学思想中就只有与现实社会中政治伦理密切相关的"正名"之学，而极少见抽象名理或纯粹逻辑学（名学）的讨论。

第七章

先秦杂家著作《吕氏春秋》对诸子百家的学术批评

《吕氏春秋》一书，自《汉书·艺文志》以来，在历代目录书中皆被隶之杂家，且被视为先秦杂家著作的一个标本。《汉书·艺文志》"序"杂家曰：

> 杂家者流，盖出于议官。兼儒、墨，合名、法，知国体之有此，见王治之无不贯，此其所长也。及荡者为之，则漫羡而无所归心。

《汉书·艺文志》著录的先秦杂家著作，共八家二〇三篇。但这些先秦杂家著作，除"《吕氏春秋》二十六篇（班固自注：'秦相吕不韦辑智略之士作。'）"流传至今之外，其余皆已亡佚。故今人论先秦杂家之思想，实有赖于是书。

只是《汉书·艺文志》既未对《吕氏春秋》的思想特点作任何说明，其"序"杂家学说之言，似乎也存在着某种模糊不清之处。如它虽然指出了杂家有"兼儒、墨，合名、法，知国体之有此，见王治之无不贯"的

"所长"，但却并未指出其相应的"所短"之所在；而是转而批评杂家中有一部分"荡者为之，则漫羡而无所归心。"仿佛杂家的"所短"并非是所有杂家本身所具有的，而只是在其中的一部分"荡者"那里才存在。这就无形中将杂家分成了所谓"荡者"和"中正者"两派，给人的印象是，只有杂家中部分"荡者"的著作才存在"漫羡而无所归心"的问题，其他的杂家著作皆是"中正者"之"所为"，自然就都是"兼儒、墨，合名、法，知国体之有此，见王治之无不贯"的"所长"了。

具体到《吕氏春秋》一书，《汉书·艺文志》也只是说它是"秦相吕不韦辑智略之士作"，同样并未对其思想特点作出任何说明。但是，由于班固在《汉书·艺文志》的自注中已将帮吕不韦辑《吕氏春秋》那些人称为"智略士"，故这些人即使不能算是杂家中的"中正者"，显然也是不能划入"荡者"之列的。这也就是说，我们今天在研究《吕氏春秋》一书时，首先应该给《吕氏春秋》定下一个总的基调，即《吕氏春秋》一书并不是一部"漫羡而无所归心"之书，而是一部"兼儒、墨，合名、法，知国体之有此，见王治之无不贯"的杂家著作。

第一节　《吕氏春秋》的主导思想和基本原则

《吕氏春秋》的主导思想有属道家和阴阳家二说。东汉高诱《吕氏春秋序》曰：

> ……然此书所尚，以道德为标的，以无为为纲纪，以忠义为品式，以公方为检格，与孟轲、荀卿、淮南、扬雄相表里也，是以著在《录》《略》。

对于高诱《吕氏春秋序》中的这段话，人们存在不同的解读。高氏曰"以道德为标的，以无为为纲纪，以公方为检格"云云，"道德""无为"固然属于道家思想，但"忠义""公方"则似更接近于儒家观点。故高氏接着又说，《吕氏春秋》"与孟轲、荀卿、淮南、扬雄相表里也"。孟轲、荀卿属儒家，世所周知；《汉书·艺文志》虽将《淮南子》隶之杂家，扬雄隶之儒家，后世多以道家视之。① 可见，高诱之言实际仍应该是说《吕氏春秋》思想乃"兼儒、道"的意思。现代郭沫若在《十批判书》中曾批判吕不韦说：《吕氏春秋》对于先秦诸子有一个基本原则，即"对于各家虽然兼收并蓄，但却有一定的标准，主要的是对于儒家、道家采取尽量摄取的态度。"② 这显然也是由高诱之说而来。但当代有些学者对高诱之说又有不同理解。他们认为高诱概括的道德、无为、忠义、公方等几个方面，实际只是"吕不韦（在）要求编写者们以天、地、人统一的思想来'纪治乱存亡'"而已。这和整个《吕氏春秋·八览》的内容一样，"主要（是）讲君主应该做什么……是从君道的角度供君主治国平天下以参考。"所以，他们得出结论说："《吕氏春秋》是新道家，是以'黄老'为名号的新道家。"③

《吕氏春秋》的主导思想还有属于阴阳家之说，此以近人余嘉锡、陈奇猷为代表。余嘉锡在《四库提要辨证》一书中，力辨《四库总目提要》所谓《吕氏春秋·十二纪》夏言乐、秋言兵之外，"其余绝不晓"之说为误，认为其"十二纪以第一篇言天地之道，而以四篇言人事（其实皆言天人相应），以春为喜气而言生，以夏为乐气而言养，其

---

① 案：《汉书·艺文志》以"扬雄所序三十八篇"入儒家，但其《太玄》《法言》及辞赋，道家思想实浓。

② 郭沫若：《十批判书》，人民出版社1996年版，第423页。

③ 熊铁基：《秦汉新道家略论稿》，上海人民出版社2001年版，第219—261页。

秋为怒气而言杀，以冬为哀气而言死，所谓春生夏长秋收冬藏也"。此乃"古者天人之学也"，正合阴阳家思想。① 随后，陈奇猷进一步发扬此说，更明确地指出：

> 吕不韦之指导思想为阴阳家，其书之重点亦是阴阳家说……今观《吕氏》书，《十二纪》每纪之首篇，《八览》首览首篇，《六论》首论首篇，以及《明理》《精通》《至忠》《长见》《应同》《首时》《召类》等篇，皆是阴阳家说，与《史》《汉》所指阴阳家之特点正合。其《十二纪》，每纪间以他文四篇，大抵春令言生，夏令言长，秋令言杀，冬令言死，盖配合春生夏长秋收冬藏之义，正是司马谈所指阴阳家重四时大顺、天道大经之旨。②

那么，《吕氏春秋》一书的主导思想究竟是先秦的杂家、道家，还是阴阳家呢？又该如何理解先秦道家与杂家及其代表作《吕氏春秋》对先秦诸子百家之学的"兼""采""撮""合"呢？它们之间的异同、特别是其差异又何在呢？我们认为，这恐怕不能离开《吕氏春秋》的文本来寻找答案。

在《吕氏春秋》一书中，最能表明其编撰者本人的学术思想及其对先秦诸子百家取舍态度的，莫过于该书中的《序意》和《不二》两篇。《序意》篇开头曰："维秦八年，岁在涒滩，秋，甲子朔，朔之日，良人请问十二纪"云云，表明该书成书于秦始皇八年（公元前239年）。接着，吕氏自叙其著书的宗旨及思想原则曰：

> 尝得学黄帝之所以诲颛顼矣，爰有大圜在上，大矩在下，汝能

---

① 余嘉锡：《四库提要辨证》，中华书局1980年版，第818、820、822页。
② 陈奇猷校释：《吕氏春秋校释》，学林出版社1984年版，第1890页。

法之，为民父母。盖闻古之清世，是法天地……上揆之天，下验之地，中审之人，若此则是非可不可无所遁矣。

对吕不韦的这段"自序"，以前的学者也存在不同的理解：主张《吕氏春秋》属阴阳家观点的论者认为，吕不韦说自己"尝得学黄帝之所以诲颛顼"，"当出于《汉志》阴阳家著录的《黄帝泰素》二十一篇"，"本是阴阳家学说之一部分"，所谓"上法大圜，下法大矩"和"上揆之天，下验之地，中审之人"，亦正是阴阳家言四时大顺之学也①。主张《吕氏春秋》的主导思想属道家者认为，吕不韦《序意》中既言"得学黄帝之所以诲颛顼矣"，又提出所谓"法天地"之说，此实即老子所谓"人法地，地法天，天法道，道法自然"之意，说明"吕不韦自己表述的指导思想，简而言之就是'法天地'三字"，也就"是以'黄老'为名号的新道家"②。

但在我看来，以上两种理解，虽然都有一定道理，但却也都是各有偏颇的。问题的关键在于，我们到底应该如何理解《吕氏春秋》一书中念兹在兹的"道"字，它与先秦诸子各家各派之所谓"道"有何联系与区别。《吕氏春秋·不二》篇曾举"天下之豪士十人"，以见各人所持之"道"的不同，曰："老聃贵柔，孔子贵仁，墨翟贵廉（孙诒让曰：'《尔雅·释诂》邢疏引《尸子·广泽》"墨子贵兼"，"廉"疑即"兼"之借字。'），关尹贵清，子列子贵虚，陈骈贵齐，阳生贵己，孙膑贵势，王廖贵先，兒良贵后。"指出了各家学术思想的差异。但这只是问题的一个方面。因为先秦诸子之学本是在当时"百家争鸣"的学术背景下产生的，他们的学术宗旨又都是司马谈《论六家之要指》所说的"皆所以为治也"，故各家的思想主张又不能不有异中之同。如阴

---

① 陈奇猷校释：《吕氏春秋校释》，学林出版社 1984 年版，第 1888 页。
② 熊铁基：《秦汉新道家略论稿》，上海人民出版社 2001 年版，第 219—221 页。

阳家本是羲和之官"敬顺昊天，历象日月星辰，以授民时"的产物，属于依"天道"而行人事之学，但如果依《汉书·艺文志》而言，"实际上阴阳家与儒、道、墨、法、农等诸子学派也都具有学术思想上的许多共同点。如《汉志》称儒家为'顺阴阳，助教化者也。'道家的老庄以为'万物负阴而抱阳，冲气以为和'（《老子》第 42 章）；'阴阳相照相盖相治，四时相代相生相杀'（《庄子·则阳》）。墨家'顺四时而行，是以非命'（《汉书·艺文志》）；而《管子·四时》则说：'阴阳者，天地之大理也；四时者，阴阳之大经也。'而农家'播百谷，劝耕桑'，法家的'举事慎阴阳之和，种树节四时之适，无早晚之失，寒温之灾'"，"皆与阴阳家学说有其相通之处"①。

只是我们若从先秦诸子之学各自的差异来看，尽管诸子百家可谓皆是"以道自任者"，但他们各自理解和秉持的"所以为治也"的"道"，彼此却又是似是而非和各有畛域的。《吕氏春秋》所主张和作为其思想原则的那个"道"，与阴阳家"因阴阳之大顺"以配人事的"天道"、或老庄"人法地，地法天，天法道，道法自然"的"自然无为之道"，其实皆是并不完全相同的。

与阴阳家学说相比较来看，《吕氏春秋》不仅其"四时寄政""五行生克"等说全与阴阳家学说相同，而且其对邹衍"五德终始"之说更是深信不疑，甚至可能超出了一般阴阳家，故其中急切地告诫秦王政以水德代周的必然性和紧迫感。《吕氏春秋·应同》篇曰："凡帝王者之将兴也，天必先见祥乎下民。……及文王之时，天先见火，赤鸟衔丹书集于周社，文王曰'火气胜。'火气胜，故其色尚赤，其事则火。代火者必将水，天且先见水气胜。水气胜，故其色尚黑，其事则

---

① 高华平：《先秦诸子与楚国诸子学》，北京师范大学出版社 2016 年版，第 235—236 页。

水。水气至而不知，数备，将徙于土。"但《吕氏春秋》又并不完全盲从或照搬阴阳家的"天道"，不把天地之道当成为决定一切的绝对力量，而是在主张"适时"或"治身与天下者必法天地也"（《吕氏春秋·召类》）的同时，强调人的能动性，强调人修德行和"知义理"，从而达到消灾化祸、变祸为福的目的。如《尽数》篇曰："今世上卜筮祷祠，故疾病愈来"；而《制乐》篇则举成汤、文王和宋景公三人修德化灾之事，力证"人德"可以影响、甚至改变"天道"之"自然"。

由此来看，《吕氏春秋》实际并不认为自然"天道"对人事有绝对的决定作用。"阴阳寒暑燥湿，四时之化，万物之变"，本身是客观的存在，"不长一类"，"不私一物"，"不阿一人"，可谓"至公"，"莫不为利，莫不为害"（《尽数》《贵公》），人之"治身"必须无条件地遵从"天道"，"圣人察阴阳之宜，辨万物之利以便生，故精神安乎形，而年寿得长焉。"（《尽数》）但在人的社会活动方面，特别是"治世"方面，则不然。在社会活动领域，自然"天道"虽然仍然发挥着某种感应或警示功能，却并不能对人发生"顺之者昌，逆之者亡"的决定作用。只要人们如成汤、周文王、宋景公那样"明理""修德"，照样可以逢凶化吉、转祸为福。从这个意义上讲，《吕氏春秋》对阴阳家"牵于禁忌，泥于小数，舍人事而任鬼神"的偏颇，甚至其"五行相生相克"和"五德终始"之说，实际上都是进行了理性的批判和修正的，从而使自己与阴阳家的思想和学说划清了界线①。

与道家学说比较来看，尽管如郭沫若所云，在《吕氏春秋》书中"道家颇占势力"，"书中每称引《庄子》，有好些辞句与《庄子》书完

---

① 案：陈来《古代思想文化的世界——春秋时代的宗教、伦理与社会思想》（北京大学出版社 2017 年版）中有类似的观点，可以参看。

全相同"①，可以说《吕氏春秋》对道家学说吸取最多。但实际上，《吕氏春秋》思想中的所谓"道"，与道家之所谓"道"，却是并不完全相同的。《吕氏春秋·不二》篇，是该书中对先秦诸子作出全面批评之作，在该篇所举出的先秦诸子之"天下之豪士"中，可以明确归为道家学派的，即有老聃、关尹、子列子、田骈（《汉书·艺文志》入"道家"）、阳生（杨朱）等五人，占到了整整一半之多。这还不包括《史记·孟子荀卿列传》中作为稷下黄老道家人物而叙述的尸子等人。《吕氏春秋·重言》曰："故圣人听于无声，视于无形，詹何、田子方②、老聃是也。"所标举以为"圣人"者，与其他学派的"圣人"没有任何交叉，皆道家中人。故《吕氏春秋》书中屡引老子、庄子、列子、子华子等先秦道家学者之言，可见其对道家态度之一斑。

先秦道家学派，《汉书·艺文志》共著录有三十七家九百九十三篇，首列"《伊尹》五十一篇"，其次有"《太公》二百三十七篇""《鹖子》二十二篇""《筦子》（颜师古曰："筦，读与管同。"）八十六篇"等。近代学者蒙文通等人，以为先秦道家其实可分为南北两派，陈奇猷则据《吕氏春秋》诸篇引伊尹学说及其行事，认为先秦道家存在所谓伊尹学学派。我在前面说过，经过我细致梳理先秦道家的发展历史之后，发现先秦道家殆可分为三派，即以老庄代表的南方道家，以杨朱为代表的北方道家和以稷下学派为代表的"黄老道家"③。杨朱道家一派，蒙文通又曾以为"杨氏之学，源于列御寇，而下开黄老。"④ 我也曾认同此说。但从《吕氏春秋》所引述的道家学说来看，杨朱之学

---

① 郭沫若：《十批判书》，人民出版社 2012 年版，第 328 页。案：《吕氏春秋》引《老》《庄》的情况，可参看牟钟鉴：《〈吕氏春秋〉与〈淮南子〉思想研究》，人民出版社 2013 年版，第 22—25 页。

② 案：韩愈《送王秀才序》中有庄子师田子方之说，后人遂以为然。

③ 高华平：《由詹何看先秦道家思想的发展演变》，《哲学研究》2013 年第 9 期。

④ 蒙文通：《古学甄微》，巴蜀书社 1987 年版，第 267 页。

应该是以"为身与治国"、"治身"与"治世"为一致的道家学说，而当溯源于上古伊尹之学。

伊尹之书，《汉书·艺文志》除道家著录的"《伊尹》二十二篇"外，"小说家"又著录有"《伊尹说》二十七篇"。但二书皆已亡佚，后人辑佚，不过采先秦两汉古籍有关伊尹言行事迹，裒为一帙。伊尹学说虽佚，然赖《吕氏春秋》之《先己》《本味》诸篇而得以存其真。《吕氏春秋·先己》篇载：

> 汤问于伊尹曰："欲取天下若何？"伊尹对曰："欲取天下，天下不可取。可取，身将先取。"

同书《本味》篇又载：

> 汤得伊尹，祓之于庙，爝以爟火，衅以牺猳。明日，设朝而见之，说汤以至味。汤曰："可对而为乎？"对曰："君之国小，不足以具之，为天子然后可具。……凡味之本，水最为始。……非先为天子，不可得而具。天子不可彊为，必先知道。道者，止彼在己，己成而天子成，天子成则至味具。故审近所以知远也，成己所以成人也，圣人之道要矣，岂越越多业哉！"

以往的学者多因《本味》篇所记与《孟子》中所谓"伊尹以割烹要汤"近似，故疑其乃《汉志》小说家"《伊尹说》二十七篇（班固自注：'其语浅薄，似依托也'）"中之一篇，陈奇猷更因而进一步分所谓"伊尹学派"为二：《先己》所载为道家伊尹学派，《本味》所记则为小说家之伊尹学派。① 我认为，先秦诸子中的"小说家"，主要是一

---

① 陈奇猷校释：《吕氏春秋校释》，学林出版社1984年版，第724页。

个从著作文本形式、而非是从其思想内容上分类的结果。① 故认为传承伊尹学说的所谓"伊尹学派",可分为"道家之伊尹学派"和"小说家之伊尹学派",这一说法是不可取的。先秦实际只有一个伊尹学派,即道家之伊尹学派。如果这一学派中的某些学说,不是以书面的形式("镂之金石""琢之盘盂"或"著于竹帛")而是以"口说流传"的形式("街谈巷语,道听途说者之所造也")传承,则被归入了所谓"小说家之伊尹学派"。《孟子·万章上》之"伊尹以割烹要汤",《吕氏春秋·本味》之"有侁氏以伊尹媵女",等等,皆是其例。如果从思想内容来看,则这两个所谓"伊尹学派"实际并无区别:不论"道家之伊尹学派",还是"小说家之伊尹学派",都具有一个共同的思想特点,即它们都不一般地谈论"治国",而是以为"治国必先治身",由"治身"而通向"治国"——具体来说,是由"具至味"以"治身"(养生),然后由己及人、由近及远,推论治国平天下之道。《吕氏春秋·情欲》曰:"古之治身与天下者,必法天地也。"可见,"治身"与"治国家天下"是相通的,都必须以天地之道为准的。故同书《先己》曰:"昔者,先圣王成其身而天下成,治其身而天下治。故善响者不于响于声,善影者不于影于形,为天下者不于天下于身。"此后,杨朱学派中的詹何、子华子等人由"治身"("贵己""尊生"和养生)而"治国"的思路,与所谓"伊尹学派"学说正是一脉相承的,而儒家思、孟学派的推己及人之说,亦应多少受其影响。《孟子·万章上》记孟子回答万章曰:"伊尹耕于莘之野,而乐尧舜之道焉。非其义也,非其道也,禄之以天下,弗顾也;系马千驷,弗视也。非其义也,非其道也,一介不以与人,一介不以取诸人。"此正《孟子·尽心上》所谓杨朱"拔一毛利天下不为也"之义也。可见伊尹学说正是杨朱之学的源

---

① 高华平:《先秦的"小说家"与楚国的"小说"》,《文学评论》2016 年第 1 期。

头。《吕氏春秋》书中既对道家老子、关尹、列子、阳朱、田骈等人的学说有精到的概括，全书又多引道家老子、子华子、庄子、列子、詹何等人之言，足见其对道家之学的重视。但这些地方，虽也涉及"道"的无言无形，但却不是为了论证"道"的虚无恍惚；虽也涉及"德"的无为，但却并不是为了否定仁义礼智。《吕氏春秋》言"道"之"无形"和"无象"，只是为了阐明君道之"无得""无识"与"无事"（《君守》），只是为了论证"至智弃智，至仁忘仁，至德不德"的"君人南面之术"（《任数》）。可以说，《吕氏春秋》对先秦道家的各个学派的学术思想都有接受、扬弃和发展：它对老庄道家的"道德"本体论学说、事物相互对立转化和"达于性命之情"的观点，都有继承和吸收，但扬弃了其中过于虚无和消极的成分，而朝黄老道家或"道法家"（"法道家"）的方向发展了，故与杨朱学派的观点更为接近。[①] 故近人顾实等将《吕氏春秋》之《本生》《重己》《贵生》《情欲》《尽数》《先己》诸篇，皆视为杨朱遗说。[②] 而在现存先秦诸子著作中，《吕氏春秋》一书中引杨朱学派中詹何、子华子之说，亦为最多。

由此可见，《吕氏春秋》一书所持之"道"，既非阴阳家的天地之道，也非先秦道家各派的"治身"和"治国"之道，而是属于其自身所特有的"兼"采百家而不专主、不滞留于某一家的杂家之"道"——《吕氏春秋》称之为"圜道"。以往学者皆只注意到《吕氏春秋·序意》所谓"法天地"之说，并以之为源于《老子》"人法地，地法天，天法道，道法自然，而以之属黄老道家，实际上《吕氏春秋》的"圜道"，并不等于道家的"天地自然之道"，二者乃似是而非。《圜

---

① 案：清人多以杨朱属黄老，近人蒙文通著《杨朱学派考》发扬之，以为稷下黄老学派尽属杨朱之学。如从各派各人之学术差异看，此说或有不妥，但若以诸家皆重"为国（治国）"言，则此说亦为有见。

② 顾实：《杨朱哲学》，岳麓书社 2011 年版，第 45 页。

道》开篇曰：

> 天道圜，地道方，圣王法之，所以立上下。何以说天道之圜
> 也？精气一上一下，圜周复杂，无所稽留，故曰天道圜。何以说地
> 道之方也？万物殊类殊形，皆有分职，不能相为，故曰地道方。主
> 执圜，臣处方，方圆不易，其国乃昌。

接着，《圜道》又历数了"圜道"的各种表现："日夜一周"，生物的
"萌""生""长""成""衰""杀""藏"，"云气西行"，"水泉东
流"，"帝无常处，"人之九窍"一不留处"，圣之法令"灋于民还周复
归"，等等。并且说，以此"圜道"治五音，"音皆调均"；以此治事，
"主无不安"；"以此治国，国无不利"。初看起来，《吕氏春秋》的
"圜道"似乎只是指"天道"或"自然之道"，即所谓"天道圜"。但
进一步考察则会发现，《吕氏春秋》的"圜道"实际是包含"天、地、
人"而言的。它既是《吕氏春秋》所认定的世界运动的总规律，也是
其评判世界一切事物的总原则，毫无疑问亦即是该书的主导思想。所谓
"地道方"，其实是说，若静止地看，地上的方物"殊类殊形，皆有分
职，不能相为"；而如果从"还周复匝"或"还周复归"的角度来看，
则万事万物无一不是处于"无所稽留"、循环往复的运动之中。那么世上
事物，特别是人事是否也表现出"圜道"呢？许维遹《吕氏春秋集释》
引俞樾解"以言不刑蹇，圜道也"曰："然则'不刑蹇'者，不踬碍
也。盖引黄帝之言而释之曰：'帝无常处者，以言不踬碍也，是圜道
也'。《应同》篇引《商箴》而释之曰：'以言祸福人或召之也。'文法
并同。"[1] 可见，在《吕氏春秋》中，世上的方物人事也遵循"圜道"，
主要是指其"不踬碍"，"不留处"，用《老子》中的话说，这叫事物

---

① 许维遹撰，梁运华整理：《吕氏春秋集释》，中华书局 2009 年版，第 80 页。

的"伏""倚"或"复";用《应同》篇的话说,即是"类固相召,气同则合,声比则应。"简言之,则是事物永不停留的、周而复始、循环往复的运动法则。《老子》曾言"反者,道之动"(第40章),又云:"万物并作,吾以观复(第16章)。"所言似乎也是一种循环往复、周而复始的"圜道"。但《老子》的这种循环往复的"自然之道",实际更接近于阴阳家的"阴阳之道",而《吕氏春秋》的"圜道",则是与之有别的。其一,《老子》的"反复"之道为纯粹的"自然之道",人于此地"道"只能俯首听命、一味顺应;而《吕氏春秋》的"圜道"则是同时也强调了人的主动性的,认为人如能积极"为善""积德",也可以影响、甚至改变"天道"的运行轨迹。如上文引《制乐》篇中的成汤、周文王、宋景公之例,即是如此。其二,《老子》的自然"反""复"之道,虽强调一任"自然",但其实仍是有所"滞留"的——"滞留"于其本身的"柔道"(即所谓"老聃贵柔"),它对儒家的仁义之道就予以了明确的批判与否定;而《吕氏春秋》的"圜道",则对先秦的诸子百家一视同仁,皆既有吸引、肯定,也有批判与扬弃——用它自己的话说,叫"无所稽留"或"一无留处"。所以,我认为,《吕氏春秋》一书的主导思想和指导原则,既不可能是阴阳家思想,也不可能是道家或黄老道家学说,而只能是坚持"圜道"的杂家思想。从学派的归属来说,吕不韦编撰《吕氏春秋》因为兼采各家学说,故《吕氏春秋》属于《汉书·艺文志》中的杂家。

第二节 "兼儒、墨"
——《吕氏春秋》对儒、墨的学术批评

作为杂家的《吕氏春秋》对儒、墨的基本态度,即《汉书·艺文志》所谓"兼儒、墨"。而这里所谓"兼",在我看来,不仅是如《荀

子》所说的"君子贤而能容罢，知而能容愚，博而能容浅，粹而能容杂"（《荣辱》）的兼容并包之术，而且还至少包含有对儒墨两个学派同时都既有肯定、吸收，也有批判扬弃，和对儒、墨进行重新整合，以形成为既与原有儒、墨思想密切相关，又与其并不完全相同的新的思想形态两个方面。

就对儒家思想的肯定、吸收和否定、扬弃而言，《吕氏春秋》吸收儒家思想的显例，当属《大乐》《侈乐》《适音》《古乐》《音律》《音初》诸篇对儒家《乐论》思想的继承。此外，《吕氏春秋》对儒家源于孔子的仁义忠信等观念和思孟学派的"五行"学说及荀子"明分使群"、隆礼重法的思想，也都有明显的继承和发展。《吕氏春秋·去私》以孔子之言称赞祁黄羊为"至公"、《先己》篇由孔子之言发挥出"修身"然后"治天下"之理、《尊师》篇以孔子之"学而不厌，诲人不倦"而见师道之可尊、《高义》篇以孔子见齐景公不受廪丘之养而称颂孔子"取舍不苟""动必缘义，行必诚义"，等等，皆可见其对儒家价值观的肯定与吸收；《劝学》篇又曰："先王之教，莫荣于孝，莫显于忠。忠孝，人君人亲之所甚欲也。"《孝行览》曰"凡为天下，治国家必务本而后末……务本莫贵于孝。"这些显然是对孔子"文、行、忠、信"和孔门弟子"孝弟（悌）也者，其为仁之本与"（《论语·学而》）以及《孝经》所谓"以孝事君则忠"思想的继承。此外，《吕氏春秋·顺民》曰："先王先顺民心，故功名成，夫以德得民心，以立大功名者，上世多有之矣。"这与孟子所谓"得民心者得天下，失民心者失天下"之说，应该具有某种继承关系。《荀子·王制》和《非相》等篇曾说：人之"力不若牛，走不若马，而牛马为用"，因为"人能群，彼不能群"；而人之所以"能群"，则在于人之有"礼义""明分""能辨"，即所谓"明分使群"。无独有偶，《吕氏春秋·恃君览》亦曰："凡人之性，爪牙不足以自守卫，肌肤不足以扦寒暑，筋骨不足以从利辟害，勇敢不足以却猛禁悍，然且犹裁万物，制禽兽，服狡虫，寒暑燥湿弗能害，不唯先有其备，而以群聚邪。群之可聚也，相与利之也。利之出于群也，君道立也。"故汪中《补遗吕氏春秋序》疑《吕氏春秋》一书中《劝学》《尊师》《诬徒》（一作《诋役》）《善学》（一作《用众》）四篇、《大乐》《侈乐》《适音》（一作《和音》）《古乐》《音律》《音初》《制乐》诸篇，在刘向所得之书中，"亦有采及诸子同于河间献王者"，为"六艺之遗文也。"①

《吕氏春秋》虽然对儒家思想肯定、吸收和赞扬最多，以至于学者多以为该书"大抵以儒家为主"，但它对儒家实际也是有批评和否定的。如《至公》篇在比较孔子和老子二人评论楚人"遗弓"一事后说："故老聃则至公矣"。这种在孔子之外另增加老聃之举，实则是"把老聃置于孔子之上"，是在"以老子来贬抑孔子"②；同时也等于批评了孔子的心胸还不够广大，尚未达到真正的"至公"。《吕氏春秋·有度》曾说："孔墨之弟子徒属充满天下，皆以仁义之术教导于天下，然而无所行，教者术犹不能行，又况乎所教？"这里虽是合孔、墨而言，但实际上和《韩非子·五蠹》一样，也主要是针对天下之圣人孔子的，即所谓"仲尼天下圣人也，修行明道以游海内，海内说其仁美其义，而为服役者七十人。"（《韩非子·五蠹》）不同的是，《韩非子》是在以其"势"论批评孔子"仁义"之说的难以实行；而《吕氏春秋》则沿孟子批评告子"仁内义外"的思路，认为"仁义"皆属内在道德实践的德目，而批评孔门后学的以外胜内为"不通性命之情矣"。

《吕氏春秋》对墨家学说，也是既有吸收、继承，也有批评和扬弃的。卢文弨认为《吕氏春秋》一书"大约宗墨氏之学，而缘饰以儒

---

① （清）汪中撰，李金松校笺：《述学校笺》（下），中华书局 2014 年版，第 535—536 页。

② 高华平：《先秦的"小说家"与楚国的"小说"》，《文学评论》2016 年第 1 期。

术"，或许过于绝对；但如汪中那样，认为《吕氏春秋》对于墨家的态度，虽前后确"有抵牾者"，"而《当染篇》全取《墨子》，《应言篇》司马喜事，则深重墨氏之学"①，则是较为客观公允的。此外，《去私》篇称墨者钜子腹䵍"忍所私以行大义"，《节丧》《安乐》宣扬墨者"节葬""尚俭"之旨，《高义》称"子墨子游公尚过于越"而拒越王江浦书社三百里之封，《上德》赞墨者钜子等死阳城君之义，《爱类》记"墨子能以术"御荆免宋之难，等等，亦皆是其对墨者学说的肯定、吸收或继承。

当然，正如汪中所指出的，《吕氏春秋》对墨家思想也有批评和扬弃。这主要集中于《振乱》《禁塞》《大乐》等篇对墨家"非攻""偃兵""非乐"等观点的批判上。在《墨子》中，《非攻》上、中、下三篇及《公输》《鲁问》《耕柱》诸篇，都有明确的"非攻"思想，从道德的"不义"，给国家和人民生产生活造成的巨大损失，以及对鬼神宗庙造成的破坏等多方面论证了侵略和兼并战争的危害，表达了强烈的"非攻"或反战倾向。《吕氏春秋》则与之针锋相对，其中《荡兵》《振乱》《禁塞》《怀宠》四篇，可以说完全是站在《墨子·非攻》诸篇中"饰战者"的立场上对墨家"非攻"思想的批驳。《吕氏春秋》以上诸篇首先认为，兵战自古即有，"攻战"只是一种客观的存在，具有正、负两方面的功用，关键在于如何使用，绝不可因噎废食。如果攻战者是"攻无道而伐不义"，"则福莫大焉，黔首利莫厚焉。"（《振乱》）相反，倒是墨者所持的"救守"之术，则完全是不辨是非的："夫救守之心，未有不守无道而救不义也"。"救守者"开始也许只是"以说"——欲以言说打动统治者，但在言说不行的情况下，则"必反

---

① （清）汪中：《补遗吕氏春秋序》，见（清）汪中撰，李金松校笺：《述学校笺》（下），中华书局 2014 年版，第 535—536 页。

之兵矣",走向"非攻"和"偃兵"的反面,同样借助于兵战。(《禁塞》)所以,《吕氏春秋》说墨家"非攻""偃兵"的思想,如果以"义"和"理"来进行评判,就会发现它并不合"义理";而如果从当时的社会现实来看,更可以说对它应给予了无情的否定:"故义兵至,则邻国之民归之若流水,诛国之民望之若父母,行地滋远,得民滋众,兵不接刃而民服若化。"(《怀宠》)

应该说,《吕氏春秋》和《墨子》对兵战的态度,虽都标榜从"义理"出发,但结论却是完全相反的。其主要原因,乃是因为二者所处的时代和立场不同。墨子既站在小生产者立场上,所处的又是春秋战国之际——周朝虽然已是礼崩乐坏,但周天子还是名义上的"天下共主";而吕不韦所处的战国末期,时代已提出通过战争实现国家统一的新要求,吕不韦又以相国之重,"号称仲父",故他必然会为当时秦国发动的兼并战争进行辩护,而斥山东诸国的"救守"之举为"与义理反"。同样,墨子站在小生产的立场上主张"节用""节葬"和"非乐",吕不韦却完全是从"南面君人"的角度来看待墨家的这些思想主张的。如《墨子》论"厚葬久丧"之弊有"以厚葬久丧者为政",不可求"禁止大国之攻小国也"和不可"以干上帝鬼神之福"两项,而《吕氏春秋》之《节丧》《安死》等篇则仅言及其奢侈浪费和炫富而使死者不得安身。可见,《吕氏春秋》即使在采用墨家的观点时,对其也作了某些修正。而《吕氏春秋》之《大乐》《侈乐》《适音》《古乐》"接受了公孙尼子的《乐记》的理论,有时还把它扩张了,在这儿同时还尽了反对墨家的能事。"①

当然,正如上文所指出的,《吕氏春秋》对儒、墨两家的批判和继承,更主要的还表现在所谓"兼儒、墨"的一个"兼"字上。这个

---

① 郭沫若:《十批判书》,人民出版社 2012 年版,第 324 页。

"兼"字，一是表层的综合，将儒、墨两家合并而论；二是深层的整合，将儒、墨两家的某些核心观点加以融会贯通，创造出一些《吕氏春秋》所独有的，与儒、墨二家既有联系又有区别的思想观念。表层的综合，如《吕氏春秋》之《当染》《顺说》《高义》《尊师》《博志》《有度》《下贤》等，或将儒、墨并列，或将孔丘、墨翟并提而称"孔、墨"，即是如此。此时的儒、墨或孔、墨，正如《韩非子·显学》篇中的"世之显学，儒、墨也"，不过是以"儒、墨"并称而指代当时社会的学者或"文学之士"。深层的整合，则可以说是对儒、墨二家思想的批判、继承与发展。如儒、墨都谈"仁""义"或"仁义"，《吕氏春秋》则在此基础上有其新的发展。儒家孔子的思想以"仁"著称，即《吕氏春秋·不二》所谓"孔子贵仁"。孔子又曾以"克己复礼为仁""仁者爱人""刚毅木讷近仁"、恭、宽、信、敏、惠等多种品德为"仁"，可见，孔子是把"仁"分成了若干层次的：第一个层次，"是把人当人看，把人的生命视为万物中最可宝贵者"；第二层次，"是'克己复礼为仁'"；第三层次，也是"最高的层次，是以上众多品德的集合"——"已超凡脱俗，转识成智，达到了'圣人'的境界。"① 孔子也讲"义"，所谓"君子义以为上"（《论语·阳货》），"君子义以为质，礼以行之"（《论语·卫灵公》），"见义不为，无勇也"（《论语·为政》），"见得思义"（《论语·季氏》）。但孔子并未对"义"有更多的说明，故后人谓"孔子所谓'义'即道德原则之义……泛指道德的原则。"② 孔子之后，儒家的孔门"七十子"及其弟子已开始"仁""义"对举。相传为子思所作的《中庸》和《表记》《礼运》等篇，即有其

① 高华平：《楚简文字与先秦思想文化》，中国社会科学出版社 2016 年版，第 60—62 页。
② 张岱年：《中国古典哲学概念范畴要论》，中国社会科学出版社 1987 年版，第 161 页。

例。《中庸》曰："仁者人也，亲亲为大；义者宜也，尊贤为大。"《表记》曰："仁者天下之表也，义者天下之制也。"《礼运》曰："义者，艺之分、仁之节也……仁者，义之本也。"此后，《孟子》一书遂如朱熹《孟子序说》所云："仲尼只说一个仁字，孟子开口便说仁义。"似乎"仁义"已"是当时人的常用辞语"。故有学者推测"以'仁义'并举，可能始于孔门再传弟子。"①

《墨子》是现有文献中最早"将仁义相连并举的"②，且《墨子》一书有对"仁""义"的严密界定。《墨子·经上》："仁，体爱也"；"义，利也。"《墨子·经说上》曰："仁，爱己者，非为用己也，不若爱马者，若明"；"义，志以天下为芬（分），而能能利之，不必用。"这里墨家所谓"仁，体爱也"，主要是指"墨家爱人纯由情出，豪无所为，不若爱马者之为其驰也"；所谓"义，利也"或"义，志以天下为芬（分），而能能利之，不必用"，是说"义"者，而有志于天下之内"能善利之也"。③ 可见，墨家所谓"仁"，虽与儒家的"仁者爱人"或"仁者人也"有共同之处，但墨家之所谓"仁义"则与儒家明显有别。这种区别主要有二：一是儒家的"仁"，在孔子那里已是有区分为若干层次的（见前述），到孟子那里更有"仁与亲与爱的层次"④；即使就"仁"皆为"仁爱"之义而言，儒、墨之"仁爱"也是有别的。这就是人们常说的儒家的"仁爱"为等差之爱，而墨者的仁爱乃为"兼爱"。《吕氏春秋·不二》篇所谓"孔子贵仁，墨子贵廉（兼）"，实际

① 张岱年：《中国古典哲学概念范畴要论》，中国社会科学出版社 1987 年版，第 163 页。
② 张岱年：《中国古典哲学概念范畴要论》，中国社会科学出版社 1987 年版，第 161 页。
③ 吴毓江撰，孙启治点校：《墨子校注》，中华书局 1993 年版，第 490 页。
④ 张岱年：《中国古典哲学概念范畴要论》，中国社会科学出版社 1987 年版，第 163 页。

是指出了二者在"仁爱"上的不同。二是儒家"仁""义"（"仁义"）观虽也划分"仁""义"为二种德目，将二者视为人之内心的固有性情，而其实更重视"仁"。与之不同，墨家的"仁义"既明确主张"仁"为人之内心所自出、而"义"为人所作出的"利他"之举，故有明确的"仁内义外"之意；另一方面，由于墨子学说重实用功利的出发点，故不论墨子所主张的"仁"还是其主张的"义"，都是以"利"为宗旨的。《墨子·非命》上、中、下三篇皆提出了对事物的价值评判的所谓"三表法"——"上本之于古者圣王之事"，"下原察百姓耳目之实"，"废（发）以为刑政，观其中国家人民之利"。（《非命》上，《非命》中、下"三表"顺序有时倒置）胡适认为，《墨子》的"三表法"，"第一表和第二表是同样的意思，第三表说的是现在和将来的实际应用，第一表说的是过去的实际应用。"[①] 但如果更准确一点来说，墨子"三表法"所注重的，应该是观其中"国家人民之利"的一个"利"字。《墨子》中论"兼爱""非攻""非乐""节用""节葬"，其出发点和归宿无不在这个"利"字上。《兼爱中》曰："子墨子言曰：仁人之所以为事者，必兴天下之利，除去天下之害，以此为事者也。"可见，其一切行为主张的出发点，确在一个"利"字，其所谓"兼相爱"，其实也就是"交相利"。故墨家之"仁义"，实际也就是所谓"爱"和"利"，而其落脚点既在一个"义"字上，亦在一个"利"字上。

《吕氏春秋》既以孔、墨或儒、墨对举，对儒、墨两家进行了外在形式上的初步整合，接下来必然要从思想观念上对二者做出更深层的整合，提出一种与儒、墨原有思想既有联系、又有区别的新思想。《吕氏春秋》中的"仁""义"或"仁义"观，可以说就是它对先秦儒、墨

---

① 胡适：《中国哲学史大纲》，上海古籍出版社 1997 年版，第 118 页。

两家既有思想观念批评、继承和扬弃的产物。《吕氏春秋·适威》曰："古之君民者，仁义以治之，爱利以安之，忠信以导之，"即以"仁义"为治国之首术，与儒、墨的"仁治"观点已十分相近。同书《爱类》论"仁"曰："仁于他物，不仁于人，不得为仁。不仁于他物，独仁于人，犹若为仁。仁也者，仁乎其类者也。"《吕氏春秋·爱士》记赵简子杀爱骖而救阳城胥渠之事曰："夫杀人以活畜，不亦不仁乎？杀畜以活人，不亦仁乎？"其所赞扬的赵简子之"仁"，显然即是其"仁也者，仁乎其类者也"仁爱观的具体化，与儒家"仁者爱人"或"仁者人也"同调，而源于孔子的"厩焚。子退朝，曰：'伤人乎'？不问马"（《论语·乡党》）的思路，合于孟子所谓"君子之于物也，爱之而弗仁"之义。（《孟子·尽心上》）《吕氏春秋·适威》又论"义"曰：

> 义也者，万事之纪也，君臣上下亲疏之所由起也，治乱安危过胜之所在也。

《吕氏春秋·论威》此处论"义"，将义与君臣上下亲疏联系起来，显然与上引儒家思孟所谓"义者宜也""敬长义也"之说相近，"都肯定了人与人的差别"[1]。但这并非《吕氏春秋》"仁""义"或"仁义"之说的全部，故《爱类》篇接着又说："故仁人之于民也，可以便之，无不行也"；所为皆"所以见致民利也"，"其于利民一也"。这也就是说，在《吕氏春秋》中，所谓"仁""义"或"仁义"，其实都是"古之君民者，仁义以治之，爱利以安之"的"爱利"。"仁"是这样，"义"是这样，"仁义"亦是这样。故《爱类》篇记赵简子"夫杀人以活畜，不亦不仁乎？杀畜以活人，不亦仁乎"之言后，同时又说："救

---

① 张岱年：《中国古典哲学概念范畴要论》，中国社会科学出版社 1987 年版，第165 页。

之义也"。即把"仁爱"当作利民的"义举"。而《无义》篇则修正《适威》篇对"义"的定义说:"故义者,百事之始(高诱注:"始,首也。")也,万利之本也,中智之所不及也。"也把"义"由儒家的肯定"人与人的差别"向墨家的"义,利也"的方向进行了反拨。故《高义》篇曰:"君子之自行也,动必缘义,行必诚义"。《用民》篇曰:"凡用民,太上以义,其次以赏罚"。《应同》《召类》二篇皆曰:"凡兵之用也,用于利,用于义。"实际上,可以说《吕氏春秋》的"仁""义"或"仁义"观念,既是儒家和墨家的,又不是儒家或墨家的,而是属于自己所独有的。它对儒、墨两家的"仁""义"或"仁义"观都有所吸收和继承,又作了双向的扬弃,进行了深层的整合。它在儒家"由然而至"的"仁爱"本心中,加进了功利的内容,又在墨家纯功利的"义"中,注入了"尊贤""敬长"等肯定人与人的差别的内涵。这就使《吕氏春秋》的"仁义"观,变成了一种以"利"为基础,而又是出于本然之爱的、可以量化评价的范畴。

第三节 "合名、法"
——《吕氏春秋》对名家和法家的学术批评

《吕氏春秋》的"合名、法",就是其对先秦名家学说和法家学说进行的批判性整合。

名家,在先秦诸子著作中多称"辩者",亦称"察士"。《汉书·艺文志》曰:"名家者流,盖出于礼官。古者名位不同,礼亦异数。孔子曰:'必也正名乎! 名不正则言不顺,言不顺则事不成。'此其所长也。及謷者为之,则苟鉤鈲析乱而已。"《汉书·艺文志》的这段话,既说明了名家的源流,也说明了名家的特点。——用孔子的话说,叫作"正名",但在"謷者"那里,则是"苟鉤鈲析乱而已"。此亦即司马谈在《论六家之要指》中所说的："名家苛察缴绕"。因为孔子的"正名"，是"有政治意义"的①，而孔子又是主张"为邦以礼"（《论语·子路》）的，所以《汉书·艺文志》就把"礼官"当作名家的源头，并且说："古者名位不同，礼亦异数"。似乎名家是专门考究"名位"与"礼数"关系的，而那些"苛察缴绕"或"苟鉤鈲析乱而已"的所谓"訾者"，倒似乎应该被赶出"名家"之列。但这只是班固的一面之辞。实际上，先秦时期的那些著名的名家人物，如公孙龙、兒说、田巴、桓团，乃至惠施、尹文之类，个个都是在抽象的名实关系上"苛察缴绕"的，如果将这一帮人赶出了名家之列，也就可能真如有些学者所论，先秦的确是没有所谓名家了②。

法家，先秦时多称为"法术之士"，汉代始有法家之名。《汉书·艺文志》曰："法家者流，盖出于理官，信赏必罚，以辅礼制。《易》曰：'先王以明罚饬法'，此其所长也。及刻者为之，则无教化，去仁爱，专任刑法而欲以致治，至于残害至亲，伤恩薄厚。"这段话，一是说明了法家出于"理官"，二是说法家"信赏必罚"，严格执法，亦即有司马谈《论六家之要指》所谓"法家不别亲疏，不殊贵贱，一断于法"之义。

《吕氏春秋》对名家学说肯定和继承的，主要是名家对"名辩"的重视及由此而形成的名实相符、形名耦合的"正名"思想。先秦名家的著作，《汉书·艺文志》著录有"《邓析》二篇""《惠子》一篇""《尹文子》一篇""《公孙龙子》十四篇"等多种，但由于邓析其人之时代既早于孔、老诸子，其时诸子"九流十家"尚未形成，故前人皆

---

① 张岱年：《中国古典哲学概念范畴要论》，中国社会科学出版社 1987 年版，第 222 页。

② 高华平：《先秦诸子与楚国诸子学》，北京师范大学出版社 2016 年版，第 209—212 页。

曰："邓析只以教人讼为事，盖古代一有名之讼师也"①，并不是真正的"辩者"，更非所谓"名家"。而传世《邓析》竟"误以'无厚'为无恩泽也"，其"伪迹故显然易见"②。《尹文子》一书，今存本分为《大道上》《大道下》二篇，其《大道上》云："有形者必有名，有名者未必有形……故亦有名以检（或作"验"）形，形以定名；名以定事，事以检（或作"验"）名。"诚为名家之说。但因其中所论"多法家口吻"，故学者仅以今本《公孙龙子》六篇为先秦残存，而以《尹文子》为其同《邓析》一样，"是伪书"③。所以，今天考察名家的思想特点，最可信据的，自然是《公孙龙子》残存六篇了。

在《公孙龙子》残存六篇中，尽管涉及"白马非马""指不至，至不绝""坚白离""二无一"等众多命题，但其探讨的中心问题，实不出"名实论"之圃，而其目的仍在"正其名也"。《公孙龙子·名实论》曰："天地与其所产焉，物也。物以物其所物而不过焉，实也。实以实其所实不旷焉，位也。……正其所实者，正其名也。……夫名，实谓也，知此之非此（原无"此"字，依俞樾说补）也，知此之不在此也，则不谓也。知彼之非彼也，知彼之不在彼也，则不谓也。"④《吕氏春秋》曰："正名审分，是治之辔也。"（《审分览》）又曰："故君子之说也，足以言贤者之实，不肖者之充而已矣，足以喻治之所悖、乱之所由起而已矣，足以知物之情，人之所获以生而已矣。"（《正名》）"名正则治，名丧则乱"，"凡乱者，刑名不当也"。治国"以其出为之入，以其言为之名，取其实以责其名，则说者不敢妄言，而人主之所执其要

---

① 冯友兰：《中国哲学史》（上），重庆出版社 2009 年版，第 164 页。案：本书关于邓析是否属于先秦名家及关于《尹文子》一书的真伪问题的看法，已见于第六章，此处复述学术界一般的看法，以避免重复论证。

② 蒋伯潜：《诸子通考》，岳麓书社 2010 年版，第 372 页。

③ 蒋伯潜：《诸子通考》，岳麓书社 2010 年版，第 270—273 页。

④ 王琯撰：《公孙龙子悬解》，中华书局 1992 年版，第 87—91 页。

矣。"（《审应览》）而《应言》称惠子之"言无所用者为美也"，则显然有为名家辩护之意。这些都与名家一样，强调了"名言"或"名辩"的重要意义和价值，既是对名家思想的肯定，也是对名家思想的继承。不仅如此，因为当时学术界对有关名言与形物复杂关系的思维活动已有相当深入的认识，如《易·系辞上》曰"言不尽意"，《庄子》说"语所贵者，意也"（《天道》），"言者所以在意，得意而忘言"（《外物》），《墨子》讲"循致闻而得其意，心之察也"；"执所言而意得见，心之辨也"（《经上》），"以名举实，以辞抒意"（《小取》）。《荀子》更进一步说："辞也者，兼异实之名以论一意也"。确定了名实与辞意的关系。故《吕氏春秋》讨论名实关系，并不如惠施、公孙龙等人那样只是局限于形名的耦合，而是注意到在事物概念（名）的形成过程中，有人的主观活动参与其间，即有一个"辞（词）与意的关系问题"。故曰："言者，谓之属也"；（《精谕》）"言者，以谕意也"；"夫辞者，意之表也，鉴其表而弃其意，悖。"（《离谓》）而竟有道家"至言去言"、"得其意则舍其言矣"（《精谕》《离谓》）之趣。

当然，尽管《吕氏春秋》对惠施、公孙龙"正名"思想观点，持肯定和继承的态度，但其"正名"思想的直接来源却并非是惠施和公孙龙等人，而应该是稷下学派中的宋钘、尹文等人。《庄子·天下》叙宋钘、尹文之学曰："见侮不辱，救民之斗，禁攻寝兵，救世之战"；又说："接万物以别宥为始"云云。《汉书·艺文志》以"《尹文子》一篇"入名家，以"《宋子》十八篇"入小说家。可见，二人学术之"杂"。《尹文子·大道上》曰："名也者，正形者也。形正由名，则名不可差。……故形名者不可不正也。"这说明宋、尹的名家思想是重在"由名正形"的"正名"，而其起点则在"别宥"。故《吕氏春秋》在《正名》之前则有《去宥》一篇，曰："凡人必别宥然后知，别宥则能全其天矣。"《吕氏春秋·正名》虽与《荀子》中之《正名》篇名相同，但却并不如《荀子·正名》那样热衷于讨论"制名"的原由、方法和意义，也并不如《荀子·正名》那样对宋钘等人的"见侮不辱""圣人不爱己""杀盗非杀人"等名辩论题予以严正的批驳，而是在批评"可不可而然不然，是不是而非不非"等"淫说"的同时，为"东方之辩士"尹文等辩护，称其与齐湣王之论为"是刑名异充而声实异谓也"。以至于使后世学者认为此篇与《去宥》"正是一组"，两篇"盖亦料子、宋钘、尹文等流派之说也"，或"即尹文后学之所作也"①。

《吕氏春秋》对名家的批评，主要针对其"妄言"和诡辩。如田诎对魏昭王的所谓"为圣易"（《审应》）、赵惠王问公孙龙的所谓"兵不可偃乎"之说（同上）的批评等。故《吕氏春秋》的《离谓》《淫辞》诸篇，明确地将"辩者"的所谓辩说斥之为"淫辞"或"桥言"②。而《吕氏春秋》之所以如此，并不是因为名家学者（辩者）过于注重于名实之辨或辩名析理，而恰恰是因为所谓"坚白之察，无厚之辩外矣"（《君守》），亦即《吕氏春秋·正名》所说的"形名不当"，或《离谓》《淫辞》等篇所说的"言意相离"或"言心相离"。因为名言、论辩、辩说的目的，都不是为名辩而名辩，做某种无意义的概念游戏，而是为了"明理"，为了"谕意"或"谕心"也。故《吕氏春秋》诸篇又正面论"名""辩""议""说"曰："名固不可以相分，必由其理"（《功名》）；"凡君子之说也，非苟辩也，士之议也，非苟语也，必中理然后说，必当义然后议"《怀宠》）；"所贵辩者，为其由所论也"（《当

---

① 陈奇猷校释：《吕氏春秋校释》，学林出版社 1984 年版，第 1014、1021 页。案：《尸子·广泽》有"料子贵别宥"一说，前人多以"料子"即是宋（钘）子，"别宥"为宋、尹之说。

② 陈奇猷曰："'桥'，盖以同音假为'宄'。"《韩非子·难二》曰：'语言辩，听之说，不度于义，谓之'宄言'……此所谓'桥言'，即后《淫辞》所谓'淫辞'也。高训'桥'为'庈'，'庈'者，乖也，曲也。乖曲之言与宄言义亦近。"（见陈奇猷校释：《吕氏春秋校释》，学林出版社 1984 年版，第 1184 页）

务》）；并从反面阐明了名、言、辩、论"不当"的危害："辩而不当论，大乱天下者也"（《当务》）；"凡乱者，刑名不当也"（《正名》）；"言意相离，凶也。乱国之俗，甚多流言，而不顾其实，务以相毁，务以相誉，毁誉成党，众口熏天，贤不肖不分，以此治国，贤主犹惑之也，又况乎不肖者乎……此所以欲治而愈乱也"（《离谓》）；"言心相离，言行相诡，不祥莫大焉"（《淫辞》）。正是基于这些理由，《吕氏春秋》一书对"形名不当"、"言意相离"或"言心相离"的"淫辞"诡辩，是予以坚决的批评和反对的。

对于先秦的法家思想，《吕氏春秋》肯定和继承的主要是其与黄老道家或"道法家"（"法道家"）相关的思想。

《汉书·艺文志》把法家的源头上溯于"理官"，其著录的法家著作，则以"《李子》三十二篇"（班固自注："名悝，相魏文侯富国强兵。"）为始。但根据我的研究，先秦法家实应以吴起为开祖①，只是《汉书·艺文志·诸子略》中的"法家类"并未著录吴起的著作，吴起的著作《汉书·艺文志·兵书略》中的"兵权谋"类有"《吴起》四十八篇"，可惜已经亡佚了。自《宋史·艺文志》起，则有"《吴子》三卷"。学者认为此书"辞意浮浅，殆非原书"②。先秦法家著作保存基本完整的，是《汉书·艺文志》中的《商君书》和《韩非子》，其次则是《慎子》和《申子》，各有部分遗存。近代学者蒙文通曾合有关文献而考察先秦法家之流变，认为先秦法家之义尽于法、术、势三者，"（知）法者商子之所立，而慎子承之，又益之以言势；势者慎子之所立，而申子承之，又益之以言术；韩非则直承申子而已。其书言术者大

---

① 高华平：《论先秦法家及楚国法家思想的历史演变》，《中山大学学报》（社会科学版）2013 年第 6 期；又参见高华平：《先秦诸子与楚国诸子学》，北京师范大学出版社 2016 年版，第 186—194 页。

② 张舜徽：《汉书艺文志通释》，华中师范大学出版社 2004 年版，第 375 页。

半，于法与势亦略言之。"① 先秦法家思想的演变，自慎到、申不害为之一变，大略为"商君言法"，而慎到、申不害"遂合于黄老之义"而言势、言术。《史记·孟子荀卿列传》说："慎到，赵人……学黄老道德之术"。《史记·老子韩非列传》又说："申子（不害）之学本于黄老而主刑名"；韩非"喜刑名法术之学，而其本归于黄老"。正指出了诸人法家思想"因道全法"，偏于术、势的历史特点。在《吕氏春秋》中对法家的法、术、势思想的态度基本与《韩非子》相近，最重论"术"，其次是论"势"，于"法"则偶一论及而已。从《吕氏春秋》论"法"的言论来看，它对法的重要性和严格执法的行为是肯定的。所谓"家无怒笞，则竖子婴儿之有过也立见；国无刑罚，则百姓之悟相侵也立见……故怒笞不可偃于家，刑罚不可偃于国"。（《荡兵》）"先王之法曰：'为善者赏，为不善者罚，古之道也，不可易'"。（《禁塞》）都肯定了法的重要性。而且，《吕氏春秋》对法家"信赏必罚"，"不别亲疏，不殊贵贱，一断于法"（司马谈《论六家之要指》）的思想观点也是认同的。《吕氏春秋·贵信》说："赏罚不信，则民易犯法，不可使令。"同书《直谏》载葆申以楚文王荒淫废政而坚决对其执行笞刑，则是肯认"不别亲疏，不殊贵贱，一断于法"之例；而《贵卒》又赞扬吴起遇害前"伏王尸"而使加害者"尽加重罪，逮三族"，以为其反映敏捷。——这实际也是对吴起废绝"礼治"、推行法治之"变法"内容的肯定。但《吕氏春秋》并不是无条件地赞成使用刑罚等法治手段治国，也不把赏罚当成圣人治国的最高境界，而是明确反对严刑峻法的。《用民》篇说："凡用民，太上以义，其次以赏罚"。又说："不得其道，而徒多其威，威愈多，民愈不用……威太甚则爱利之心息，爱利之心息而徒疾行威，身必咎矣，此殷、夏之所以绝也。"明确

---

① 蒙文通：《古学甄微》，巴蜀书社 1987 年版，第 289—292 页。

赞成儒、墨的"爱利"而反对法家的严威。《吕氏春秋》对包括吴起、申不害等法家人物的言行多有记载，且多以正面和肯定之笔出之，但对以"言法"著称的商鞅之言行的记叙则仅有两例，且一例以"无义"斥之（《无义》）。由此可见，《吕氏春秋》对完全与儒、墨之"仁义""爱利"绝缘的"徒法"，是何其的厌恶和反感啊！

对于先秦法家的"势论"和"术论"，《吕氏春秋》则有更多的肯定与继承。《吕氏春秋》对先秦法家"术"论和"势"论的肯定和继承，主要是通过对此前慎到、申不害观点的吸收和转述来实现的。《韩非子·定法》篇曾说："申不害言术而公孙鞅为法。"又著《难势》一篇以申述慎到的"势"论。然《荀子·解蔽》则曰："慎子蔽于法而不知贤，申子蔽于势而不知知（智）。"班固《汉书·艺文志》将申不害、慎到皆著于法家，且于"《慎子》四十二篇"之后自注："名到，先申、韩，申、韩称之"。可知，申不害既言"术"，亦言"势"，而此二者"均取则于慎子"①。根据蒙文通的研究，慎到之学既重"术"，又重"势"，但从哲学思想的层面来讲，实可以"因循"二字概括之——"因循固慎子思想之核心"。《庄子·天下》言慎到之学，"皆因物循理之说也"。"《管子·心术》《内业》，义合于慎到，实……有取于慎子"，遂"合因循、虚无为一说"，而成其"静因之道"也②。在《吕氏春秋》中有《贵因》一篇，其辞有曰："三代所宝莫如因，因则无敌"。又曰："夫审天者，察列星而知四时，因也。……故因则功专，专则拙。因者无敌。"蒙文通以《御览》七百六十八引《慎子》"行海者坐而至越"云云，与《吕氏春秋·贵因》中"如秦者立而至，有车也"一段文辞相类似，故而认为"即此《贵因》之文，即本之慎到"。

---

① 郭沫若：《十批判书》，人民出版社 2012 年版，第 258 页。
② 以上参见蒙文通：《古学甄微》，巴蜀书社 1987 年版，第 250—252 页。

并进而认为,《吕氏春秋·贵因》之次篇《察今》及之前二篇《顺说》《不广》,"并皆论因","似亦取之《慎子》"、或"似亦慎子一派之说"。故包括《吕氏春秋·审分览》之《任数》《知度》《慎势》诸篇,"皆依慎子之义,合因循、虚无为一说,固精于《贵因》也。"①

但如果从政治学说的角度来看,《吕氏春秋》所继承和肯定的,似主要是慎到的重"势"思想和申不害将法家与名家思想结合而提出的"督名审实""循名责实"的观点。《吕氏春秋》的《慎势》一篇,上文说蒙文通从"因循"的角度,说明该篇乃"依慎子之义"的作品;而郭沫若则因为《慎势》"开首就说:'失之乎数,求之乎信,疑。失之乎势,求之乎国,危。'"前一句与《韩非子·难三》引申子的话相同,故推断"下句也应该是申子的话",并"疑心这《慎势》一篇,整个是申子的文章";即以此篇同《任数》一样,都是要让君主任术数而"不讲究信义"的②。但我认为,《吕氏春秋》中这篇《慎势》论述的中心,仍是在一"势"字上,其开首前一句"失之乎数,求之乎信,疑"和后一句"失之乎势,求之乎国,危",从文法学上讲是"对文",应该是互文见义的,重点都在说明"势"之不可"失"。故其下文接着说:"吞舟之鱼,陆处则不胜蝼蚁。权钧则不能相使,势等则不能相并,治乱齐则不能相正,故小大、轻重、少多、治乱不可不察,此祸福之门也。"这与《韩非子·难势》引"慎子曰:飞龙乘云,腾蛇游雾,云罢雾霁,而龙蛇与蚯蚓同矣,则失其所乘也"同义。故《慎势》全文的核心观点和结论是:"位尊者其教受,威立者其奸止,此畜人之道也。"强调的正是"势"的重要性。故可以说,这是《吕氏春秋》对以慎到为代表的先秦法家"势"论观点的吸收和继承。从某种意义上来

---

① 蒙文通:《古学甄微》,巴蜀书社 1987 年版,第 254 页。
② 郭沫若:《十批判书》,人民出版社 2012 年版,第 257 页。

讲，上文所讲的慎到的"因循"、《吕氏春秋》此处所讲的"威势"，实际上都属于法家"术"论的范围，都是法家所讲的君主驭臣的"治国之术"。"因循"是一种"术"，"乘势"是一种"术"，"循名责实"或"督名审实"也是一种"术"。故《吕氏春秋》的同一篇《慎势》，蒙文通以之为"本之慎到"，所述为"因循之义"；而郭沫若则认为这一篇"整个是申子的文章"，是在"言术"。申不害是以黄老道家的"清静无为"之说为理论根据，将慎到的"因循"和"乘势"的"势"论和名家"循名责实"的"正名"理论结合起来，形成为其"为人君者操契以责其名"。——"君设其本，臣操其末；君治其要，臣行其详；君操其柄，臣事其常"(《群书治要》)卷三十六引《申子·大体》)的"术"论。故申子又说："昔者尧之治天下也以名，其名正则天下治；桀之治天下也亦以名，其名倚而天下乱。是以圣人贵名之正也。"但《吕氏春秋》继承申子此论时，却对之有所发展，即它将申子的"正名"或"督名审实"，当成了人主治天下的第一要务。如《吕氏春秋·审分览》曰："有道之主，其所以使群臣者亦有辔。其辔何如？正名审分，是治之辔已。故按其实而审其名，以求其情；听其言而察其类，无使放悖。夫名多不当其实，而事多不当其用者，故人主不可以不审名分也……故至治之务，在于正名。名正则人主不忧劳矣。"《审应览》曰："凡主有识，言不欲先，人唱我和，人先我随，以其出为之入，以其言为之名。取其实以责其名，则说者不敢妄言，而人主之所执其要矣。"《知度》篇曰："故有道之主，因而不为，责而不诏，去想去意，静虚以待，不伐之言，不夺之事，官使自司，以不知为道，以奈何为实。"《分职》篇曰："夫君也者，处虚素服而无智，故能使众智也；智反无能，故能使众能也；能执无为，故能使众为也。无智、无能、无为，此君之所执也。"等等。由此可见，《吕氏春秋》比申子之"言术"更多，也更注重"术"。

《吕氏春秋》这种将黄老道家之"道法"与法家的"术""势"结合，将法家的法治思想与名家的"正名"或"督名审实""循名责实"之"术"合一的行为，无论是从思想内容还是思想方法上来说，都是一种"合名、法"。从此，中国哲学思想史上的名、法两家几乎已不可分离。说到法家，你必须联系到其使用的名家的"审核名实"或"循名责实"之"术"；说到名家，你也不能不提到"循名责实"在君主"以法治国"和"潜驭群臣"时的运用，而"刑名家"或"名法家"之称亦由此而生也。

第四节　《吕氏春秋》对农家、纵横家、小说家的学术批评

先看农家。

《汉书·艺文志》叙农家曰："农家者流，盖出于农稷之官。播百谷，劝耕桑，以足衣食。……及鄙者为之，以为无所事圣王。欲使君臣并耕，悖上下之序。"章太炎已指出，"农家诸书"，并不如贾思勰之《齐民要术》或王桢之《农书》，仅叙农业生产技术，几如方技，"与医经经方同列"①。因为诸子百家皆"务为治者也"（司马谈：《论六家之要指》），故农家之学当同时兼后来之所谓农业技术和由"上（尚）农"而发生的治国之道二者。《吕氏春秋》中的《上农》《任地》《辨土》《审时》四篇，学者向来皆以为是先秦农家的作品，但比较《汉书·艺文志》所载农家著作就会发现，先秦农家原本是分为"神农之教"和"后稷之教"二派的，二者虽都"重农"，但"神农之教"侧重于从理论上说明"上农"的必要性，极端者竟如"为神农之言者"

---

① 章太炎：《诸子学略说》，广西师范大学出版社 2010 年版，第 23 页。

许行之类，"以为无所事圣王，欲使君臣并耕而食"；而"后稷之教"则更多地侧重于农业技术方面，而形成为如《汉志》中的《氾胜之书》这类"农书"。《吕氏春秋》对先秦农家的批评继承，一是表现为对先秦农家侧重于"神农之教"和侧重于"后稷之教"两派的综合；二是表现为它似乎对农家思想中"后稷之教"更为偏重，为我国保存了大量先秦有关农业生产技术的内容——这与《墨子》一书大量保存先秦自然科学的成果意义同样重大；三是它虽然也赞同农家的"上（尚）农"，但其出发点和指导思想却不是农家的"一夫不耕，或受之饥；一女不织，或受之寒"；而是法家的"民农则朴，朴则易用，易用则边境安，主位尊；民农则重，重则少私议，少私议则公法立，力专一"（《上农》）。因此，它虽不如孟子和韩非子那样强烈地反对"贤者与民并耕而食"，但却认为"同异之分"，"贵贱之别，长少之义，此先王之所慎，而治乱之纪也。"（《处方》）故所谓"天子亲率诸侯耕，帝籍田，大夫士皆有功业"（《上农》），亦只能被理解在礼仪的范围之内。

从《汉书·艺文志》来看，它著录的先秦农家著作，确定无疑的实只有二种："《神农》二十篇"（班固自注："六国时，诸子疾时怠于农业，道耕农事，讬之神农。"）、"《野老》十七篇"（班固自注："六国时，在齐楚间"。）另有"《宰氏》十七篇"，尽管后人（如叶德辉等），以宰氏为陶朱公范蠡之师计然①，但并无确证。故当如班固自注所云："不知何世"。而从《汉书·艺文志》所录之寥寥数种可确定的先秦农家著作来看，其内容也只是"讬之神农，道农耕事"而已，很难说有什么具体的耕种技术和方法。直到汉代的"《氾胜之书》十八篇"之类，才真正是"著书言播种树艺耕耘之法"②。因此可以说，《吕氏春

---

① 张舜徽：《汉书艺文志通释》，华中师范大学出版社 2004 年版，第 336 页。
② 张舜徽：《汉书艺文志通释》，华中师范大学出版社 2004 年版，第 338 页。

秋》一方面继承了"神农之教"之"上农"的思想，认为"古先王之所以导其民者，先务于农"；更多的则是《汉志》中所没有的先秦农家"后稷之教"——即有关具体农业耕作技术的内容。《上农》《任地》《辨土》《审时》四篇既反复引"后稷曰"，篇中又详述各种依据土地、季节进行耕作的技术，故后代学者研究认为："《吕氏春秋》的《上农》等四篇，大致取材于后稷农书。《任地篇》一开始，就用'后稷曰'的口气提出来十项问题，以下则是解答。但是《任地》一篇并没有解答明白，而是在《辨土》《审时》两篇中作了补充和申论，才算解答完成。由此可见，《任地》《辨土》《审时》三篇，都该是后稷农书上的东西……所以我们可以认为，《吕氏春秋》的《上农》等四篇大致都是取材于后稷农书的。不过，在《吕》书的编辑中有所割裂或增减而已。"① 《吕氏春秋》这种对先秦农家思想内容的取舍，一方面固然是当时的思想时代背景所致——秦王朝政治和思想文化的专制和独尊已基本形成，不可能允许大肆鼓吹诸子学派中那种"贤者与民并耕而食"的思想主张（看看《韩非子》中的相关内容即可推知）；另一方面则也可能是由于《吕氏春秋》的编撰者们对先秦农家中夸夸其谈所谓因"上农"而"贤者与民并耕而食"的主张失去了兴趣，故而基本不摄取这方面的内容，而只叙述其中关于农业生产技术方面的"后稷之教"。从此以后，中国目录中所著录的农家著作，亦基本只是前朝的"农书"，而不见先秦农家宣扬自己政治哲学的著作。

其次，再看纵横家。

纵横之义，《韩非子·五蠹》曰："从（纵）者，合众弱以攻一强也，而衡者，事一强以攻众弱也。"因为战国中后期秦国最为强大，已有吞并六国、统一天下之势，故此时的所谓"纵横"，已变得非常具

---

① 陈奇猷校释：《吕氏春秋校释》，学林出版社1984年版，第1712页。

体："六国南北联合以西向抗秦，谓之"合纵"（即"纵"）；秦国联合六国中之一部分而对六国各个击破，则谓之"连横"（即"横"）。应该说，纵横家都是当时的一些外交家或政客，本没有多少学术思想，而只有一些政治主张或策略。

《吕氏春秋》的编撰者们所处的位置与时代，是强秦统一中国的前夜，吕不韦更是秦国攻伐六国、统一天下政策的参与制定者，故他们对纵横家思想的取舍是不言而喻的——尽管《吕氏春秋》一书中并未见直接对纵横家的评论，而且其中有关纵横家的事迹也十分稀少。但就是在这些极为稀少的材料中，仍可见其对纵横家态度的蛛丝马迹。在上文论《吕氏春秋》对墨家"非攻"之说的批评时我们曾说，《吕氏春秋·孟秋纪》之《荡兵》《振乱》《禁塞》《怀宠》诸篇，对墨家所谓"非攻""偃兵"之说及救助弱小国家的"救守之心"，实际上都是否定的，《吕氏春秋》说："古圣王有义兵而无有偃兵"（《荡兵》），"夫救守之心，未有不守无道而救不义也。守无道而救不义，则祸莫大焉，为天下之民害莫深焉。"（《禁塞》）即是其例。而如果从总是强大的一方取"攻伐"态势、而弱小的一方取"救守"态势的角度来看，《吕氏春秋》对"攻伐"和"救守"的态度，实际也可以看成是其对"纵横家"的态度——它对秦国"攻伐"弱小诸侯国的行为是极力辩护、强调其合理性的；而对众弱小国互相救助而反击秦国的行为，则是完全取一种反对和批判的态度的。这种评价不是一种简单的"同情弱者"的态度，而是以"道""义"和"利""害"为价值尺度对之加以评判。故《振乱》曰："夫攻伐之事，未有不攻无道而罚不义也。攻无道而伐不义，则福莫大焉，黔首利莫厚焉。禁之者，是息有道而伐有义也……故乱天下害黔首者，若论为大。"《禁塞》曰："兵苟义，攻伐亦可，救守可；兵不义，攻伐不可，救守不可……故大乱天下者，在于不论其义而疾取救守。"尤为显例。

在《吕氏春秋》一书中，偶尔也有关于纵横家言行的记录。如《吕氏春秋·不侵》记"孟尝君为从（纵）"，但却遭到公孙弘的劝阻，曰："意者秦王帝王之主也，君恐不得为臣，何暇从（纵）以难之。"《报更》篇更明称赞主张"连横"的纵横家张仪对东周小国以德相报，使其名誉大盛，其言略曰：

> 张仪，魏氏余子也，将西游于秦，过东周……（东周）昭文君送而资之。至于秦，留有间，（秦）惠王说而相之。张仪所德于天下者，无若昭文君。周，千乘也，重过万乘也，令秦惠王师之。逢泽之会，魏王尝为御，韩王为右，名号至今不忘，此张仪之力也。

这里所记载的张仪有情有义，与《战国策》及《史记·张仪列传》等书中欺诈无信的形象，几有天壤之别；而东周昭文君的收获，更无异向世人昭示结交张仪这类纵横家及与强国交好的好处会是何其之大矣！而《吕氏春秋》此篇也显示出其编撰者们对纵横家的评判，与当时哪怕属于秦国主流意识形态的法家，也是并不相同的。《吕氏春秋》明显有偏向于"连横"一派的倾向，而法家则对"合纵""连横"二派一概予以反对和否定。《韩非子·五蠹》曰："今人臣之言衡者皆曰：'不事大则遇敌受祸矣'。事大未必有实，则举图而委，效玺而请兵矣。献图则地削，效玺则名卑；地削则国削，名卑则政乱矣。事大为衡未见其利也，而亡地乱政矣。人臣之言从（纵）者皆曰：'不救小而伐大则失天下。失天下则国危，国危而主卑。'救小未必有实，则起兵而敌大矣。救小未必能存，而交大未必不有疏，有疏则为强国制矣。出兵则军败，退守则城拔。救小为从（纵）未见其利，而亡地败军矣。"可见，法家对纵横家的态度与《吕氏春秋》是完全不同的。

再次，来看看小说家。

即使对于先秦诸子"九流"之外的"小说家"，《吕氏春秋》也是有所批评和继承的。

《汉书·艺文志》著录的先秦"小说家"著作，有"《伊尹说》二十七篇""《鬻子说》十九篇""《周考》七十六篇""《青史子》五十七篇""《务成子》十一篇""《宋子》十八篇""《天乙》三篇""《黄帝说》四十篇"等。但因诸书皆早亡佚，后人因无以论《吕氏春秋》吸收、改造及评判"先秦小说家"的情况。但《吕氏春秋·孝行览·本味》一篇记汤与伊尹甚详，历代学者多以为此篇当即《汉书·艺文志》所载"《伊尹说》二十七篇"中之一篇，《孟子》书中所谓"伊尹以割烹要汤"亦属此篇①。在上文我们讨论《吕氏春秋》与先秦道家的关系时曾经指出，《吕氏春秋》之所以引述"小说家"《伊尹说》的内容，乃是因为伊尹学说与《吕氏春秋》书所推崇的杨朱学派以"为身"与"为国"、"治身"与"治世"一致的学说相契合，杨朱之学当源于上古伊尹之学的缘故。而如果从《吕氏春秋》对"小说家"思想的批判继承关系来看，则《吕氏春秋·本味》对"小说家"著作《伊尹说》的大篇幅详细的转述和编入，也正反映了《吕氏春秋》对作为"街谈巷语，道听途说者之所造也"的"小说家"的重视，即它并不以之为"刍荛狂夫之说"而视为"德之弃也"，而是以为"虽小道，必有可观者焉"。(《汉书·艺文志》) 可见，它对"小说"这一民间的"文学"形式也是十分欣赏、并予以了充分的继承和吸收的。《吕氏春秋》一书各篇中，差不多都记载有一些为史书或其他传世文献所没有（或传闻异辞）的传说故事，这些也说明《吕氏春秋》对"小说家"的态度是一贯的，即采取一种尽量继承和摄取的态度。当然，《吕氏春秋》对"小说家"之"小说"的这种继承和摄取，也是有自己的原则和选

---

① 张舜徽：《汉书艺文志通释》，华中师范大学出版社 2004 年版，第 339 页。

择的，即《察传》篇所谓"凡闻言必熟论，其于人必验之以理"。这也就是说，它认为"小说"不必求事实的"真实"，但必须要求"合理"，必须合乎事物发展的逻辑，合乎人类思维的理性。从某种意义上讲，这也是中国文学批评史上关于"小说"真实观的最早论述。

以上是我们就《吕氏春秋》一书对先秦诸子的学术批评所作的梳理。通过这一梳理，我们不难看出，《吕氏春秋》对先秦诸子"九流十家"的思想，实际上都是既有继承、吸收，也有批评和扬弃的。《吕氏春秋》虽"循阴阳之大顺"，但却并非如有的学者所说的那样，是以阴阳家思想为指导，故而可归之于阴阳家的；《吕氏春秋》虽要"法天地"，主张"无为而治"的"君人南面之术"，但也并非有的学者所说的那样，可归入道家或黄老道家。——它实际是主张"天圆地方"——包括先秦诸子百家在内的万事万物，既是"皆有分职，不能相为"，而又是"还周复始""一不欲留"的。此之谓"圜道"（《圜道》）。故《吕氏春秋》对儒、墨、道、法、阴阳、农、杂、纵横，乃至小说家的思想，皆既有肯定、吸收，也有批评和扬弃。它对诸子百家的思想，虽也主张"假人之长以补其短"的"用众"，但却并不主张人为地"取长补短"，而是更重视"时""遇"（《首时》《遇合》）。从这个意义上讲，《吕氏春秋》一书的指导思想和原则，就是它自己提出的"圜道"。它不属于儒、墨、道、法、阴阳中的任何一家，只属于"兼儒墨、合名法"的杂家。

第八章

先秦阴阳家、农家、小说家的学术批评考论

阴阳家、农家和小说家，都是先秦诸子"九流十家"中的成员之一，无疑也是先秦诸子百家争鸣的重要参与者，前面各章我们在论述儒、墨、道、法、名、纵横等对各家思想的批评与继承时，就对它们所涉及到的对阴阳家、农家和小说家思想的吸收与扬弃有所论述。但由于各种历史原因，现在我们可见的我国最早的一部目录著作——《汉书·艺文志》中所著录的先秦时期这三家的著作，竟无一留存。这就为我们深入具体地研究先秦阴阳家、农家和小说家的学术思想造成了极大的困难，更不用说依此来进一步研究其是如何参与当时的"百家争鸣"或学术的批评与反批评了。

因此，要研究先秦阴阳家、农家和小说家的学术批评，现在可做的比较切实可行的工作，就是对现存有关先秦诸子的典籍进行全面筛查，勾稽出其与先秦阴阳家、农家、小说家相关的点滴史料，考索其与先秦诸子思想的丝丝联系，以期尽可能详细勾勒出它们进行学术批评的图谱。

第一节　先秦阴阳家对儒家思想的认同与否定

《汉书·艺文志》曰："阴阳家者流，盖出于羲和之官。敬顺昊天，历象日月星辰，敬授民时，此其所长也。及拘者为之，则牵于禁忌，泥于小数，舍人事而任鬼神。"《汉书·艺文志》于《诸子略》既叙录有阴阳诸家，又于《数术略》叙录有"天文""历谱""五行""蓍龟""杂占""形法"诸家。然正如章太炎在《诸子学略说》中所云：阴阳自阴阳，术数自术数，二者并不相同：

> 盖数术诸家，皆繁碎占验之辞，而阴阳家则自有理论，如《邹子》四十九篇，《邹子终始》五十六篇，《邹奭子》十二篇，观《史记·孟子荀卿列传》所述，邹衍之说，穷高极深，非专术家之事矣。《南公》三十六篇，即言"楚虽三户，亡秦必楚者，是为豫言之图谶，亦与常占有异。①

《汉书·艺文志》著录的先秦阴阳家著作，有"《宋司星子韦》三篇""《公梼生终始》十四篇""《公孙发》二十二篇""《邹子》四十九篇""《邹子终始》五十六篇""《乘丘子》五篇""《杜文公》五篇""《黄帝泰素》二十篇""《南公》三十一篇""《容成子》十四篇"②"《邹奭子》十二篇""《闾丘子》十三篇""《冯促》十三篇""《将钜子》五篇""《周伯》十一篇"，共十四家二〇七篇③。但这些著作，可以说皆已完全亡佚，后人只是以现有先秦文献中有关阴阳家"宋司星

---

① 章太炎：《诸子学略说》，广西师范大学出版社 2010 年版，第 12—13 页。
② 张舜徽曰："此书盖出六国时人之手，而讬名于容成子者也。"见《汉书艺文志通释》，华中师范大学出版社 2004 年版，第 305 页。
③ 案：《邹子》《邹子终始》当合为一"家"，故曰"十四家"。

子韦"和齐稷下邹衍的零星史料，以为现今讨论阴阳家学术思想的依据。《吕氏春秋·制乐》和《史记·宋微子世家》都记载有（宋）司星韦为宋景公预言天象吉凶之事。《吕氏春秋·制乐》曰：

> 宋景公之时，荧惑在心，公惧，召子韦而问焉，曰："荧惑在心，何也？"子韦曰："荧惑者，天罚也；心者，宋之分野也；祸当于君。虽然，可移于宰相。"公曰："宰相所与治国家也，而移死焉，不祥。"子韦曰："可移于民。"公曰："民死，寡人将谁为君乎？宁独死。"子韦曰："可移于岁。"公曰："岁害则民饥，民饥必死。为人君而杀其民以自活也，其谁以我为君乎？是寡人之命固尽已，子无复言矣。"子韦还走，北面再拜曰："臣敢贺君。天之处高而听卑。君有至德之言三，天必三赏君。今夕荧惑其徙三舍，君延年二十一岁。"公曰："子何以知之？"对曰："有三善言，必有三赏。荧惑有三徙舍，舍行七星，星一徙当一年，三七二十一，臣故曰君延年二十一岁矣。臣请伏于陛下以伺候之。荧惑不徙，臣请死。"公曰："可。"是夕，荧惑果徙三舍。

《吕氏春秋·制乐》所载子韦为宋景公预言吉凶之事，虽然子韦被《汉志》称为"司星子韦"，列于阴阳家，（《吕氏春秋·制乐》高诱注："子韦，宋之太史，能占宿度者，故问之。"）但整篇文字中并未出现其他诸子学派的人物，所以很难判断阴阳家对其他诸子学派的态度。唯一值得特别关注的是，这段文字中的宋景公其人，虽然《汉志》中未见其著作不知他属于先秦诸子中的哪一家，但因其有不愿将天灾移于宰相、年谷收成和百姓而宁愿自己承受的"三善言"，故可以说宋景公实乃儒家仁君的形象，应该属于儒家道德价值观的代表。《艺文类聚》卷六十六引《庄子》佚文载：

梁君出猎，见白雁群，下縠弩欲射之。道有行者，梁君谓行者止，行者不止，白雁群骇。梁君怒，欲射行者。其御公孙龙止之，梁君怒曰："龙不与其君，而顾他人。"对曰："昔宋景公时大旱，卜之必以人祠乃雨。景公下堂，顿首曰：'吾所以求雨，为民也。承（若）必使吾以人祠乃雨，将自当之。'言未卒而大雨。何也？为有德于天而惠于民也。吾以白雁故而欲射杀人，主君譬人无异于豺狼也。"梁君乃与龙上车归，呼万岁。曰："乐哉！人猎皆得禽兽，而吾猎得善言而归。"

这段材料我们在讨论名家公孙龙的学术批评时曾引用过，这里从另一个角度来进行解读。《艺文类聚》卷六十六引《庄子》佚文中的公孙龙谏"梁君"之事，以往曾有人因这段引文中的"公孙龙"在他处又有作"公孙袭"、"宋景公"在他处又有作"齐景公"者，曾否认此处谏"梁君"者非公孙龙，公孙龙所言自当以身"祠雨"者非宋景公。我认为，公孙龙长期为平原君赵胜门客，而平原君赵胜于赵惠文王末年曾为魏相，故公孙龙确有往魏（梁）国而为"梁君之御"的可能；如果结合上引《吕氏春秋·制乐》中宋景公的"三善言"来看，此处公孙龙所叙"今必使吾以人祠乃且雨"、而"将自当之"的那位君主，只可能是一向以仁慈爱民著称的宋景公，而不可能是那位心中只是担心会失去自己一姓之江山的齐景公（见《晏子春秋》）。而如果结合儒家典籍来看，又可知宋景公的种种善言实不过是儒家以仁惠得民心之思想主张的反映。《论语·尧曰》载：

尧曰："咨！尔舜！天之历数在尔躬，允执厥中。四海困穷，天禄永终。"舜亦以命禹曰："予小子履，敢用玄牡，敢昭告于皇皇后帝；有罪不敢赦。帝臣不蔽，简在帝心。朕躬有罪，无以万方；万方有罪，罪在朕躬。"周有大赉，善人是富。"虽有周亲，不如仁人。百姓有过，在予一人。"

据何晏的《论语集解》和邢昺的《论语注疏》，上文中的"予小子履"，是商汤自称（孔安国曰："履，殷汤名"。）；"朕躬有罪，无以万方；万方有罪，罪在朕躬。"是记汤"伐桀告天之辞也"，是说"我身有罪，无用汝万方，万方不与也；万方有罪，过在我身，自责化不至也。"而"百姓有过，在予一人"云者，乃"周家受天命及伐纣告天之辞也"，"言若不教百姓，使有罪过，当在我一人之化不至也。"① 《墨子·兼爱下》引《汤誓》亦有"万方有罪，当即朕身，朕身有罪，无及万方"之语，可知这些言辞的确是儒者所"记二帝三王及孔子之语"，以"明天命政化之美，皆是圣人之道"②。而"二帝三王及孔子之语"的宗旨，当然是要使"天下之民归心焉"，即要"得民心"。《孟子·离娄上》曰："得天下有道，得其民，斯得天下矣。得其民有道，得其心，斯得民矣。得其心有道，所欲与之聚之，所恶勿施尔也。"可见，把罪过责罚揽在自身、以至于代民受过，在儒家那里一直都被视为是仁德的表现，也是他们认为可的"得民心"而"得天下"的重要方式或途径。故《吕氏春秋·顺民》曰："先王先顺民心，故功名成。夫以德得民心以立大功名者，上世多有之矣。"《吕氏春秋·制乐》中司星子韦称宋景公不愿将天灾移于宰相、收成及百姓的"三善言"为"至德之言"，并认为有此"至德之言"，"必受天"之"三赏"。这与儒家经典中所言"二帝三王及孔子之语"、所言"天命政化之美"及"圣人之道"是如此的契合——虽然子韦未言其所代表的阴阳家对儒家孔孟之道的态度如何，但从二者价值取向的相似性来看，他

---

① （清）阮元校刻：《十三经注疏》（清嘉庆刊本），中华书局 2009 年影印本，第 5508 页。

② （清）阮元校刻：《十三经注疏》（清嘉庆刊本），中华书局 2009 年影印本，第 5508 页。

无疑是赞成和认同儒家的这一思想观点——他对儒家的这一思想观点有着明显的肯定评价。

而且，从先秦阴阳家最著名的代表人物邹衍的学术思想来看，可以说秉持儒家的思想、认同儒家的道德价值，乃是先秦阴阳家一贯学术理念。《盐铁论·论儒》曰：

> 邹（衍）子以儒术干世主，不用，即以变化始终之论，卒以显名……圣人异途同归，或行或止，其趣一也。商君虽革法改教，志存于彊国利民。邹子之作，变化之术，亦归于仁义。

这就是说，先秦阴阳家邹衍"显名"于世的，虽是所谓"变化终始之论"，即《汉书·艺文志》著录的《邹子》和《邹子终始》之类，但其学术思想的根源和归宿却在"儒术"，特别是儒家的"仁义道德"那里。这一点与《汉志》阴阳家之开创者"宋司星子韦"的思想取向是一致的。

当然，先秦阴阳家作为一个独立于先秦儒家的诸子学派，尽管他们十分认同儒家道德价值学说。特别是其中仁义道德观念，但这并不能说先秦阴阳家与儒家完全没有区别，更不能说他们对先秦儒家思想是不加甄别和选择的。事实上，包括"先秦阴阳家的集大成者"① 和主要代表人物邹衍在内，因为先秦阴阳家对儒家局限于"中国"的尧舜、文武、周公的"仁政王道"的不满，故他们认为儒家这是"不知天地之弘，昭旷之道。"《盐铁论·论邹》曰：

> 邹（衍）子疾晚世之儒墨，不知天地之弘，昭旷之道，将一曲而欲道九折，守一隅而欲知万方，犹无准平而欲知高下，无规矩

---

① 白奚：《稷下学研究——中国古代的思想自由与百家争鸣》，生活·读书·新知三联书店 1998 年版，第 253 页。

而欲知方圆也。于是推大圣终始之运,以喻王公,先列中国名山通谷,以至海外。

《盐铁论·论邹》这里所谓"邹子疾晚世之儒墨",应该主要是"疾儒",而不一定包括"墨"。因为在上文所引《盐铁论·论儒》中,只是说"邹子以儒术干世主,不用,即以变化终始之论,卒以显名。"并未涉及"墨"。所以我认为,邹衍"晚世"所"疾"的主要是"儒",而并不涉及"墨";而他所批评的儒家思想,主要乃是儒家专守于仁义之道,而"不知"反映"天地之弘,昭旷之道"的"阴阳大道"。例如,因为局限于《禹贡》"九州说"的地理观,儒家自孔子以来即"不语怪、力、乱、神",到荀子又以"明于天人之分"而将天象人事关系简单化,等等。《史记·孟子荀卿列传》曰:"邹衍睹有国者益淫侈,不能尚德,若《大雅》整之于身,施及黎庶矣。乃深观阴阳消息而作怪迂之变,《终始》《大圣》之篇十余万言。"所谓"怪迂之变,《终始》《大圣》之篇十余万言",其中应同时包含了对儒家在天象、人事及社会历史变迁与阴阳家对立观点的批评与反驳。

其一,在自然地理方面,儒家当时主要是恪守其"六经"之一的《尚书》之《禹贡》说,认为"中国"就是天下,即"尧使禹为司空,平水土,随山刊木,定高下而序九州"的那个"九州"(《盐铁论·论邹》)。但根据《史记·孟子荀卿列传》记载,邹衍并不认同儒家的这一看法。邹衍"以为儒者所谓中国者,于天下乃八十一分居其一分耳。中国名曰赤县神州。赤县神州内自有九州,禹之序九州是也,不得为州数。中国外如赤县神州者九,乃所谓九州也。于是有裨海环之,人民禽兽莫能相通者,如一区中者,乃为一州。如此者九,乃有大瀛海环其外,天地之际焉。"《盐铁论·论邹》也有类似的记载,但批评却更为直接。《盐铁论·论邹》记邹子曰:"所谓中国者,天下八十分之一,名曰赤县神州，而分为九州。绝陵陆不通，乃为一州，有大瀛海圜其外。此所谓八极，而天下际焉。《禹贡》亦著山川高下原隰，而不知大道之径。"

其二，在社会发展演变的规律上，当时儒家的基本观点是基于"仁政说"而提出的"得民心者得天下，失民者失天下"观点。上文我们引《孟子·离娄上》所谓"得天下有道，得其民，斯得天下矣"云云，即是儒家这种观点的代表。但阴阳家邹衍对此也并不以为然。他认为，社会朝代的更替根本不是由什么人心向背决定的，而是由阴阳五行运转的"五德终始"（或称"五德之传""终始五德之运""变化终始之论"等）规律决定的。《史记·封禅书》曰："自齐威、宣之时，邹（衍）子之徒论著《终始五德之运》。"裴骃《史记集解》引如淳曰："今其书有《五德终始》，五德各以所胜为行"。《文选·齐故安陆昭丰碑文》李善注引《邹子》曰："五德从所不胜，虞土，夏木，殷金，周火"。同书《魏都赋》李善注引刘歆《七略》曰："邹子有终始五德，从所不胜，木德继之，金德次之，火德次之，水德次之。"这说明，邹衍的所谓"主运"或"五德终始"，实际是以木、金、火、水、土的五行相生相克的阴阳家学说，否定、批评乃至取代以孟子为代表的儒家以民心得失向背为王朝兴替根据的理论，是阴阳家对儒家历史哲学提出的一种学术批评。

其三，在对待天地及日月星辰等各种自然现象上，以邹衍为代表的战国阴阳家与儒家孔子"未能事人，焉能事鬼"、"不语怪、力、乱、神"及《易传》的"阴阳不测之谓神"、荀子"天人相分"的观点针锋相对，"乃深观阴阳消息而作怪迂之变"，即由"深观阴阳消息"而批评和否定了儒家由孔子到荀子以来的以"天人相分"为基本原则的思想观点，认为天地、阴阳、日月星辰的变化，既是自然现象，更是天道阴阳对人世吉凶祸福的预警，对人的道德行为具有指引意义。《荀子·天论》曾说："列星随旋，日月递炤，四时代御，阴阳大化"，既与人世治乱无关；"星队（坠）木鸣"，亦"无何也，是天地之变、阴阳之化，物之罕至者也。"荀子虽然只是从正面立论的角度论证了天象与人事的无关；但如果从事物相反相成的角度来看，其背后实暗含着否定阴阳家"列星随旋""四时代御""星队木鸣"等自然天象皆与人世有关，能预示人世吉凶祸福，即以自然天象能预示人事的观点。荀子的论述亦是对当时阴阳家言的反批评。司马谈《论六家之要指》曾说："夫阴阳四时，八位、十二度、二十四节各有教令，顺之者昌，逆之者不死则亡。"这与其说是对阴阳家的评论，不如说对阴阳家以自然天道决定人类命运观点的陈述。或许正因为以邹衍为代表的先秦阴阳家对儒家"不语怪、力、乱、神""天人相分"的观点持续不断的批评、否定和反驳，加之儒家也认识到自己对自然界及人类社会中许多"阴阳不测"的现象的确不能做出圆满的解释，故到西汉时期，以董仲舒为代表的"新儒家"们最终接纳了阴阳家"天谴灾告"的思想，也认为"天灾之证，贞祥之应，施与之望报，各以其类及。故好行善者，天助以福，符瑞是也。《易》曰：'自天祐之，吉无不利。'好行恶者，天报以祸，妖灾是也。"（《盐铁论·论灾》）而汉代的经学谶纬之兴亦因此大盛。

第二节　先秦农家许行之徒与孟子的论辩

在现有文献中，有关先秦农家的材料本来就非常缺乏。《汉书·艺文志》著录的先秦农家著作仅有"《神农》二十篇"（班固自注："六国时，诸子疾时怠于农业，道耕农事，讬之神农。"）、"《野老》十七篇"（班固自注："六国时，在齐楚间。"）、"《宰氏》十七篇"（班固自注："不知何世。"叶德辉曰："《史记·货殖列传》裴骃《集解》云：

'计然者，葵邱濮上人，姓辛氏，字文子。其先晋国亡公子。尝南游于越，范蠡师事之。'《元和姓纂》十五《海》宰氏姓下引《范蠡传》云：'陶朱公师计然，姓宰氏，字文子，葵邱濮上人。'据此，则唐人所见《集解》本，是作'宰氏'。宰氏即计然，故农家无计然书。《志》云：'不知何时也'。盖班所见，乃后人述宰氏之学者，非计然本书也。"① ）共三家五十四篇。这个数量较其他诸家为少，且这三家五十四篇之书早已亡佚。后人虽对这三家五十四篇农家书做过辑佚，但由于辑佚者不懂得农家乃先秦一个有关政治哲学思想的学派，而以为"农家诸书"，"皆与贾思勰之《齐民要术》、王祯之《农书》义趣不异"。殊不知，"若农家止于如此，则不妨归之方技，与医经经方同列②"。辑佚者将《吕氏春秋·士容论》中《上农》《任地》《辩土》《审时》诸篇，合为《野老》之类，辑成所谓先秦"农家书"，前辈学者已指为"无识"③。就这些材料研究先秦农家，显然是很难得出正确的结论。而根据我的研究，在现存先秦两汉文献中，实"只有那些被冠以'神农之教'或'神农之言''后稷曰'等语者才能肯定为农家作品，而其他部分则是难以断定的。"而如果对现有先秦两汉文献中这方面的内容加以归纳，就不难发现先秦农家的思想和学说，应不外乎"其一，强调农业的重要性，倡导'务耕织'；其二，有关农田耕作之法和如何调剂丰歉（农业保障制度）；其三，主张帝王亲耕，王后亲织，为百姓率先垂范。"④《汉书·艺文志》说："农家者流，盖出于农稷之官。播百谷，劝耕桑，以足衣食……此其所长也。及鄙者为之，以

---

① 张舜徽：《汉书艺文志通释》，华中师范大学出版社 2004 年版，第 336 页。
② 章太炎：《诸子学略说》，广西师范大学出版社 2010 年版，第 23 页。
③ 张舜徽：《汉书艺文志通释》，华中师范大学出版社 2004 年版，第 336 页。
④ 高华平：《先秦诸子与楚国诸子学》，北京师范大学出版社 2016 年版，第 276—277 页。

为无所事圣王，欲使君臣并耕，悖上下之序。"《汉书·艺文志》此处所谓农家的"所长"和"鄙者为之"的"所短"，其实都是农家的基本思想内容，在农家本身是不存在轩轾的；存在高下褒贬的只是班固采取的自孟子以来对先秦农家的立场。

现在学术界研究"先秦农家"学术批评的唯一可靠史料，是《孟子·滕文公上》所记载的"有为神农之言者许行"及其门徒与孟子的一次论辩。但《汉志》农家并无许行、陈相之书，不知是否是因为孟子的批评而使许行师徒之书不传。在这次论辩中，孟子站在儒家维护"分别君子野人之法"或"上下之序"的立场，对许行之徒的"贤者与民并耕而食，饔飧而治"的观点进行了批驳；而许行之徒陈相则不仅在辩论中阐明了作为农家根本主张的"贤者与民并耕而食，饔飧而治"思想，而且实际上也对儒家的思想观点进行了反驳与批评。《孟子·滕文公上》曰：

> 有为神农之言者许行，自楚之滕，踵门而告文公曰："远方之人闻君行仁政，愿受一廛而为氓。"其徒数十人，皆衣褐，捆屦、织席以为食。陈良之徒陈相与其弟辛，负耒耜而自宋之滕，曰："闻君行圣人之政，是亦圣人也，愿为圣人氓。"陈相见许行而大悦，尽弃其学而学焉。陈相见孟子，道许行之言曰："滕君，则诚贤君也；虽然，未闻其道也。贤者与民并耕而食，饔飧而治。今也滕有仓廪府库，则是厉民以自养也，恶得贤？"

《孟子·滕文公上》农家学者虽未有一言论及儒家及孟子本人，难言其所谓对儒家的学术批评。但此篇反复叙及农家学者许行、陈相者对滕文公的评价，而滕文公与儒家、特别是孟子本人有至为密切的联系，故由许行、陈相对滕文公的评价，似不难推知先秦农家对儒家思想观点的学术批评矣。

滕文公，战国时期滕国国君，滕定公之子。滕国为姬姓之国，初封于周公东征之后，战国中期为宋康王所灭。因滕国为周公所立的姬姓之国，滕又近鲁，历来皆附从于鲁，故其思想文化以接受儒家文化为主。特别是滕文公本人，在尚为世子之时，即见孟子问"道"；滕定公薨，又问丧礼于孟子，并依孟子之言而行；既即位为君，又依孟子之教"行仁政"，"必恭俭礼下，取于民有制"，"行世禄"，"助公田"，"设为庠序学校以教之"，"正经界"，"分田制禄"等等，忠实实践着儒家的政治理想。许行、陈相对滕文公所实行的治国之道的第一个评价，都是"闻君行仁政"，即肯定其能实行的儒家的政治理想。因此，陈相接着给滕文公的评价，一是"圣人"，二是"贤君"。而此二者应该是中国传统哲学中给人君的最高评价。孔子曾回答子贡"如有博施于民而能济众"，"可谓仁乎"时说："何事于仁！必也圣乎！尧舜其犹病诸！"（《论语·雍也》）。又说："若圣与仁，则吾岂敢？"（同上，《述而》）"贤"虽比"圣"在道德上要稍低一些，但因为在实际的语用中常常"圣贤"并称，故陈相此处将"贤君"与"圣人"交互使用，大概也可以说成是"圣君"。而他以此来评价实践孟子"仁政"思想的滕文公其人，亦可知他对儒家的"仁政"思想和学说，既是十分赞赏，也是十分向往的。他与其弟辛，负耒耜而自宋之滕"，足见他膺服儒家"仁政"学说的坚定决心。"陈相见许行而大悦，尽弃其学而学焉"，这与其是说陈相背弃了其原先所"悦周公、仲尼之道"，还不如说这只是陈相心中所理解的"周公、仲尼之道"和"行仁政"的具体方式、方法，与孟子心中的稍有差异。故他们师徒都一再称颂滕文公所实践的孟子那套治国理论为"行仁政"。——这也正说明他们所理解的"行仁政"和"孟子所理解的""行仁政"，实际都是源于"周公、仲尼之道"的，二者是具有共同点和相互交叉之点的。先秦农家许行、陈相师徒对这种"仁政"思想本是十分赞成、肯定和心向往之的。

当然，农家之为农家与儒家之为儒家毕竟不同，许行、陈相之徒与孟子的"行仁政"也毕竟有异。这才引起了孟子对许行、陈相之徒的激烈的批评和陈相的反批评。陈相的反批评主要包括两方面：

　　首先，滕文公虽然从儒家或普通人的观点来看或可称得上"圣贤之君"，但如果从农家的观点严格要求的话，他尚"未闻道也"；因此也就还不能真正称得上"贤君"。因为"闻"农家之"道"的"贤君"，应该是"贤者与民并耕而食，饔飧而治"的。"贤君"似乎不仅要与"民"同吃同住同劳动，而且还不能有仓廪府库贮藏粮食财物。大概许行、陈相他们认为，如果一个君主修建了仓廪府库贮藏从老百姓那里征收来的粮食财物，就不能保证他每天真能实行"与民并耕而食，饔飧而治"了。不与"民"（老百姓）"并耕而食，饔飧而治"，而享受"民"（老百姓）的劳动成果，那就是"厉民而以自养"。这样的君主，自然算不得"贤君"。很显然，这里先秦农家实际上是以自己向往的原始公社社会成员人人劳动、共享劳动成果的社会理想，批评儒家建立在社会分工和等级制度之上而形成的所谓"贤君"标准。所以农家这一观点不仅遭到儒家孟子的批评，甚至也遭到了处于儒家对立面的法家等学派的严厉批评。《韩非子·有度》曰："夫为人主而身察百官则日不足，力不给。"更不要说与百姓并耕而食了。《韩非子·外储说左上》又曰："夫必恃人主之躬亲而后民听从，是将令人说耕以为食，服战雁行也，民乃肯耕战，则人主不泰危乎？而人臣不泰安乎？"这是说君主与民"并耕而食，饔飧而治"，不仅如孟子所说的那样违反了"劳心者治人，劳力者治于人"的社会分工原则，更违反了儒家和法家坚持的"贵贱不相逾越"的礼义等级制度。

　　其次，在陈相与孟子的答辩中，陈相实际上是以农家思想（"许子之道"）批评了儒家"周公、仲尼之道"所造成的社会上的"欺""伪"行为。《孟子·滕文公上》记陈相曰：

从许子之道，则市贾（价）不贰，国中无伪。虽使五尺之童适市，莫之或欺。布帛长短同，则贾（价）相若；麻缕丝絮轻重同，则贾（价）相若；屦大小同，则贾（价）相若。

对陈相这段谈"许子之道"的文字，历来都认为这段文字中农家学者所言的观点，是主张物价不论长短大小轻重都应整齐划一，是一种"论量不论质"的物价观。孟子、朱熹似乎都是这样看待的。孟子说："夫物之不齐，物之情也，或相倍蓰，或相什伯，或相千万。子比而同之，是乱天下也。巨屦、小屦同贾（价），人岂为之哉？"朱熹也说："孟子言物之不齐，乃其自然之理，其有精粗，犹其有大小也。若大屦小屦同价，则人岂肯为其大者哉？"① 事实上，这既没有准确理解许行、陈相等农家学说的思想，更没能见出其中许行、陈相等农家学者对先秦儒家的学术批评。故后世有不少学者指出，陈相曰"从许子之道，则市价不贰，国中无伪"云云，"其于物价，欲专论多寡，不计精粗"，其目的"正欲汰其精而存其粗也"，"亦欲率天下而返于平等。"② "至于许子之划一物价主义，亦以当时工商业发达之结果，奇伎淫巧，层出不穷，五都之市，光怪陆离，人竞厚利，怠废本业。故各派学者对此种发展，咸大施攻击。墨家则倡强本节用之说，道家则主张反真抱朴，'不贵难得之货，使民不为盗'。法家则以工商为国家之蠹，主张以政治力量裁抑之。许子之主张划一物价，使锦绣与白素同价，麻缕与丝絮等值。主旨亦在裁抑奇技淫巧，奢靡之风。"③ 尽管儒家孔子本人也有反对奢侈而推崇俭约的倾向，《论语·八佾》曰："礼，与其奢也，宁俭。"但孔子又强调礼乐文化的重要性，主张"文质彬彬然后君子"。

① （宋）朱熹：《四书章句集注》，中华书局 1983 年版，第 265 页。
② 吕思勉：《先秦学术概论》，岳麓书社 2010 年版，第 125—126 页。
③ 齐思和：《先秦农家学说考》，《经济学报》1940 年第 1 期，第 66 页。

（《论语·雍也》）整个孔子时代，可以说儒家对礼乐文化的重视，早已越过了"中庸"的尺度。故《淮南子·要略》说：墨子原本是"学儒者之业，受孔子之术"的，但却因为对此时的儒家"其礼繁扰而不说"，故"背周道而用夏政"，走上了与儒家相异的道路。孔子之后，儒家对礼仪文饰的重视，更是一代胜过了一代。到墨子后学因与儒家论争而作《非儒》之篇的时候，墨子后学更是专门就儒家的"弦歌鼓舞""盘旋揖让"及"厚葬久丧"等繁礼进行了全面的批评。《墨子·非乐上》又专门就儒家的"乐"之"文"展开了批评说：

> 是故子墨子之所以非乐者，非以为大钟、鸣鼓、竽笙之声以为不乐也，非以刻镂华文章之色以为不美也，非以刍豢煎炙之味以为不甘也，非以高台厚榭邃野之居以为不安也……然上考之不中圣王之事，下度之不中万民之利，是故子墨子曰为乐非也。

如果说墨家是从礼乐文化的功利结果上批评儒家的"繁礼""文饰"的话，那么道家及后来的"黄老之学"，则更多的是从礼乐文饰所导致的社会人心或道德精神的丧乱出发，对儒家的礼乐文化提出批评的。《老子》第 38 章曰："失道而后失德，失德而后失仁，失仁而后失义，失义而后失礼。夫礼者，忠信之薄也，而乱之首也。"这里指出礼义、忠信为"乱之首也"。《老子》第 18 章曰："大道废，有仁义；智慧出，有大伪；六亲不和，有孝慈；国家昏乱，有忠臣。"《老子》第 20 章曰："五色令人目盲，五音令人耳聋，五味令人口爽，驰骋田猎令人心发狂。"都是从仁义礼智和礼乐文饰有扰乱了人的道德精神的角度在对儒家思想进行批评。法家的韩非继承老子的观点，从文质关系批评礼义文饰。《韩非子·解老》曰："夫恃貌而论情者，其情恶也；须饰而论质者，其质衰也。何以论之？和氏之璧不饰以五采；随侯之珠，不饰以银黄。其质至美，物不足以饰之。"认为如果对于事物一味追求

"文""饰",其结果必然导致人心混乱、纯朴不存,而"欺""伪"横行。

先秦农家的许行、陈相之所以盛赞和坚信自己的农家之道能做到童叟无欺,"市贾(价)不贰,国中无伪",其根本原因就是因为其对外物的着眼点并不在于事物质量的精巧,而是一眼即可分别的事物简单的外形方面。这既符合道家返璞归真的精神,也符合墨家和法家质朴、节俭的价值追求,但唯独与儒家文饰繁礼的要求异趣。故许行、陈相的农家思想历来都有人或将其归入道家,或将其归于墨家和法家,而我们则认为,先秦农家许行、陈相的"物价划一"之说,实际上是针对儒家繁礼文饰观点将导致的"欺""伪"发生而进行的一种学术批评。

第三节　先秦小说家学术批评的特点

《汉书·艺文志》:

> 小说家者流,盖出于稗官。街谈巷语,道听途说者之所造也。孔子曰:"虽小道,必有可观者焉。致远恐泥,是以君子弗为也。"然亦弗灭也,闾里小知者之所及,亦使缀而不忘。如或一言可采,此亦刍荛狂夫之议也。

《汉书·艺文志》以上对"小说家"的"序说"包含了两层意思:一是借所谓"孔子曰"云云,表述其出于儒家立场的对"小说家"的价值评说,即"小说家"之言虽属"小道",但仍可以由之"观风俗,知得失"云;而"君子"之所"弗为也"的原因,乃是担心人们会把这些虽可"观风俗,知得失"的"小道"消息信以为真了,故曰:"致远恐泥。"《汉书·艺文志》"小说家""序说"的第二层意思,是对"小说家"的源头及特点进行了界说,即"小说家"源自"稗官",其最基本的特点是"小说"是民间的、口头的"残丛小语"①。

《汉书·艺文志》除了"序说"小说家的源流及特点之外，还著录了当时所见的"小说家"的作品（"小说"）。其中先秦时期的著作，有"《伊尹说》二十七篇（班固自注：'其语浅薄，似依托也。'）""《鬻子说》十九篇（班固自注：'后世所加。'）""《周考》七十六篇（班固自注：'考周事也。'）""《青史子》五十七篇（班固自注：'古史官记事也。'）""《师旷》六篇（班固自注：'见《春秋》，其言浅薄，本与此同，似因托也'）""《务成子》十一篇（班固自注：'称尧问，非古语。'）""《宋子》十八篇（班固自注：'孙卿道宋子，其言黄老意。'）""《天乙》三篇（班固自注'天乙谓汤，其言非殷时，皆依托也。'）""《黄帝说》四十篇（班固自注：'迂诞，依托。'）"等共九家二百五十七篇。自《黄帝说》四十篇以下，则班固基本已明言为西汉的作品，只有"《百家》百三十九卷"，乃编者"撮钞"小说家"百家之说"而成，有多少为先秦"小说家"言，实难指认。

《汉书·艺文志》著录的这些先秦"小说家"的著作虽然皆已亡佚，但由班固在著录时的原注所谓"迂诞""似依托""语浅薄"等等来看，这些作品应该如我们上文所说的那样，属于民间的、口头的和篇幅短小的"残丛小语"，因为只有这样的作品才会是班固所说的"浅薄""迂诞""似依托"。（而班固在说这些作品"浅薄""迂诞""似依托"的时候，大概忘记了自己对"小说家"的定义——"街谈巷语，道听途说者之所造也"。因为，既然是"街谈巷语，道听途说者之所造也"，属于"闾里小知之所及"或"刍荛狂夫之议也"，又怎么能不"浅薄""迂诞"和"似依托"呢？）

---

① 参见高华平：《先秦的"小说家"与楚国的"小说"》，《文学评论》2016年第1期。

因为先秦的"小说"本属于"街谈巷语，道听途说者之所造也"的民间的、口头的"残丛小语"，"君子弗为也"，故"君子"是不会理会它的；即使是《汉书·艺文志》中那些被采择记录下来的"小说家"的著作（"小说"），也都早早地亡佚了；所以我们今天已很难详论先秦"小说"的内容，更不用说先秦"小说家"的学术批评了。只是由于先秦诸子中偶尔有个别如法家的韩非那样"叛经离道"的著作家，他们在有意无意中记录了少数的"小说家言"（亦即"小说"），才使我们可以偶然窥见先秦"小说"及"小说家"学术批评之一斑。

从《韩非子》一书所载先秦的"小说家言"（亦即"小说"）来看，先秦"小说家"的学术批评，大致具有如下特点：

首先，与先秦"小说家"之所造的"小说"中的主要人物皆是当时的帝王君臣、将军、名士一样，先秦"小说家言"的学术批评的对象，虽也涉及先秦诸子中"九流十家"中的所有诸子学派，但却以对儒、道、法、墨等"显学"的批评为多。如《韩非子》之《解老》《喻老》两篇，是我国学术界最早专门解释《老子》的论文，既可以看作是对道家思想的学术批评，《解老》还引用了唯一一则"小说"，又对于道家人物詹何其人进行了学术批评。其言曰：

> 詹何坐，弟子侍，有牛鸣于门外。弟子曰："是黑牛也而白在其题。"詹何曰："然，是黑牛也，而白在其角"。使人视之，果黑牛而以布裹其角。

前面我们曾多次指出，詹何是先秦道家杨朱学派的重要学者，《庄子·让王》载有詹何（瞻子）教中山公子牟"重生纵欲"之术之事，《吕氏春秋·重言》则将詹何与田子方、老聃同称为"圣人"。《韩非子·解老》此处引"小说家"的目的，本是批评詹何"无缘而妄意度"的"前识"，但由"小说家言"本身而言，则以说是对詹何所谓"前识"的肯定——它实际是在称赞詹何"前识"的神奇！虽然并未出门，但詹何却仅凭听见的"牛鸣"，即可准确判断是一头什么样的牛。（当然，如果这头牛就是詹何家里养的一头，詹何正对它们的鸣叫声十分熟悉，那么他凭"牛鸣"即可判断具体是哪头牛，这就一点也不奇怪的，并不属于韩非所说的"无缘而妄意度"）

而在《韩非子·喻老》中虽然引用很多的"小说"，但其中有关先秦诸子的"小说"却同样只有一则——这一则"小说"是关于儒家的"小说"：

> 子夏见曾子。曾子曰："何肥也？"对曰："战胜，故肥也。"曾子曰："何谓也？"子夏曰："吾入见先王之义则荣之，出见富贵之乐又荣之，两者战于胸中，未知胜负，故臞。今先王之义胜，故肥。"

"子夏见曾子"这则"小说"中的子夏、曾（参）子，都是儒家孔门"七十子"中的重要代表人物。故可以说，子夏说"先王之义"与"富贵之乐"交战于胸中，代表了儒家学者在面对高尚道义和世俗享乐之间的艰难抉择；而最后"先王之义胜"，则说明他们坚守住了崇高的精神道义而拒斥了世俗享乐的诱惑。所以，这则"小说"可以说是对孔门儒家的精神面貌做出了一种肯定的评价，是对先秦儒家的一种学术批评。

《韩非子·说林》上、下两篇，可以当作中国古代最早的"小说集"来看，共收录了七十一则"小说"①。在这七十一则"小说"中，关于先秦诸子的"小说"共十四则。而在这十三则"小说"中，关于孔子及其弟子的有三则（"子圉见孔子于商太宰""卫将军文子见曾子"

---

① 高华平、王齐洲、张三夕译注：《韩非子》，中华书局 2010 年版，第 243 页。

"孔子谓弟子曰"）；另有"鲁季孙新弑其君，吴起仕焉"，记吴起事——因吴起曾学于曾子，故亦可归儒家题材的"小说"。记有关道家杨朱事迹的，有两则（"杨子过于宋东之逆旅""杨朱之弟杨布衣素衣而出"）。有关名家惠施事迹的，有三则（"田骈欺邹君……告惠子""陈轸贵于魏王，惠子曰""惠子曰羿执决持扞"）。其余则是不知学派归属的"小说"。因此，似可以说，如果说《韩非子·说林》上、下中的这些"小说"包含了对先秦诸子的学术批评的话，那无疑主要是对儒、道、名、法等当时诸子中属于"显学"诸子学派的批评。

其次，因为先秦的"小说家"乃是先秦诸子"九流十家"中的一个以文本形式、而非以其思想内容特色而得名的一个"不入流"的学派，所以先秦"小说家"并非是先秦诸子"九流"之外另有一"家"，而只能说先秦诸子"九流"中的每一"家"都有自己的"小说家"和"小说"。这就是《汉书·艺文志》中既有出现于道家的"《伊尹》五十一篇""《鬻子》二十二篇""《黄帝四经》四篇""《黄帝铭》六篇""《黄帝君臣》十篇""《杂黄帝》五十八篇"等等。又同时在"小说家"出现了"《伊尹说》三十七篇""《鬻子说》十九篇""《黄帝说》四十篇"等的原因。宋钘本为稷下黄老道家学者，但《汉书·艺文志》却著录《宋子》十八篇"于"小说家"，班固亦云："孙卿道宋子，其言黄老意。"而《汉书·艺文志》于"小说家"之末，竟著录有"《百家》百三十九卷"，以至于使后世者误以为《汉志》序"小说家"将在把"子"与"方术"合流的倾向，"造成了'小说家'实然的断裂与混乱"①。其实，这乃是由于不了解《汉书·艺文志》定义"小说家"和"小说"与作为"九流"之中的其他诸子学派是皆不相同，即

---

① 张昊苏、陈洪：《〈汉书·艺文志〉诸子略序文的文本结构与学术建构——以小说家为核心的考察》，《文史哲》2019年第2期。

它只是从"言说方式"（或文本形式、"文体形式"）、而非从思想内容着眼对"小说家"所做出的分类——"小说家"是不管其内容讲的是儒墨的仁义，还是名家的"名辩"或法家的"法术"的。也正因为如此，才使先秦许多内容相同的"小说家"之"小说"，同时出现了许多不同的"版本"。《说苑·至公》载：

> 楚共王出猎，而遗其弓。左右请求之。共王曰："止，楚人遗弓，楚人得之，又何求焉？"仲尼闻之曰："惜乎其不大！亦曰人遗弓，人得弓而已，何必楚也。"仲尼所谓大公也。

《说苑》一书本为"刘向所序"，《汉书·艺文志》列在"儒家"。《说苑》之前的文献，《孔子家语·好生》①《公孙龙子·迹府》《吕氏春秋·贵公》等亦载有此则"小说"。《公孙龙子·迹府》曰："龙闻楚王张繁弱之弓，载忘归之矢，以射蛟兕于云梦之圃，反而丧其弓。左右请之。王曰：'止也！楚人遗弓，楚人得之，又何求乎？'"公孙龙子其人，"少学先王之道，长而明仁义之行；合异同，离坚白"（《庄子·秋水》），故其所"闻"而述之的"楚王遗弓"的"小说"，虽然在"弓""矢"及"遗弓"的原因和地点的描述上带有名家的特点，但因为在这则"小说"中并未否定孔子的"大公"，故它应该仍属于名家传承的儒家"小说"版本——在儒家的版本中，"小说家"对孔子可谓推崇备至，认为孔子能超越"楚"国这个地域之局限，胸怀天下，可谓"大公""至公"也。但这则"小说"，在《吕氏春秋·贵公》的记载中，却出现了另一个版本。《吕氏春秋·贵公》曰：

---

① 案：《孔子家语》一书，据孔安国《孔子家语序》，该书乃孔子"弟子取其正实而切事者，别为《论语》；其余则都集录之，名之曰《孔子家语》"。后人多疑其为伪书，但据现代学者结合出土文献考证，此书即使流传过程中有增益改编，但其中材料多属先秦原始文献，殆为可信。

荆人有遗弓者，而不肯索，曰："荆人遗之，荆人得之，又何索焉？"孔子闻之曰："去其'荆'而可矣。"老聃闻之曰："去其'人'而可矣。"故老聃则至公矣。

与《孔子家语》《公孙龙子》《说苑》相比较，《吕氏春秋·贵公》所叙述的这则"小说"，一是其中的"楚王"换成了"荆人"，二是其中在孔子"去荆（楚）"之后，增加了老聃"去其'人'而可矣"——因为老子纯任自然，不仅泯灭了人我的差别，而且消除了主客、物我的界限，故道家的老子超过儒家的孔子，真正达到了"大公"或"至公"的境界。——由此也可见出，此处"楚人遗弓"这则"小说"的版本，当出于先秦道家。先秦的"小说家"中既有出于儒家墨家的"小说家"，也有出于道家或名、法、阴阳诸家中的"小说家"。故在不同的诸子学派那里，同一"小说"，是可以有不同的"版本"的。因此，也就有对其他诸子的不同价值评判和不同的学术批评。

再次，我们读过以上先秦"小说家"的"小说"后，都不难感觉到这些先秦"小说"还具有另一个比较鲜明的特点，即这些"小说家"一般不会直接在其"小说"中表明对其他诸子学派的肯定或否定、褒扬与批评，而是多采用"有不待论断而于序事之中即见其指者"（顾炎武《日知录》卷二十六）的方式，把他们的学术批评寄寓于叙事之中。上文所引"詹何闻声知牛""子夏见曾子""楚王遗弓"等小说，无不如此。《韩非子·外储说左上》载：

> 齐有居士田仲者，宋人屈谷见之，曰："谷闻先生之义，不恃人而食。今谷有树瓠，坚如石，厚而无窍，献之。"仲曰："夫瓠所贵者，谓其可以盛也。今厚而无窍，则不可剖以盛物；而任重如坚石，则不可以剖而以斟。吾无以瓠为也。"曰："然。谷将弃之。"

田仲，即陈仲子，《孟子·滕文公下》称之为"廉士""巨擘"；《战国策·齐策四》则对其有批评之辞。《荀子·非十二子》亦有对田仲的批评，认为他"忍性情，綦谿利跂，苟以分异人为高，不足以合大众，明大分。"《管子·立政九败解》曰："人君唯无听私议自贵，则民退静隐伏，窟穴就山，非世间上，轻爵禄而贱有司。"虽然并没有说为谁而发①，但由于《管子》此处所言与田仲子的思想和行为方式无二，故可谓此处实有针对田仲子而发者。但"小说家"对田仲子的批评方式，却与其他诸子学派很不一样。在《韩非子·外储说左上》引"齐有居士田仲者，宋人屈谷见之"这则"小说"中，"小说"的作者及其中的屈谷对道家隐逸辟世之士田仲其人的思想主张和生活方式，显然都是持批评与否定的态度的；但他们却并没有一句批评的言词。他们对田仲思想及生活态度的批评，是通过凸显田仲与屈谷对话中存在的既追求无用于世、却又要求事物（瓠）有用于人的矛盾来实现的。这实际上就是一种"有不待论断而于序事之中见其指者"或"寓褒贬于叙事之中"的批评方式。《韩非子·外储说左上》又载：

> 吴起出，遇故人而止之食。故人曰："诺，今返而御。"吴子曰："待公而食。"故人至暮不来，起不食待之。明日早，令人求故人。故人来，方与之食。

《韩非子·外储说左上》所记载的这则"小说"，其中由儒家而入法家的吴起，"言必行，行必果。"故作为这则"小说"作者的"小说家"本人以及转述这则"小说"的韩非子，对吴起的这一思想和行为，显然应该是十分赞赏和肯定的。但与上则"小说"批评田仲子"之义"

---

① 案：蒙文通以此为针对杨朱学派"忍性情"一派而言。参见蒙文通：《古学甄微》，巴蜀书社 1987 年版，第 246 页。

一样，此则"小说"也并未对吴起的思想和行为直接表明态度，而是将这一褒扬的态度隐含于对吴起事迹的叙述之中。

先秦"小说家"这种学术批评的方式和特点，就是后来顾炎武评论司马迁《史记》时所说的"有不待论断而于序事之中见其指者"或"寓褒贬于叙事之中"。但是，顾炎武之言仍有不够准确之处，即他也和此前的儒家学者一样，有一些轻视"小说家"的陈见，故他很轻易地就把"有不待论断而于序事之中见其指者"的发明权或首创权判给了《史记》的作者司马迁，认为如此者"唯太史公能之"。但这实际上是并不准确的，因为在司马迁之前的先秦"小说家"对其他诸子学派的学术批评，早已普遍采用了这种学术批评的方法，故这种批评方式的发明权或首创权应该属于先秦的"小说家"。

以上是我们就先秦诸子中阴阳家、农家和小说家的学术批评所作的勾沉和考论。由于史料的缺乏，我们已很难对它们的学术批评做更为详细和全面的描述。但由以上简单的叙述中，我们仍然不难感到，在春秋战国那个"百家争鸣"的历史舞台上，不论是不是属于当时学术界的"显学"，当时的每一个诸子学派实际都曾积极参与到了那个时代的学术大合唱之中，在对其他诸子学派的学术批评与反批评中，共同创造了那个时代学术的繁荣与辉煌。

结　语

　　"百家争鸣"是先秦诸子之学繁荣的标志，也是先秦诸子哲学思想发生内在联系的基本方式和发展的原动力。如果从学术批评史的角度来考察，它实际就是先秦诸子百家之间及各学派内部之间所发生的学术批评与反批评，是先秦诸子百家之间及各学派内部之间学术思想的互相碰撞、吸收与扬弃。

一

　　孔子是先秦儒家的创始人，也是先秦诸子的开山之祖。先秦儒家对自己学派中不同支脉的思想观点常有相互批评，从早期子夏、子张及其门徒之间的相互批评，到孟子对告子的批评，再到荀子对子思、孟子"五行"说的非难，等等，这都是先秦儒家学派内部的学术批评。孔子对老子及当时的"隐者"的批评，已开儒、道"互非"之端，而后则继之以公孟子对墨家、孟子对墨家和道家杨朱的学术批评，孔穿、孔鲋对名、墨二家的学术批评，最后则以荀子《非十二子》对诸子百家的批评作为先秦儒家学术批评的全面总结。

先秦道家的学术批评，始于老子对孔子及其"仁道"和老子对其亲传弟子杨朱、南荣趎等的学术批评；而以杨朱对墨子的"兼爱""尚贤""右鬼""非命"的"非之"影响最大。杨朱的后学则对与其"贵己"和"全性保真"相对立的养生观和行为做出了针锋相对的批评。庄子及其后学学术批评的重点为儒、墨、名、法之学，他们否定了儒、墨的仁义是非之争和名、法二"家"的以名理眩惑世人。先秦道家的学术批评以稷下黄老道家"《管子》学派"最为全面。《管子》通过对先秦诸子"九流十家"思想的学术批评，对先秦诸子百家的思想成分皆既有批判，也有继承和发展，最终形成了其以大道"为天下纲纪"和"因阴阳之大顺，采儒墨之善，撮名法之要"的稷下黄老道家的思想特色。

墨子本是"学儒者之业，受孔子之术"的，但因为儒家"其礼繁扰而不悦，厚葬靡财而贫民，（久）服伤生而害事，故背周道而用夏政。"（《淮南子·要略》）所以，墨家首先批评的诸子学派是先秦儒家，针对的是儒家"弦歌鼓舞以为乐，盘旋揖让以修礼，厚葬久丧以送死"（同上，《氾论训》）的思想和行为。到墨子后学那里，除了继续批评儒家的学术思想之外，墨家对道家特别是其中杨朱学派"非"墨家"兼爱""尚贤""右鬼""非命"诸义的思想行为，进行直接的回击或反批评；而对名家、阴阳家、法家等其他诸子学派的思想，则更多的是批判性地继承，使先秦墨家最终发展成了与儒家并称的"显学"之一。

先秦早期法家对诸子百家的学术批评应该以《商君书》为代表。《商君书》学术批评的主要矛头是对准当时的儒家的。商鞅所批评的危害变法的拘守礼法者既为儒家人士，其所反对的以"淫道""辩知""文学"著称的"五民"或"六虱"也主要属于儒家，其所批评的那些与法家"重刑"观点相对者还是儒家中人。此外，《商君书》对道、墨名法等诸子学派的思想也有批判和继承。《韩非子》是先秦后期法家学术批评的代表。《韩非子》对先秦诸子学派的学术批评主要是继承了稷下黄老道家整合诸子百家思想的学术思路，吸收和发展黄老学派的"道德"学说和前期法家的法、术、势理论，对名家、农家、阴阳家、纵横家、小说家的思想也有批评与扬弃，堪称先秦法家思想的集大成者。

先秦纵横家的学术批评首先发生在本学派内部"合纵""连横"两派之间，属于纵横家内部的相互批评。"合纵派"批评"连横派"令弱国"欲割诸侯之地以事秦"为"养仇而奉雠也"，是"大逆不忠"；"连横派"则批评"合纵派"主张"合众弱攻一强（秦）"为"朋党比周"、"以己欲富贵耳"。先秦纵横家同时也有对儒、道、名、法、墨等其他诸子学派思想的批评。纵横家对儒家的仁、义、忠、信、孝、廉等核心价值观既有继承和发展，又有批评与否定；纵横家虽然吸收了道家思想中对立面相互转化的辩证因素和"重生"学说，但对其中的退隐不仕的主张则坚决反对。纵横家还认同和肯定了法家富国强兵的思想主张，而批评和否定了墨家的"非攻"观点。纵横家最终以《鬼谷子》一书对本学派先秦时期的学术思想做出了批评和总结。

先秦名家的学术批评应该始于邓析的"以是为非，以非为是"。战国中期名家的惠施、尹文等人，通过对诸子学派的学术批评，特别是对先秦儒、墨、道、名、阴阳诸家思想的取舍和扬弃，确立了名家"刑名"与"法术"结合的"正名"路向。而公孙龙及战国后期的名家，则通过与名家内部"辩者"的"相乐"以复兴"名学"，但最终却因在与儒、墨、纵横等诸子学派的论争中落败而走向衰亡。

《吕氏春秋》是现在存世的先秦杂家的代表作。《吕氏春秋》的主导思想既不是有些学者所说的阴阳家，也不是另外一些学者所说的"黄老道家"，而应该是同时博取百家之长的"杂家"或所谓"圜道"。

《吕氏春秋》以"兼儒、墨"的方式肯定和继承了儒家的礼乐思想、仁义忠信观念、思孟的"五行"说、荀子的"明分使群"和隆礼重法等思想，而否定和批评了其不合世用之处及"不通性命之情矣"。《吕氏春秋》肯定和吸收了墨家"节葬""尚俭""尚义"等思想主张的合理之处，而批评并修正了其中"非攻""节葬"思想观点中的某些内涵。《吕氏春秋》又以"合名、法"的方式肯定和吸收名家思想中"正名""督名审实"的思想内容，否定和批评了其中的"淫辞"与诡辩；主要肯定和继承了法家与"黄老道家"思想中与"术论"和"势论"相关的思想观点，而明确批评和否定了法家完全失去仁爱之心的严刑峻法。此外，《吕氏春秋》对阴阳家、农家、纵横家及小说家的某些思想也有批评和取舍。

在现有文献中，先秦诸子中阴阳家、农家和小说家的相关文献十分缺乏。根据我们从现存有限资料的考察来看，先秦阴阳家主要认同和肯定了儒家的仁义道德，但对其"不语怪、力、乱、神"的狭隘之处则予以了否定。先秦农家"许行之徒"批评了孟子"行周公、仲尼之道"时不能实行彻底的社会平等以及其所造成的社会上的"欺""伪"行为。先秦"小说家"的学术批评依附于诸子百家而行，其批评的人物既多为人君名臣，其批评的学派则以儒墨"显学"为主；同时，先秦"小说家"的学术批评一般都不会在"小说"中直接表明自己的褒贬，而是如司马迁在《史记》中评人论事那样，"不待议论而于序事之中即见其指者"（顾炎武《日知录》卷二十六），即所谓寓学术批评于叙事之中。

二

先秦诸子的"百家争鸣"，乃是当时诸子百家之间及其各学派内部所发生的学术批评与反批评，是当时社会人文知识分子或士人之间的思想激荡与碰撞。尽管先秦诸子"百家争鸣"的涛声早已随历史的长河离我们流淌远去，尽管先秦诸子百家之间及各学派内部思想的批评与反批评之声早已平息，但它留下的先秦哲学思想繁荣与创新的历史经验仍值得我们深入地反思和总结。

在总结先秦诸子"百家争鸣"或其学术批评时，我们首先看到的是先秦诸子百家强烈的现实关怀和责任担当意识。先秦诸子百家源头虽可追溯到"王官之学"，但此时早已经散布于民间；"士"虽然也属于贵族之列，但却属于其中地位最低的阶层，更有许多属于所谓从平民中涌现出来的新兴之"士"。但就是这样的一批人，却具有"以天下为己任"的历史使命和自觉，面对现实社会的"礼崩乐坏"勇敢地站出来，承担起重建社会秩序、思想和文化理想的重任。他们从各自的立场出发，提出了自己治国理政和"收拾人心"的方案，并就不同思想观点展开自由的讨论和激烈的交锋，由此而书写下了中国思想史上异彩纷呈和最光辉灿烂的一页。

在总结先秦诸子百家争鸣或其学术批评时，我们还不难见出先秦诸子百家在学术思想的碰撞和交锋中处处表现出来的平等意识和包容精神。先秦诸子"九流十家"和各学派内部的"诸子"之间，在社会身份上是存在差异的，杨、墨、儒、道、名、法先后成为"显学"，而有的学派则属于"不入流"之列。孔子与老子，孔子与"七十子"，孔子与墨子，墨子与禽滑釐，孟子与梁惠王，孟子与齐宣王，惠子与庄子，彭蒙与田骈、慎到，公孙龙与平原君，荀子与韩非，韩非与李斯等等，他们之间，或为师徒，或为君臣，或为同学，或为学友，但面对学术观点上的分歧时则"当仁不让"，在"真理面前人人平等"。而且，先秦诸子在开展"百家争鸣"或学术批评与反批评时，还充分显示出了兼收并蓄、取长补短、海纳百川的包容精神和广阔胸襟。"有容乃大"是老子提出的原则，却为先秦诸子百家在"百家争鸣"时共同遵循。正因此，道家的老子、庄子虽批评了儒家的"仁义"，却又将孔子的"知其不可奈何而安之若命"作为"德之至也"的标准。（参见第二章第二节）儒家的孔子虽并不认同道家老聃之"道"，却也向往老子的"无为而治"；而道家亦由"老子传于孔子为儒家，孔子传颜回，再传庄子，又入道家了。"① 稷下黄老道家对儒、墨、名、法、阴阳等诸子百家的思想皆有批评，但却能"因阴阳之大顺，采儒、墨之善，撮名、法之要"，同时又把各家的长处尽量地都吸收进去了。即使是批判诸子学派最为激烈的那些诸子学者，如法家的韩非，斥儒、墨为"五蠹"之一，但在《韩非子》中仍对儒家孔子的"刑弃灰"主张、曾子杀彘的诚信、思孟的心性学说以及荀子的"性恶论"等都有所吸收，对墨家的斥文丽、求质实的思想，对道家老子的"道德论"和黄老学派的治国思想，早期法家的法、术、势思想及名家的循名责实思想等，都有继承和发展（参见本书第四章第二节）。这说明，即使是法家这个要求统一思想的诸子学派，其实也并非简单狭隘地排斥其他学派的思想和学说，而是或明或暗地吸取他家之所长，以补自家之所短，努力使自己成为先秦诸子百家学术思想的集大成者。

在总结先秦诸子百家争鸣或其学术批评和反批评时，更让我们留下深刻印象的，是先秦诸子百家对待学术批评和反批评的那种客观和理性的态度。哲学观点的碰撞，学术思想的交锋，唯有其是客观和理性的，才是自由的，也才是科学的。先秦道家老庄批评儒家的仁义和礼乐，但却并非要否定仁义礼乐本身，而只是针对当时社会那些被异化了的仁义和礼乐，而这样的仁义礼乐孔子也是反对的。孔子对于"天命"、对于"鬼神"，都采取敬而远之的态度，又认为礼乐的根本乃在于精神而非

① 章太炎讲演，曹聚仁整理：《国学概论》，上海古籍出版社 1997 年版，第 31 页。

形式，说："人而不仁，如礼何？人而不仁，如乐何？"（《论语·八佾》）又说："礼云礼云，玉帛云乎哉？乐云乐云，钟鼓云乎哉？"（同上，《阳货》）这些都充分表现出孔子的理性精神。而孔子弟子则不仅继承了孔子这种理性精神，更是将其贯穿于学术批评之中。子路在老师孔子提出"正名"之说时，曾会毫不客气地讥评其"迂"，而子夏与子张的门人弟子则互贬对方的"为学之方"（参见本书第一章第一节）。《淮南子·氾论训》曰："夫弦歌鼓舞以为乐，盘旋揖让以修礼，厚葬久丧以送死，孔子之所立也，而墨子非之。兼爱、尚贤、右鬼、非命，墨子之所立也，而杨子非之。全性保真，不以物累形，杨子之所立也，而孟子非之。"墨子本是"为儒者之业，学孔子之术"的，但孔子的学说在其"三表法"的严格考量之下，被认为于"古者圣王之事""百姓耳目之实"和"国家百姓人民之利"皆不符，故他予以坚决的否定；而杨朱"非"墨翟的"尚贤""右鬼""非命"诸说，也并非出于门户之见或感情用事，而是因为墨子所提倡的"贤智"的异化、鬼神的无稽和其使人因"固执有命"而放弃主观努力的社会后果（参见第二章第一节）。故《荀子·非十二子》批评先秦诸子学派中的"六家十二子"时，于每家之后既曰其言"不足以合文通治"，"不足以合大众、明大分"，"不足以容辨异、具君臣"，"不可以经国定分"，等等，却皆于其后肯定"其持之有故，其言之成理"，充分表现出了一种实事求是的科学精神和客观理性的学术态度。

三

先秦诸子的"百家争鸣"或学术批评与反批评，曾经创造出了中国学术上的繁荣与辉煌，奠定了中国哲学思想的民族特点和基本走向，也为我们现时代及未来中国哲学思想的发展与繁荣，提供了深刻的启示。

　　首先，一个时代学术文化的繁荣、哲学思想的创新，学术的自由讨论、思想观点的相互碰撞是根本基础和前提条件。在一个处于剧变的时代，"礼崩乐坏"，旧的制度规范和社会关系解体了，人们的政治利益和经济利益也必然会重新调整。从不同的社会利益关系出发，每个人必然会提出不同的思想观点和价值理念。《吕氏春秋·不二》曰："老聃贵柔，孔子贵仁，墨翟贵廉，关尹贵清，子列子贵虚，陈骈贵齐，阳生贵己，孙膑贵势，王廖贵先，兒良贵后。"《尸子·广泽》曰："墨子贵兼，孔子贵公，皇子贵衷，田子贵均，列子贵虚，料子贵别囿"。面对社会制度文化与思想价值的重建，先秦诸子百家差不多都把目光转向了从上古到夏、商、周三代的文化传统中寻找思想资源。儒家主要选择了以尧舜、文武、周公为代表的西周礼乐文化，道家和法家则选择了更遥远的蒙昧时代的黄帝、力牧之类，农家选择了以神农、后稷为代表的原始部落文化，墨翟则"背周道而用夏政"，等等。先秦诸子百家的立场、观点和思想是如此不同，但他们不仅毫不隐讳地提出自己的思想观点，而且还经常点名道姓地"互非"（相互批评），甚至对当时王公大人们的政治观点和行为加以指责。但他们并没有因此获罪或遭受打击。由此可见，学术思想的自由交流和讨论，各种思想观点的自由碰撞和激荡，是一个时代学术文化繁荣、哲学思想创新的坚实基础和前提条件。

　　其次，先秦诸子"百家争鸣"确立的时代主题——"皆所以为治也"，规定了此后两千多年中国哲学关注现实人生的基本特点和走向，对此后中国人的文化品格的形成产生了极其深远的影响。这种影响从积极和正面的方面来说，可以说塑造了中国士人和中国哲学关心社会现实、关注国家政治和人的身心修养以及完美人格培养的民族性格，奠定了中国学术思想中政治伦理学和人生哲学较为发达的特点；但如果从消极和负面的效果来看，则可以说它同时也消解了中国哲学思想中形而上学和逻辑学（"名学"）等与现实关系相对疏远或较为抽象的学术思想发展的动能，是最终导致中国哲学形而上学和抽象名理讨论长期欠发达的直接的和重要的原因之一。还在先秦名家邓析刚刚开始"以是为非，以非为是"的逻辑巧辩的时候，他的辩说就并没有得到社会甚至学界从逻辑学（或名学）上的肯定甚至辩难，而是被执政者直接加上"诈伪"之名而以刑法扼杀；而当惠施与"辩者"以"历物之意""相乐"之时，亦被人指责为"怪"，以为"甚察而不惠，辩而无用，多事而寡功，不可以为治纲纪"（《荀子·非十二子》），又遭到了从实用功利而非逻辑学（名学）上的批评。而当战国后期公孙龙及其徒綦毋子之属论"白马非马"之时，不仅为平原君所抛弃，就连"其语闳大而不经""作怪迂之变"的阴阳家邹衍之类，也认为他们"烦文以相假，饰词以相悖，巧譬以相移，引人声使不得及其意"而"害大道"也[1]；而名家纯逻辑思辨的讨论遂由此而走向中绝。由此也可以看出，先秦诸子"百家争鸣"过分专注于"皆所以为治也"的主题，对中国学术思想的长远发展也是存在一定的负面影响的，需要我们进行深刻的反思。

再次，先秦诸子的"百家争鸣"或学术批评与反批评，实际还存在一个发展演变的过程。在先秦诸子早期开展"百家争鸣"的时候，儒、道互绌，儒、墨相非，孔、墨"周游天下"，"游说人主"，只是为了宣传自己的学说，实现自己的文化理想，直到子思、孟轲、庄周、惠施等人那里仍是这样，"说大人则藐之"，弊屣富贵，故他们认为"古者立天子而贵之，非以利一人也……故立天子以为天下，非立天下以为天子也；立国君以为国，非立国以为君也；立官长以为官，非立官以为长也。"（《慎子·威德》）而自战国中期以后，这种情况发生根本的变

---

① （宋）裴骃：《史记集解》引刘向《别录》。（汉）司马迁撰，（唐）司马贞索隐，（宋）裴骃集解：《史记》，中华书局 1959 年版，第 2370 页。

化。此后的诸子"百家争鸣",虽然也仍然在讨论学术,宣传自己的思想观点,但其根本目的,则已经基本不在于学术思想本身,而是如《汉书·艺文志》所云:"以此驰说,取合诸侯。"即博取功名富贵耳。从商鞅说秦孝公由"帝道""王道"到"霸道"的转变,到苏秦始以"连横之术"说秦惠王而"弗用",乃至燕、赵、韩、魏转变为采用"合纵之术",皆可见此时的诸子百家基本已无人坚持自己的理想,其"争鸣""互非",大多都是为了博取功名富贵而已。故《韩非子·说难》曰:"凡说之务,在知饰所说之所矜而灭其所耻……大意无所拂悟,辞言无所系縻,然后极聘智辩焉。此道所得,亲近不疑而得尽辞也。伊尹为宰,百里奚为虏,皆所以干其上也。此二人者,皆圣人也,然犹不能无役身以进,如此其污也!今以吾言为宰虏,而可以听用而振世,此非能仕之所耻也。"因为只重目的,而不在乎用什么手段,故有曹商使秦时的舐痔结驷和法家李斯、赵高之辈的"指鹿为马",以至于为平熄先秦诸子的"百家争鸣"而提出了"别黑白则定于一尊"之策。而此时作为先秦诸子"百家争鸣"的学术批评和反批评,已有如纵横家中"合纵派"苏秦与"连横派"张仪的相互批评,看似针锋相对、义正严辞,实则仅为其所持纵横之"术"的一部分,完全形同游戏(参见本书第五章第一节)。

中国学术史上曾兴盛了约三百年的先秦诸子"百家争鸣"早已成为过去,中国哲学思想史上最繁荣和辉煌的一页已经翻过,但它给我们留下了深刻的哲学智慧和启示。如能认真记取其中的历史经验并发掘其思想文化的资源,对古今中外的各种思想资源广收博采、兼收并蓄,并在继承与扬弃的基础上推陈出新,我们一定能创造出中国学术史上的新的辉煌!

参考文献

一、古籍类（按经史子集排列）

经

1．苏舆撰，钟哲点校：《春秋繁露义证》，中华书局 1992 年版。

2．程树德：《论语集释》，中华书局 2014 年版。

3．（宋）朱熹：《四书章句集注》，中华书局 1983 年版。

4．（清）阮元校刻：《十三经注疏》（清嘉庆刊本），中华书局 2009 年影印本。

史

5．（西汉）刘向集录，范祥雍笺证，范邦瑾协校：《战国策笺证》，上海古籍出版社 2011 年版。

6．（汉）司马迁撰，（唐）司马贞索隐，（宋）裴骃集解：《史记》，中华书局 1959 年版。

7．（汉）班固撰，（唐）颜师古注释：《汉书》，中华书局 1962 年版。

8．（唐）房玄龄等撰：《晋书》，中华书局 1974 年版。

子

9．（清）王先谦撰，沈啸寰、王星贤点校：《荀子集解》，中华书局 1988 年版。

10．（魏）王弼注，楼宇烈校释：《老子道德经注校释》，中华书局 2008 年版。

11．朱谦之：《老子校释》，中华书局 1984 年版。

12．高明撰：《帛书老子校注》，中华书局 1996 年版。

13．（清）孙诒让：《墨子间诂》，中华书局 2001 年版。

14．谭戒甫撰：《墨辩发微》，中华书局 1964 年版。

15．吴毓江撰，孙启治点校：《墨子校注》，中华书局 1993 年版。

16．黄晖撰：《论衡校释》，中华书局 1990 年版。

17．王明：《抱朴子内篇校释》，中华书局 1985 年版。

18．杨明照撰：《抱朴子外篇校笺》，中华书局 1991 年版。

19．王琯撰：《公孙龙子悬解》，中华书局 1992 年版。

20．郭沫若、闻一多、许维遹撰：《管子集校》，科学出版社 1956 年版。

21．马非百：《管子轻重篇新诠》，中华书局 1979 年版。

22．（清）黎翔凤撰，梁运华整理：《管子校注》，中华书局 2004 年版。

23．（清）王先慎撰，钟哲点校：《韩非子集解》，中华书局 1998 年版。

24．陈奇猷校注：《韩非子集释补》，中华书局 1958 年版。

25．刘文典撰，马逸、乔华校：《淮南鸿烈集解》，中华书局 1989 年版。

26．何宁撰：《淮南子集释》，中华书局 1998 年版。

27．杨伯峻撰：《列子集释》，中华书局 1979 年版。

28．傅亚庶撰：《刘子校释》，中华书局 1998 年版。

29．（清）汪继培笺，彭铎校正：《潜夫论笺校正》，中华书局 1985 年版。

30．蒋礼鸿：《商君书锥指》，中华书局 1986 年版。

31．（三国）孙武撰，（三国）曹操等注，杨炳安校理：《十一家注孙子校理》，中华书局 1999 年版。

32．张震泽撰：《孙膑兵法校理》，中华书局 1984 年版。

33．（汉）扬雄撰，（宋）司马光集注，刘韶军点校：《太玄集注》，中华书局 1998 年版。

34．王利器撰：《文子疏义》，中华书局 2000 年版。

35．王利器撰：《新语校注》，中华书局 1986 年版。

36．王利器校注：《盐铁论校注》，中华书局 1992 年版。

37．吴则虞编著：《晏子春秋集释》，中华书局 1982 年版。

38．（清）郭庆藩撰，王孝鱼点校：《庄子集释》，中华书局 1961 年版。

39．阎振益、钟夏校撰：《新书校注》，中华书局 2000 年版。

40．陈奇猷校释：《吕氏春秋校释》，学林出版社 1984 年版。

41．石光瑛校释：《新序校释》，中华书局 2017 年版。

集

42．（魏）王弼著，楼宇烈校释：《王弼集校释》，中华书局 1980 年版。

43．（清）纪昀总纂：《四库全书总目提要》，中华书局 1965 年版。

44．（汉）刘向、刘歆撰，（清）姚振宗辑录，邓骏捷校补：《七略别录佚文·七略佚文》，上海古籍出版社 2008 年版。

二、著作类（按音序排列）

（一）古、近人著作

C

1．（清）崔述撰，顾颉刚编：《崔东壁遗书》，上海古籍出版社2013年版。

2．蔡尚思：《中国古代学术思想史论》，上海古籍出版社2013年版。

3．（清）陈澧：《东熟读书记（外一种）》，生活·读书·新知三联书店1998年版。

4．陈梦家：《西周年代考　六国纪年》，中华书局2005年版。

5．陈柱：《诸子概论（外一种）》，华东师范大学出版社2015年版。

F

6．方授楚：《墨学源流》，商务印书馆2015年版。

7．冯契：《冯契文集（第一卷）·认识世界和认识自己》，华东师范大学出版社1996年版。

8．冯友兰：《贞元六书》，华东师范大学出版社1996年版。

9．冯友兰：《中国哲学简史》，北京大学出版社1996年版。

10．冯友兰：《中国哲学史》，重庆出版社2009年版。

11．冯友兰：《中国哲学史补》，中华书局2014年版。

12．冯友兰：《中国哲学史新编》，人民出版社2001年版。

13．《傅斯年史学论著》，上海书店出版社2014年版。

G

14．《顾颉刚古史论文集》，中华书局2016年版。

15．顾实：《杨朱哲学》，岳麓书社2011年版。

16．《郭沫若全集·历史编》，人民出版社 1982 年版。

17．郭沫若：《青铜时代》，科学出版社 1957 年版。

18．郭沫若：《十批判书》，人民出版社 2012 年版。

H

19．（清）黄式三撰，程继红点校：《周季编略》，凤凰出版社 2008 年版。

20．《何炳棣思想制度史论》，中华书局 2017 年版。

21．侯外庐：《中国古代思想学说史》，岳麓书社 2010 年版。

22．侯外庐、赵纪彬、杜国庠：《中国思想通史》，人民出版社 1957 年版。

23．胡适：《先秦名学史》，学林出版社 1983 年版。

24．胡适：《中国哲学史大纲》，上海古籍出版社 1997 年版。

J

25．嵇文甫：《春秋战国思想史话》，北京出版社 2016 年版。

26．江琼：《读子卮言》，华东师范大学出版社 2012 年版。

27．蒋伯潜：《诸子通考》，岳麓书社 2010 年版。

L

28．劳思光：《新编中国哲学史》，生活·读书·新知三联书店 2017 年版。

29．梁启超：《老子、孔子、墨子及其学派》，北京出版社 2016 年版。

30．梁启超：《先秦政治思想史》，上海古籍出版社 2014 年版。

31．梁启雄：《韩子浅解》，中华书局 1960 年版。

32．罗根泽：《诸子考索》，人民出版社 1958 年版。

33．罗焌：《诸子学述》，华东师范大学出版社 2008 年版。

34．吕思勉：《先秦学术概论》，岳麓书社 2010 年版。

M

35. 蒙文通：《古学甄微》，巴蜀书社 1987 年版。

36. 牟宗三：《中国哲学十九讲》，上海古籍出版社 1997 年版。

Q

37. 钱穆：《孔子传》，九州出版社 2011 年版。

38. 钱穆：《墨子 惠施 公孙龙》，九州出版社 2011 年版。

39. 钱穆：《先秦诸子系年》，商务印书馆 2001 年版。

R

40. 任继愈：《墨子与墨家》，北京出版社 2016 年版。

T

41. 谭戒甫：《公孙龙子形名发微》，中华书局 1963 年版。

42. 《汤用彤全集》，河北人民出版社 2000 年版。

W

43. 汪奠基：《中国逻辑思想史》，上海人民出版社 1979 年版。

44. （清）汪中撰，李金松校笺：《述学校笺》，中华书局 2014 年版。

45. 温公颐：《先秦逻辑史》，上海人民出版社 1983 年版。

46. 伍非百：《中国古名家言》，中国社会科学出版社 1983 年版。

X

47. 萧萐父、李锦全主编：《中国哲学史》，人民出版社 1982 年版。

48. 萧萐父：《吹沙二集》，巴蜀书社 1999 年版。

49. 萧萐父：《中国哲学史史料源流举要》，武汉大学出版社 1998 年版。

50. 萧萐父总编，李德永主编：《中国辩证法史稿》第一卷，武汉大学出版社 1990 年版。

51．熊铁基：《秦汉新道家略论稿》，上海人民出版社2001年版。

52．许富宏撰：《鬼谷子集校集注》，中华书局2010年版。

53．《徐复观论经学史二种》，上海书店2002年版。

54．徐复观：《中国人性论史·先秦篇》，九州出版社2014年版。

Y

55．杨宽，吴浩坤主编：《战国会要》，上海古籍出版社2005年版。

56．杨宽：《西周史》，上海人民出版社2016年版。

57．杨宽：《战国史》，上海人民出版社2008年版。

Z

58．张岱年：《中国古典哲学概念范畴要论》，中国社会科学出版社1987年版。

59．张晓芒：《先秦诸子的论辩思想与方法》，人民出版社2011年版。

60．张岱年：《中国哲学大纲》，中华书局2017年版。

61．张舜徽：《汉书艺文志通释》，华中师范大学出版社2004年版。

62．章太炎：《诸子学略说》，广西师范大学出版社2010年版。

63．章太炎讲演，曹聚仁整理：《国学概论》，上海古籍出版社1997年版。

64．（清）章学诚著，叶瑛校注：《文史通义校注》，中华书局2014年版。

（二）今人著作

B

1．白奚：《稷下学研究——中国古代的思想自由与百家争鸣》，生活·读书·新知三联书店 1998 年版。

C

2．曹峰：《中国古代"名"的政治思想研究》，上海古籍出版社 2017 年版。

3．陈鼓应，白奚：《老子评传》，南京大学出版社 2001 年版。

4．陈鼓应：《管子四篇诠释——稷下道家代表作解析》，商务印书馆 2014 年版。

5．陈来：《古代思想文化的世界——春秋时代的宗教、伦理与社会思想》，北京大学出版社 2017 年版。

6．陈来：《古代宗教与伦理——儒家思想的根源》，北京大学出版社 2017 年版。

7．陈奇猷、张觉：《韩非子导读》，巴蜀书社 1990 年版。

D

8．董英哲：《先秦名家四子研究》，上海古籍出版社 2014 年版。

G

9．高华平：《楚简文字与先秦思想文化》，中国社会科学出版社 2016 年版。

10．高华平：《先秦诸子与楚国诸子学》，北京师范大学出版社 2016 年版。

H

11．胡家聪：《管子新探》，中国社会科学出版社 1995 年版。

L

12．李学勤：《简帛佚籍与学术史》，江西教育出版社 2001 年版。

13．刘泽华：《先秦政治思想史》，南开大学出版社 1984 年版。

M

14．牟钟鉴：《〈吕氏春秋〉与〈淮南子〉思想研究》，人民出版社

2013 年版。

P

15．潘俊杰：《先秦杂家研究》，陕西人民出版社 2011 年版。

Q

16．（清）钱大昕撰，杨勇军整理：《十驾斋养新录》，上海书店出版社 2011 年版。

X

17．萧登福：《鬼谷子研究》，文津出版社有限公司 2016 年版。

18．许富宏：《〈鬼谷子〉研究》，上海古籍出版社 2008 年版。

19．许抗生：《先秦名家研究》，湖南人民出版社 1986 年版。

Z

20．张固也：《〈管子〉研究》，齐鲁书社 2006 年版。

21．张连伟：《〈管子〉哲学思想研究》，巴蜀书社 2008 年版。

22．张林祥：《〈商君书〉的成书与思想研究》，人民出版社 2008 年版。

23．张丰乾编：《〈庄子·天下篇〉注疏四种》，华夏出版社 2016 年版

24．《周勋初文集》，江苏古籍出版社 2000 年版。

（三）出土文献

1．湖南省博物馆、复旦大学出土文献与古文字研究中心编纂，裘锡圭主编：《长沙马王堆汉墓简帛集成》，中华书局 2014 年版。

2．荆门市博物馆编：《郭店楚墓竹简》，文物出版社 1998 年。

3．马承源主编：《上海博物馆藏战国楚竹书》（一、二、三、四、五、六、七、八、九），上海古籍出版社 2001、2002、2003、2004、2005、2007、2008、2012、2012 年版。

4．李学勤主编：《清华大学藏战国竹简》（壹、贰、叁、肆、伍、陆、柒、捌），中西书局 2010、2011、2013、2015、2015、2016、2017、2018 年版。

国外文献

1．〔德〕黑格尔：《小逻辑》，贺麟译，商务印书馆 2005 年版。

2．〔德〕黑格尔：《哲学史讲演录》，贺麟、王太庆等译，商务印书馆 1959 年版。

3．〔德〕恩格斯：《自然辩证法》，人民出版社 1955 年版。

4．〔美〕杜维明：《儒家思想新论》，曹幼华、单丁译，江苏人民出版社 1991 年版。

5．〔日〕大庭脩：《秦汉法制史研究》，林剑鸣等译，上海人民出版社 1991 年版。

6．〔美〕田浩：《功利主义儒家》，姜长苏译，江苏人民出版社 1994 年版。

7．〔日〕井上聪：《先秦阴阳五行》，湖北教育出版社 1997 年版。

8．〔比〕戴卡琳：《解读〈鹖冠子〉——从辩论学的角度》，杨民译，辽宁教育出版社 2000 年版。

9．〔美〕赫伯特·芬格莱特：《孔子：即凡而圣》，彭国翔译，江苏人民出版社 2002 年版。

10．〔英〕A．C．葛瑞汉：《论道者：中国古代哲学论辩》，张海晏译，中国社会科学出版社 2003 年版。

11．〔美〕郝大维、安乐哲，《先贤的民主——杜威、孔子与中国民主之希望》，何国强译，江苏人民出版社 2004 年版。

12．〔美〕江文思、安乐哲编：《孟子心性之学》，梁溪译，社会科学文献出版社 2005 年版。

13．〔日〕池田知久：《马王堆汉墓帛书五行研究》，王启发译，中国社会科学出版社 2005 年版。

14．《池田知久简帛研究论集》，曹峰译，中华书局 2006 年版。

15．［美］本杰明·史华慈：《古代中国的思想世界》，程钢译，江苏人民出版社 2008 年版。

16．［德］A. 史怀特：《中国思想史》，常暄译，社会科学文献出版社 2009 年版。

17．［美］郝大维、安乐哲：《孔子哲学思微》，蒋弋为译，江苏人民出版社 2012 年版。

（四）论文类（按发表日期排列）

1．齐思和：《先秦农家学说考》，《经济学报》1940 年第 1 期。

2．顾颉刚：《"周公制礼"的传说和〈周官〉一书的出现》，《文史》第六辑，中华书局 1979 年版。

3．庞朴：《阴阳五行探源》，《中国社会科学》1984 年第 3 期。

4．张岱年：《齐学的历史价值》，《文史知识》1989 年第 3 期。

5．胡家聪：《尹文黄老思想与稷下"百家争鸣"》，《道家文化研究》第四辑，生活·读书·新知三联书店 1991 年版。

6．强昱：《〈太一生水〉与古代的太一观》，《道家文化研究》第十七辑，生活·读书·新知三联书店 1999 年版。

7．黄钊：《竹简〈老子〉的版本归属及其文献价值探微》，武汉大学中国文化研究院编：《郭店楚简国际学术研讨会论文集》，湖北人民出版社 2000 年版。

8．李致忠：《四部分类的应用及其类表的调整》，《国学研究》（第十卷），北京大学出版社 2002 年版。

9．高华平：《先秦的"小说家"与楚国的"小说"》，《文学评论》2016 年第 1 期。

10．高华平：《客观的总结和辩证地扬弃——韩非对先秦诸子的批判和继承》，《诸子学刊》第一辑，上海古籍出版社 2008 年版。

11．何炳棣：《国史上的"大事因缘"解谜——从重建秦墨史实入手》，《光明日报》2010 年 6 月 3 日第 10—11 版。

12．高华平：《环渊新考——兼论郭店楚墓竹简〈性自命出〉及该墓墓土的身份》，《文学遗产》2012 年第 5 期。

13．高华平：《先秦杂家思想及其与楚国的关系》，《中国哲学史》2013 年第 4 期。

14．高华平：《"三墨"学说与楚国墨学》，《文史哲》2013 年第 5 期。

15．吴根友：《庄子〈齐物论〉"莫若以明"合解》，《哲学研究》2013 年第 5 期。

16．高华平：《论先秦法家及楚国法家思想的历史演变》，《中山大学学报》（社会科学版）2013 年第 6 期。

17．高华平：《由詹何看先秦道家思想的发展演变》，《哲学研究》2013 年第 9 期。

18．高华平：《战国后期楚国的道家思想——鹖冠子其人其书及其思想新论》，《诸子学刊》第十二辑，上海古籍出版社 2015 年版。

19．高华平：《拒斥·卫道·好辩——论孟子对先秦诸子的学术批评》，《北京师范大学学报》（社会科学版）2016 年第 6 期。

20．高华平：《试析〈庄子〉对先秦诸子的学术批评》，《哲学研究》2017 年第 7 期。

21．高华平：《论先秦道家的养生学派——杨朱"为我"学说述论》，《河南师范大学学报》（哲学社会科学版）2018 年第 1 期。

22．高华平：《论〈吕氏春秋〉对先秦诸子百家的的学术批评》，《暨南学报》（哲学社会科学版）2018 年第 3 期。

23．高华平：《墨子生卒年新考》，《江西师范大学学报》（哲学社会科学版）2018 年第 5 期。

24．张昊苏、陈洪：《〈汉书·艺文志〉诸子略序文的文本结构与学术建构——以小说家为核心的考察》，《文史哲》2019 年第 2 期。

25．高华平：《先秦儒家对诸子学派的学术批评》，《哲学研究》2019 年第 4 期。

26．高华平：《先秦〈老子〉文本的演变——由〈韩非子〉等战国著作中的〈老子〉引文来考察》，《中州学刊》2019 年第 10 期。

后　记

　　本书是我的先秦诸子研究的一项最新成果，也是我主持的国家社科基金重大项目"先秦诸子综合研究"结项成果的一部分。现在这一成果即将出版，按照惯例，作者似乎应该请人或自己写一篇《序》，作为对该书内容的宣介，至少也得写一篇《后记》，对它的写作缘起有所交代。但我自己做研究、写文章或著书，喜欢像《世说新语·任诞》中记王子猷雪夜访戴安道一样："王子猷居山阴，夜大雪……忽忆戴安道。时戴在剡，即便夜乘船就之。经宿方至，造门不至而返。人问其故，王曰：'吾本乘兴而行，兴尽而返，何必见戴?'"我的研究和写作也多是如此。在我看来，学者从事学术工作，一个问题研究完了或一篇文章、一本书写完了，当初写作的兴致也耗尽了，却又要请人或自己作《序》，这实在是太为难那些老实做学问的读书人了。但有很多事情也是身不由己。我的这本研究先秦诸子的著作既然就要出版了，书前既没有《序》，那在书后附一篇《后记》，以为某一天自己或某位读到此书的读者想了解一下此书写作经过留下一点线索，这虽足以表明我自己未能免俗，但对读者而言，则是任何一位作者都必须要尽到的责任，所以也还是必须要有的。

　　在这里，我要说明的是，本书虽然和我之前出版的好几本书一样，也是本人承担社科基金项目的结项成果，但书中对先秦诸子进行综合研究，却是我十几年来长期提倡和致力的学术方向。我一直认为，在今天学术界对先秦诸子中的许多"子""家"（特别是其中的孔、孟、老、庄）的研究已经相当细致的情况下，如果我们要想更深入地研究先秦诸子的学术思想，仅仅如以往那样再对先秦诸子的某些"子"或某些"家"进行孤立的研究，似已难取得重大的创新性进展，必须要进行思维方式和研究方法的创新。这其中的途径之一，就是对先秦诸子进行综合研究。

这种对先秦诸子的综合研究，自然包涵有很多的方面，比如说打破现有的文、史、哲、政、经、法等学科划分和学科壁垒的多学科综合研究，突破专注一"家"一"子"之专人专书研究模式而对先秦诸子的整体研究，结合地域文化、历史考古、语言文字、民族民俗等广泛知识领域而对先秦诸子进行全视角立体的多点透视研究，以及探索先秦诸子各"家"各"子"思想内在联系的横向比较研究，等等。而本书所要做的"综合研究"工作，就是要探索先秦诸子各"家"各"子"思想的内在联系，找到作为春秋战国一个时代思想整体的先秦诸子的生成轨迹和演变规律。而在我看来，当时诸子各派之间的"百家争鸣"，也就是先秦诸子百家之间的学术批评与反批评，正好就是当时诸子百家思想发生碰撞——发生内在联系的一种具体形式。这也就是本书的书名"思想的碰撞——学术批评史视野下的先秦诸子百家争鸣"的来历和用意。

就我所知，尽管学术界研究先秦诸子的成果山积，只要言及先秦诸子就没有不提到"百家争鸣"的，但真正就先秦诸子百家思想的内在联系，就诸子百家之间如何通过学术的批评和反批评以实现彼此思想上的既互相排斥、互相吸收，又互相扬弃、互相融合，从而形成先秦诸子独特时代精神的研究成果，则可谓少之又少——这或许就是本书聊以自慰的一点创新吧。

本书的各章节都曾以单篇论文的形式，先后于《哲学研究》《中国哲学史》《文史哲》《社会科学战线》《北京师范大学学报》《华中师范大学学报》《暨南学报》《中州学刊》《管子学刊》《诸子学刊》等刊物发表（其中关于墨家对先秦诸子学术批评的一篇，还被译为英文，以"On the Mohist Critique of Other Pre-Qin Schools of Philosophy"为题，在Journal of chinese humanities 7（2021）52-78上发表），这是要特别对诸位编辑先生表示诚挚的感谢的！而现在全书的书稿得以在人民出版社这一国家出版社出版，又与责任编辑安新文女士的辛勤付出是密不可分的。可以说，没有众位编辑先生们提出修改意见和进行文字上的把关，以我自己依兴趣行事的习惯，我涂抹的那些东西最后能否变成文字发表和出版或亦在未知之列。

尽管如此，我对先秦诸子的研究仍在进行之中，我仍在继续自己的先秦诸子综合研究。但这一次我是要在哲学思想研究之外，尝试结合历史、考古、古文字、神话学、民族民俗学等多学科的知识，运用多学科综合研究的方法，探讨先秦诸子的起源与自"三皇五帝"到夏、商、周三代历史文化之间的关系——具体的情况，还是留着下一本书出版的时候在《后记》中再说吧。

高 华 平

2023．8．17 记于广州

责任编辑:安新文

封面设计:薛　宇

图书在版编目(CIP)数据

思想的碰撞:学术批评史视野下的先秦诸子百家争鸣/高华平 著.—北京:
　　人民出版社,2024.4

ISBN 978－7－01－026257－4

Ⅰ.①思… 　Ⅱ.①高… 　Ⅲ.①先秦哲学-研究 　Ⅳ.①B220.5

中国国家版本馆 CIP 数据核字(2024)第 026647 号

思想的碰撞

SIXIANG DE PENGZHUANG

——学术批评史视野下的先秦诸子百家争鸣

高华平　著

人民出版社 出版发行

(100706　北京市东城区隆福寺街 99 号)

北京中科印刷有限公司印刷　新华书店经销

2024 年 4 月第 1 版　2024 年 4 月北京第 1 次印刷

开本:710 毫米×1000 毫米 1/16　印张:30.25

字数:400 千字

ISBN 978－7－01－026257－4　定价:168.00 元

邮购地址　100706　北京市东城区隆福寺街 99 号

人民东方图书销售中心　电话 (010)65250042　65289539